MARIQUITA SÁNCHEZ

Vida política y sentimental

Diseño de tapa: María L. de Chimondeguy / Isabel Rodrigué
Fotos de interior y tapa: Graciela García Romero

MARÍA SÁENZ QUESADA

MARIQUITA SÁNCHEZ

1786-1868

Vida política y sentimental

EDITORIAL SUDAMERICANA
BUENOS AIRES

PRIMERA EDICION
Noviembre de 1995

TERCERA EDICION
Enero de 1996

IMPRESO EN LA ARGENTINA

Queda hecho el depósito
que previene la ley 11.723
© *1995 Editorial Sudamericana S.A.,*
Humberto I 531, Buenos Aires.

ISBN 950-07-1089-7

A *Félix Luna*, que hace tiempo optó
por escribir historia para todos.

*"Voy a escribir la historia de las mujeres
de mi país, ellas son gente."*

Mariquita Sánchez, febrero de 1852

AGRADECIMIENTOS

Vaya mi agradecimiento a los que colaboraron de una u otra manera en la elaboración de este libro: Juan Ramón de Lezica, Inés Sastre de Zavalía Lagos y María Inés Zavalía Lagos de Quián Tizón, descendientes del primer matrimonio de Mariquita y depositarios del archivo familiar; Liniers de Estrada, en cuyo poder están los originales de los *Recuerdos del Buenos Aires virreinal*; Juan Isidro Quesada, quien me prestó gentilmente algunas de las curiosidades de su archivo; a Trinidad Delia Chianelli, colaboradora en un tramo de la investigación; a Edmundo Heredia por las pistas sugeridas acerca del final de Martín Thompson; al director y personal del archivo del Museo Mitre, el Museo Sarmiento y la Biblioteca del Congreso; a María Esther de Miguel, Félix Luna y Juan Ruibal, quienes leyeron y comentaron los originales, desde la perspectiva de su especialidad, literatura, historia, ciencias sociales. También a Gloria Rodrigué por la paciencia de esperar un original muchas veces prometido. Todo esto y mucho más es necesario para escribir un libro. La otra parte, es claro, corresponde a los lectores.

"Cerráronse sus ojos en Buenos Aires, hace hoy exactamente un siglo. Ninguna mujer argentina se le equiparó en todo el andar de la pasada centuria. La evoco, y al conjuro de su personalidad, su tiempo revive, porque Mariquita Sánchez de Thompson y Mendeville estuvo en el centro mismo de su época (...) Derrotando a la cronología, por algún misterioso privilegio, algunas de las horas más felices de mi adolescencia se vinculan estrechamente con la dama cuyo encanto vence el plazo mortal. Son las que trascurren en la quinta de Beccar Varela que le perteneció y que sigue siendo de los Beccar Varela. Allí, junto al poético paseo de los Ombúes, maravilla de holgura y sencillez, al amparo de un ombú que ya no existe y de un ciprés que la tormenta decapitó en 1951, tengo la certidumbre de haber escuchado, de chico, cuando el desvelo no me dejaba dormir bajo el mosquitero espectral, el susurro de su vestido de seda, extendido sobre la campana de miriñaque, durante el minuto en que los fantasmas vuelven a mirarse en los espejos vacíos. Más tarde, al correr de los años, cuando las circunstancias establecieron un parentesco entre los míos y la gran mujer que recuerdo hoy, pude adentrarme en su intimidad y sentirla aun más próxima, mientras fui valorando su gracia refinada a través de los objetos que conservan sus descendientes o que se han diseminado en museos y colecciones."

Manuel Mujica Lainez, *La Nación*, 23-X-1968.

1

LA MEMORIA VIVA DE LA PATRIA

¿1868?

Subió los cinco escalones de mármol para entrar a la casa de Florida 200; echó una mirada al patio jardín con la fuente de plantas exóticas y el artístico aljibe de mármol; atravesó el corredor y por la primera puerta de la derecha entró en la gran sala. Difícil concebir algo tan hermoso. Lo embargaba, como siempre, la íntima sensación de entreabrir las puertas del pasado, de aquella parte del tiempo antiguo que más lo fascinaba: los días de Mayo.

A Santiago de Estrada, crítico y periodista,[1] como miembro de la tercera generación argentina, la de los nietos de los protagonistas de esa gesta, lo obsesionaba el tema de la Revolución y el porqué de las primeras rencillas, aquellas que costaron la vida a su bisabuelo, el virrey Liniers que llevó el título de conde de Buenos Aires. Pensó, mientras miraba distraído las pequeñas bellotas doradas del brocato que cubría las paredes del salón, y el techo trabajado en espejos unidos por un triángulo, que su abuelo había jugado allí amablemente al tresillo antes de que la Revolución desencadenara las pasiones y enemistara para siempre a las familias más encumbradas de la sociedad porteña. Lo imaginó atento a la música que la dueña de casa ejecutaba en el arpa; tal vez era el mismo precioso instrumento, pintado al barniz, ubicado en el ángulo del salón junto al piano.

Había sido este de la Revolución un mundo de hombres solos empeñados en demostrar a cada momento su astucia y su coraje. Y era paradójicamente una mujer, anciana y seguramente achacosa —de no ser por el orgullo que la mantenía erguida y desafiante—, la que tal vez pudiera darle la clave de la ruptura. Demoraba en llegar. Cada año su paso se tornaba más lento e inseguro, aunque su comprensión de las cosas de la vida fuese todavía más veloz y profunda y la pasión aún iluminara su rostro.

Admiró algunos de los objetos de arte que adornaban la sala y que constituían un verdadero muestrario de la historia del buen gusto y del moblaje en la clase rica del Río de la Plata. Las reliquias del tiempo colonial, venidas del Alto Perú a lomo de mula, o de Cádiz

13

a bordo de los buques de registro; los bibelots importados de Francia por el inolvidable M. Prelig, siempre en contacto epistolar con su ilustre amiga de Buenos Aires; aquellos regalos magníficos, señal de la intensa vida pública de la dama, como los floreros que envió el rey Luis Felipe de Orleáns a la esposa del cónsul cuando se fundó el Hospital Francés de Buenos Aires; la gran araña de bronce dorado; los curiosos muebles de laca china, tan exóticos como incómodos; las mesas de arrimo. Todo eso empezaba a entrar en la leyenda. ¿Se había ensayado aquí o no el Himno que ahora entonaban los alumnos de las escuelas públicas de Buenos Aires? En esta ciudad, la más cosmopolita de América del Sur, donde el número de inmigrantes aumentaba año tras año, los documentos se incineraban por desidia y los viejos eran sospechosamente olvidadizos, tener memoria de lo ocurrido setenta años antes era un verdadero privilegio.

Se preguntaba si por fin ella habría respondido a su pedido. Temía que la anciana y juvenil señora pusiera algún otro pretexto para no escribir sus recuerdos; por ejemplo, que carecía de tranquilidad de espíritu para evocar el pasado, que la tarea de presidir la Sociedad de Beneficencia no era un oropel social sino un trabajo auténtico, que nietos y biznietos reclamaban su atención. En el fondo, a misia Mariquita no le gusta referirse al pasado, prefiere el presente, se halla más cómoda dialogando con los amigos jóvenes que con las antiguallas. Además, contrariamente a la mayoría de los viejos que se pasan las horas lamentándose de los cambios, de la inmoralidad de las costumbres nuevas y demás monsergas, apuesta al futuro. Por otra parte, como su formación autodidacta la intimida y teme hacer el ridículo en esta sociedad de varones ilustrados y mujeres incultas, se rehúsa a escribir.

La visión de los altos aparadores relumbrantes de platería lo confirma en la idea de que los objetos sólidos tienen más capacidad de supervivencia que las personas sujetas a la dura ley de la vida. Sólo ella resulta en cierto modo atemporal, cuando entra, el paso leve, la cabeza erguida, la sonrisa traviesa y coqueta, vestida con un traje lujoso que parece recién traído de Europa. Santiago de Estrada admira el espíritu juvenil de esta amiga encerrado en un cuerpo marchito, su viva imaginación, su urbanidad exquisita e indulgente y ese gracejo inagotable, herencia de su sangre andaluza aclimatada en el Plata. Está convencido de que la excelente narradora de historias y amena corresponsal de tanta gente ilustre sabrá describir como nadie los últimos años del Virreinato, los días previos a Mayo que contienen el secreto de la rebelión.

Sabe el joven visitante que muchos de los hombres destacados de la generación que fue proscripta por Rosas y responsable de la Organización Nacional —Echeverría, Gutiérrez, Alberdi, López, Mármol— se formaron cultural, sentimental y espiritualmente en esta misma sala. Que también los Varela y los Guido se deleitaron con la conversación espiritual, variada e instructiva de esta dama. Que Rosas la admiró a su modo y que sus actuales amistades siguen seducidas por la juventud y el frescor de sus ideas, su relación constante con los libros y la aspiración, extraña en la ancianidad, de continuar desarrollando sus fuerzas intelectuales. Esto explica la atracción que ejerce cuando anima con su palabra los sucesos que ha contemplado. Logra transformarlos en una historia viva, seductora por el estilo y las imágenes. Y a esto se suma la admiración por la mujer tan útil, bondadosa y abnegada, junto a la cual se pasan largas horas entretenidos en la evocación del pasado.

Sin embargo, y a pesar de que tantos intelectuales han tratado a misia Mariquita, pocos de ellos la mencionan en sus libros. Por eso le ha pedido de su puño y letra unas memorias de infancia. Aquí están por fin; un puñado de papeles escritos con su impecable letra y los errores de ortografía que en parte revelan un exceso de lecturas en francés. Lee apenas el comienzo:

"Cuánto tiempo hace que me pides una noticia sobre lo que eran estos países antes de la venida de Berresford. No sólo tu, sino muchos de mis amigos han insistido con empeño sobre esto. Pero para escribir se necesita lo que no tengo, el espíritu libre, tranquilidad al menos para no ser interrumpido a cada momento y otro carácter que el mío. Pero cedo a tus reflexiones, y escribo sólo para ti, sin método ni orden; aprovecharé los pocos momentos de mi tiempo que me dejen mis ocupaciones y te contaré lo que crea te puede divertir o interesar.

"Estos países como sabes fueron 300 años colonias españolas. El sistema más prolijo y más admirable fue formado y ejecutado con gran sabiduría. Nada fue hecho sin profunda reflexión. Tres cadenas sujetaron este gran continente a su Metrópoli: el Terror, la Ignorancia y la Religión Católica: de padres a hijos se trasmitió con pavor. La Revolución del Cuzco, los castigos que se habían dado a los conspiradores y el suplicio al heredero del trono de los Incas, o jefe supuesto de la Revolución, de atarlo vivo sobre cuatro caballos y hacerlo así despedazar en la plaza de Oruro. Me tiembla el pulso y el corazón, sólo al escribirlo, y fueron cristianos católicos romanos los que tal mandaron y ejecutaron. Y era la religión de Cristo, toda dulzura y piedad, lo que se venía a enseñar a estas grandes poblaciones de infieles. Este solo hecho basta para aterrar, y una vigilancia incansable sobre el menor indicio imponía siempre, nadie podía olvidarse de su posición: dado el primer paso del Terror poco hay que hacer para mantenerlo: los que han vivido bajo su peso podrán comprenderlo.

"La Ignorancia era perfectamente sostenida. No había maestros para nada, no había libros sino de devoción e insignificantes, había una comisión del Santo Oficio para revisar todos los libros que venían, a pesar que venían de España, donde había las mismas

15

persecuciones; esto se llamaba expulgar y solo se permitía sacarlos de la Aduana después de este examen; muchas diligencias se hicieron para tener el permiso de abrir una Escuela de Dibujo, no lo consiguieron: ya debes de conocer lo que sabían las gentes, leer, escribir y contar, lo más.

"Para las mujeres había varias escuelas que ni el nombre de tales les darían ahora. La más formal donde iba todo lo más notable era una vieja casa, donde es ahora lo de don Francisco del Sar. La dirigía doña Francisca López, concurrían varones y mujeres. Niñas desde cinco años y niños varones hasta quince, separados en dos salas, cada uno llevaba de su casa una silla de paja muy ordinaria hechas en el país de sauce; éste era todo el amueblamiento, el tintero, un pocillo, una mesa muy tosca donde escribían los varones primero y después las niñas. Debo admitir que no todos los padres querían que supieran escribir las niñas, porque no escribieran a los hombres; estas sillas ordinarias que ni para muestra hay ahora, no era fácil tenerlas tampoco porque había pocas, todos los oficios eran miserables, así muchas niñas se sentaban en el suelo sobre una estera de esas de esparto. Había una mesita con un nicho de la Virgen donde se decía el bendito a la entrada y a la salida. Este era todo el adorno de la principal sala y en un rincón la cama de la maestra: el solo libro era el Catecismo, para leer en carta cada niña o niño traía de su casa un cuaderno que les escribían sus padres, y se le decía el proceso: todo lo que se enseñaba era leer y escribir y las cuatro primeras reglas de la aritmética, y a las mujeres coser y marcar: y unos (...) que eran entonces una cosa notable. Había algunos pardos que enseñaban la música y el piano, éste era el solo adorno para las niñas, era para lo solo que había maestros, muy mediocres. No puedes imaginarte la vigilancia de los padres para impedir el trato de las niñas con los caballeros, y en suma en todas las clases de la sociedad había vanidad en las madres de familia en este punto.

"La dicha de los padres era tener una hija monja, un sacerdote, y la sociedad giraba sobre esta tendencia. Había un pobre teatro, el techo era de paja, unos pobres cómicos y una triste orquesta y los Predicadores gritaban siempre contra él. Un cuete volador cayó sobre el techo y se quemó. Había una Plaza de Toros en la Plaza de Monserrate, éstas eran las diversiones; en la Plaza del Retiro había unos escaños y unos naranjos. Los domingos iban las gentes a tomar el sol, y una hilera de coches venía por la calle del Perú muy despacio porque los coches andaban así en la ciudad, tirados por mulas y montados los cocheros; el primer coche de pescante y con caballos fue de Mariquita Thompson, quien lo tuvo como la primera chimenea en su sala; los coches daban vueltas en la plaza del Retiro y volvían con la misma tranquilidad y las gentes a pie, por las veredas las señoras, y los hombres por la calle junto a la vereda

16

guardando siempre una distancia respetuosa de las señoras; al bajar en las esquinas tomaban el codo como más respetuoso que la mano. Este paseo del Retiro se destruyó lo que hicieron la Plaza de Toros. Esta se mandó deshacer por el decreto del Sr. Rondeau; los peones fueron los prisioneros españoles y con estos materiales se hicieron los cuarteles de (...). Estas eran las diversiones de aquella época..."

Los recuerdos, que constituían un cuadro sintético e inteligente de los tiempos previos a la Revolución de Mayo, seguían a lo largo de unas cuantas páginas y concluían algo abruptamente. Eran más breves de lo que Santiago de Estrada esperaba. Los leyó esa misma noche de un tirón, los releyó en otras oportunidades y en el triste día en que supo que su querida amiga había muerto. Pensó en darles un destino especialísimo y entre tanto los guardó en su biblioteca.[2]

NOTAS

[1]Santiago de Estrada, 1841-1891, hermano de José Manuel y nieto del virrey Liniers, crítico literario, viajero incansable, hombre de gran cultura, fue amigo de Mariquita a pesar de la diferencia de edad que los separaba. Imagino la escena sobre la base de los documentos citados en la nota 2, y la sitúo en la década de 1860, la última en que puede hablarse de la Gran Aldea en relación con Buenos Aires y antes de los cambios producidos por la inmigración y los avances científicos en la sociedad criolla.

[2]*Recuerdos del Buenos Aires virreinal* se publicó en una edición comentada por Liniers de Estrada, pero las primeras páginas de este importante manuscrito han permanecido inéditas y son las que se transcriben más arriba, gracias a la gentileza del doctor de Estrada.

Véase asimismo el Cuaderno manuscrito en el archivo de los Zavalía Lagos, con el discurso fúnebre de Santiago de Estrada en las exequias de Mariquita, y *El salón de Madama Mendeville*, en *Tradiciones,* de Pastor Obligado, Barcelona, Montaner y Simón, 1903, serie segunda, p. 64 y ss.

La descripción del salón tal como era en la década de 1860, en una carta de Mariquita Nin transcripta en las *Cartas de Mariquita Sánchez; biografía de una época*, Buenos Aires, Peuser, 1952, p. 151.

2

UNA NIÑA EN LA CAPITAL VIRREINAL

1786-1800

El 1º de noviembre de 1786, fiesta de Todos los Santos, comenzó con una tensa vigilia en el hogar de los Sánchez de Velazco. A los 41 años, la dueña de casa, Magdalena Trillo, estaba próxima a dar a luz. Como había tenido una serie de malos partos y de hijos muertos prematuramente, eran pocas las esperanzas de un desenlace feliz. Pero la vigilia dio paso a un franco regocijo con el nacimiento de una niña; diminuta y vigorosa, contradecía la creencia común en la fragilidad de los vástagos de mujeres mayores, como era el caso de doña Magdalena.

La pequeña fue bautizada al día siguiente con los nombres de María Josepha Petrona de Todos los Santos.[1] Para celebrar a quien sería su única hija, el padre plantó un naranjo en el ancho patio de la casa solariega a fin de que le diera sombra toda la vida.

Sánchez de Velazco tenía, por fin, una heredera. La legislación hispánica y los usos establecidos en el Río de la Plata permitirían a la niña heredar el patrimonio familiar, convirtiéndola así en partido apetecible. Su porvenir parecía asegurado: como las demás mujeres, esposas de los prósperos comerciantes de Buenos Aires, su vida trascurriría entre partos, devociones religiosas, cuidado de los hijos, educación de las hijas y una atenta colaboración en los intereses del marido.

Difícil resultaba entonces imaginar que esta niña no se conformaría con un destino común y que su larga existencia, iniciada durante el gobierno del marqués de Loreto, tercer virrey del Río de la Plata, culminaría casi 82 años más tarde, en la capital de la República Argentina, reconocida como una auténtica gran dama de la patria; que su vitalidad, perspicacia, inteligencia y espíritu de lucha inagotables le permitirían ser protagonista y testigo de los cambios ocurridos en su país y en el mundo en épocas de transformaciones revolucionarias.

El mundo vivía una etapa de cambios vertiginosos. Cuando Mariquita tenía un año se promulgó en América del Norte la Constitución federal; al cumplir dos, se reunieron los Estados Generales convocados por Luis XVI de Francia; al llegar a los siete años, ese monarca absoluto y casi divino había sido guillotinado y una coalición de reyes y emperadores se preparaba para aniquilar la Revolución; a los diez, un desconocido militar de origen corso, Napoleón Bonaparte, obtenía merced a la influencia de su bella amante criolla, Josefina de Beauharnais, la jefatura del ejército de Italia, revertía el curso de la Revolución y daba comienzo a la historia del siglo XIX. En el campo del arte y del pensamiento, los rasgos de una nueva sensibilidad despuntaban en la música de Mozart, el realismo de Goya, la introspección de Rousseau y de Goethe. Sólo el imperio español parecía inconmovible: de Carlos III a Carlos IV, del virrey Loreto al virrey Arredondo, del obispo Azamor al obispo Lué.

Mariquita se formó intelectual y afectivamente en el marco de rígida apariencia de la sociedad porteña virreinal. Pero su historia personal merece compararse con la de los personajes de ficción de una admirable novela, *El siglo de las Luces* (1962), en la que Alejo Carpentier recrea el impacto producido por las ideas de la Ilustración en una familia de acaudalados comerciantes de La Habana cuyos hijos más jóvenes son seducidos, atrapados, deslumbrados y enajenados por ese tiempo prodigioso. Por eso conviene prestar atención a los mínimos indicios de rebeldía y novedad cultural en el Río de la Plata en la época en que ella era una niña rica, mimada y festejada por padres, criados, esclavos y agregados, el abigarrado conjunto que poblaba un hogar colonial de alto copete.

En noviembre de 1786, la sociedad porteña estaba conmocionada por los versos que el sabio presbítero Juan Baltasar Maciel había compuesto con motivo de un acto generoso del virrey: darle su coche al portador del Santísimo Sacramento. Como el virrey consideró que ensalzar ese hecho trivial resultaba más una burla que un signo de respeto, su cólera estalló contra Maciel pocos meses más tarde. Esto significó el destierro del ilustrado clérigo a Montevideo. Allí falleció quien fuera anfitrión de la más cultivada tertulia de su tiempo, sin saber que en Buenos Aires una beba recién nacida heredaría en cierto modo su liderazgo cultural, dándole el sello intelectual del nuevo siglo.

En 1789, un autor criollo, Manuel J. de Lavardén, conocido de los Sánchez de Velazco, estrenaba un drama de tema local, *Siripo*, basado en la leyenda de Lucía Miranda, cuya belleza desencadenó la tragedia del fuerte Sancti Spiritu fundado por Caboto. Lavardén, que tuvo mesa en el café de Marcos, donde se reunía con sus amigos, sería censurado por ideas sospechosas del "espíritu de Rusó" (Rousseau), y el modesto teatro donde se representó la obra se quemó poco después casualmente. Pero a pesar de todo se trataba de un punto de partida.

En 1794, un joven inteligente y promisorio heredero de una importante familia ítalo-criolla de comerciantes, Manuel Belgrano, obtuvo el cargo de secretario del Real Consulado de Buenos Aires. Vino de España, donde se había hartado de leer a los filósofos, decidido a proponer medidas renovadoras en lo económico y en lo cultural, como la escuela de dibujo con orientación técnica abierta en 1799; en ese mismo año empezaron a dictarse cátedras de anatomía y cirugía en el Colegio de San Carlos, mientras el grupo de intelectuales renovadores intentaba, infructuosamente, crear una Sociedad patriótico-literaria similar a las que habían surgido en España al calor de las ideas ilustradas. Porque mientras Mariquita vivía los años lentos de la infancia, en Buenos Aires se consolidaba este pequeño sector que disponía de tiempo para el ocio fecundo, la tertulia culta, el intercambio de ideas, la crítica y las propuestas modernizadoras.

La niña de los Sánchez de Velazco sería deudora del complejo mundo de ideas y de intereses en que se había educado: de un lado, la tradición colonial española, esquema sólido, impenetrable, inaccesible al cambio. Del otro, el atractivo y la seducción del ideario de la Ilustración, asentado en la fuerza del vapor, la revolución industrial que se gestaba en Inglaterra.

Desde su adolescencia ella dio pruebas de su intención de diferenciarse del medio en que había nacido, adhirió a las novedades que se discutían en esos medios cultos de la capital virreinal y tomó la decisión de hacer su voluntad sin dejarse doblegar por los hábitos y servidumbres de su época y tampoco por sus ricos y autoritarios padres.

Tarea difícil la de ser diferente en una sociedad casi aldeana por sus dimensiones físicas y por su estilo de convivencia social. En 1786, Buenos Aires tenía algo más de 25.000 habitantes, entre españoles (criollos y peninsulares), negros, mulatos, mestizos e indios, las castas en el lenguaje discriminatorio de la época.[2]

Gracias al reglamento que autorizó el comercio de Buenos Aires con otros puertos de España e Indias, se produjeron cambios positivos en la sociedad local cuyos intercambios comerciales habían sido entorpecidos por decisión real en beneficio del Virreinato del Perú. De todos modos Buenos Aires, el camino más directo para ingresar al mercado del Potosí, centro de la extracción de plata, siempre había tenido mercaderes más o menos prósperos, más o menos transgresores y con mucho de contrabandistas. Pero las reformas carlotinas abrieron un panorama especialmente atractivo gracias al cual se multiplicó la inmigración peninsular. Vascos, catalanes y gallegos en su mayoría, pero también castellanos y andaluces, llegaron en el último tercio del siglo XVIII a Buenos Aires para incorporarse a las firmas comerciales ya existentes en la ciudad o para fundar otras nuevas.

Las viviendas de la gente acomodada no superaban en ningún caso la media manzana de superficie; se extendían en habitaciones sucesivas que servían tanto para albergar a nuevos miembros de la familia como para subalquilar cuartos a artesanos o comerciantes. No había obras públicas ni intención de construirlas; cualquier posible erogación extraordinaria que ellas demandasen provocaba el disgusto de los ediles, prudentes a la hora de autorizar gastos. El conjunto urbano, casas bajas, azoteas y tejados, se asemejaba a Cádiz.

Los vecinos, cuyo ajuar había mejorado notablemente merced a las recientes franquicias comerciales (1778), se vestían a la moda de España y singularmente al estilo de Andalucía, "a cuyos hijos se parecen en muchas cosas los de este puerto", sentenció Francisco de Aguirre, uno de quienes mejor describieron la ciudad.[3]

Precisamente andaluz, nativo de Granada, era Cecilio Sánchez de Velazco, el padre de Mariquita. Regidor del Cabildo y alcalde de primer voto, integraba el gremio de los comerciantes, estamento de prestigio, pues junto a los altos funcionarios y eclesiásticos constituía, a falta de nobleza local, el grupo social dominante.

Sin embargo, Sánchez de Velazco había sido un hidalgo sin recursos cuando llegó a Buenos Aires en calidad de maestre de la fragata La Sacra Familia en 1771. Como no regresó, se lo consideró desertor. Su negativa a volver se explica porque en el mismo año de su arribo se había casado con Magdalena Trillo, viuda de Manuel del Arco, poderoso comerciante de la plaza porteña.[4] Aunque Cecilio careciera de bienes, su condición de español y su disposición para el trabajo eran cualidades suficientes para aspirar a la mano de tan rica señora; en Buenos Aires se valoraba a estos peninsulares activos y trabajadores, quizás porque los varones criollos resultaban bastante más indolentes para encabezar una familia. Y la renovación dentro del grupo de los mercaderes quedaba así asegurada.

La pareja se instaló en la casona que había sido del difunto del Arco en la calle San José (hoy Florida al 200), vivienda amplia, de varios patios y huertas, enteramente digna de la sólida fortuna de sus dueños. Había en ella un aljibe que proveía de agua de buena calidad al vecindario.[5]

Las casas ocupaban media hectárea de la manzana delimitada entonces por San José (Florida), Santa Lucía (Sarmiento), Santísima Trinidad (San Martín) y Merced (Cangallo), con frente sobre las tres primeras calles. Las habitaciones principales daban sobre San José; la ranchería, la noria y las letrinas a Santísima Trinidad y las caballerizas a Santa Lucía. Un corredor llamado "de la gente decente" conducía a los salones y otro para criados recorría el muro lindero.[6]

Vecinos de los Sánchez de Velazco eran el deán Andújar, Cabrera, el contador mayor del Virreinato, y el escribano Pedro Núñez. Comerciantes y abogados como Juan B. Azcuénaga, Juan Manuel de

Lavardén, Domingo de Basavilbaso y Miguel Sáenz vivían en esa misma calle, que gozó de alumbrado a base de velas de sebo y de empedrado antes que la mayoría de las calles porteñas.[7]

En 1778, cuando Vértiz ordenó hacer un censo de la ciudad, Sánchez de Velazco, encargado de una parte de éste, se registró a sí mismo en la casa de la calle de La Trinidad, "cara que mira al este". Allí vivían el jefe de familia, de 37 años, Magdalena, su esposa, de 33, el hijo del primer matrimonio de ésta, Fernando del Arco, de 13 años; un joven y una joven agregados; una niña huérfana; una pareja de servidores que eran mulatos libres, otra negra libre con su hija y cuatro esclavos con hijos pequeños.[8]

El nombre de Sánchez de Velazco figura en numerosos documentos coloniales, sea por cobro de deudas, por negocios de importación entre Cádiz y Buenos Aires o por propuestas al Cabildo, como por ejemplo, la de hacerse cargo del abasto de carne de la ciudad en 1775.[9] La buena marcha de sus negocios le permitió comprar una importante fracción de campo en el pago de San Isidro, incluidos sus esclavos, que había pertenecido a don Pedro de Olivares, y hasta dejar su impronta en la toponimia regional: Puerto Sánchez se denominó durante largo tiempo al puerto sanisidrense en recuerdo del activo comerciante de la plaza porteña, el cual, según una tradición, buscó refugio en esa chacra sobre la barranca del río cuando tuvo problemas políticos.[10]

En efecto, el padre de Mariquita integra la nómina de los mercaderes que en 1778 solicitaron a la Corona que prolongara el mandato del virrey Cevallos, quien tanto había favorecido a los comerciantes. Tal petición suscitó la ira de Vértiz, sucesor de Cevallos, quien resolvió castigar a los firmantes con un año de confinamiento en las islas Malvinas,[11] medida que muy probablemente pudo trocarse por la reclusión de los rebeldes en sus fincas rurales, en este caso, la de San Isidro.

Sánchez de Velazco participó en distintas oportunidades del gobierno municipal; en 1773 formó parte, junto a otros fuertes comerciantes, del primer grupo de comisionados designados por el Cabildo para mantener el orden, asegurar la equidad de los precios de los productos alimenticios y verificar que pulperías y lugares de juego cumplieran con las disposiciones en vigor.[12] Más tarde fue regidor y alcalde de primer voto, el cargo capitular de mayor responsabilidad y prestigio; pero cuando su posición social estaba francamente consolidada, pidió al rey que se lo eximiese de ejercer como alcalde de barrio, tarea que demandaba tiempo y esfuerzos y para la cual había sido propuesto en 1794. Se sentía llamado a responsabilidades más altas, como la de segundo cónsul del Consulado de Buenos Aires, para la que fue designado en ese mismo año.

Por entonces se ocupaba de reedificar varias casas de su propiedad y de la venta y compra de terrenos y campos. Al parecer había dejado de lado las inversiones de riesgo, como las que hacían por esos mismos años algunos grandes mercaderes porteños, como Tomás Antonio Romero o Martín de Álzaga. En 1799 procuró, junto a otros miembros del Consulado, que el rey volviese a autorizar el comercio con las naciones neutrales. Esto interesaba a los comerciantes especializados en la extracción de cueros o frutos del país, pero no a los defensores del tradicional sistema mercantil monopolista que encabezaba Álzaga.[13]

En 1801, poco antes de su fallecimiento, don Cecilio administraba la casa de Niños Expósitos, creada por Vértiz, otrora su enconado adversario, para evitar que los infantes, abandonados en los rincones oscuros de la ciudad, murieran comidos por los perros.

Siempre había sido hombre de iglesia. Su generosidad con el templo de San Pedro Telmo le valió ser nombrado síndico perpetuo y admitido, con su esposa e hija, en la Hermandad de dicho templo (1797). La distinción implicaba participar de los sacrificios, oraciones y buenas obras realizados por los religiosos de la provincia franciscana y el derecho a ser sepultados en el recinto del templo.[14]

Este caballero activo y enérgico gozó de la amistad de monseñor Manuel de Azamor y Ramírez, obispo ilustrado y tolerante que gobernó la diócesis de Buenos Aires entre 1788 y 1796 y donó los libros de su importante biblioteca privada para que la capital virreinal tuviera su primera biblioteca pública (disposición que naturalmente demoraría décadas en cumplirse). En oportunidad de una de aquellas sempiternas cuestiones de etiqueta que alborotaban la ciudad colonial y mostraban hasta qué punto lo formal expresa las relaciones del poder, el obispo recurrió a sus buenos y generosos amigos, los Sánchez de Velazco.[15]

Precisamente uno de los más antiguos recuerdos de Mariquita se vincula con dicho episodio. Ella lo relató así: el obispo, "hombre de mucho talento y gran educación", se hallaba enfrentado con el virrey Pedro Melo de Portugal; "previendo que podía haber un gran desagrado, trató de tomar un medio con que no chocar y determinó ausentarse de la ciudad para no pontificar al día siguiente, y esta resolución la tomó a las diez y media de la noche y ordenó a su familia, en consecuencia, tomare las medidas precisas para ir a San Isidro, a la casa de una familia con quien tenía mucha amistad. Era don Cecilio Sánchez de Velazco y su señora doña Magdalena Trillo, pero nombrada siempre del Arco, nombre de su primer marido. Esta señora era una notabilidad en aquella época; ocupada sin cesar en el alto culto divino, en las funciones de la Iglesia; tenía las más originales ideas".

Azamor se encontró en horas de la madrugada con un recibimiento de excepción: "en el salón un gran dosel damasco punzó, con

23

galones de oro y su mesa con cojín. En el cuarto siguiente un altar lindísimo, con todo pronto para decir misa. Todo el piso de esas dos viviendas cubierto de flores; cuarto para el señor Obispo, en consecuencia. Y preparado, para su tiempo, un buen almuerzo". Invitado el prelado por la dueña de casa a quedarse unos días en San Isidro para confirmar a los feligreses, las ceremonias "hicieron época por lo grandiosas que fueron".[16]

Al relatar este episodio que tuvo lugar en la chacra de las barrancas del río, en el paraje Tres Ombúes, la mujer ya anciana evoca a la niña deslumbrada por la importancia del huésped, la suntuosa recepción y lo sabroso del almuerzo. Por otra parte ésta es una de las contadas veces en que Mariquita menciona a su madre, la piadosa y autoritaria Magdalena Trillo.

La dama en cuestión era nativa de Buenos Aires. Hija de Domingo Trillo, comerciante oriundo de Galicia, y de Micaela de Cárdenas, de antigua prosapia porteña, en 1757 se había casado en primeras nupcias con Manuel del Arco y Soldevilla, natural de la Villa de Viguera en La Rioja.[17] Aunque su padre tenía bienes, Magdalena no llevó otra dote que "la moderada decencia de su persona". Porque en Buenos Aires era posible casar bien a las hijas de familia aun sin dote, cosa inimaginable en las sociedades europeas de la época.

Del Arco tenía importantes negocios, algunos por sí solo y otros en sociedad con dos hermanos suyos que vivían en la Península. Sus operaciones eran legales, aunque en alguna ocasión los navíos que traían mercaderías consignadas a su casa de comercio fueron confiscados por no tener licencia. De un modo y de otro acrecentó su fortuna. En su testamento, redactado en 1768, el año de su muerte, del Arco afirma que llevó al matrimonio un capital de 150.000 pesos. Dejaba una docena de casas, las principales de ellas en la calle Florida, una quinta y un bien surtido depósito de mercancías.[18] Dos de sus hijos fallecieron niños. El único sobreviviente, Fernando Joseph, heredó la fortuna paterna cuya administración correspondió en principio al abuelo Trillo.

Al casarse con Magdalena en 1771, Cecilio Sánchez puso pleito a su suegro para obtener el manejo de esos importantes bienes. Como el niño murió en la infancia, de una mala caída, su media hermana, Mariquita, resultó finalmente la heredera de todo. A la muerte de Trillo, Magdalena y sus hermanos recibieron algunos dineros y una capellanía, pero el grueso del patrimonio familiar provenía de la fortuna de del Arco.[19]

Doña Magdalena era una mujer fuerte, dispuesta a emprender cuantas actividades estuviesen disponibles para una gran dama de su condición, es decir, todo lo relacionado con la Iglesia y las obras pías. Por entonces, la mujer más prestigiosa del Virreinato era una beata, Sor María Antonia de Paz y Figueroa, promotora de los Ejercicios Espirituales sobre el modelo jesuítico y árbitro en las disputas entre obispos, virreyes y cabildantes. Fiel a esta concepción de la vida femenina, Magdalena ingresó como terciaria en la orden de la Virgen de la Merced, parroquia a la que pertenecía; con su esposo fundó algunas capellanías, una de las inversiones preferidas por los comerciantes porteños pues favorecían a los clérigos de la familia o a ciertas comunidades religiosas, pero el control del capital quedaba en poder del donante. Sobrevivió diez años a su segundo esposo. Murió el 11 de julio de 1812.

Pero la memoria de su única hija sería reacia a recordarla. ¿Cómo era el vínculo entre madre e hija? Los *Recuerdos del Buenos Aires virreinal,* que Mariquita escribió siendo anciana, abundan en críticas a la severidad de las relaciones entre padres e hijos y al hábito de encubrir el cariño que prevalecía en las familias. Menciona a su madre, sin nombrarla expresamente, como la "señora de gran imaginación que tenía las ideas más originales y graciosas" para organizar funciones sacras: en cierta oportunidad había hecho preparar un armazón de algodón teñido de celeste para formar una nube dentro de la cual cantaba el Gloria un niño vestido de ángel, aunque muerto de miedo por su arriesgada posición. Pero en toda su correspondencia publicada, sólo menciona a Magdalena cuando le pide a una de sus hijas el cuaderno de tapas de pergamino en que su madre registraba el pago de alquileres, para llevarlo tan puntillosamente como ella lo hacía.

Pocos recuerdos, aunque reveladores: la madre representaba para Mariquita el orden antiguo, fundado en la piedad, la sumisión al rey y a la Iglesia, la severidad y el ahorro. Fue grande la distancia entre la generación que era adulta cuando se fundó el Virreinato, la de sus padres, y la que alcanzó la madurez cuando la Revolución de Mayo. Y en el caso personal de Mariquita, moderna *avant la lettre*, la brecha generacional era muy pronunciada.

Mariquita pasó su infancia entre la casona del barrio de La Merced, la chacra de San Isidro y la quinta de Los Olivos en la Recoleta. Mimada y consentida por la servidumbre de la casa, debió establecer un vínculo afectivo más hondo con el padre —del cual era la única hija— que con la madre. Ésta había perdido al hijo varón, habido con su primer esposo, y era solemne, envarada y dramática, a diferencia de su hija, más bromista, ligera y afectuosa.

Compartía Mariquita con sus padres el gusto por la sociabilidad y apreciaba, lo mismo que ellos, las comodidades de la vida material. En lo social, en lo intelectual y en lo espiritual, pronto buscaría su propio camino ayudada por las lecturas a su alcance.

Según la tradición familiar fue don Cecilio quien le habría enseñado a leer y a escribir. Porque esa dinámica clase de los altos comerciantes avecindados en Buenos Aires quería que sus hijas estuvieran en condiciones de colaborar en los negocios de familia, aun a riesgo de que las niñas utilizasen esos conocimientos para comunicarse con sus enamorados. Mariquita usaría la escritura en primer lugar para comunicarse con sus enamorados, luego para mantener relación epistolar con parientes y amigos de Europa y América, también para escribir un breve Diario, los *Recuerdos*, y para redactar centenares de notas como secretaria de la Sociedad de Beneficencia. Lo que menos hizo a lo largo de su vida fue ocuparse de la administración de su fortuna.

En unos versos dedicados a una íntima amiga, describió Mariquita, en la vejez, la vida de las niñas de su tiempo:

"Nosotras solo sabíamos
ir a oir misa y rezar
componer nuestros vestidos
y zurcir y remendar".

Sin embargo, es muy probable que haya concurrido a la escuela de doña Francisca López que describe con prolijidad en la primera parte de *Recuerdos del Buenos Aires virreinal*. La imaginamos insistiendo ante su padre para obtener el permiso y a éste concediéndolo a desgano. Una vez instruida en las primeras letras, Mariquita se volvió dueña de sí misma; pudo leer los libros que según tradición familiar había en la biblioteca de los Sánchez de Velazco, y quizás las gacetas que circulaban por la ciudad y promovían la renovación del pensamiento y las costumbres.

Por eso cuando al cumplir 14 años sus padres decidieron casarla contra su voluntad, ella no cedió. Transgredió con esta decisión las normas de su clase en materia de casamiento y el destino para el que había sido educada. Este hecho, desencadenante de su historia personal, la proyectó a un lugar público en la historia del país cuando éste no existía aún como entidad independiente.

NOTAS

[1] Testimonio obtenido en la Iglesia de la Merced, en 1918, en poder de Juan Ramón de Lezica. (AL)

[2] Manfred Kossok. *El Virreinato del Río de la Plata*. Buenos Aires, Hyspamérica, 1986, p.133.

[3] Diario de Juan Francisco de Aguirre. En: *Buenos Aires en el siglo XVIII*, por R. de Lafuente Machain. Municipalidad de Buenos Aires, p. 307 y ss.

[4] Archivo General de la Nación (AGN). Sala III. Año 1773, legajo 51 exp. 3.

⁵ Concolorcorvo. *El lazarillo de ciegos caminantes desde Buenos Aires hasta Lima*. 1773. Buenos Aires, Solar, 1942, p. 49.

⁶ El plano de la casa, copiado del trámite sucesorio de Florencia Thompson de Lezica, ha sido reproducido por Luis J. Grossman en *Algo más acerca de la "casa del Himno"*. En: *La Nación*, 14 de junio de 1995, Suplemento de arquitectura.

⁷ Susan Socolov. *Los mercaderes del Buenos Aires virreinal*. Buenos Aires, Ediciones de la Flor, 1991, p. 106; las contribuciones del alumbrado, en AGN.

⁸ Véase *Mariquita Sánchez y su tiempo*, de Jorge A. Zavalía Lagos, Buenos Aires, Plus Ultra, l986, p.52.

⁹ AGN, Catálogo de nombres de la época colonial.

¹⁰ Revista *La Fundación*, San Isidro, 1986, *passim*. Año 1 N° 9.

¹¹ AGN, *Sucesiones*, año 1768, N° 3862.

¹² Socolow, *op. cit.*, p. 140; AGN Catálogo de nombres de la época colonial.

¹³ *Ibidem*, p. 145.

¹⁴ Documento original en el archivo Zavalía Lagos Lezica (AZL).

¹⁵ Daisy Rípodas Ardanaz. *El obispo Azamor y Ramírez. Tradición cristiana y modernidad*. Buenos Aires. Universidad de Buenos Aires, 1982, p. 86.

¹⁶ Mariquita Sánchez. *Recuerdos, op. cit.*, p. 50.

¹⁷ Testimonio del cura de la Merced, 1916, en el archivo Lezica.

¹⁸ AGN, *Sucesiones*. Año 1768, N° 3862.

¹⁹ AGN, *Testamento* de Domingo Trillo. Bienes de Difuntos, leg. 2, exp. 12. Año 1793.

3

LA FUERZA DEL PRIMER AMOR

1800-1805

"¡Amor! palabra escandalosa en una joven, el amor se perseguía, el amor era mirado como una depravación"[...] "Hablar del corazón a .esas gentes era farsa del diablo, el casamiento era un sacramento y cosas mundanas no tenían que ver en esto", escribe Mariquita en sus *Recuerdos*.

A los padres les gustaba casar a sus hijas con un español peninsular recién venido al que protegían e incorporaban a sus negocios y al hogar. Si el pretendiente era ahorrativo, tanto mejor. Por lo general el jefe de familia arreglaba todo a su criterio y, una vez decidido, comunicaba la novedad a su mujer y a la novia pocos días antes de la boda.

Semejante forma de casamiento exigía una sumisión filial absoluta: "Las pobres hijas no se habrían atrevido a hacer la menor observación, era preciso obedecer. Los padres creían que ellos sabían mejor lo que convenía a sus hijas y era perder tiempo hacerles variar de opinión".

Cuestiones como la diferencia de edad y de educación o la falta de atractivo físico no se tenían en cuenta, aunque se tratase de una hermosa niña y de quien ni era lindo, ni elegante, ni fino y hasta podía ser su padre, tanta era la diferencia de edad, "pero era hombre de juicio, era lo preciso". Los pocos casamientos que se hacían por inclinación se concretaban a disgusto de los padres. En cuanto a las hijas que no se atrevían a contrariarlos, pero tampoco aceptaban al marido propuesto pues les inspiraba "adversión más bien que amor", optaban por hacerse monjas.[1]

Al trazar esta ajustada semblanza del modo en que formaban pareja los jóvenes de su época, Mariquita pone al matrimonio como determinante del curso de la vida de las mujeres y al amor como el punto clave de la existencia femenina: las hijas de estas familias acomodadas no tenían otro destino que el matrimonio o el convento. Ninguna actividad intelectual, profesional, o artesanal podía siquiera pensarse en esa suerte de minoría de edad perpetua a que estaban destinadas.[2] Permanecer solteras no era sino una forma de marginalidad, aunque dentro del hogar paterno.

Pero Mariquita no se sometió a esa regla de oro de la sociedad de su tiempo. Precisamente su toma de posición contestataria con respecto a su boda le dio una merecida fama y un lugar de importancia en la sociedad. Este primer paso de su larga trayectoria pública sirve asimismo para medir los incipientes cambios en la sociedad virreinal en vísperas de las Invasiones Inglesas, que aceleraron las transformaciones en esta parte de América.

La historia de este romance que Pastor Obligado incluyó en sus *Tradiciones*, comienza cuando Cecilio Sánchez de Velazco decide que su hija debe contraer matrimonio. Ella, de sólo 14 años, acaba de entrar en la adolescencia; tiene la edad apropiada, supone el padre, para buscarle marido y de este modo evitarle amoríos indeseables que signifiquen algún riesgo sexual. Por otra parte, siendo Mariquita hija única de padres mayores, debía establecerse cuanto antes para asegurar el buen manejo de los intereses familiares. Los mercaderes ricos del Buenos Aires virreinal tendían a formar una suerte de clanes para proteger sus negocios y valoraban especialmente los lazos fundados en el parentesco.[3] Ésta era la intención de los Sánchez de Velazco al seleccionar a su futuro yerno.

El novio elegido, Diego del Arco, pariente del primer marido de doña Magdalena, reunía los requisitos más apreciados por estos clanes: español, mucho mayor que la niña, todo un caballero en condiciones de administrar la cuantiosa herencia de Mariquita. Este matrimonio de razón tenía en cuenta el supuesto interés de la novia, no su gusto u opinión. También sus padres habían hecho bodas razonables: don Cecilio al contraer enlace con una viuda rica que le abrió las puertas de la sociedad y del comercio porteño. En cuanto a doña Magdalena Trillo, no llevó dote alguna a su primer matrimonio, pero, eso sí, eligió al segundo marido a su gusto, gratificación que era consecuencia de su opulenta viudez.

La tradición recogida por Antonio Dellepiane en *Dos patricias porteñas* dice que Diego del Arco era un militar noble y, como casi todos los militares, destrozador de caudales en vicios de juego y mujeres, tramposo y habituado a pedir prestado. Estos datos, que circulaban en la época acerca de un tal Diego del Arco que habría venido en la expedición de Pedro de Cevallos a fundar el Virreinato, no prueban que éste fuera la misma persona que la seleccionada para Mariquita. Es más probable que se tratase de un respetable sobrino del primer esposo de Magdalena, hijo de Francisco Javier o de Lorenzo, los hermanos de Manuel del Arco que residían en España: imaginamos mejor al novio buscado por Sánchez de Velazco dentro del hábito de trabajo y ahorro de los mercaderes porteños, reacios a aceptar que en sólo dos generaciones se deshicieran fortunas amasadas con esfuerzo.[4]

Fuera quien fuese, Mariquita quería a otro. Se había enamorado con toda la fuerza de la adolescencia y con la voluntad de que daría prueba a lo largo de su vida, de un primo segundo suyo, Martín Jacobo Thompson, de atractiva y romántica figura: el pelo rubio enmarcando un rostro melancólico, ojos azules, sonrisa algo tímida, agradable, estatura mediana y, para mayor encanto, el uniforme de la Real Armada española. Había cursado la carrera de marino de guerra en la Península; sensible y nervioso, gesticulaba mucho con las manos al hablar.

Nacido en 1777, Martín era nueve años mayor que Mariquita. Hijo único del matrimonio formado por Guillermo Thompson y Tiburcia López Escribano, su hogar era más cosmopolita que el de la generalidad de los porteños.

En efecto, su padre, Guillermo Pablo, nativo de Londres (Gran Bretaña), hijo de Guillermo Thompson y de Elizabeth Martin, pertenecía al núcleo de comerciantes británicos afincado en Cádiz. Allí residió unos cinco años antes de pasar a Buenos Aires hacia 1750, con licencia de la Casa de Contratación y provisto de certificados que probaban su conversión al catolicismo. En 1752 se casó con Francisca (Panchita) Aldao Rendón, con la que tuvo dos hijos.[5]

La esposa era porteña de vieja y distinguida cepa. Tres años antes su nombre había estado en boca de todos cuando su padre descubrió que la niña salía de noche para irse a dormir a casa de su novio, Carlos Ortiz de Rozas, joven oficial de la guarnición local. Para evitar la deshonra de su hogar, Rendón le exigió a Carlos cumplir la promesa de casamiento que el seductor juró no haberle dado nunca a Panchita. En el curso del escandaloso proceso judicial murió el padre de la joven —de pena, según los comentarios—, y el novio falleció poco después en la cárcel donde purgaba su culpa.[6] Pero la vida de Panchita no estaba concluida: pudo rehabilitarse gracias a la llegada de Thompson, dispuesto a casarse, ya sea por amor o más probablemente por conseguir la calidad de vecino. Al inglés, que era dueño de un capital de 35.000 pesos, poco lo preocuparía la chismografía de la aldea porteña acerca de su esposa, pues gracias a su boda con una criolla de las primeras familias del país tendría opción para solicitar y obtener la categoría de vecino.

En cambio, alarmaron a Thompson ciertos rumores que ponían en duda la certeza de su conversión al catolicismo. Para contrarrestar esas habladurías, veinte años después de su llegada a Buenos Aires haría autenticar el testimonio del abad Plácido Santiago Hamilton, misionero apostólico en Londres que acreditaba su condición de católico romano. El curioso documento, escrito en latín, mostraba detalladamente que en materia de intolerancia religiosa el Reino Unido no le iba en saga a España.[7]

El comerciante inglés vivía por entonces en la calle de San Pedro —la del Cabildo, popularmente conocida como "de Pablo Thompson"— a media cuadra de la plaza principal, en una casa que

30

había comprado a Teresa Rendón, la madre de su esposa. Viudo de Panchita, casó en segundas nupcias (1773) con Tiburcia López Escribano y Cárdenas, hija y nieta de militares que tuvieron funciones en el presidio de Buenos Aires, parienta de su primera mujer y ahijada de Manuel del Arco, el primer marido de Magdalena Trillo. Lo hizo, explicó al solicitar dispensa, "animado de ejercitar una obra de caridad con doña Tiburcia López y Escribano, mujer que se halla ya en los 25 años de edad, destituida de padre y sin recurso alguno en las necesidades que padece por causa de su pobreza". Bendijo la boda el vicario del obispado, Juan Baltasar Maciel, el hombre más cultivado de la época.[8]

Martín Jacobo fue el fruto único de esta unión. Cuando falleció su padre, en 1787, el niño, de diez años de edad, quedó solo. Su madre había ingresado en el convento de las capuchinas de Buenos Aires, junto a la iglesia de San Juan. Esto significaba reclusión perpetua. La explicación familiar de este hecho verdaderamente sorprendente, es que habría habido un pacto entre los esposos por el cual quien sobreviviese a su cónyuge entraría en religión. Esta promesa, rara en la sociedad porteña donde escaseaban las vocaciones religiosas tanto como la excesiva piedad, resulta más comprensible si se tienen en cuenta el fervor del converso y los celos ante la idea de que su joven esposa lo sobreviviese.

Tiburcia, ya religiosa capuchina, profesa con el nombre de Sor María Manuela de Jesús; vivió en el monasterio hasta su fallecimiento en 1815. De acuerdo con la tradición narrada por Pastor Obligado, Martín, de regreso del viaje de estudios a España, urdió una estratagema para volver a abrazarla: ofrecerse, como era costumbre de los vecinos, para descargar leña en el convento. Así logró entrar a la clausura y descubrir a su madre en la encapuchada figura de una de las reclusas. Se dio a conocer, pero sor María Manuela lo rechazó con frialdad dejándolo traspasado de pena.[9]

Martín Jacobo, huérfano de hecho por el abandono de su madre, tuvo por tutor a uno de los personajes del Buenos Aires virreinal: Martín José de Altolaguirre, ministro jubilado de Real Hacienda y prestigioso agricultor. En la chacra que poseía cerca del convento de los Recoletos, Altolaguirre supo aplicar los últimos adelantos de la ciencia agronómica que preconizaba en Europa la corriente de pensadores fisiócratas. Era un exponente calificado de dicha corriente en el Río de la Plata, junto a Manuel de Lavardén, Hipólito Vieytes y Manuel Belgrano.

Pero su ahijado, que cursó los estudios secundarios en el Colegio de San Carlos, fundado por Vértiz en 1776 sobre la base del colegio de los jesuitas, no mostró la menor vocación de funcionario o de agricultor. Quería ser oficial de la Marina Real y para ello debió probar que su sangre estaba limpia de recién convertidos, moros, judíos, herejes, mulatos, negros o de "alguna otra raza que cause infamia en los nacimientos". El largo expediente iniciado por su tutor en 1796, cuando Martín tenía 19 años, contiene varios testimonios y juramentos. También, según observa su biógrafo, González Lonzième, una mentira menor: darlo por nacido en 1779 pues de otro modo se hallaba excedido en edad para ingresar a la Armada. Por otra parte, si bien la limpieza de sangre se prueba ampliamente en la familia materna, los muy conocidos López y Escribano, Rendón y Cárdenas, altos funcionarios y militares de la plaza porteña, se omite toda referencia a la rama paterna inglesa.[10]

Pero estos leves subterfugios, tan corrientes como fastidiosas eran las probanzas que reclamaba la sociedad estamental, fueron suficientes para que Martín ingresara en la Escuela de Guardiamarinas del Ferrol. Allí demostró, según su hoja de calificaciones, "poca aplicación, mediano talento y buena conducta".[11] Medianía y corrección parecían ser los rasgos fundamentales de Thompson, junto con la persistencia y la constancia una vez adoptada una decisión: su destino pudo haber sido el de un mediocre oficial, pero su suerte cambió radicalmente cuando recién egresado de guardiamarina (1801) volvió a Buenos Aires. Tenía entonces 24 años. Aunque no lo dijo abiertamente, venía urgido por su novia porteña, Mariquita Sánchez de Velazco.

¿Cuándo y cómo se había iniciado el romance? Ellos mismos relataron su historia de amor al solicitar a la autoridad eclesiástica la dispensa que necesitaban, como primos segundos, para casarse (descendían de bisabuelos comunes: el capitán Francisco de Cárdenas y su esposa, Catalina Rendón y Lariz, nieta de aquel gobernador de Buenos Aires apodado "El Loco").

"Me parece oportuno hacer una reflexión que conducirá a V. S. a formarse y conocer el grado de pasión en que se hallan ambos suplicantes. Dos meses escasos visitó el referido Thompson la casa de la suplicante, y sufrida la repulsa de su declaración no le pareció decoroso continuarla". Suponían los novios, explica el documento, que precisamente por el hecho de ser primos sus padres verían con agrado el enlace. Pero encontraron una cerrada oposición. Para colmo, Sánchez de Velazco aprovechó su buena relación con el virrey del Pino para que Martín, por entonces ayudante de la división cañoneras en el puerto de Buenos Aires, fuera destinado a Montevideo.

Entre tanto, su enamorada había producido un auténtico escándalo. Cuando sus padres decidieron hacer la ceremonia de esponsales con el novio elegido por ellos, Mariquita se rebeló: ante su reclamo un funcionario se presentó en la casa de la novia para "explorar su voluntad". La tradición que recoge Jorge Zavalía Lagos dice que ella afirmó que su intención era unirse con Thompson, y mientras el pretendiente despechado debía soportar tamaña humillación, la niña era depositada en un convento. Así se acostumbraba proceder con las mujeres díscolas, las esposas descarriadas y las muchachas rebeldes, como ella, al mandato paterno.

La reclusión en la Casa de Ejercicios duró poco. Estuvo matizada por un abanico de presiones, desde mimos o agasajos hasta la afirmación de que la conducta de esta hija mataría de pena a sus padres. Otras razones hubo que los novios prefirieron omitir en el relato.

Pasó el tiempo. Martín, a instancias de Sánchez de Velazco, fue trasladado más lejos, a Cádiz, y Mariquita, en lugar de ceder, se refugió en la tenaz negativa a casarse. Se mantuvo firme incluso cuando murió don Cecilio en 1802 y no demostró en ningún momento sentir culpa por este inoportuno fallecimiento; por el contrario, se dispuso a desafiar a su madre, la cual, por su parte, estaba firmemente dispuesta a seguir en todo el criterio del esposo difunto.

Los novios, en su presentación, se quejaban de que "esta oposición, este empeño recíproco, y las incidencias del caso llevadas con tesón de una y otra parte, no han podido menos que escandalizar a gran parte del Pueblo, o mejor dicho a todo él, y dar lugar a hablillas que sin poderse remediar habrían puesto en opiniones, cuando no la moralidad, al menos el carácter de la suplicanta".[12]

Pero en esta lucha de carácter personal los novios no estuvieron solos. En efecto, la cuestión del casamiento con el elegido del corazón que planteaban era uno de los grandes temas de la vida privada que debatía la sociedad finisecular. Si en Francia acababan de abolirse privilegios que venían del Medioevo, si el espíritu del siglo tendía a acabar con las herencias gravosas, si los pensadores, literatos y poetas elogiaban el individualismo y la religión del corazón por encima de las frías normas, ¿podrían escapar los súbditos americanos de la Corona española al influjo de tales cuestiones?

La firmeza de Mariquita al sostener contra viento y marea sus derechos, de los 14 a los 17 años, da cuenta además de una decisión que era fruto de su notable fortaleza, el punto de partida de una nueva sensibilidad social ante el matrimonio: la revalorización del amor de la pareja por encima de los intereses del grupo de familia. En este punto la joven contaba con el respaldo moral de un muerto ilustre que había sido íntimo amigo de los Sánchez de Velazco: el obispo Azamor y Rodríguez, titular de la diócesis de Buenos Aires.

En sus escritos Azamor había defendido la libertad de elección de su pareja por parte de los jóvenes, según ha señalado Daisy Rípodas en *Historia del matrimonio en Indias*. El prelado es categórico en cuanto a la reivindicación del amor como punto de partida de un matrimonio sólido.

"El matrimonio empieza por amor, por amor continúa y por amor acaba. Todos los bienes vienen por amor, o son frutos del amor. Este *placuit* es la raíz de la vida conyugal y quien sostiene la mutua sociedad de los consortes y afianza su duración entre tanta variedad de acontecimientos y entre tantas ocasiones de disensión y desvío. Este *placuit* hace sufrir con alegría la pobreza; con resignación, los desdenes de los parientes ricos; con paz, la guerra de los malos contentos; con aliento y esperanza, el disgusto e indignación de los padres, hermanos y parentela. Este *placuit* es el mejor principio para criar y educar en amor y unión los hijos; es el único asilo de los extravíos y mala conducta del consorte y, finalmente, la memoria de este *placuit* hace parar en el corazón las quejas y ahogar en el pecho los sentimientos y pesares que ocasiona al consorte o la pobreza o cualquier adversidad que venga en el matrimonio."

Esta postura, favorable al amor y a la libre elección de la pareja, era también la del progresista fiscal de la Audiencia de Charcas, Victorián de Villaba (1792), para quien la oposición de los padres respondía al capricho o a deleznables conveniencias económicas o sociales. Tanto el prelado como el fiscal expresaban un clima de ideas contrario a la Pragmática Sanción que en la década de 1780 había tendido a vigorizar la autoridad paterna a fin de evitar que la sociedad estamental se quebrara por matrimonios entre personas de diferente nivel social o de castas distintas. Según dicha Pragmática, los hijos, incluso los mayores de 25 años, debían solicitar el consentimiento paterno. Hasta entonces se daba a los varones libertad a partir de esa edad y a las mujeres a los 28 años. La transgresión a esta norma se castigaba con la pérdida del derecho a la herencia y la prohibición se extendía a los esponsales, la promesa matrimonial no avalada por los padres, que era el caso precisamente de Mariquita y Martín.[13]

Muy posiblemente Mariquita no conoció jamás al fiscal Villaba. Azamor, en cambio, había sido íntimo de su casa. Murió cuando ella tenía unos diez años; es fácil imaginar que esa niña despierta y vivaz, presente en las tertulias de los mayores como se acostumbraba en Buenos Aires, debió escuchar y absorber estos nuevos y atractivos conceptos que tan bien se adecuaban a su íntimo anhelo de libertad. Más sorprendente es que su padre, tan amigo del obispo Azamor, adoptara en oportunidad del enlace de su única hija un comportamiento intransigente. Pero una cosa era el vínculo amistoso, motivo de lucimiento para el acaudalado comerciante, y otra muy diferente aceptar los revolucionarios criterios del prelado en lo que hacía al manejo de sus intereses de familia.

Mientras Martín estuvo destinado en Cádiz, los enamorados continuaron su relación. Lamentablemente, este comienzo del rico epistolario de Mariquita Sánchez se ha perdido junto con casi todos los papeles de la época en que estuvo casada con Thompson.[14] Lo cierto es que a los cinco o seis meses de su arribo a España, Martín fue llamado por su novia, con argumentos elocuentes, para el cumplimiento del contrato que tenían celebrado:

"... a consecuencia de su insinuación de su honor, de la religión, de su amor, se trasladó a ésta a la mayor brevedad en una fragata de comercio. Esta reflexión dará a usted, el provisor eclesiástico, fundado fundamento para mil consideraciones que no podrán menos de hacer a V. S. que han el uno para el otro nacido", dice el documento en un lenguaje alambicado pero muy claro en cuanto a la expresión de los sentimientos de la pareja.

Martín, impulsado por su novia, había hallado un pretexto creíble para regresar. A ese fin solicitó en 1803 autorización para pasar a Buenos Aires a recibir la herencia paterna. Justificaba esta necesidad en que su madre era monja de clausura. Sus intereses corrían por cuenta de Altolaguirre, su padrino, muy probablemente partidario de que su pupilo se casara con la riquísima heredera de los Sánchez de Velazco y por lo tanto de que la situación se esclareciera cuanto antes.

Concedido el permiso para regresar, Martín se instala en Montevideo durante 1804 y se queda allí incluso con la licencia vencida, algo poco habitual en un joven oficial de la Armada. Aconsejado por amigos y parientes, preparaba la estrategia adecuada para conseguir la mano de Mariquita.[15]

La severa apariencia de la sociedad colonial no impedía que entonces, como en cualquier época, hubiera formas de transgredir lo establecido y de burlar controles. Muchas parejas habían acelerado los esponsales mediante presiones casi infalibles para conseguir la autorización paterna. Esa presión podía consistir en las relaciones carnales de los novios, en la inminente llegada de un hijo, etcétera. Los casos extremos en que se deshonraba una casa por culpa de estos manejos iban a parar a la justicia eclesiástica.

La picaresca amorosa en Buenos Aires, registrada en los archivos —destruidos en 1955— de la Curia metropolitana, describe las variadas estrategias de que se valían los jóvenes de familias decentes para burlar las rígidas normas morales de la época: sirvientes comprados, amantes escondidos entre los cortinados de la cama, visitas nocturnas de la amada saltando tapias para entrar al domicilio del amado, promesas de matrimonio finalmente incumplidas con el supremo argumento de que la prometida no era virgen al comenzar las relaciones... De todo había en tales procesos cuya lectura permite conocer mejor de la sexualidad de la época que un tratado erudito al respecto.

Pero Mariquita y Martín Jacobo no se proponían convertirse en la comidilla de la aldea porteña. Preferían defender sus derechos de frente a su familia y a la sociedad. Una circunstancia fortuita, pero que habla a las claras del cambio de sensibilidad en la legislación hispánica, la Pragmática Sanción de 1803, vino en auxilio de los enamorados. En efecto, por ella se daba al virrey autoridad para permitir o no, en un corto plazo, los casamientos impedidos por los padres de los novios. De ahí que el 7 de julio de 1804, con el patrocinio del escribano Pedro de Velazco, Martín Jacobo Thompson inicie el juicio de disenso contra Magdalena Trillo.

En su demanda, el alférez Thompson solicitaba al escribano que pasara por casa de Magdalena para que ella diera su consentimiento para la boda. El confesor de la niña, fray Cayetano Rodríguez, estaba en conocimiento del asunto. Pero la madre, amparada en la opinión de su difunto esposo, no accedió. A ella le bastaba que el padre, que tanto juicio y conocimientos tenía, y tanto amaba a Mariquita como hija única, se hubiera rehusado en vida, para mantener la negativa, más aún siendo Thompson "pariente bastante inmediato, sin las calidades que se requieren para la dirección y gobierno de mi casa de comercio, por no habérsele dado esta enseñanza y oponerse a su profesión militar". Suponía la dama que del enlace no resultaría un matrimonio verdaderamente cristiano: peligraba la buena armonía entre padres e hijos y debían evitarse el escándalo y la ruina de las familias.

Martín contraatacó diciendo que su compromiso era un contrato sagrado: los padres no tenían ningún derecho para hacerse árbitros de la voluntad de la niña, sin escuchar siquiera la mediación de personas de respeto. Explicaba que muerto el padre, al que suponía más obstinado, había renovado su pedido inútilmente. Recurría entonces al virrey, aprovechando la Real Pragmática que le concedía facultad para resolver en tales casos.

Al reclamo del novio se agregó un contundente escrito, firmado por María de los Santos Sánchez, el 10 de julio de 1804:

"Ya me ha llegado el caso de haber apurado todos los medios de dulzura que el amor y la moderación me han sugerido por espacio de tres años largos para que mi Madre, cuando no su aprobación, a lo menos su consentimiento me concediese para la realización de mis honestos y justos deseos, pero todos han sido infructuosos pues cada día está más inflexible. Así me es preciso defender mis derechos".

Pedía la joven que el virrey la llamase, sin la compañía materna, a fin de dar su última resolución:

"Siendo ésta la de casarme con mi primo, porque mi amor, mi salvación y mi reputación así lo desean y exigen, me mandará V. E. depositar por un sujeto de su carácter para que quede más en libertad y mi primo pueda dar todos los pasos competentes para el efecto. Nuestra causa es demasiado justa según comprendo para que V.E. nos dispense justicia, protección y favor".

Formulaba asimismo una inteligente advertencia: que no se tuviese en cuenta lo que ella misma dijese en el acto del depósito, "pues las lágrimas de madre quizá me hagan decir no sólo que no quiero salir, pero que no quiero casarme; así se me sacará a depósito aun cuando llegue a decir uno y otro. Por último prevengo a V. E. que a ningún papel mío que no vaya por manos de mi primo, dé V.E.

asenso o crédito, porque quien sabe lo que me pueden hacer que haga".

Al día siguiente Mariquita enviaba a Martín una carta para que le sirviese de poder. Tenía entonces 17 años y venía bregando por su amor desde hacía tres. A estos padecimientos se referiría ella en su ancianidad cuando evocaba las lágrimas y disgustos que provocaba el intento de casarse por amor. En cuanto a las artimañas previstas en el escrito, indican que todo era válido en la óptica materna para contradecir el enlace, desde los gestos teatrales hasta los falsos documentos, la reclusión y la violencia.

Magdalena no se amilanó ante el pedido de los novios. Por el contrario, contestó con prepotencia al escribano mayor del Virreinato, Domingo de Basavilbaso, quien actuaba en nombre del virrey, que los Thompson pertenecían a un estrato social más bajo que el suyo. Esto a pesar del parentesco en segundo grado. Calificaba a su hija de "joven incauta e inexperta" que se había dejado envolver en los lazos de un pretendiente "astuto y artificioso, interesado en entrar a manejar su caudal para regalarse y que los nietos perezcan". Pregunta, sarcástica, si entre todos los hombres del mundo, "sólo Thompson agrada a mi hija y sólo con él puede asegurar su salvación. Es este", dice, "el engañoso lenguaje de las pasiones y la desobediencia a los padres que la misma religión prohibe bajo pena de pecado mortal". Y previene, por las dudas: "aunque haya esponsales contraídos y se haya seguido el desfloro de la virgen" deben impedirse las bodas a disgusto de las familias.

El escrito de la Trillo insistía en sospechar de las intenciones de Martín: "como joven colocado en carrera brillante, querrá pasear y gastar". Ella, en cambio, viuda y desvalida, se veía ante un cúmulo de cuentas abultadísimas que era necesario liquidar, ventilar y discutir: "¿querrá Thompson atarearse?; ¿querrá hacerlo Thompson?; ¿será Thompson para hacerlo?; ¿qué compasión merece la exponente a su hija con respecto al estado de orfandad en que la ve, corriéndole todavía por las mejillas las lágrimas por la muerte de su padre? ¿Es ésta la correspondencia que sacan las madres de las hijas que han traído en su seno por nueve meses?"

Mediante este verdadero chantaje afectivo, Magdalena se presentaba a sí misma como una mujer indefensa, madre amorosa defraudada por su hija rebelde, y amenazaba a ésta con pecar mortalmente contra el cuarto mandamiento. Calificaba a Martín Jacobo de mozo gastador y desaprensivo que haría trizas en pocos años la fortuna familiar. Por último insistía en que no era Martín el único pretendiente de la joven; ésta no quedaría condenada al celibato en caso de deshacerse estos esponsales. Tendría otros pretendientes.

Martín Jacobo se apresura a contestar que la madre de

Mariquita se opone con argumentos débiles, por puro capricho, sin pruebas que afecten los principios, la educación, el porte y la conducta con que siempre él se ha manejado. La seriedad de su intención queda probada en cambio porque han pasado tres largos años de los esponsales sin que se haya modificado su actitud. No hay pues artificio ni seducción alguna. En cuanto a la niña, en todo ese tiempo no se la ha separado del confesionario; obligada a cumplir retiro espiritual de nueve días en la Casa de Ejercicios, ha salido más convencida que nunca de la necesidad de concretar el matrimonio. El alférez se atrevía incluso a tomarse a la ligera la administración de los bienes de los Sánchez de Velazco: "los negocios indicados, que de notoriedad se sabe no ser otros que la material administración de unas fincas fructíferas, no tiene motivos para creer yo no sea capaz de sujetarme a ello y a adquirir cuantas luces me sean necesarias a su más cabal desempeño".

El escrito daba a Magdalena Trillo seguridades afectivas para el futuro: en ambos jóvenes ella encontraría a hijos que "por su respeto, moderación, sumisión y buen porte harían algún día las delicias de su casa".[20]

Correspondía ahora al virrey resolver el caso. En esa batalla, Mariquita y Martín tuvieron otro poderoso aliado. En efecto, el nuevo virrey del Río de la Plata, marqués de Sobremonte, simpatizaba con la Pragmática Sanción de 1803 referente a los matrimonios, que lo autorizaba a contrariar la autoridad paterna cuando ésta era injustificada y arbitraria. Y así, mientras su antecesor, el virrey Del Pino, había actuado en contra de los intereses de los novios, Sobremonte demostró hallarse en sintonía con la nueva actitud, que a su vez reflejaba los cambios producidos en la sensibilidad de la época y la voluntad de la Corona de imponerse a las corporaciones y a los clanes familiares.

Algunos sacerdotes del clero ilustrado de Buenos Aires eran asimismo partidarios de esta sensibilidad individualista y romántica. Éste era el caso de fray Cayetano Rodríguez, religioso franciscano de mucho prestigio intelectual que oficiaba de confesor de la Casa de Ejercicios, la institución fundada por María Antonia de Paz y Figueroa con el propósito de intensificar la piedad femenina. El fraile era el confesor de Mariquita y su fiel apoyo en esta difícil etapa de su vida.

En ese ambiente movilizado por nuevas ideas y nuevos protagonistas, los argumentos contrarios al noviazgo resultaron inconsistentes: el 20 de julio de 1804, trece días después de iniciado el juicio, éste se resolvía en favor de los novios.[16]

Aunque no fue el único juicio de disenso de esa década, pues hubo algunos otros de importancia en que los hijos pusieron pleito a sus padres, el de Mariquita y Martín tuvo una repercusión especial. Se dijo incluso, sin mucho fundamento, que la pieza de Leandro Fernández de Moratín, *El sí de las niñas*, estrenada en 1805 en

Buenos Aires, donde se introducía la idea de la libre decisión de los jóvenes en materia de enlaces, se había inspirado en este caso ocurrido entre familias del alto comercio porteño. Pero sin lugar a duda, que Mariquita impusiera su voluntad por sobre la de su madre era un preanuncio del fin de las antiguas normas que regían en las familias. Ella y su novio se habían convertido, sin buscarlo, en pioneros de esta nueva sensibilidad.

Dicha sensibilidad se reflejaba no sólo en la legislación recién venida de España; podía encontrarse también en los artículos de las gacetas europeas traídas por los buques neutrales que, debido a las incesantes guerras del ciclo revolucionario francés, llegaban al Río de la Plata con bastante frecuencia. En Buenos Aires circulaba *El Telégrafo Mercantil* (1801), una publicación donde se hacía hincapié en muchos absurdos de la vida social admitidos como válidos hasta entonces: la condición de la mujer, la esclavitud y la falta de estímulo a la producción de bienes locales. Otro medio de difusión de las nuevas ideas eran las cartas venidas de Europa, enviadas a sus familiares por los criollos que en razón de sus estudios o por motivos comerciales asistían a los grandes cambios que tenían por escenario Europa. El viejo orden estaba herido de muerte.

En 1804, el mismo año en que se resolvió favorablemente este juicio de disenso, la espantosa mortandad ocurrida en un navío cargado de esclavos que venían consignados a la casa de comercio de Martín de Álzaga provocó un escándalo mayúsculo. El informe del médico de la Capitanía del puerto, el cirujano Molina, aprovechó este hecho luctuoso para hacer un verdadero proceso del tráfico de esclavatura y denunciar que los negros habían perecido de sed en alta mar. Este mismo hecho pocos años antes hubiera pasado inadvertido.

Jóvenes criollos como Manuel Belgrano bregaban desde la secretaría del Consulado por la autonomía económica del Río de la Plata y porque los cargos públicos recayesen en los hijos del país. Peninsulares progresistas, como Pedro Cerviño, fundaban la Academia de Dibujo con intención de promover las industrias, y un número considerable de alumnos asistía a estos cursos.

Mariquita y Martín se sumaban a estas novedades con su gesto personal: ese triunfo del amor romántico era también una toma de posición ante la vida que les exigía jugarse solos, sin el recurso fácil a la autoridad familiar. Significaba asimismo hacerse responsables de sus aciertos y de sus errores. Pero, para que su amor terminara en matrimonio, debieron afrontar otros trámites que demorarían un año más la boda. Tal era el laberinto de la burocracia española civil y religiosa.

La primera formalidad fue la dispensa eclesiástica que precisaban por ser primos segundos. Para eso ellos relataron con sencillez la historia de su amor, mencionaron el escándalo y las hablillas populares que estaban soportando. "Probablemente no verificándose el matrimonio concertado por nosotros, no hallaría [Mariquita] otro esposo de sus circunstancias", afirmaron los novios con la convicción de la juventud de que el primer amor será asimismo el único. "No habiéndose producido los escándalos insinuados en fraude de la prohibición, luego de cuatro años debía dárseles dispensa", concluía el documento. Podían entonces casarse con la frente alta, como decían las matronas de antaño.

Conseguida la dispensa, Martín debía obtener el consentimiento de Sobremonte, la autoridad militar superior del Virreinato. Como se estaba en guerra con Gran Bretaña, la autorización podía demorarse indefinidamente. Pero por fortuna el comandante de Marina Pascual Ruiz Huidobro, amigo del padrino de Martín, era partidario de estos novios.

A mediados de junio de 1805 la licencia llegó a manos del alférez. Y juntamente con ésta se supo también que doña Magdalena se rendía por fin y bendecía la boda. Ruiz Huidobro, al comunicarle a Martín la buena nueva, escribió de su mano algo así como el epílogo feliz para la historia de amor más publicitada del año:

"No resta dificultad que vencer. Yo celebro mucho haber contribuido en algún modo a que usted y esa Señorita a cuyos pies me hará el honor de ofrecerme hayan logrado sus justos deseos y cubierto así la estimación de ambos que ciertamente estaba muy expuesta a padecer. Resta ahora que sean Vuestras Mercedes muy felices tanto como yo les deseo y me persuado lo consigan viviendo en dulce unión pues que según creo no les faltan a ustedes proporciones que suele ser una de las circunstancias precisas para que no haya desavenencias".[17]

La boda de Martín y Mariquita, bendecida por fray Cayetano Rodríguez el 29 de junio de 1805, tuvo por testigos a Magdalena Trillo y a Felipe Trillo. Se cerraba así el capítulo de la niñez y adolescencia de María de Todos los Santos, y comenzaba, casi con la patria, la juventud de Mariquita.

NOTAS

[1] Mariquita Sánchez. *Recuerdos, op. cit., passim.*

[2] Socolow, *op. cit.*, p. 49.

[3] *Ibidem*, p. 54; en las familias de mercaderes porteños estudiadas por Socolow, el 36 % de las niñas se casaban entre los 14 y los 17 años.

[4] Antonio Dellepiane. *Dos patricias ilustres.* Buenos Aires, 1923.

[5] Enrique González Lonzième. *Martín Jacobo Thompson. Ensayo para la biografía de un marino criollo.* Buenos Aires. Comando en Jefe de la Armada, 1969, p. 12.

[6] El caso en Raúl A. Molina. *Historia de los divorcios en el período hispánico. La familia porteña en los siglos XVII y XVIII*. Buenos Aires, Fuentes históricas y genealógicas argentinas, 1991, p. 166; el capital de Pablo Thompson, en Socolow, *op. cit.,* p. 14.

[7] González Lonzième, *op. cit.,* p. 115, trascribe este curioso documento.

[8] *Ibidem*, p. 15.

[9] Pastor Obligado. *Tradiciones Argentinas*, Barcelona, Montaner y Simón, 1903. "Amor filial. Crónica del último año del siglo XVIII", p. 31.

[10] González Lonzième, *op. cit.,* 117 y ss. publica el expediente de limpieza de sangre de Martín Thompson.

[11] *Ibidem*, p. 153.

[12] *Ibidem*, p. 133. *Presentación de Mariquita Sánchez y Martín Thompsom ante el provisor y vicario general solicitando dispensas para casarse.*

[13] Daisy Rípodas Ardanaz, *op. cit.,* p. 403. Apéndice documental.

[14] El archivo de Thompson quedó en España; se hallaba en poder de Juan Thompson, el hijo mayor de Mariquita que falleció en Barcelona en 1872. Lo conservó la familia Tresserra, pero se cree que desapareció durante los saqueos de la Guerra Civil.

[15] Citado por González Lonzième, *op. cit.,* p. 134.

[16] Dellepiane, p. 118 y ss., publicó los documentos del juicio que se encuentra en el AGN, Sala IX, 24-4-4. Año de 1804.

[17] Citado por González Lonzième, p. 133 y ss; documentos originales en el archivo de Zavalía Lagos.

4

PATRIOTA DEL AÑO 10

1806-1812

El noviazgo y la boda de Mariquita y Martín hicieron época. Las "hablillas de todo el pueblo" a que hacían referencia los novios en su alegato jurídico no eran exageraciones: de las peripecias legales y amorosas del romance se habló durante años en una sociedad falta de grandes temas y habituada a la chismografía menor. Pero más allá de estas pequeñeces, la decisión, el coraje y la inteligencia de los novios para desnudar lo absurdo del modo de casarse admitido hasta entonces, los habían convertido en modelo para la juventud de la capital virreinal y quizás también en otras sociedades criollas y peninsulares vinculadas por el comercio.

Era válida también una lectura política del asunto, que tenía relación con la secular rivalidad entre criollos y españoles: que los peninsulares se creyesen señores en América, con derecho a señorío y aires de conquistadores ya era agraviante, pero si además de pavonearse como aristócratas se casaban con las niñas más bellas y mejor dotadas, la afrenta era imperdonable.[1] Por consiguiente, la atractiva Mariquita, al haber combatido tal abuso en la vida privada, merecía el respeto del grupo más progresista de la sociedad virreinal, esa pequeña y esclarecida vanguardia de clérigos y abogados, comerciantes y vecinos cultos, la incipiente élite patriota que por el momento se conformaba con propiciar ciertas reformas dentro del espíritu de las Luces más que del crudamente revolucionario a la francesa.

En esa época en que aún no se había derrumbado la estructura del imperio español, se registraban otras señales discretas del cambio en la sensibilidad que preanunciaban las inminentes transformaciones políticas. Las memorias privadas, como las de Ignacio Núñez, dan cuenta de ciertos rasgos desprejuiciados de este nuevo clima social.

Buenos Aires, la capital del Virreinato, embellecida gracias a la prosperidad comercial, se había vuelto bastante cosmopolita en comparación a veinte años antes. Vivían en ella varios extranjeros, no semiclandestinamente, como había ocurrido hasta entonces, o con la protección de una esposa criolla, sino al amparo de negocios cada vez más complejos que se anudaban en los centros comerciales del Atlántico: Río de Janeiro, Londres y Cádiz.

No sólo había comerciantes en el Río de la Plata. Por esa época vinieron los primeros espías, agentes confidenciales del primer ministro británico, William Pitt, el Joven. Uno de ellos fue Santiago Florentino Burke. Este coronel irlandés de inteligencia rápida y maneras seductoras, que conversaba con soltura en varios idiomas, desembarcó en Buenos Aires en 1804 y se instaló en la Fonda de los Tres Reyes, el único alojamiento medianamente aceptable de la ciudad. Allí, para espantar la nostalgia, quemaba incienso con el objetivo de recrear el ambiente neblinoso de su lejana tierra y al mismo tiempo llevaba un activa vida social: frecuentó las tertulias más elegantes; se hizo amigo del virrey Sobremonte, de Félix de Casamayor, de los Liniers, los O'Gorman y los White.[2] Otro extranjero misterioso llegado en ese mismo año a la capital del Virreinato fue Tomás O'Gorman, cuya esposa, Anita Perichon, una seductora *créole* de la Isla de Mauricio, se convertiría en la amante de Santiago de Liniers.

Todas estas novedades y los cada vez más dramáticos sucesos que tenían lugar en Europa se comentaban en los cafés, establecimientos recientemente creados en la ciudad. El de Catalanes, que funcionaba desde 1799 en los fondos de lo de Sánchez de Velazco (esquina de San Martín y Cangallo), era concurrido por personas fuertemente politizadas. En la otra cuadra estaba el Café de la Comedia, donde aprendían a cocinar los esclavos del patriciado; el propietario era un francés apellidado Aignasse y su salón de billares se hallaba conectado con la sala del Coliseo Provisional que abrió sus puertas en 1804.[3]

En esos sitios y en el más reservado ámbito de sus viviendas y de las quintas suburbanas, aproximadamente desde 1803 se reunía el grupo ilustrado precursor de la Revolución de Mayo: Manuel Belgrano, Juan José Castelli, Saturnino y Nicolás Rodríguez Peña, Hipólito Vieytes, Feliciano Chiclana y Antonio de Ezquerrenea trataban la posible independencia del país en sus tertulias y conciliábulos. Tenían ya una idea de patria americana. Pero, por el momento, su prédica apuntaba a difundir ideas económicas y a propiciar un cierto liberalismo en lo cultural. Creían, sin lugar a dudas, en la fuerza de las ideas como revulsivo de las estructuras sociales y políticas.

La coyuntura internacional los favorecía. España participaba, aliada a Francia, de la enconada guerra entre los ingleses y Bonaparte. La victoria del almirante Nelson en Trafalgar, el 18 de octubre de 1805 —tres meses después de la boda de los Thompson—, dio a Gran Bretaña el dominio de los mares y obligó a ajustar la defensa en todos los puertos del Imperio Español, incluidos los de Buenos Aires y Montevideo, este último principal puerto militar del Río de la Plata.

La vigilancia de la boca del río para evitar la entrada de buques corsarios era la principal preocupación de los marinos rioplatenses, según se desprende de las cartas intercambiadas entre el gobernador de Montevideo, Ruiz Huidobro, y Martín Thompson, quien antes de su casamiento había estado embarcado en la fragata Asunción y a mediados de agosto de 1805 había tomado el mando de una lancha cañonera en Montevideo. Pero ya no lo satisfacía, si alguna vez le había agradado, la vida errante del marino: aspiraba a quedarse en Buenos Aires, en su espléndido nuevo hogar, junto a su joven esposa y a los hijos que ella seguramente le daría. Se propuso entonces más altos destinos: quería ser capitán en propiedad de la capitanía del puerto de Buenos Aires y así lo solicitó reiteradamente, aprovechando una vez más la benevolencia de Ruiz Huidobro y a pesar de que el cargo hasta el momento estaba ocupado.

¿Cuándo obtuvo Martín el codiciado nombramiento? González Lonzième estima que fue designado capitán del puerto por el virrey Liniers después de las Invasiones Inglesas.[4] Pero Mariquita (*Recuerdos del Buenos Aires virreinal*) dice que su esposo era el responsable de la capitanía cuando llegaron los ingleses:

"Así, cuando el capitán del puerto, don Martín Thompson, dio aviso al Virrey Sobremonte que se avistaban velas por los Quilmes, se creyeron contrabandistas, aunque Thompson había dicho eran de guerra".

El relato sigue como tradicionalmente se narra: la ida a la Casa de Comedias del virrey y la nueva advertencia de Thompson: esta vez son muchos buques de guerra, dice hasta convencerlo de que se retire del teatro. Mariquita pasa entonces a relatar los sentimientos de angustia que embargaban a los que estaban al tanto de la gravedad de la amenaza:

"¡Qué noche! ¡Cómo pintar la situación de este virrey, a quien se acrimina toda esa confusión y demasiado se hizo en sacar y salvar los caudales! Mucho se ha escrito sobre ésto; yo solo diré algo: todas las personas encargadas por el virrey esa noche de defender la ciudad, estaban tan sorprendidas de la situación y de la imposibilidad de salvar al país, que esto no se puede explicar bastante."

Con delicadeza, ella procura salvar la memoria del virrey que había autorizado su controvertida boda. Explica luego que cuando la suerte quedó echada y hubo que firmar una capitulación, como se carecía de experiencia al respecto, se copió de una gaceta española la usada en una oportunidad similar, la toma de Pensacola (Florida) por los británicos. Ella es la primera, afirma, en dar a conocer este dato, lo cual sugiere que Thompson, que sabía hablar en inglés, había participado de las negociaciones.

Como la situación era ya irreversible, la gente acudió a recibir al ejército invasor "que venía con su música muy tranquilo por (la calle) de San Francisco". Eran como las cinco de la tarde cuando Beresford entró al fuerte y los porteños, que iban de asombro en asombro, escucharon por vez primera la salva de cañonazos que hizo la escuadra situada frente a la ciudad, en sitio donde no se creía que los grandes navíos de guerra pudieran tener fondo.

Después de narrar estos hechos, la autora desliza una muy femenina observación sobre la desmañada apariencia de la guarnición local: "todos rotos, en caballos sucios, mal cuidados, todo lo más miserable y más feo, con unos sombreritos chiquitos encima de un pañuelo atados a la cabeza". En aquel día tremendo, Mariquita le dice a una persona de su intimidad: "Si no se asustan los ingleses de ver esto, no hay esperanza".

Por el contrario, las tropas británicas que entraban en la plaza, los escoceses del regimiento 71 mandados por el teniente coronel Pack, eran "las más lindas que se podían ver, el uniforme más poético, botines de cintas punzó cruzadas, una parte de la pierna desnuda, una pollerita corta (...) Este lindo uniforme, sobre la más bella juventud, sobre caras de nieve, la limpieza de estas tropas admirables, qué contraste más grande... Todo el mundo estaba aturdido mirando a los lindos enemigos y llorando por ver que eran judíos y que perdiera el rey de España esta joya de su corona. Nadie lloraba por sí, sino por el Rey y la Religión".

Esta muchacha recién casada, presente en la plaza como la mayoría de los porteños, azorada, estremecida y dividida como tantos entre el temor de lo desconocido y la atracción de la novedad, representa bien el cúmulo de incertidumbres que embargaba a los habitantes de esta provinciana capital, en donde se llegaba al extremo de decirles judíos a los ingleses, que eran tan cristianos como los católicos romanos.

Pronto se vería la honda movilización que producía la presencia de los invasores en la sociedad porteña, sumida hasta entonces en su quietud colonial. Sin embargo, no sólo los criollos estaban sorprendidos. También se asombraban los británicos en esta nueva tierra "donde ni la menor simpatía debían encontrar". Pero Mariquita, lo mismo que muchas otras personas de la buena sociedad, no se privaría de entrar en relación con los extranjeros, apreciar sus buenos modales y deleitarse con los muebles y "los mil objetos agradables" que importaron los comerciantes que acompañaban a la escuadra.

En sus *Recuerdos* elogia ante todo a Beresford por su capacidad y fina educación, el respeto con que trató al obispo y las seguridades que dio en relación al culto católico. Tal actitud tranquilizó a todos y

45

la ciudad se animó luego del silencio sepulcral de los primeros días. La gente empezó a ir a la plaza a ver las maniobras impecables de los ingleses. Y de nuevo era notable el contraste entre estas fuerzas y las milicias criollas, que se aburrían y cansaban al menor ejercicio. Pero como los rubicundos soldados de Beresford se parecían tanto, pronto cundió el rumor de que se embarcaban de noche y que al día siguiente bajaban los mismos individuos con otros uniformes que los sastres hacían a bordo.

"La oficialidad que vino en esa expedición era muy fina. Así empezaron a visitar las casas y a conocer la fuerza de la costumbre o la moda y a reírse, unos y otros, del contraste", recuerda Mariquita. A los ingleses los desconcertaban las mujeres elegantes que usaban basquiña (miriñaque) en la calle y la pollera encima con una hilera de guarniciones "de modo que marcaba todas las formas, como si estuvieran desnudas". Sorprendente también era el trato que les daban las porteñas: los recibían en sus habitaciones, con camas y sábanas muy adornadas de encajes, riéndose a carcajadas y tomando por sordos y tontos a todos ellos porque no sabían hablar español. "¡Dios mío! Cuando pienso en esto todavía me da vergüenza", exclama.[5]

No cuenta, en cambio, si el propio Beresford concurrió a su salón, tradición que recoge, entre otros, O. Battolla. Por su parte, en las ya citadas *Memorias* de Ignacio Núñez se dice que los generales ingleses "paseaban de bracete por las calles con las Marcos, las Escaladas y Sarrateas".

Pese a las buenas migas intercambiadas entre los invasores y la élite económica local, la armonía se quebró pronto. Y de nuevo se sorprendieron los ingleses, pero esta vez ante el cambio producido en el pueblo cuando la Reconquista. Porque "en esta tierra que se sabe hasta lo que se sueña" hubo capacidad suficiente para guardar el secreto de los trabajos emprendidos para liberar Buenos Aires. Mariquita, amiga de Liniers y de Ruiz Huidobro y casada con un militar, estuvo seguramente al tanto del proyecto y quizás también, como dice la memoria familiar, prestó su quinta de las barrancas de San Isidro para el desembarco de las tropas reconquistadoras o para atenderlas a su paso por el pago sanisidrense camino a la capital.

Sin entrar en el debate histórico acerca de si hubo o no capitulación británica, Mariquita reconoce que los ingleses se habían comportado admirablemente y merecían toda consideración; pero compadece a los oficiales prisioneros, repartidos en las "casas decentes", dado que "empezaron a pagar sus culpas con nuestras comidas". En cuanto a la atención que se les brindaba, hubo casas donde se les daba alimento pero no se los trataba por razones religiosas; en otras, en cambio, se los tenía en familia al punto que, cuando se dio orden de internarlos en previsión de un segundo ataque, cada uno marchó acompañado por varios de sus nuevos y amistosos guardianes.

"¡Esta fue una gran lección para este pueblo, fue la luz! ¡Cuántas cosas habían visto y aprendido en tan corto tiempo! Vino la segunda lección y fue mayor el adelanto. Ya este pueblo conoció lo que podía hacer por sí mismo". Así Marica Thompson, como la denominaban sus amigos de entonces, coincide con la interpretación histórica acerca del impulso que las Invasiones Inglesas dieron a la Independencia. En cuanto a la actuación de su esposo en estos acontecimientos, resulta por lo menos confusa: hubo un capitán Thompson designado por Beresford en la capitanía del puerto, pero se trataría de un marino inglés del mismo apellido y no de Martín, cuya única actuación registrada en los archivos navales fue su participación en el apresamiento de dos bergantines británicos, Príncipe Jorge y Dos Hermanos, en enero de 1807.[6]

De más está decirlo, el matrimonio Thompson no compartía el modelo tradicional por el cual "la recién casada iba a su casa, que ahora dirían una cárcel, salía a misa, a ver a sus conocidas cada dos o tres meses, atender su casa, coser todo el día". En esto no se había equivocado doña Magdalena al imaginar a su voluntariosa hija, una vez casada, bien dispuesta a divertirse, gastar y participar de la vida pública en la medida de su posición social y de sus talentos.

La nueva pareja se había instalado en la residencia familiar que aún regenteaba la Trillo. En esto sí mantenían el esquema tradicional de que los hijos casados se incorporaban al hogar paterno. Vivir allí implicaba tener buena relación con la recia matrona que tan tenazmente se había opuesto a la boda. Pero en esas casas de dimensiones generosas había espacio suficiente para que cada cual se las arreglase a su modo.

Los Thompson se divertían mucho. Fueron de los primeros en atar caballos a su coche en lugar de las sufridas mulas para pasear de su casa al Retiro, donde semana a semana se corrían toros: "El primer cochero de pescante y con caballos fue de Mariquita Thompson, quien los tuvo como la primera chimenea en su sala".[7]

¿Quién administraba el hogar? Es probable que doña Magdalena siguiera siendo la eficaz administradora del patrimonio familiar y que continuase viviendo entregada a sus devociones y la atención de sus intereses: pagaba puntualmente las capellanías que ella y su difunto esposo habían establecido y prestaba dinero a comerciantes de la plaza porteña y altoperuana. Seguramente se escandalizaba del modo en que sus hijos gastaban el dinero atesorado con esfuerzo, pero ya no le quedaba más camino que el de la resignación. Por otra parte, la tirantez creada a consecuencia del largo pleito empezaría a cerrarse a medida que llegaran los nietos.

A diferencia de Magdalena Trillo, que tuvo tantos malos partos e hijos muertos en la infancia, Mariquita fue una madre afortunada:

el nacimiento de Clementina, en diciembre de 1807, su primogénita, fue seguido por el de Juan (1809), Magdalena (1811), Florencia (1812) y Albina (1815). Las cuatro niñas y el varón serían educados con esmero en un clima de alegría y ternura, tal como estipulaban los nuevos métodos educativos del prerromanticismo.

En estos años en que la situación política se complica sobremanera en el Virreinato del Río de la Plata, no es posible seguir la actuación pública de Mariquita y muy poco la de su marido. La de ella porque sólo una que otra mujer quebraba por entonces el monopolio masculino de la escena pública. No se sabe siquiera si trató a la inquietante Anita Perichon de O' Gorman, "la Petaquita", como la apodaba su amante, el virrey Liniers. Ni si conoció a Clara, "la Inglesa", una ex convicta que pudo escapar al confinamiento en Australia asesinando al capitán del buque Lady Shore. Clara y otras mujeres, ex presidiarias también, ganaron espacio entre las decenas de comerciantes ingleses que se instalaron en la ciudad cuando el virrey Cisneros autorizó el comercio con los buques neutrales.

Pero no hay duda de que la tertulia de los Thompson figuraba entre las más acreditadas de la capital virreinal, tanto por el ingenio de la dueña de casa como por la afabilidad de su esposo. En esa primera época dicha tertulia competía con las de Balbastro, Escalada, Luca, Rubio y Sarratea, entre otras que congregaban a las familias de comerciantes pudientes para conversar, hacer música, jugar a las cartas, bailar y hablar del prójimo tanto como de negocios, libros, religión y política. Según Battolla, a la mesa de "malilla", juego de sociedad en boga hasta 1820, se sentaban en los primeros años de casados de la pareja el virrey Liniers, los ricos comerciantes Escalada, Sáenz Valiente y Lezica, Juan Martín de Pueyrredón, el general Beresford y sus ayudantes prisioneros. Fray Cayetano Rodríguez, intelectual destacado, figuraba asimismo entre los invitados. Y aunque no se trataran temas de alta política, como sucedía en los encuentros de la quinta de Rodríguez Peña o en lo de Vieytes, también el tiempo presente irrumpía incontenible en estas amables reuniones.

No podía ser de otro modo: luego de la primera invasión, un cabildo abierto había depuesto al virrey Sobremonte, el comprensivo protector de los Thompson; en su lugar el pueblo porteño colocó a Santiago de Liniers, otro buen amigo de la familia. Poco después de estos hechos verdaderamente revulsivos, estalló en España el conflicto dinástico entre Carlos IV y su hijo Fernando, atizado por la escandalosa conducta de la reina María Luisa y del ministro Manuel Godoy, complicado sentimentalmente con la soberana. Al drama familiar se agregó la intervención de Napoleón, su convocatoria a Bayona y la comedia de enredos que concluyó con un nuevo soberano, José I, y una dinastía usurpadora, la de Bonaparte, en el trono de Madrid. A la farsa se sumó de inmediato la tragedia: la rebelión popular contra las tropas de ocupación francesas, la formación de juntas de gobierno autónomas y la intervención británica para frenar el avance de Napoleón en la Península Ibérica.

Entre tanto Buenos Aires hervía de intrigas, noticias contradictorias y enviados de uno y otro bando que sembraban toda suerte de sospechas, como sucedió cuando el marqués de Sassenay entrevistó a Liniers en el Fuerte y corrió el rumor de que el virrey se proponía entregar estos dominios a Bonaparte.

Dentro del Virreinato del Plata, y especialmente en la capital, la gente pensante empezó a nuclearse para remediar la situación de orfandad en que quedaban los reinos ultramarinos ante la crisis de la metrópoli y el peligro de que viniese alguna expedición militar. Mientras el grupo de altos funcionarios, miembros de la audiencia, prelados y militares no se atrevía a tomar iniciativas, las personas más audaces y dúctiles de la élite local comenzaron a unirse. Contemplaban la estrategia a seguir ante acontecimientos que se sucedían a un ritmo vertiginoso.

Uno de estos grupos estaba encabezado por el alcalde Álzaga, de destacada actuación en la Defensa de 1807. Junto con sus socios, amigos y parientes, casi todos españoles peninsulares, y algún criollo como Mariano Moreno, compartía la tendencia juntista y tenía el apoyo de algunos regimientos locales pero no la fuerza suficiente para imponer su liderazgo, hecho que quedaría demostrado en la frustrada intentona de deponer a Liniers el 1º de enero de 1809.

Otro sector, del que formaban parte Cornelio Saavedra y Martín Rodríguez, era netamente militar, aunque de nuevo cuño, pues se había promovido cuando las Invasiones Inglesas. Sostenía a Liniers y a mediados de 1809 hizo posible el desembarco de Cisneros, el nuevo virrey designado por la Junta de Sevilla, luego de exigirle la apertura de los puertos del Río de la Plata al comercio con buques neutrales, en otras palabras, a los mercantes británicos, que eran mayoría en los mares.

Un tercer grupo estaba integrado por los intelectuales más inclinados a buscar un camino hacia la Independencia; unos pocos, Castelli, Belgrano, Vieytes, los Rodríguez Peña, habían dialogado con el invasor inglés y rechazado su invitación a colaborar para no reemplazar al "amo viejo" por otro nuevo. Pensaban que la solución intermedia podía consistir en traer a un representante de la casa de Borbón a reinar en el Plata.

Martín Thompson se ubicaba dentro de este último grupo de acción política. Su nombre figura junto a los de 124 notables del Virreinato que apoyaron la solicitud llevada por Felipe Contucci a Río de Janeiro, en octubre de 1808, para pedir que el infante don Pedro se hiciera cargo del gobierno en Buenos Aires: Julián Agüero,

Cosme Argerich, Miguel Azcuénaga, Pablo Beruti, Manuel de Lavardén, Julián Leiva, Diego Pueyrredón, Martín Rodríguez, Alejo Castex, Feliciano Chiclana, Gregorio Funes, Valentín Gómez, Mariano Moreno, Juan José Paso, José Prego de Oliver, Cornelio Saavedra, Pedro Segurola, Florencio Terrada, Juan Carlos Wright. Martín José de Altolaguirre, el prestigioso padrino del capitán Thompson, firmaba asimismo la solicitud.

El proyecto, que luego evolucionó en favor de la infanta Carlota Joaquina, hermana de Fernando VII y esposa del regente de Portugal, no contó finalmente con el visto bueno de los ingleses, verdaderos árbitros de la situación de la Corte lusitana, cuyos integrantes se habían trasladado al Brasil para evitar caer en manos de los franceses.

Martín aparece también entre los miembros de la legendaria Sociedad de los Siete, responsable directa de la Semana de Mayo, según la versión que ofrece el deán Gregorio Funes. Manuel Moreno, otra fuente para el estudio de los grupos protorrevolucionarios, lo menciona dentro de una nómina más amplia, integrada por Castelli, Chiclana, Belgrano, Beruti, Francisco Paso, Vieytes, Darragueira, Matías Irigoyen, Juan Ramón Balcarce, Viamonte y José de Moldes.[8]

El esposo de Mariquita fue uno de los 200 vecinos que el 22 de mayo de 1810 acudieron al cabildo abierto. Lo hizo en su carácter de alférez de fragata y capitán del puerto de Buenos Aires y se pronunció por el voto de Saavedra, con el agregado del voto decisivo del síndico procurador. Su jefe y amigo, Ruiz Huidobro, votó asimismo en sentido favorable a los patriotas a pesar de su alto grado militar y de que era nacido en España.[9]

Entre tanto, ¿cuál era la participación de Mariquita en estos sucesos que cambiaron la faz del país? La presencia femenina en el curso de la semana de Mayo y durante los acontecimientos que sucedieron a ésta sólo puede rastrearse de manera indirecta. Destacada fue la actuación de Casilda Igarzábal, esposa de Nicolás Rodríguez Peña, en cuya quinta (Callao al 900) se reunía el grupo más decidido por la Independencia. La dueña de casa administraba personalmente el palomar del establecimiento mientras los peones, según una tradición familiar, protegían a la comisión revolucionaria. Casilda, mujer de agallas que "arrastraba por su resolución e imponía hasta con su voz", llevó la delantera en la reunión del 18 de mayo en que un grupo de damas instó a Saavedra a pronunciarse.[10] Otra fuente menciona a las de Vieytes entre los grupos que desde la plaza de la Victoria alentaron a los que estaban en el Cabildo durante la Semana de Mayo. Pero Mariquita sólo figura en los documentos de la época entre los donantes de dinero para la expedición al interior organizada por la Junta cuyos nombres publica *La Gaceta* (9 de agosto de 1810):

"Martín Thompson, capitán de este puerto, ha oblado seis onzas de oro, tres por sí y las tres restantes por su esposa, doña María de los Santos Sánchez".

Otras mujeres y otros varones contribuían por separado a la causa, pero éste es el único matrimonio que se registró por separado.

En cuanto a los acontecimientos de la Semana de Mayo, hay dos testimonios directos de Mariquita, de fecha muy posterior. El sentimiento reverencial con que ella evocaba cada año el aniversario de la Revolución se pone en evidencia en el *Diario* que redacta para Esteban Echeverría hallándose exiliada en Montevideo. Escribe el 24 de mayo de 1839, en momentos en que el general Juan Lavalle, en guerra contra el dictador Rosas, se dispone a invadir la Confederación Argentina con el apoyo de fuerzas francesas. Mariquita, que desea el triunfo de los opositores a Rosas, dice:

"Todos los patriotas desterrados verán mañana el sol de Mayo llenos de esperanza de libertad próxima. Todos los corazones creen, esperan, todos piensan que hay mucho en el porvenir. Hay quien espera mañana...quien tiembla de escribir más... a las doce de la noche. El año 10 temblaba a estas horas al ver expuesta la existencia de los objetos de mi más tierno afecto. Pero yo compartía sus peligros, veía sus pasos. Esto era un consuelo. Esta noche tiemblo a cuarenta leguas del teatro donde tengo tan tiernas afecciones. Por un presentimiento sin fundamento espero algo. Este día que electriza mi corazón, me parece que debe operar un efecto mágico en todos los patriotas. Mi corazón, mi pensamiento están en mi patria, desgraciada, oprimida. ¿Quién sabe a estas horas cuántas víctimas habrá...? ¡Quién pudiera volar y participar de los peligros que se presentan en mi mente! Cuán lejos estaba yo de pensar el año 10 a esta hora que me encontraría acá en este momento empezando de nuevo la misma revolución...Extraño destino. Mis hijos tienen que empezar a conquistar de nuevo la libertad después de veintinueve años. A esta hora se decidía la suerte de un nuevo mundo por unos pocos hombres arrojados que se lanzaban en un océano de peligros y dificultades. No desconocían, como se piensa por algunos, la grande obra que emprendían. El más intrépido conocía que era temerario el proyecto, pero lo adoptaron, lo emprendieron y no dieron vuelta la cara. Es preciso seguir su ejemplo".[11]

El segundo recuerdo, también datado en Montevideo, es de 1852, apenas se supo en esa capital la noticia de la derrota de Rosas en Caseros: "Si tú estás contenta —le escribe a su hija Florencia— ¿qué diré yo que soy tan entusiasta de la libertad, que he pasado tantos malos ratos por no someterme a ciertas miserias, que solo por tí me quedo ahí (en Buenos Aires), no pudiendo en mi interior dejar de sentir la humillación y envilecimiento de mi país, yo que ví nacer su libertad y pasé por tanto susto con tu pobre padre!

"¡Ah, qué deseo tengo de ver a don Vicente López, tanto que nos hemos los dos comprendido!"[12]

Escritos con distinto tono, cuidado y meditado el primero, familiar y directo el segundo, ambos textos indican que la esposa de Thompson no había sido ajena a la conspiración del grupo patriota. Sabía lo que se estaba tramando, seguramente participó de las reuniones secretas, no ignoraba el riesgo y el peligro a que se exponían los conjurados. Lo que no había imaginado era el largo camino que sería preciso recorrer antes de hallar una fórmula de convivencia política que reemplazara la dominación española. Por consiguiente, cuando se escribía el primer capítulo de la historia patria, los actores no eran sólo varones; la mujer participaba de los hechos desde la trastienda doméstica. Esto, que resultaba factible mientras las acciones se libraban en el ámbito urbano, se complicaba cuando el teatro de las operaciones se trasladaba al campo de batalla, tal como sucedió durante la guerra de la Independencia o en las misiones diplomáticas al exterior. Entonces sí las mujeres de la clase alta empezaron a quedar excluidas de las deliberaciones. Entre tanto algunas de ellas se habían planteado cuál sería el lugar de la mujer en las sociedades nacidas de la Revolución.

El tema no era ajeno a la totalidad del proceso de cambios ocurrido a lo largo de la revulsiva década de 1810 que demolió a la sociedad estamental con sus tendencias igualitarias y el cuestionamiento de los valores tradicionales. Nada sería igual para los eclesiásticos forzosamente separados de Roma, los militares que habían renegado de su lealtad a la Corona, los hijos criollos que rechazaban la autoridad de sus padres españoles. ¿Hubo también desobediencias de las esposas criollas a los maridos peninsulares? Se dio algún caso excepcional, como el de María Josefa Ezcurra de Ezcurra, quien aprovechó la ideología realista de su marido para quedar libre y poder ir al norte, en pos de su amado Belgrano, jefe del ejército patriota.[13] Pero en general las drásticas medidas tomadas con respecto a la expulsión de los españoles no pudieron ponerse en práctica. El grueso de la sociedad las rechazaba.

La Revolución ni siquiera eliminó el concepto de que el matrimonio debía contar con la anuencia de los padres para celebrarse. ¡Hasta los revolucionarios más fervorosos se resistían a admitir ese triunfo del individualismo en sus propias familias! Esto le ocurrió a Castelli —el que ejecutó a Liniers en Cabeza de Tigre, el que proclamó la supresión del tributo indígena en las ruinas de Tiahuanaco—, cuando su hija Angelita, de 17 años, quiso casarse con el oficial Igarzábal. Su esposa había dado el consentimiento, pero al volver de la campaña del Norte, gravemente enfermo y enjuiciado por su responsabilidad en la derrota de Huaqui, Castelli se opuso: el pretendiente era persona de la confianza de Cornelio Saavedra, su gran adversario de la Junta. Sin embargo no le quedó otro remedio que ceder cuando la bella Angelita fue raptada por el novio. Hubo boda, pero la joven pareja sería castigada con rigor: dos años de destierro al marido, mientras su mujer pasaba ese tiempo presa. Las damas porteñas lograron conmover al Triunvirato, hasta lograr el perdón para los enamorados,[14] y los periódicos empezaron a ocuparse del tema.

El escandaloso caso en cierto modo tenía que ver con los límites del proceso revolucionario y la medida en que éste afectaba la intimidad familiar. En ese año de 1812 se había inaugurado la primera Biblioteca Pública de Buenos Aires, suprimido la institución tricentenaria de la Trata de negros y colgado de la horca al jefe del partido españolista, don Martín de Álzaga, mientras cundía el rumor de que los presuntos conspiradores preparaban una matanza de criollos. En Caracas el jefe de la revolución, Francisco de Miranda, había caído en poder de los realistas. En el frente ruso la *Grande Armée* de Napoleón sufría su primera derrota.

Es en este marco histórico que *El Grito del Sud*, la hoja que publicaba la Sociedad Patriótica, trató el tema de los casamientos contra la voluntad paterna. Observaba el periódico que la multiplicación de los conflictos entre familias se debía a la lucha de facciones propia de este período revolucionario. Dos asuntos tenían en vilo a la opinión: uno, el de Angelita Castelli en Buenos Aires, el otro, en Córdoba. La cuestión que debía plantearse era en qué medida la Revolución había cambiado la suerte de las mujeres.

"Una señorita me ha preguntado en estos días, si entre los derechos imprescriptibles del hombre se contaban también los derechos no menos imprescriptibles de las mujeres. Respondí afirmativamente", dice el articulista. "Supongo, dice la dama, que la ilustración de nuestro sexo sería menos ventajosa al estado que la del opuesto, y supongo también que habrá derecho para condenar a las mujeres a vivir siempre en la oscuridad, y la ignorancia, sin cultivar sus talentos y prohibir el que concurran con ellos a hacer una parte pequeña de la felicidad de su patria. Trescientos años de esclavitud y de tinieblas bastan para exaltar a los americanos, y gritar contra el fiero despotismo de sus antiguos agresores, pero las desgraciadas mujeres habrán de enmudecer, aunque vean que no se toma providencia alguna que se dirija a mejorar su educación". La abolición del vergonzoso tráfico de esclavos ganó a los americanos fama de liberales, continuaba diciendo, "pero las madres, las esposas, las hijas, hermanas y compatricias de los americanos no les han debido hasta ahora un solo rasgo de atención y de liberalidad, no han podido conseguir que den una sola ojeada compasiva hacia ese sexo degradado inmemorialmente, y que forma la más dulce mitad de su especie."

Para responder al reclamo, el periodista asegura que con una constitución que hiciera más felices a los hombres saldrían beneficiadas las señoras. Su interlocutora protesta de nuevo haciendo referencia al decreto de supresión de honores al presidente Saavedra del año 1810, por el que se impedía a las mujeres ser distinguidas con los honores del marido: lo serán ahora por sus propios talentos y virtudes, es la réplica que conforma a la dama, a pesar de lo cual ella insiste: "una mujer en ninguna constitución puede ser feliz sino ha elegido con libertad al hombre a quien se halla vinculada, y sobre esta materia, ¿cómo se ha portado el actual gobierno? (...)

"Yo no he tenido como moderar el furor de madama, y como en parte no iban descaminadas sus quejas, me resolví a hacer esta relación."[15] De este modo concluye la nota, cuyo autor pudo ser Bernardo de Monteagudo, Vicente López y Planes o Francisco José Planes, vinculados todos ellos con Mariquita. Sin duda, las preocupaciones dominantes de la señora de Thompson a lo largo de toda su vida se reflejan en el relato: la libre elección de la pareja, la educación de la mujer y el modo de insertar al sexo femenino en el proceso revolucionario que vivía el país. Y su voz se escucha no de manera directa, sino a través de la forzosa mediación de los periodistas de la época. Éste era entonces el moderado comienzo de una carrera en la que el tema del rol de la mujer se confundiría con el del crecimiento de esa patria nacida en mayo de 1810.

NOTAS

[1] Amunátegui. *Los Precursores...*, t. III, cit. por Julio César Chaves. *Castelli, el adalid de Mayo*. Buenos Aires, Leviatán, 1957, p. 63.

[2] Chaves. *Castelli, el adalid de Mayo*, p. 74.

[3] Mabel Bellucci. *Vida y transfiguración de los cafés porteños*. En: *Todo es Historia*, Buenos Aires, abril de 1995, p. 39, Nº 333.

[4] González Lonzième, *op. cit.*, p. 20.

[5] Mariquita Sánchez, *Recuerdos del Buenos Aires virreinal*, *op. cit.*, p. 69.

[6] Carlos Roberts. *Las Invasiones Inglesas del Río de la Plata. Y la influencia inglesa en la Independencia y organización de las provincias del Río de la Plata*. Buenos Aires, Peuser, 1938, p. 107, menciona al capitán de marina Thompson.

[7] Primera parte, inédita, de los *Recuerdos del Buenos Aires virreinal*.

[8] Citado por Juan Canter, *Historia de la Nación Argentina*, Academia Nacional de la Historia, Buenos Aires, vol. 5, p. 298.

[9] "Hombres de Mayo". En: *Genealogía*. Revista del Instituto Argentino de Ciencias Genealógicas. Buenos Aires, 1961, p. XCIII.

[10] Martín V. Lazcano, *Sociedades secretas, políticas y masónicas en Buenos Aires*, 1927, p. 103, da la versión de una tía suya acerca de las actividades de Casilda Igarzábal de Rodríguez Peña.

[11] Mariquita. *Cartas*, p. 387, fragmento del *Diario* que Mariquita Sánchez escribió para Esteban Echeverría.

[12] *Ibidem,* p. 188.

[13] María Sáenz Quesada. *Mujeres de Rosas*, Buenos Aires, Planeta, 1991, p.53.

[14] Enrique de Gandía. Introducción a la edición facsimilar de *El Grito del Sud*, Academia Nacional de la Historia, Buenos Aires, 1961, p. 25.

[15] *El Grito del Sud*. 1812, *op. cit.,* p. 113 y ss.

5

EL GRITO SAGRADO

1812-1814

A fines de 1812 la Revolución dio un vuelco decisivo cuando el movimiento militar encabezado por San Martín y Alvear derrocó al Triunvirato y convocó a una Asamblea Constituyente. A partir de allí la guerra contra el español se encararía de modo más profesional hasta alcanzar la victoria y paralelamente se definiría mejor el perfil de la patria americana esbozado en Mayo de 1810.

En Buenos Aires éste fue un período brillante si se lo observa con la perspectiva que da el paso del tiempo. Vivirlo resultó en cambio difícil: se desarmaba el pesado andamiaje del mundo colonial y en su lugar reaparecían la lucha de facciones, las intrigas, la guerra de clanes. Y los Thompson, obligados como el resto de la sociedad a tomar decisiones, no quedarían al margen de estos reacomodamientos.

Por lo pronto, Martín había sido expulsado de la Marina Real en castigo por su adhesión a la causa patriótica: el 2 de diciembre de 1811 las autoridades de Cádiz lo dan de baja, "por haber reconocido a la tumultuaria Junta de Buenos Aires el 15 de julio de 1810, faltado a la subordinación militar y admitido empleo de la sediciosa Junta de Buenos Aires".[1] Pero por el momento —y contrariamente a lo que ocurría en Caracas, donde ya se desplegaba la reacción española— el brazo de la justicia real estaba lejos y Martín desarrollaba en la capital del Plata una actividad intensa en lo profesional, lo político y lo social.

La posición de Thompson, como capitán del puerto de Buenos Aires, le permitía controlar todo el tráfico marítimo; pero no siendo un funcionario neutral, sino alguien seriamente comprometido con el partido patriota, corría el riesgo que amenazaba a dicho partido a medida que se extinguía la estrella de Bonaparte en Europa y aumentaban las probabilidades de que Fernando VII regresara al trono.

Mientras un sector del grupo revolucionario, del que formaban parte Rivadavia y Sarratea, entre otros, procuraba llegar a un arreglo con España, el ala más radicalizada del partido patriota pretendía que se declarase cuanto antes la Independencia y se dejara de lado la ficción de que la guerra se libraba en nombre de Fernando VII. Jefes de este sector fueron en un principio Mariano Moreno, Castelli y Belgrano. Bernardo de Monteagudo ocupó de hecho esa jefatura cuando la muerte, la guerra o la acción diplomática dejaron libre el espacio.

Monteagudo había venido del norte, donde había actuado como secretario de Castelli, dispuesto a impulsar el espíritu alicaído de la Revolución castigado por las sucesivas derrotas; fue el fundador de una Sociedad Patriótica similar a la que funcionaba en Caracas, que se reunió al principio en el Café de Marcos, vecino al Cabildo, y era fachada de otra más secreta que aspiró a la conducción de los sucesos revolucionarios. La consigna "debemos ser independientes" y la idea de que "la soberanía reside en el pueblo" figuran reiteradamente en los documentos emanados de la Sociedad.

Martín Thompson era un caracterizado miembro de esta agrupación. Prueba de ello es que aparece entre los firmantes de la circular del 13 de noviembre de 1812 en que "la Sociedad Patriótica opina que el único arbitrio capaz de fijar el destino de los pueblos, es la declaración de la Independencia en la Asamblea General Extraordinaria que se halla indicada para el próximo enero". Esta tajante circular lleva la firma de Monteagudo, Manuel Pinto, José Manuel de Ros, Cayetano Escola, Hipólito Vieytes, Mariano Perdriel, José Valentín Gómez, Luis de Herrera, Martín Thompson, Marcos Dongo, José León Banegas, Ildefonso Paso, Tomás Xavier de Gomensoro, Domingo Estanislao de Belgrano, Pedro José Agrelo y Agustín José Donado.[2]

Como en otras encrucijadas de la vida de Martín, puede suponerse que Mariquita influyó decididamente para que él estuviera entre los más firmes partidarios de la Revolución. Por otra parte ella siempre reconoció su amistad con Monteagudo, incluso después del fallecimiento de Thompson, en plena década de 1820, más allá de las hondas rivalidades y de los odios que entonces dividían a esa facción del bando patriota.

Es posible que, apenas llegado a Buenos Aires, Bernardo haya sido presentado en el salón de los Thompson. Mariquita no podía ser indiferente a la inteligencia lúcida de este recién venido, menospreciado por muchos debido a su piel oscura y a su pobreza, temido por otros en razón de su espíritu jacobino y —entonces— republicano. Esta relación y la que unió a Mariquita con San Martín y en menor medida con Belgrano explican que sea ella la mujer más reiteradamente mencionada cuando se trata de la elaboración de los símbolos patrios, a pesar de que hubo otras contemporáneas suyas anfitrionas de salones importantes. Porque entre 1812 y 1813, era urgente mostrar la nueva identidad de la patria americana mediante símbolos sencillos, fáciles de popularizarse, y en esa tarea las mujeres de la "clase decente" tendrían un rol preponderante.

En su ancianidad, Mariquita hizo brevísima referencia a esto: "Usted me favorece pidiéndome ponga mi nombre en su álbum —le escribe a Matilde Capdevila de Calvo— donde usted ha recibido grandes ilustraciones y capacidades: ¡pues qué quiere usted que le diga que merezca mezclarse con todos esos señores! Temo tanto el ridículo y la pedantería que los hombres nos prodigan a las pobres mujeres con tanta facilidad que no me he atrevido a poner un recuerdo algo curioso y lo hago en esta confidencial y sólo para usted. Y es que donde mi marido, uno de los primeros revolucionarios del año 10, tuve la comisión de hacer las escarapelas azul y blanco, que debían reemplazar en Buenos Aires y en el Ejército del general Belgrano en el Perú, y el del general Artigas en la Banda Oriental. Todas fueron hechas por la mano que escribe estos renglones, siento no tener las cartas de estos generales".[3]

Mariquita hacía gala de cierta inseguridad en relación con los ilustrados varones de la segunda mitad del siglo XIX. Pero, ¿dónde habrán quedado esos documentos? En otro testimonio de la vejez, una carta a Alberdi, su abogado en la testamentaría de su segundo esposo, dice:

"Pido a usted vea si existen dos grandes medallas de plata: una de la batalla de Salta y otra de Tucumán, y una de oro de la entrada en Lima de San Martín. Estas medallas me fueron mandadas por los dos generales, honor que pocas personas tuvieron, pero que ninguna señora de mi país tuvo, y usted comprende cuanto gusto tendría en recobrarlas". Pero, lamentablemente, estas raras piezas ya habían sido vendidas.[4]

Otro recuerdo de la ancianidad se vinculaba más concretamente con la celebración del triunfo de Belgrano sobre los realistas en Tucumán. La batalla librada el 24 de setiembre de 1812, contraviniendo la orden del Triunvirato, que había ordenado al ejército retroceder, fue festejada por la Sociedad Patriótica con un acto público y un funeral. Todo esto formaba parte de una estrategia destinada a descalificar a los tibios triunviros que habían sido depuestos el 12 de octubre de ese año por San Martín y Alvear.

Dentro de este marco político se inscribe el gran sarao dado por los Thompson en su casa de la calle Florida que Mariquita gustaba evocar en su vejez:

"Su espíritu deleitábase —escribe Battolla en *La sociedad de antaño*— haciendo memoria de la primera cuadrilla de honor bailada en su casa, en celebración de la batalla ganada por Belgrano en Tucumán: la señora de Alvear con el señor Thompson y el comandante San Martín con la señora de Escalada, haciendo vis à vis al mayor Alvear con la señora de Thompson y al general Balcarce con la de Quintana".[5] En el salón de trece varas de largo por seis de ancho, el más espacioso de la ciudad, podían bailar cómodamente sesenta parejas.

Mariquita acababa de cumplir 27 años. El 6 de noviembre del año 12 había nacido Florencia, su cuarta hija; pero ni el reciente parto, ni el luto que debía llevar por su madre, Magdalena Trillo, muerta en julio de ese mismo año,[6] apartaron a la joven del festejo.

Dueña ahora de la fortuna de los Sánchez de Velazco, como heredera universal de su madre, Mariquita elevaría la tertulia que desde hacía décadas se reunía en la casona de la calle del Empedrado a una categoría legendaria. Y así como la piadosa Magdalena había contribuido a engalanar las funciones eclesiásticas, su hija entraría en la historia del país de la mano de los símbolos patrios.

Los salones no fueron invento del siglo XIX, sino la refinada herencia del aristocrático siglo XVIII a su sucesor. Surgieron en Francia cuando la corte de Luis XIV, el Rey Sol, dio paso a la amable sociedad del reinado de Luis XV, en la cual las damas desempeñaban un rol social que los hermanos Goncourt explicaron deliciosamente en *La femme au dix-huitième siècle*. El hábito de convocar a estas reuniones se retomó después de la Revolución y del Terror, pero con un componente prioritario de intrigas políticas: grandes damas parisinas fueron, durante el Directorio y el Consulado, Teresa Cabarrús, la esposa española del diputado Tallien, y Josefina de Beauharnais, la criolla martiniquesa que se casó con Bonaparte. Madame de Récamier y Madame de Staël se destacaron después, en los niveles más altos de sociabilidad, cultura y elegancia.

Difícil era alcanzar ese grado de refinamiento en las sociedades americanas, pero con la Revolución y los nuevos vínculos con los extranjeros algunas tertulias criollas se volvieron más sofisticadas. Según Vicente Fidel López, la época de la Asamblea Constituyente y del director Posadas fue "de transformación en las costumbres, en la vida interior de la familia, y en el carácter de los negocios comerciales. Aseguróse entonces un sentimiento espontáneo de que el país tenía ganada su independencia. Cierta alegría pública y comunicativa comenzó a poner lúcida e inspirada a la buena sociedad. Abriéronse algunos salones y entre ellos el de Lasala y el de la señora doña María Sánchez de Thompson (de Mendeville, después) donde Alvear, Larrea, Monteagudo, Rodríguez Peña, Lafinur, Fray Cayetano Rodríguez, algunos médicos y publicistas extranjeros como Carta Molina, Gaffarot, Belmar (el padre y el hijo), Loreille, el físico Lozier, el botanista Ciarinelli, Wilde, iniciador de los estudios económicos, el pintor Gould y otros se reunían allí animados de la más exquisita galantería, a pasear su espíritu por las grandes novedades del tiempo y por los azares de la causa del país. Mientras Belmar lucía su intimidad con Benjamín Constant y trazaba los caracteres de su talento y de sus doctrinas ante la atención encantada de los liberales que lo escuchaban, Lozier y Ferrati amenizaban la culta tertulia con pruebas de física y química que iniciaban a los conocimientos naturales a sus contertulianos, y que hacían del salón de la señora de Thompson una verdadera academia de progreso y cultura. Alvear y Larrea primaban entre todos por la rapidez, la originalidad y la audacia de sus concepciones; y eran los galanes más favorecidos de las damas que acudían a hacer estrado en rededor de la dueña de aquel templo un tanto profano en que todos abrían su espíritu a las luces del siglo. Allí leía López sus estrofas y algunas veces un niño, Juan Cruz Varela, declamaba sus loas a la patria y a la victoria en que Júpiter hacía el primer papel entre los protectores que nuestra causa tenía en el cielo".

En esta animada descripción se entremezclan personalidades que en distintas etapas se destacaron en la vida pública y cultural del país. En el legendario recibo confluían, al modo europeo, la política, la ciencia y el arte. Como las mujeres también participaban del diálogo, los temas más abstractos debían aligerarse, pues, según ha señalado Fernando Savater en *El jardín de las dudas*, de otro modo nadie escucharía al disertante. Pero por otra parte, en el salón de los Thompson perdura la tradición morisca del estrado, aunque el resto del escenario pertenezca al tiempo nuevo. Los objetos jugaban un papel de importancia para dar el marco material a ese género novedoso de sociabilidad:

"La dueña de aquel salón en cuya cabeza entraban todas las reminiscencias e imitaciones de los salones del Directorio y del Consulado francés, prodigaba su inmenso caudal en el delicado placer de reunir en su casa adornos exquisitos y curiosos de la industria y del arte europeo; porcelanas, grabados, relojes mecánicos con fuentes de agua permanentes figuradas por una combinación de cristales, preciosidades de sobremesa, antojos fugaces, si se quiere, pero que eran novedades encantadoras para los que nada de eso habían visto hasta entonces sino los productos decaídos y burdos que el monopolio colonial les traía. Después de eso: banquetes, servicio francés, y cuanto la fantasía de una dama rica entregada a las impresiones y a los estímulos del presente, sin amargas ni perturbadoras visiones del porvenir, podía reunir en torno de su belleza proverbial, con la vivacidad de uno de los espíritus más animados que pueden poner alas al cuerpo de una mujer. Era también poetisa y prosista llena de ingenio y de oportunidad", concluye López.[7]

La descripción exalta los encantos de Mariquita. Ella era más graciosa que bella, menuda, de rizos rebeldes y rostro alargado, cutis mate, una andaluza dulcificada por los aires del Plata, que escribía con soltura y precisión pero versificaba sencillamente. Quizás en este párrafo admirativo de Vicente Fidel se refleje algo de la mirada paterna, pues dice la leyenda de Mariquita que el autor del Himno, padre del historiador, fue uno de sus enamorados.

Mariquita convocaba, en la memoria de López, al círculo político más atrevido de la Revolución: el general Carlos María de Alvear, audaz, presuntuoso, brillante, que se creía llamado a convertirse en el Bonaparte del Río de la Plata; Juan Larrea, el rico comerciante español encargado de financiar la formación de la escuadra patriota, que la llamaba "su amiga y hermanita"; Monteagudo, el ultrarrevolucionario de la Sociedad Patriótica; Nicolás Rodríguez Peña, uno de los pioneros de la causa independiente; fray Cayetano Rodríguez, el docto confesor de la hija de los Sánchez de Velazco, que en versos reservados hacía gala de una curiosa mezcla de misoginia y antiespañolismo. Una serie de literatos, filósofos, pintores y hombres de ciencia completa el círculo social, aunque no todos los mencionados por López en esta página concurrieran al mismo tiempo al legendario salón: Lafinur y Juan Cruz Varela, por caso, eran en 1814 estudiantes en la Universidad de Córdoba.[8]

Entre las señoras se destacaba Carmen Quintanilla, la esposa de Alvear, amiga y en cierto modo rival de Mariquita. Esa rivalidad se desprende de la anécdota, narrada por Pelliza y comentada por Dellepiane, sobre la reunión de damas patriotas convocada en casa de los Escalada para conseguir recursos a fin de comprar armas. Cada señora se anotó con una suma y se convino en acompañar la donación con una nota al gobierno:

"—Yo tengo redactada una nota que voy a leerles —dijo María Sánchez de Thompson—. Dámela, Remedios —continuó, dirigiéndose a la joven novia de San Martín—; pongan atención y corrijan lo que no les parezca bien.

María Sánchez levantó el escrito a la altura de la luz, y leyó...

Sus cómplices escuchaban en silencio.

—¡Está bien, muy bien! —dijeron todas, cuando hubo concluido—, firmemos —tomó la pluma la esposa de Alvear, diciéndole al oído a María Sánchez:

—Esto te lo ha escrito Monteagudo.

—No lo repitas, Carmen.

—¿Por qué?, ¿qué hay de malo?

—Hay de malo que no es verdad.

—¿Y cómo me probarías que no es verdad?

—Así —dijo María Sánchez, acercando a la bujía el oficio y quemándolo.

—¿Qué has hecho? —gritaron todas.

—Nada; castigar a esta calumniadora. Siéntate, Carmen, y escribe: voy a probarte que yo no necesito secretario.

La de Alvear se sentó maquinalmente.

—Ponga usted ahí: Excelentísimo Señor.

—¿En abreviatura?

—Sí, en abreviatura.

—Ya está.

—Ahora, un poco más abajo: La causa de la humanidad, etc."

"Inicia así el dictado del documento de una frase que ganó celebridad en el clima fervoroso de la época: 'Yo armé el brazo de ese valiente, que aseguró su gloria y nuestra libertad', cuya concisión y elegancia literaria —mal que pese al historiador Pelliza— acusan la experta colaboración del fogoso tribuno, a quien señaló, como redactor del documento, la certera intuición de Carmen Quintanilla", escribe Dellepiane,[9] quien tampoco podía admitir que una mujer elegante fuera al mismo tiempo escritora de garra.

Por otra parte, esta declaración, publicada en *La Gaceta* (26-VI-1812), reconocía las limitaciones de las mujeres: "Destinadas por la naturaleza y por las leyes a llevar una vida sedentaria y retirada, no pueden desplegar su patriotismo con el esplendor que los héroes en el campo de batalla. Ellas saben apreciar bien el honor de su sexo a quien confía la sociedad el alimento y la educación de sus jefes y magistrados, la economía y el orden doméstico, pero como de todos modos lamentan no poder contarse entre los defensores de la patria, optan por compensar dicha limitación contribuyendo al armamento del soldado".

Las damas de esta historia eran la cara amable de una dura postura política: la de la Logia Lautaro, que se reunía secretamente con el propósito de terminar con la dominación española en América, confiada en el apoyo británico que finalmente no se concretaría.

Martín Thompson era miembro de la Logia, lo mismo que Domingo Trillo, tío de Mariquita; más aún, las reuniones de la secreta entidad —que había absorbido a la Sociedad Patriótica debido a la similitud de ideales— se realizaban en el subsuelo de una casa conocida por ser de Thompson, no la vivienda principal de la calle del Empedrado, sino una de la actual calle Defensa, donde funcionaron asimismo dos escuelas de primeras letras, la de Francisco Argerich (1810) y la de Rufino Sánchez (1811).[10]

Esta Logia conducía los asuntos públicos del Segundo Triunvirato y de la Asamblea General Constituyente reunida a partir de enero de 1813 en Buenos Aires. La Asamblea, que desterró el nombre de Fernando VII de los documentos oficiales, suprimió los títulos de nobleza y el tributo indígena y liberó a los hijos de los esclavos nacidos a partir de su instalación, incluyó en su agenda la elaboración de los símbolos patrios.

Desde 1812 se tenía el propósito de consagrar oficialmente un himno, sea reconociendo alguno de los poemas patrióticos que ya circulaban con su música, o convocando a los poetas a escribir una nueva letra. La primera iniciativa estuvo a cargo del Triunvirato; la composición, escrita por fray Cayetano Rodríguez, con música de Blas Parera, fue aprobada en noviembre de 1812 pero envejeció pronto, luego de las victorias de Belgrano en el Norte. La Asamblea encomendó a López y Planes componer otro himno, tenido por "única marcha nacional", que sería aprobado en mayo de 1813, en vísperas del tercer aniversario de la instalación del Primer Gobierno Patrio. Alguien, seguramente Parera, le puso música, fue ensayado por un coro de niños, y luego una comparsa de niños vestidos de indianos lo cantó en el teatro, el 28 de mayo. Hasta aquí la documentada versión de Carlos Vega.[11]

Relata Vicente Fidel López que su padre escribió por encargo de la Asamblea un himno que resultó muy aplaudido, al punto que fray Cayetano Rodríguez, a quien se había hecho un encargo similar, optó por retirar su composición sin siquiera darla a conocer. En cuanto a la música del "¡Oíd mortales!", existe una tradición familiar, documentada en la carta que Albina Thompson de Tresserra, la menor de las hijas de Mariquita, que vivía en Barcelona desde 1842, dirigió a su hermana Florencia:

"Estuvo por aquí Parera, nos entretuvo, contó como se compuso en casa el Himno criollo inspirado por el himno de David que de oído y de pie chapurreaba recordando en el teclado distraído nuestro padre que cantaba de niño".[12]

Este Parera era hijo de Blas Parera, el compositor catalán que luego de colaborar con la Revolución de Mayo, pues tenía ideas liberales, terminó su vida en Barcelona. Su madre era una joven inclusa del Colegio de Huérfanas de Buenos Aires, con la que el maestro catalán, que daba lecciones de piano en el establecimiento, se había casado en 1809. Parera daba también lecciones en domicilios particulares.[13] Y Mariquita Sánchez, estudiosa del piano y del arpa, fue muy probablemente alumna suya.

De acuerdo con esta misma tradición familiar, Martín Jacobo había oído cantar a su padre el Himno religioso inglés en que se habría inspirado nuestro Himno. El maestro Parera compuso la música sobre el piano del salón de los Thompson. Luego, como era pobre y carecía de piano propio, la perfeccionó en lo de de Luca, donde también disponían de este instrumento.[14] Años más tarde, otro íntimo de los Thompson, el maestro Juan Pedro Esnaola, hizo el arreglo del Himno Nacional que fue reconocido como nuestra canción patria.[15]

Dice Pastor Obligado en sus *Tradiciones* que el Himno Nacional Argentino se cantó por primera vez a coro, con la música del maestro Parera, en el salón de doña Mariquita Sánchez y que ella acompañó a Parera ejecutando el arpa. Estaban presentes en la legendaria reunión su esposo Martín Jacobo, Vicente López y Planes, Blas Parera, Esteban de Luca, Bernardo de Monteagudo, Domingo Trillo, el matrimonio Escalada con su hija Remedios y su novio, el coronel San Martín, la señora de Sáenz Valiente, Mercedes Lasala de Riglos, Isabel Casamayor de de Luca, Carlos María de Alvear y Carmen Quintanilla, el coronel Juan Ramón Rojas, soldado y poeta, uno de los cinco generales Balcarce y fray Cayetano Rodríguez. Esta tradición familiar, sostiene Carlos Lezica, le fue trasmitida por su abuelo Enrique de Lezica y Thompson, y por su padre, Faustino Lezica; ambos conocieron a Mariquita y se criaron en su casa. En cuanto al día exacto en que se compuso el Himno, supone que fue entre marzo y julio de 1812, porque San Martín llegó a Buenos Aires el 9 de marzo de ese año, y Magdalena Trillo falleció en julio "y los lutos rigurosos de ese entonces no hubiesen permitido jamás reuniones y menos con música".[16]

La versión ha sido atacada desde varios flancos. Para Esteban Buch, "la tertulia de Mariquita no solo no es mencionada en ningún documento de la época, sino que tampoco la menciona ningún texto del siglo XIX; ni los derivados de la tradición familiar de los López, ni ningún eventual testigo, ni ningún historiador. En su artículo de 1884, Lucio (López) evoca, sí, una reunión a la que asistieron 'todas las mujeres de los primeros salones argentinos, doña María Sánchez de Thompson, doña Mercedes Escalada, doña Eusebia Lasala, etc. Todos los jóvenes de la revolución, sus tribunos, sus sacerdotes, sus guerreros', pero la sitúa en la sala del Consulado (sin aportar, dicho sea de paso, ninguna prueba de su existencia). Habrá que esperar todavía un cuarto de siglo y la intervención de Obligado y Subercasseaux, para mudarse de esta fría institución económica al 'salón color de oro de Mariquita'." Aclara Buch que esta parte de las *Tradiciones*, fechada en 1900, se escribió sobre el modelo de las del memorialista peruano Ricardo Palma.[17] Éste narra que la dama limeña Manuela Rávago y Avella Fuertes de Riglos fue la anfitriona del salón donde se cantó por primera vez el Himno del Perú en presencia del Protector San Martín.

"La primera interpretación del Himno se hace entonces en la intimidad del poder; canto individual de cámara en la tradición romántica de la música de salón; en las antípodas de su práctica de 1813 y de siempre, donde es norma el canto colectivo en ámbito público". Habría sido por lo tanto una manipulación oligárquica del pasado, pergeñada hacia el 900 como una manera de congelar la historia y de utilizarla en beneficio de la élite que estaba en el poder y no pensaba dejarlo en manos de argentinos advenedizos. El poder sugestivo de la tertulia de Mariquita, potenciado por el cuadro de Subercasseaux —que inspiró la película de Mario Gallo—, será inmenso, y se volverá emblema de las reuniones patrióticas, afirma Buch en el ya citado ensayo.

El Himno Nacional, ¿no fue cantado entonces en casa de Mariquita, según se ha grabado en la memoria colectiva de los argentinos? ¿Estamos entonces frente a una nueva y deliberada falsificación del pasado que invalida a la figura histórica femenina arquetípica del tiempo de la Revolución? Es cierto que Mariquita misma no dejó mención alguna acerca de este estreno del Himno en su legendaria tertulia. Tampoco se incluye el canto del Grito Sagrado en los bosquejos biográficos que se escribieron con motivo de su muerte en 1868. Pero existe una tradición familiar que, como suele ocurrir con la memoria, confunde fechas, toma por verdades inquebrantables costumbres y modalidades, por ejemplo, la del luto riguroso que Mariquita jamás respetó. Sin embargo, nada impide que la historia narrada por el hijo de Parera fuera cierta y que la inspiración surgiera tal como él se lo contó a Albina Thompson. Tal vez aparezca algún día el original de esa carta, por ahora sólo citada en un documento relativamente reciente del archivo Lezica. El Himno que oficialmente se cantó en mayo de 1813 en un acto público, pudo haberse entonado días antes en privado, en ese salón de la calle del Empedrado frecuentado por el círculo más revolucionario de Buenos Aires, una realidad diferente de la edulcorada imagen de sociabilidad que la historiografía tradicional atribuye a lo de Thompson.

NOTAS

[1] González Lonzième, *op.cit.*, p. 159.

[2] Juan Cánter. Las sociedades secretas y literarias. En: *Historia de la Nación argentina*, Academia Nacional de la Historia. Buenos Aires, El Ateneo, 1957, tomo V, p. 287.

[3] Documento en el archivo Zavalía Lagos.

[4] Vilaseca. *Cartas*, op. cit., p. 357.

[5] O.Battolla. *La sociedad de antaño*, p. 241.

[6] Magdalena Trillo de Sánchez de Velazco fue sepultada en la iglesia de la Merced por ser terciaria de la cofradía religiosa de la virgen venerada en ese templo a la izquierda del altar mayor y al pie del altar de San Ramón Nonato. En su testamento, 11-5-1812, liberaba al Negro Pedro, capataz de su chacra Bosque Alegre, al mulato Manuel y al Negro José, sus peones.

[7] Vicente F. López. *Historia de la República Argentina. Su origen, su revolución y su desarrollo político hasta 1852.* Buenos Aires, Casavalle, 1886, tomo V, p.135/137; sobre la influencia femenina en los salones, véase Fernando Savater. *El jardín de las dudas.*

[8] Roberto F. Giusti. "Las letras durante la Revolución y el período de la Independencia". En: *Historia de la Literatura Argentina*, dirigida por Rafael Alberto Arrieta. Buenos Aires, Peuser, 1958, p. 263 y ss.

[9] A. Dellepiane. *Dos patricias ilustres, op. cit.,* p. 29-30.

[10] Martín Lazcano, *op. cit.*, p. 258; ver testimonio en *Tradiciones*, de Obligado, serie 1, Niño patriota.

[11] Carlos Vega. *El Himno Nacional Argentino.* Buenos Aires, Eudeba, 1962, p. 27.

[12] Carta de Carlos Lezica a Silvia Pueyrredón de Elizalde, Buenos Aires, 16 de octubre de 1966, AL.

[13] Vega, *op. cit*.

[14] Carta de C. Lezica a S. Pueyrredón, *op. cit.,*

La autora no ha podido localizar el documento original de Albina Thompson de Tresserra en el archivo Lezica.

[15] Guillermo Gallardo. *Juan Pedro Esnaola. Una estirpe musical.* Buenos Aires, Theoría, p. 65.

[16] De Lezica a S. Pueyrredón, *op. cit.*

[17] Esteban Buch. *O juremos con gloria morir. Historia de una épica de Estado.* Buenos Aires, Sudamericana, 1994, p.181.

6

MARTÍN

1815-1819

Hasta 1815 la vida de Mariquita Sánchez trascurría con relativa placidez en comparación con los cambios que estaban ocurriendo a su alrededor. Buenos Aires era un sitio protegido: salvo uno que otro bombardeo durante el enfrentamiento con los realistas de Montevideo, la ciudad había quedado eximida de padecer las penurias de la guerra. Y como el comercio era muy activo, el sector social al que pertenecían los Thompson se había visto beneficiado.

Pero las cosas cambiaron cuando, a consecuencia de las transformaciones ocurridas en Europa, entre 1814 y 1815 partieron de Buenos Aires misiones diplomáticas encargadas de establecer relaciones con el mundo posnapoleónico, buscar aliados para la revolución americana, estimular los intercambios comerciales y comprar armamentos para el ejército y la incipiente Armada. Una de estas misiones, encabezada por Belgrano y Rivadavia, derivó en compleja intriga para coronar en el Río de la Plata al infante Francisco de Paula, el hermano menor de Fernando VII. Por su parte el coronel Martín Jacobo Thompson, patriota consecuente, hombre de fortuna y estudios y con conocimiento de la lengua inglesa, fue designado en 1815 para otra delicada misión en los Estados Unidos de América.

Antes, durante y después de la Revolución de Mayo Martín Thompson había sido capitán del puerto de Buenos Aires. En el archivo familiar de los Lezica se conservan fojas de los libros de la Capitanía del Puerto, documentos de temas tan variados como larga fue su permanencia en el cargo en medio de cambios políticos abruptos: de Liniers a Cisneros, la Junta, los dos Triunviratos y el Directorio. Prudente y sin duda idóneo, Thompson representaba el poderoso sector de los comerciantes porteños.

Previamente a su nueva designación, fue relevado de la capitanía del puerto y ascendido a coronel.[1] El ascenso indicaba la responsabilidad de la misión, encubierta bajo las apariencias de un viaje de carácter privado: la revolución americana se estaba hundiendo en todo el continente y las noticias que llegaban al Plata sólo informaban acerca de nuevas catástrofes: el gobierno de Buenos Aires es ya casi único sobreviviente entre los surgidos en 1810: la Junta de Chile sucumbió a consecuencia de la derrota en Rancagua (1814); la rebelión del cacique Pumacagua en el Cuzco (1814) fracasó también; el cura Morelos ha sido ejecutado en México (1815); luego de largo y cruento asedio la plaza de Cartagena (Nueva Granada) cayó en poder de los españoles (1815). Y así sucesivamente. Las fuerzas reconquistadoras del general Morillo podían considerarse dueñas de la situación en el norte de América del Sur, aunque Bolívar se hubiese refugiado en Jamaica y San Martín adiestrase una pequeña fuerza en Cuyo.

Thompson, quien gozaba de la completa confianza de la Logia y del Directorio, era la persona indicada para asumir la difícil misión de representar discretamente a las Provincias Unidas ante el gobierno de Washington.

La designación, firmada por el director Álvarez Thomas a principios de 1816, formaba parte de las acciones que acompañarían a la reunión del Congreso en Tucumán, propiciado por la facción de la Logia que respondía a San Martín. Como diputado de las Provincias Unidas del Río de la Plata, Thompson debía acordar en Washington las políticas tendientes a la emancipación absoluta del nuevo mundo, además de establecer relaciones con los patriotas de México y de recaudar fondos, todo ello dentro de un secreto riguroso.

Partió acompañado de su ayudante, Joaquín. Dejaba en Buenos Aires a su esposa y a cinco hijos cuyas edades oscilaban entre los ocho años de Clementina, y los cinco meses de Albina, la más pequeña. Viajó en un velero, porque la navegación a vapor no se había incorporado todavía a las comunicaciones. Y desde el momento de su partida se sintió enfermo. Tenía entonces 39 años.

Tras 84 días de viaje, y luego de soportar una larga calma en los mares del Brasil, Martín Jacobo llegó a Nueva York. Como su salud no era buena, demoró su partida a Washington y Filadelfia, principales centros de la vida política. Tampoco tenía sentido apresurarse, porque el presidente Madison pasaba el verano fuera de la capital, que era todavía una suerte de gran aldea en construcción. Thompson aprovechó su estadía en Nueva York para gestionar el envío de armas al Río de la Plata. Aguardaba con ansiedad la venida de barcos que le trajeran "la interesante noticia de la Independencia".

Pero las que llegaban resultaban insuficientes para calmar su ansiedad. Supo por una fragata norteamericana proveniente de la Ensenada de Barragán, la inquietante novedad del movimiento de las tropas de Artigas y la más grata nueva de la iluminación con que en Buenos Aires se había celebrado la apertura de las sesiones del Congreso tucumano. El precio de los cueros, el principal producto de exportación de la región del Plata, se había estabilizado.

Aprovechaba el tiempo libre para admirar los inventos de la

industria norteamericana, tan útiles como el *steamboat*, que le pareció adaptable a la navegación de los grandes ríos argentinos, siempre que se diera cierto número de años de privilegio a los contratistas. Comprobó que en Nueva York abundaban oficiales y soldados europeos que estaban desocupados por el fin de las guerras napoleónicas, pero dispuestos a contratarse al servicio de los gobiernos patriotas americanos. Como su tarea se había visto incrementada y debía cumplirla solo, solicitó al gobierno de las Provincias Unidas la colaboración de un secretario.

Thompson se enteró en octubre, no por cartas, sino por impresos traducidos, de la declaración de la Independencia, novedad relevante que respaldaba su misión, y felicitó a Juan Martín de Pueyrredón —como él, miembro de la Logia— por su designación como Director Supremo. Entendía que el gobierno de Buenos Aires gozaba de buena reputación en el país del norte y le envió copia de la Constitución norteamericana. En su criterio, la federación de estados era un modelo republicano aplicable en Sudamérica.

Martín mostraba en sus cartas al Directorio argentino justificados temores ante la invasión portuguesa de la Banda Oriental. Ignoraba que dicha invasión era favorecida, precisamente, por Pueyrredón, quien pretendía sacarse de encima el problema del artiguismo.[2] A este desacuerdo íntimo con la política del gobierno directorial se sumaron errores que provenían de la progresiva pérdida de su razón.

En efecto, Martín se había comprometido con un aventurero polaco, Antonio de Bellina Supieski, a quien conoció en Estados Unidos y que formaba parte del grupo de militares desplazados por el fin de las guerras napoleónicas. Su historia ha sido narrada por Héctor D. Viacava en *Andanzas, mentiras y desventuras de un coronel de Napoleón*: Supieski y su esposa o amante, madame Bellina, integraron el contingente de setenta polacos que Bonaparte se llevó al exilio de la isla de Elba (1814), donde ella, una aragonesa muy bonita y gran bailadora de fandango, fue brevemente amada por el emperador. Luego de la derrota de Waterloo, la pareja recaló en los Estados Unidos; allí se vinculó con el ex rey de España, José I, el cual tenía sus propios intereses en promover la causa de los patriotas americanos.

"Bellina, aconsejada por José Bonaparte, optó por dirigirse al destartalado sujeto al que solía verse por las calles de Washington y Nueva York, vestido con una levita cortona y apolillada, hablando desacompasadamente, manoseando a sus interlocutores, gritando algunas veces y otras susurrando al oído, y a quien los yanquis llamaban 'Mister Mariquita', por el nombre de la esposa lejana, cuya casa en Buenos Aires ofrecía a todo el mundo: el pobre Martín Thompson agente diplomático de las Provincias Unidas, vecino ya al naufragio de su razón".

Este cuadro patético del deterioro anímico de Martín volvía riesgosos sus compromisos, como por ejemplo la contratación y el envío a Buenos Aires de Bellina y de varios oficiales y artesanos, un gasto excesivo para los magros recursos pecuniarios del Directorio. Pero esto no era todo:

"Le acuerdo el derecho de reclamar ante Su Excelencia los auxilios necesarios para el transporte de su esposa, la condesa Bellina", le había dicho Martín a Supieski, sin poder convencerse, escribe Viacava, de que el marido de la seductora dama fuese sólo barón.[3] A fines de octubre de 1816, Thompson fleta la fragata Ocean para el transporte de los oficiales, pero antes de la partida se produce una violenta refriega a bordo, con intervención del sheriff de Nueva York. Uno de los polacos contratados asalta a Supieski cuchillo en mano y éste se defiende con un hacha de abordaje, mientras el capitán responsabiliza a Thompson por los bienes perdidos. Semejante escándalo complicaba innecesariamente lo que debió haber sido una discreta gestión diplomática disfrazada de viaje de negocios.

Desde Baltimore, Martín protestó al gobierno porque se había bajado la categoría de su misión y no tenía recursos oficiales suficientes para los viajes que había emprendido por cuenta propia a fin de informarse sobre objetos que pudieran ser útiles en el futuro al país. En cuanto a los recursos que recibía de su familia, estaban exhaustos:

"De mi casa no puedo recibir ningún auxilio pecuniario por el exceso de la contribución de 125 pesos mensuales que se paga hace algunos años, con más los censos que se reconocen en las fincas, y es probable que no se paguen los alquileres como antes de mi salida para estos estados ya empezó a suceder".

Pero el agente Thompson no sería escuchado. Por el contrario, la nueva de su cesantía le llegó por nota de enero de 1817; se le advertía que si bien el gobierno de las Provincias Unidas había aceptado a los oficiales polacos contratados por él, no debía efectuar más gestiones de esta naturaleza "en virtud de la cesación de sus encargos, que por separado le comunico de orden suprema". Eso sí, podía quedarse en la capital norteamericana, o donde quisiese, pero sin carácter oficial, y enviar las noticias que juzgara oportunas.

¿Cuáles eran las razones de semejante sanción? Se le achacaba no haber guardado suficiente reserva respecto de su misión, pues había contratado por intermediarios a los oficiales polacos antes de ser presentado al presidente de los Estados Unidos.[4] Pero, como se dijo más arriba, Martín se había alineado sin saberlo en contra de la política del Directorio en la cuestión de la Banda Oriental. Por otra parte, esta política que indirectamente favorecía a Gran Bretaña, aliada secular de los portugueses, no era bien vista en Estados Unidos, donde cualquier apoyo a los gobiernos patriotas de Sudamérica se supeditaba al logro de ventajas comerciales que la hegemonía inglesa impediría concretar.

Pero además, antes de enterarse del cese de su misión, Thompson se había comprometido, y había comprometido a su gobierno, en una verdadera aventura revolucionaria: en marzo de 1817, Martín Thompson, Lino de Clemente y Pedro Gual, diputados de la Argentina, Venezuela y Nueva Granada (Colombia), respectivamente, suscribieron un acuerdo, en representación de sus gobiernos, para respaldar una expedición libertadora de la Península de Florida que formaba parte del Imperio Español.

Los intereses del corso, muy fuertes en los puertos de la costa atlántica norteamericana, favorecían la empresa que sería encabezada por dos oficiales extranjeros al servicio de la Revolución: el general escocés George Mac Gregor y el marino francés Luis Aury, de larga trayectoria éste último en favor de los patriotas de Cartagena cuando el sitio de 1815. A ellos se sumó el altoperuano Vicente Pazos Silva (Kanki), quien desembarcó en Savannah desterrado de Buenos Aires por el director Pueyrredón.

Era ésta, relata Edmundo Heredia en *Los Estados Unidos de Buenos Aires y Chile en el Caribe*, una de esas aventuras características del giro que tomaba la guerra en Centroamérica: en los puertos de Baltimore, Savannah, Charleston y Nueva Orleáns pululaban los oficiales desocupados dispuestos a participar de tales emprendimientos. Y así pudo Mac Gregor invadir con su pequeña fuerza una isla cercana a la Florida, y mantenerse en ella algunos meses hasta que el gobierno norteamericano lo desalojó, pues negociaba la incorporación de esa península a la Unión, lo que se concretaría dos años más tarde.

Pero los expedicionarios no se desanimaron: Mac Gregor, asociado con el infatigable Aury, partió hacia otros rumbos. Hizo pie en las islas de San Andrés, Providencia y Santa Catalina (hoy Colombia), verdadero paraíso tropical, en pleno Caribe, donde fundaron una república bajo la protección, jamás confirmada, de Buenos Aires y de Chile.[5]

La participación inicial de Thompson en este proyecto no puede sorprender si se tiene en cuenta su mentalidad de patriota del año 10, atrapado por el sortilegio de la Revolución. Tal como los personajes que creó Alejo Carpentier en *El siglo de las Luces*, la juventud que había adherido a la Ilustración halló cauce a sus ideales románticos en la Revolución. Junto a Mariquita, la mujer que se había rebelado contra las imposiciones de su autoritaria familia, Martín había vivido un maravilloso sueño de cambios y de hondas transformaciones. Esa primera etapa ilusionada había concluido, pero Martín no lo había percibido bien y mantenía la llama de la Revolución a ultranza mientras las Provincias Unidas del Río de la Plata preferían aliarse con una monarquía esclavista, la de Portugal, antes que ceder al reclamo de autonomía del caudillo Artigas. Tampoco consideraría el Directorio argentino, empeñado en unificar la conducción de la guerra revolucionaria para respaldar la expedición a Chile, el posible apoyo a una expedición tan alejada de sus intereses inmediatos como era la ocupación de esas islas remotas. Thompson no estaba aislado en su postura política, pero el rápido deterioro de su salud mental le impediría compartir sus luchas con Pazos Kanki, los porteños Manuel Moreno y Manuel Dorrego, el chileno José Miguel Carrera y otros compatriotas exiliados en Estados Unidos por su oposición al Directorio.

Es poco lo que se sabe de él a partir de entonces. En una carta de agosto de 1817, escrita por el nuevo representante del gobierno argentino en los Estados Unidos, Manuel Hermenegildo de Aguirre, se dice que "Thompson está en un hospital, irremisiblemente loco".[6]

Casi dos años más tarde, su dramática condición no se había modificado, con el agravante de que su caso se utilizaba ahora políticamente para criticar el pésimo manejo de las relaciones exteriores de los incipientes gobiernos sudamericanos. Así se expresa el colombiano Manuel Torres, uno de los más activos propulsores del reconocimiento de la Independencia:

"Tampoco se ha olvidado aquí el nombre de Thompson, que subsiste todavía encerrado en la Casa de los Locos de New York, para vergüenza del gobierno que lo nombró para ser su diputado ante un gobierno extranjero. En estos descuidos o irregularidades, se fundó el Secretario de Estado, Mr. Adams, para insultar a Aguirre [Manuel Hermenegildo de], preguntándole qué edad tenía, y haciéndole otras cuestiones impropias." La carta está fechada en Filadelfia en abril de 1819.[7]

Entre tanto, ¿qué ocurría con la familia de Thompson en Buenos Aires? Es fácil imaginar la angustia que provocó en Mariquita enterarse de la gravedad del estado de su esposo; habrá examinado los riesgos que implicaba traerlo de vuelta y afrontar en esa situación la travesía marítima. Pero además, ¿había dado Martín, antes de marcharse como agente diplomático, señales de su enfermedad?; ¿padeció crisis de melancolía, signos de ansiedad, desvaríos? Nada de esto es posible averiguar a partir de los documentos disponibles. Más aún, la mayoría de los biógrafos de Mariquita dan por muerto a Martín en octubre de 1817, durante el viaje de regreso a Buenos Aires. Esto puede leerse en Obligado, en Dellepiane, en Vilaseca y en Zavalía Lagos. Sin embargo, este silencio se rompe con la carta de Mariquita a Joaquín, el ayudante de su esposo, a cargo del enfermo, fechada en Buenos Aires el 26 de mayo de 1819 y publicada por Vilaseca como del año 1817:

"Querido Joaquín: ya espero que habrás recibido mis cartas en contestación a las que mandaste con Madame Bellina, y que te estarás arreglando para venir con Martín pues he pensado que será

lo mejor después de lo que me dices. No quiero cansarte con la
relación de lo que me han hecho sentir y llorar tus cartas. Como
espero verte pronto, hablaremos de eso. Te encargo comprar para el
viaje todo lo que sea preciso para que Martín sea bien cuidado.
Quiero decirte café, azúcar, algunos bizcochos, dulce, algunas cosas
que tú le puedas servir sin atenerte a lo que darán en el buque
porque los buques mercantes no son como los de guerra donde se
come bien y en abundancia. Así trae lo que puedas para que lo tome
a la hora que quiera sin tener que andar pidiendo. Te encargo mucho
también que le hagas hacer una levita de paño buena y un fraque,
dos docenas de camisas para que lo mudes muy a menudo, corbatas,
pantalones y todo lo demás. Cuidado que no lo traigas vestido como
loco, sino como yo lo vestía cuando estaba aquí bueno. En nada
Joaquín quiero que se lo trate como loco sino como mi marido. Así
arregla todo lo demás de suerte que puedas traerlo. Mi apoderado te
dará el dinero que necesites para todo. Toma uno o dos hombres si
(...) precisos para que te ayuden. Cuidado Joaquín que no permitas
que nadie lo trate mal ni lo insulte. Si supiera que alguno tenía el
atrevimiento de tocarle tendría bastante valor para matarlo. Cuída-
lo mucho buen Joaquín que yo te lo recompensaré. Te encargo
también le hagas componer el pelo. Hazle hacer una peluca que
siempre le abrigará mejor que un gorro y es más decente.
"Todos tus amigos están buenos. Te mandan muchas memorias.
Te he mandado muchas cartas de Mauricia. Todos los de casa viven y
lo mismo que los dejaste. Sólo Angela ha muerto. Mis hijos te dan
mil memorias. Todos buenos y muy altos: cuida de aprovechar la
primera ocasión que se presente para venir que sea un buen buque.
"Te agradezco mucho los cuidados que tengas con Martín. Está
cierto que te los sabrá recompensar. María S. de Thompson."[8]

Mariquita trataba de que su marido regresara a casa en las
mejores condiciones posibles. Preveía que pudieran burlarse de
él...Para todos estos cuidados, dependía de la honestidad y la capacidad de Joaquín, al que en la carta halaga, advierte y promete
recompensas. Le enviaba además 500 libras para gastos. No era ésta
la única carta intercambiada entre la señora de Thompson y Joaquín; seguramente recurrió para esta correspondencia a los buenos
oficios de Aguirre y también a la intrigante Madame Bellina, la
compañera de Supieski, quien a fines de 1818 llegó a Buenos Aires.

Pero en esta oportunidad Mariquita aprendería con lágrimas
que ni riqueza ni influencias bastan en situaciones gravísimas como
las que atravesaba su marido. Primero había sido el doloroso golpe
de la exoneración del cargo diplomático, decidida por un gobierno
del que formaban parte íntimos de su casa, como López y Planes, el
secretario de Pueyrredón; es fácil imaginar a Mariquita llevando a
cabo gestiones para evitar esa humillación que precipitó el desenlace de la enfermedad mental de su marido. Luego, ante las nuevas

complicaciones surgidas, la necesidad de internarlo en Nueva York, la incertidumbre que se prolongó durante dos años, con el agravante de que el maltrato al loco era de rigor en la época. Todo esto habrá frenado su instintiva omnipotencia de mujer inteligente, rica, mimada, acostumbrada siempre a tener razón. Pero todavía le faltaba lo peor.

Por eso mucho tiempo después (1860), diría Mariquita: "El año 1819 hice un pacto con el dolor, y éste fiel compañero no me ha dejado ni en el sueño. Mi vida es llorar (...) donde va mi sangre va el infortunio."[9]

La narración de lo ocurrido a Thompson en el viaje de regreso no se encuentra en los papeles del archivo Lezica; tampoco en los de la marina de guerra, que ignoran la fecha de su fallecimiento.[10] Pero a través de otros documentos, se conocen los pormenores del dramático viaje de regreso de Martín Thompson a su patria: padeció atrozmente durante la travesía, demorada, como podía suceder en los tiempos de la navegación a vela, por los escasos vientos y las corrientes adversas.

El patriota altoperuano Vicente Pazos (Kanki), de regreso al país en el mismo buque de bandera estadounidense que traía a Thompson, relató al llegar a Montevideo lo ocurrido. Calificó al capitán del barco de "malvado que calculando el aumento de sus lucros en base a las faltas más escandalosas a sus obligaciones, hizo morir de hambre al caballero Martín Thompson, habitante de Buenos Aires, y redujo a la necesidad más extrema a 36 personas de diferentes sexos y edades que llevaba a bordo, de manera que para salvarles la vida, así como al resto de la tripulación fue necesario arribar a Montevideo el 15 de diciembre de aquel año (1819)."[11]

El cuerpo de Martín Thompson fue arrojado al mar el 23 de octubre de 1819. Pero, ¿qué había ocurrido luego de tantas previsiones tomadas para el traslado del enfermo? ¿Cuál fue la causa del desamparo en que quedó Martín Jacobo, víctima, precisamente, de la mala alimentación de los buques mercantes, que su esposa tanto quiso prevenir? Tal vez murió Joaquín en la travesía o no pudo embarcar. Pero la carta que le envió Mariquita volvió a sus manos, de modo que todo contacto no se perdió entre el servidor y su patrona.

Entre tanto, más allá de las lágrimas, ella continuaba su activa vida social, aunque tal vez con menos esplendor que antaño. Sus recursos económicos, alquileres sujetos al vaivén del mercado, empezaban a achicarse; nada se había intentado desde la muerte de los Sánchez de Velazco para incrementar el patrimonio de su heredera; por el contrario, comenzaba ahora el ciclo de las ventas de propiedades. La ausencia de Thompson, la necesidad de costear los gastos que demandaba su atención en Nueva York, la educación de sus cinco hijos y los lujos de los que Mariquita no quería prescindir comenzaron a afectar una fortuna hasta entonces sólida.

Ahorrar era difícil, especialmente porque Buenos Aires atravesaba en esos años un período de esplendor que precedió al tormentoso 1820. El comercio muy activo atraía a numerosos extranjeros, como los hermanos Parish Robertson, de una firma comercial escocesa, o el alemán Zimmermann, vinculado al comercio hanseático. Venían también oficiales europeos, dispuestos a enrolarse en las filas de los ejércitos patriotas, sabios y profesionales que escapaban de las borrascas políticas del viejo continente, sin imaginar siquiera los sinsabores que les esperaban en el nuevo mundo. Tal sería el caso de Aimé Bonpland, naturalista que había cuidado los jardines de la emperatriz Josefina en la Malmaison, y buscaba ahora una colocación más segura en la capital de las Provincias Unidas.

Muchos de estos extranjeros se vincularon con Mariquita; Bonpland dio clases de piano a su hija Florencia. El artista suizo José Guth, profesor de dibujo, pintura histórica y retratista, quien vino de París en 1817 y fue designado director de la Academia de Dibujo de Buenos Aires, daba clases particulares en los altos de la casa de la señora María Thompson, "de la plaza dos y media cuadra para el Retiro".[12]

Hasta el conflictivo Bellina dejó en casa de Mariquita sus baúles antes de partir destinado a Chile con el título de coronel general. De allí regresaría al poco tiempo, cuando San Martín comprobó que el tan recomendado y noble oficial no era más que un charlatán que provocaba escándalos en las casas del patriciado chileno donde lo alojaban. Era tanta su petulancia y grosería, que hubo quienes creyeron que se trataba de un impostor que había sacado sus papeles y documentación de un jefe muerto del cual había sido asistente. Antes de irse de Chile, Bellina ofreció a la Biblioteca de Santiago su pequeña colección de obras escogidas, unos 150 volúmenes traídos de Francia, para lo cual pidió a O'Higgins que diera las órdenes necesarias para que se transportasen a esta capital desde la casa del ciudadano Martín Thompson, donde habían quedado depositadas.[13] Ya de regreso en Buenos Aires, su vida se convirtió en una verdadera comedia de enredos con la llegada de su esposa, Magdalena Alcain, a fines de 1818, portadora de cartas de Joaquín, el sirviente de Thompson. ¡Cuántas historias apasionantes era capaz de narrar esta mujer aventurera! La bella aragonesa había sido dama de honor de Letizia Bonaparte (Madame Mère) y de Paulina, la hermana menor del emperador. Vestida de hombre, Magdalena presenció la dramática despedida de Napoleón en la Malmaison luego de la derrota de Waterloo. En medio del tumulto, ella y su marido lograron a fuerza de ruegos partir en calesa y que el derrotado emperador les regalara algunos miles de francos y una carta para su hermano José que vivía en Estados Unidos.

No era Madame Bellina persona digna de frecuentar la tertulia de Mariquita por entretenidas que fuesen sus historias: a poco de llegar ya estaba enredada en un amorío con un galán ignoto cuyos pormenores fueron la comidilla de la ciudad a lo largo de 1819. Dice Viacava que Mary Clare Taylor, Clara "la Inglesa", dueña de una fonda en la barranca de la Merced, la protegía de las iras de Bellina hasta que el provisor eclesiástico internó a la dama en el asilo de Huérfanas de San Miguel, donde se castigaban los pecados sexuales de las mujeres criollas.[14]

Pero Mariquita era, como tantos porteños, muy dada a abrir las puertas de su casa a los extranjeros, aun a riesgo de llevarse un buen chasco con aventureros y mistificadores, como era el caso de los Bellina.

Pese a todo, a la guerra con los españoles que se libraba en Chile, a la amenaza de que una expedición reconquistadora española llegara al Río de la Plata y a la guerra civil que había incendiado el Litoral, era grato vivir en Buenos Aires, sobre todo si se formaba parte de los estratos más ricos de la sociedad. La gente de alto copete podía visitar varios salones, entre ellos el muy elegante de los Escalada, o el muy conservador de la bonita e inteligente viuda Ana Riglos, siempre bien dispuesta a corregir los errores de los marinos ingleses en los difíciles pasos de la contradanza. Los más liberales concurrían a lo de Melchorita Sarratea, la bella hermana de Manuel. De la esposa de Thompson dice Guillermo Parish Robertson:

"Doña Mariquita era viuda, joven y hermosa, alegre y seductora cuando tuve el honor de conocerla en 1817... Desempeñábase —llegado el caso— con la soltura y sencillez de una condesa inglesa, con el ingenio y la vivacidad de una marquesa de Francia o la gracia elegante de una patricia porteña, a punto de que cada uno de estos países la hubiera reclamado para sí, tal era el arte exquisito que ponía en identificarse, de momento, con la nación de sus visitantes."[15]

No eran las tertulias el único entretenimiento de esta sociedad urbana en vías de modernización. Narra Juan María Gutiérrez que en 1817 tuvieron lugar los primeros ensayos de la Sociedad del Buen Gusto, que bajo apariencias literarias se proponía introducir reformas de carácter social al servicio de la Revolución. De ella formaban parte el poeta y coronel Juan Ramón Rojas, Vicente López y Planes, Esteban de Luca y el sacerdote chileno Camilo Henríquez. Además de festejar en el teatro la victoria de San Martín en Chacabuco, la Sociedad preparó un lucido espectáculo para la noche del 30 de agosto, la representación de *Cornelia Borroquia*, drama trágico de autor americano que satirizaba a la Inquisición. La obra fue aplaudida por el público culto que coincidía con la crítica al sistema colonial, pero las beatas se escandalizaron por considerarla un ataque a la Iglesia y los frailes la condenaron desde el púlpito. El provisor eclesiástico reclamó al gobierno que la prohibiese oficialmente. Pero Pueyrredón no accedió. Los tiempos en que la Iglesia oficiaba de censora de la cultura habían quedado atrás.

"Una dama que asistía a aquella función, interrogada sobre el efecto moral que le producía, dio una contestación llena de juicio y filosofía —recuerda Gutiérrez—: 'en esta noche, dijo, no puede quedarnos duda de que San Martín ha pasado los Andes y ha triunfado de los españoles en Chile'."[16] Muy posiblemente era Mariquita, su gran amiga de los tiempos en que él escribía esta historia de las letras argentinas, la autora del inteligente comentario. Porque no hay revolución posible sin un cambio cultural que la acompañe. Y ella así lo había entendido.

Buenos Aires se modernizaba en un proceso irreversible del que formaba parte el fortalecimiento del espíritu crítico y del buen gusto. Pero en cuanto a las ideas republicanas, se había entrado en un terreno de quietud en relación a los fervorosos primeros años de la Revolución, y más de uno de los jacobinos de entonces pensaba ahora que la mejor solución política era traer a un monarca que asegurase la paz y el reconocimiento internacional de las nuevas patrias.

Mariquita, fruto de esa sociedad cada vez más cosmopolita, entraba de lleno en el juego. Había sido una adolescente rebelde a las imposiciones de la sociedad estamental. Más tarde, cuando llegó el tiempo de la invasión de Beresford, aceptó gustosa el modelo de costumbres, consumo y hábitos políticos de los británicos. Después fue una patriota cabal, sensible a los postulados jacobinos de los revolucionarios de la primera hora. Hacia 1820, mientras los ecos de la revolución igualitaria y republicana se diluían en los vericuetos de la política directorial, los intereses de esta mujer, sola primero, legalmente viuda después, cambiaron de eje. Porque hasta una buena patriota del año 10 podía ser seducida por la atracción irresistible de Francia, sobre todo si ésta se presentaba en la esbelta figura de un joven venido al Río de la Plata con el propósito de reconstruir su vida.

NOTAS

[1] Fotocopias de documentos originales, gentileza de Isidoro J. Ruiz Moreno.

[2] González Lonzième, *op. cit., passim*.

[3] Héctor D. Viacava, en "Andanzas, mentiras y desventuras de un coronel de Napoleón". *Todo es Historia*, N° 157, junio de 1980.

[4] Documento citado por González Lonzième, p. 231/4.

[5] Edmundo Heredia. *Los Estados Unidos de Buenos Aires y Chile en el Caribe*. Buenos Aires, Ediciones Culturales Argentinas, 1984, *passim*.

[6] Referencia de González Lonzième, p. 107.

[7] Carta de Manuel Torres a Juan Germán Roscio, Filadelfia, 12 de abril de 1819, AHNC. Colección Ortega Ricaurte. Caja 290, fs. 5 a 18. Citada por Edmundo Heredia, *op. cit.*, p. 162.

[8] En la publicación de Vilaseca, p. 28, figura el año 1817, pero en el original de esta carta, en poder de Zavalía Lagos, se lee claramente 1819 y al dorso: "Copier de deux lettres écrites a New York le 26 mai 1819 avec une lettre de change de 500 L".

[9] *Cartas, op. cit.,* p. 313.

[10] La biografía de González Lonzième pone correctamente el año 1819 como el de la muerte de Thompson.

[11] Vianna, *op. cit.,* p. 635.

[12] Rodolfo Trostiné. *La enseñanza del dibujo en Buenos Aires*. Buenos Aires, 1950, p. 36.

[13] Diego Barros Arana. *Recuerdos históricos. Un general polaco al servicio de Chile. Antonio Barón de Bellina Supieski.* Publicado en Revista Chilena, Santiago 1875, tomo III. En: *Obras Completas*. Santiago de Chile, 1911, tomo XI, Estudios, p. 225 y ss.

[14] Viacava, *op. cit.,*

[15] Robertson. J. P. y G. P. *Cartas de Sud América*, Buenos Aires, Emecé, 1950, tomo 3, p. 63.

[15] Juan María Gutiérrez. *Estudios histórico-literarios*, Colección Estrada, Buenos Aires, 1940. Selección prólogo y notas de Ernesto Morales. p. 193n, *Ojeada histórica sobre el teatro de Buenos Aires desde su origen hasta la aparición de las tragedias Dido y Argia.*

7

LA IRRESISTIBLE SEDUCCIÓN
DE FRANCIA

1820-1825

Jean-Baptiste Washington de Mendeville, joven francés de 25 años, esbelto y buen mozo, embarcó en el velero Angélique, en el puerto de Le Havre con destino a Buenos Aires. La lista de pasajeros del 18 de junio de 1818, consignaba que este ex subteniente del 6º de Infantería había nacido en la pequeña localidad de Sos, en el departamento de Lot et Garonne, región agrícola que dependía del puerto de Burdeos.[1]

¿Por qué razones Jean-Baptiste se dirigía al Río de la Plata? No lo sabemos. Posiblemente pensó en retomar la profesión de militar y en reconstruir su vida luego de algún episodio oscuro. Si traía alguna recomendación o tenía amigos o conocidos, lo ignoramos también.

Sus primeros pasos en tierra argentina deben haberlo conducido hacia los escasos compatriotas suyos de cierta educación que vivían en la capital de las Provincias Unidas, cuyo Director Supremo, Pueyrredón, tenía asimismo origen francés. Pero Jean-Baptiste llegaba en un mal momento: pocas semanas después de su arribo a Buenos Aires, se descubrió una conspiración de residentes franceses relacionados al general chileno Carrera, el mayor enemigo de la Logia. Los cabecillas de esta conjura fueron fusilados en abril de 1819.

Esta dura realidad, de la que seguramente no había oído hablar en Europa, debió atemorizarlo y moverlo a dejar la fantasía de incorporarse al ejército. Podía, en cambio, introducirse en las casas más distinguidas de la ciudad, gracias a su elegancia, belleza y buenas maneras y a sus conocimientos de música.

Joven, francés y profesor de piano, ¿un mero cazador de fortunas? Mariquita en su ancianidad deja entrever esta posibilidad. En carta a Alberdi, su abogado en la sucesión de Mendeville, dice: "Vino a Buenos Aires por un desafío desgraciado, confiado en tomar servicio aquí. Pero las circunstancias lo aterraron y se vió reducido a dar lecciones de música. Me casé con él y mi fortuna fue suya. Yo no tenía más voluntad que sus caprichos. Fui muy infeliz; aquí que hay tanta envidia, creían que había gran diferencia en nuestra edad; pero yo tenía dos que aspiraban mi mano en todo sentido mejor que él. Pero creí que por un hombre caballero que hacía yo tanto, no lo olvidaría, y en la edad de la razón reflexionaría y me agradecería tanto; pero me engañé".

Infelicidad, esta palabra resume los quince años que duró este matrimonio, luego de los cuales la pareja se separó para seguir peleando a la distancia. Al sincerarse con Alberdi, confiesa Mariquita haber hecho acciones más que heroicas: por sus locuras mil veces "habríamos estado en el fango".[2]

"A marido perverso nadie me gana", dijo, rotunda, en cierta oportunidad para calificar su vínculo matrimonial. Pero sus primeros años de casada habían sido más felices de lo que recordaba a la distancia, cuando su apasionado amor por el joven francés era una página que había decidido arrancar de su biografía.

Por tal motivo, los detalles de cómo y cuándo comenzó esta relación se mantienen deliberadamente en la oscuridad. Ella atravesaba momentos muy conflictivos en la época en que conoció a quien sería su segundo esposo. Se debatía entre la incertidumbre de la enfermedad de Thompson en Nueva York, sus deberes de esposa con el marido ausente y la irresistible atracción por el profesor de piano, pues muy probablemente lo trató al principio como tal. De ahí que en sus biografías se reiteren los mismos errores acerca del año en que murió Martín Jacobo y en torno a la fecha del segundo matrimonio de Mariquita. Clara Vilaseca afirma que la boda tuvo lugar el 25 de febrero de 1819. Se basa para esta afirmación en unas cartas de Mendeville y Mariquita escritas en 1861 cuando él vivía en Francia y ella en Buenos Aires:

"Mi anillo tenía la misma cosa que el tuyo —escribe Mariquita— dos M.M. 25 de febrero de 1819. La memoria de ese día es lo solo que me ha quedado (...) Te agradezco el regalo y el anillo que veo que si te habías olvidado de la data te acordabas de la hechura porque es lo mismo".[3]

No pudo haberse casado en esa fecha porque todavía no había enviudado de Thompson. Podía en cambio tenerlo de amante, como posiblemente ocurrió mientras no pudo legalizar la relación (recién en diciembre de 1819 llegó a Montevideo la noticia del fallecimiento de Martín de acuerdo al ya citado relato de Pazos Kanki). De modo que el 19 de febrero parece solamente una fecha de valor íntimo para ambos.

La boda tuvo lugar el 20 de abril de 1820 y se bendijo privadamente en la casa de la novia, en la calle Unquera, como entonces se denominaba a la del Empedrado. El escueto testimonio parroquial, obtenido en 1863 a fin de presentarlo en la sucesión de Mendeville, dice que el novio, de 27 años de edad, es hijo de Santiago Mendeville y de Julia Vinter, ambos franceses; que vive en la calle de la Florida, lo mismo que los testigos, compatriotas suyos, Manuel Juaron y José Meyer; que la novia, María Sánchez, de 30 años de edad, es viuda de Martín Thompson; que se los ha dispensado de las tres proclamas conciliares. El testigo es Mateo Vidal.[4]

Debido a la muy reciente viudez de Mariquita, se mantuvo una discreta reserva en torno a la boda, para la cual hubo dispensa eclesiástica: no había pasado el plazo legal de más de nueve meses desde la muerte de Thompson, octubre de 1819, pero era público y notorio que los esposos estaban separados *in corpus* desde enero de 1816. Ella tenía 34 años, el novio, 27, pero el acta rebajó en cuatro años la edad de la novia. De este rasgo coqueto de Mariquita y de los demás enigmas de la boda hablarían largo tiempo las malas lenguas, envidiosas de esa transgresora dama que una vez más hacía su voluntad indiferente al qué dirán de la aldea porteña.

La tradición familiar repite que esta segunda boda fue recomendada a Mariquita por su confesor, debido a que sus cinco hijos huérfanos precisaban de un padre y que el hogar no podía quedar desprovisto de la autoridad de un varón en esos tiempos de violencia:

"Naturalmente, el luto la apartó de la vida social y vivía recluida en la casona de la calle Florida en momentos en que se inició el horror de la anarquía (1820). El desorden de la ciudad la hacía vivir aterrada", escribe Zavalía Lagos, "...en su enorme casona situada en el centro, viuda y con la responsabilidad de cinco hijos menores. Su director espiritual, fray Cayetano Rodríguez, sugirió la necesidad de la dirección paternal para sus hijos y el manejo de su fortuna por un hombre capaz. Para entonces había llegado a Buenos Aires un joven distinguido, don Juan Bautista Washington de Mendeville, miembro de una noble familia francesa, salido de su país por un duelo desgraciado, quien hizo la corte a Mariquita (...) Después de muchas dudas y escrúpulos, y ante el consejo de sus amigas y, en especial, la opinión de fray Cayetano Rodríguez, aceptó al candidato (...) El 24 de abril de 1820 celebraron sus bodas."[5]

Sin duda la derrota del Director Rondeau en la batalla de Cepeda (febrero de 1820) fue vivida por los porteños como una afrenta, agravada cuando los caudillos López y Ramírez ataron sus caballos a las rejas que rodeaban la Pirámide de Mayo, recuerdo de las glorias de la orgullosa ciudad. Pero no se produjeron actos de vandalismo, y la "gente decente" y los extranjeros ricos se limitaron a quedarse en sus quintas. Era verano, tiempo propicio para ponerse a salvo de los calores de la ciudad y los Thompson tenían su chacra de San Isidro, de modo que no les faltaba un sitio tranquilo donde refugiarse.

Todo indica que la segunda boda de Mariquita respondió, lo

mismo que la primera, a su sola voluntad y deseo. Y que ella proporcionó a amigos y parientes los argumentos que la justificaban y que luego sus descendientes repetirían. Por otra parte, ni siquiera disminuyó la intensidad de su vida social en el período crítico entre su viudez y su nuevo matrimonio, como se desprende de la lectura de una carta que el marino francés M. Crespet le envió a Mendeville al enterarse de que éste iba a casarse.

Crespet formaba parte de la oficialidad del navío de guerra Duchesse de Berry, bautizado así en homenaje a la esposa del heredero del trono de Francia. El viaje de esta nave, en épocas de decadencia de la Marina Real, pretendía establecer contacto con los países independizados de España; el monarca francés no se arriesgaba a un reconocimiento formal de las ex colonias hispanoamericanas, pero tampoco podía dejar librados a su suerte los intereses comerciales del Reino en el Río de la Plata.

"No olvidaré jamás las atenciones con que ha colmado a los oficiales de la Duchesse de Berry", escribía Crespet, al enterarse, por intermedio del comandante Dionault, a quien acababa de ver en la Martinica, del casamiento de Mendeville con Madame Thompson: "Recibid señor mis sinceras felicitaciones y tened la bondad de presentarle mis homenajes respetuosos asegurándole que es siempre con renovado placer que el estado mayor de la Duchesse de Berry recuerda la gracia que ella puso siempre para procurarles los entretenimientos de sociedad de los que les hacía los honores con tanta amabilidad y dulzura."[6]

Porque Mariquita, al volver a enamorarse luego de aquel pacto con el dolor del año 19, apostaba nuevamente a la vida. Siete meses después de la boda, el 16 de noviembre de 1820, nacía el primogénito de los Mendeville,[7] bautizado con el nombre de Julio Rufino el 6 de diciembre y apadrinado por Sebastián Lezica e Isabel Casamayor, dos personalidades del reducido mundo cultural de Buenos Aires. Este bebé sietemesino constituía otro desafío de Mariquita.

Sus cuatro hijas no tuvieron inconveniente en aceptar la situación y en llamar papá a Jean-Baptiste. A Juan, el varón que tenía once años cuando su madre volvió a casarse, le costó aceptar los hechos. Más tarde llamaría "el marido de mi madre" a su padrastro y pondría con él toda la distancia posible. Sin embargo en la educación de este hijo tan inteligente y sensible, Mariquita había depositado sus expectativas.

La tradición familiar recuerda a Juan como un niño original y caritativo. Narra que una mañana, almorzando en el comedor de Mamita, Juan ve a un pobre hambriento, pincha un pollo en la fuente y regando de salsa el mantel y las alfombras se lo lleva corriendo. Mamita grita "¡Juan, por Dios que estáis haciendo!" "Oh, ¿no dice usted que el catecismo enseña dar de comer al hambriento?, pues es solo lo que hago." Otro día se saca detrás de la puerta un traje nuevo para dárselo a un chico en camisa que tiritaba de frío y corre en calzoncillos y sin botines a su cuarto, pero Mamita lo ataja. "¿Qué habéis hecho de vuestro traje?" "¿Usted no dice que sigamos la máxima del catecismo? He vestido al desnudo."[8]

¿Qué hacer con un niño que entraba en la adolescencia tomándose demasiado al pie de la letra las enseñanzas maternas y disgustado porque su madre hubiera reemplazado al padre que había perdido cuando él sólo tenía 10 años? La mejor solución parecía enviarlo a educarse a Francia y como Mariquita había entablado una relación epistolar afectuosa con madame Castagnet, la hermana de Mendeville, Juan fue a pasar una larga temporada a su casa. Desde allí enviaba breves notas en francés a su madre:

"Ma chère Maman. Je suis fort content d'être ici. Je me trouve comme chez moi, Je vous aime toujours bien ainsi que papa et mes soeurs. Jean Thompson".[9] Que su hijo estuviese convertido en un perfecto francesito era motivo de orgullo para Mariquita, que tanto admiraba la cultura de ese país. Juan, ya de regreso en su país, ingresaría en 1827 en el Colegio de Ciencias Morales. Fue un buen estudiante, pero la parte afectiva de su personalidad quedaría dañada para siempre.

Poco después de la boda, Jean-Baptiste, disconforme con el mero papel de consorte, instaló su propia firma comercial en sociedad con Edouard Loreilhe, un negociante nativo de Burdeos. También empeñó toda la influencia de su esposa para lograr que Francia lo designara cónsul.

Entre tanto, su hogar era el centro obligado de la sociabilidad para cuanto visitante extranjero más o menos ilustre pasara por Buenos Aires. Uno de estos viajeros, el colombiano Juan García del Río, comisionado junto con Diego Paroissien por el general San Martín a Londres (1822), quedó encantado con la hospitalidad de los Mendeville:

"Dos beatísimos esposos que son el padre y la madre de todos cuantos forasteros aportan a Buenos Aires; dos angélicas criaturas que tanto se esmeran en complacer a los que tienen la felicidad de tratarlas".[10] García del Río, quien debía gestionar la venida de un príncipe europeo para coronarse rey del Perú, le informó en idioma cifrado a Bernardo de Monteagudo, el ministro de San Martín que impulsaba esa delicada misión, que "Mariquita Thompson os es adicta".

Sin duda, la actitud de madama Mendeville, como se la empezaba a llamar en Buenos Aires, contrastaba con la del gobierno de Martín Rodríguez, cuyo ministro Rivadavia trató fríamente a García del Río y se desentendió del pedido de auxilio de San Martín planteado por los comisionados del Perú en mayo de 1822.[11] Ella en cambio abría las puertas de su salón a García del Río, político e intelectual consumado, como si aún tuviera vigencia aquella fraternidad de los tiempos gloriosos de la Asamblea Constituyente. También había seguido fiel en la desgracia a la amistad de Juan Larrea, el cual, desterrado en 1816 por el Directorio argentino, le escribía desde Burdeos recomendándole a sus amigos para que los introdujese en sociedad.[12]

Pero más allá de esas diferencias políticas, puede decirse que Mariquita fue una de las mujeres que más contribuyó a dar contenido y brillo a la llamada "feliz experiencia" del gobierno rivadaviano; en las letras, la música, las artes plásticas y, muy especialmente, en la labor de beneficencia, actuó no sólo como anfitriona de un salón, sino como responsable de una tarea de proyección pública. Y esto era una novedad en la historia de las mujeres del Río de la Plata.

En los recibos de Mariquita —término que se impone en la década de 1820— la dueña de casa tocaba el arpa, el clavicordio o el piano, acompañada por su marido, autor él mismo de algunas páginas musicales. Supone el historiador Guillermo Gallardo que fue en su salón donde se dio a conocer el pianista adolescente Juan Pedro Esnaola, cuando su tío, el clérigo y músico Picasarri, exiliado por su adhesión a la causa realista, regresó a Buenos Aires aprovechando el clima de tolerancia política.[13]

Los Mendeville, junto con otros criollos y extranjeros aficionados, colaboraron con la iniciativa del maestro italiano Virgilio Rabaglio, quien publicó en la prensa una invitación para fundar una Sociedad Filarmónica. Ésta fue inaugurada solemnemente con un concierto el 31 de mayo de 1822 en presencia de los ministros de Gobierno y de Hacienda, en una casa de la calle Potosí esquina Perú, que antes había sido cárcel. En el segundo concierto, iniciado con la Canción Nacional y seguido por la obertura de Ifigenia de Gluck, el Dúo de Pavesi fue cantado por la señorita Micaela Darragueira y el señor Mendeville. Más de 450 personas asistieron, dice la crónica musical del *Argos*, publicación que daba importancia a los temas culturales; de la última pieza que se cantó, el cuarteto de la ópera Moisés en Egipto, de Rossini, que había sido estrenada cuatro años antes y era una obra francamente innovadora, dice:

"No omitamos que, teniendo este cuarteto una parte ejecutada con sólo el acompañamiento del arpa, la que tocó la señora Doña María Sánchez y Mendeville, causó aquí una sensación tan dulce y conmovedora, que bien podía desafiar al alma más fría."[14]

Uno de los espectadores, el poeta clasicista Juan Cruz Varela, publicó un largo poema inspirado en este concierto: describió uno por uno a los intérpretes y aprovechó para hacer el elogio de Mariquita:

"¡Oh poder sin igual de la armonía!
Cuando en mano traidora
El Lésbico Arión el mar surcaba,
Tú le hiciste tocar la harpa sonora
Y el delfín que en las ondas la escuchara
Al músico en la espalda recibiera
E inofensivo a la orilla le trajera.
Un instrumento igual, con igual arte,
Escuché yo esta vez, pero tañido
Por diestra mano de argentina airosa.
Lo escuché y he creído
Que desde su caverna tenebrosa
Pudo el Delfín salir, que el Ponto pudo
Deponer su furor, y quieto y mudo,
Conducir en la calma más serena
Al músico de Lesbos a la arena."[15]

De las veladas musicales a los espectáculos públicos, del aplauso a intérpretes que eran amigos o parientes, a la promoción de los talentos jóvenes y de los músicos profesionales extranjeros, esa labor de difusión de la música culta tuvo en Mariquita un sólido respaldo. En 1824 la Sociedad Filarmónica de Buenos Aires, satisfecha del interés con que María S. de Mendeville ha contribuido a su mayor lustre, la nombra socia honoraria.[16] Era éste un reconocimiento a una vocación por el arte que había empezado con lecciones de piano y arpa siendo niña y continuó toda la vida.

En lo literario, Mariquita era amiga y protectora tanto de los talentos consagrados, López y Planes y Esteban de Luca, como de los más jóvenes. De estos últimos, Juan Cruz Varela había sido administrador o mayordomo suyo cuando vino a Buenos Aires en 1818, luego de estudiar en la Universidad de Córdoba. El gobierno rivadaviano promovió a Varela, vinculado con el proyecto político oficial, a la jerarquía de gran figura literaria: la primera lectura de una tragedia de su autoría, *Dido*, se realizó en la casa particular de Rivadavia, en presencia de un calificado grupo de políticos y de damas:

"Aquel espectáculo era nuevo en el país", escribe Juan María Gutiérrez en su biografía de Varela. "Un poeta llamando la atención de los gobernantes: ministros de Estado que ocupaban las horas de la malilla y del tresillo en escuchar los versos de una tragedia, dieron materia, de seguro, a los chistosos de la escuela satírica de Castañeda; pero cierta porción de la sociedad que comprende en todas las épocas y situaciones lo que es bueno, noble y culto, se sintió dignificada así que supo y conoció las distinciones con que tan elevados personajes habían honrado el talento ya bastante notorio del señor Varela."[17]

Si en la difusión de la música y de la literatura culta el gobierno hallaba a un auxiliar poderoso en las mujeres, ellas tuvieron un papel mejor definido en la cosa pública gracias a la creación de la Sociedad de Beneficencia.

La muy documentada actuación de Mariquita en esta Sociedad permite seguir desde una óptica personalizada las ideas, los proyectos, las realizaciones y los límites de esa entidad de bien público que desde 1823 marcó una toma de responsabilidad del Estado en materias como la caridad y la educación, hasta entonces reservadas principalmente a la Iglesia. Todo esto que implicaba el fortalecimiento de la sociedad civil y laica, no podía llevarlo adelante el Estado sin la colaboración de los particulares, especialmente de las mujeres de alto rango social. Y si bien muchas de estas nuevas responsabilidades públicas no significarían más que un leve cambio en cuanto al funcionamiento de actividades que databan de la época colonial, la participación femenina en tareas de dirección y control de las mismas representó una auténtica innovación.

Era sin duda una apertura al protagonismo femenino. Por supuesto, no se trataba de invitar a todas las mujeres según fuese su vocación o su especialización, porque el proyecto se reservaba para aquellas damas del círculo político más próximo al gobierno, o más poderoso desde el punto de vista económico y social. Ellas serían convocadas a colaborar en la administración de los establecimientos públicos dedicados a la mujer. Dicha colaboración implicaba desde el manejo de fondos públicos hasta la recaudación de contribuciones privadas y el arbitraje de los conflictos en las instituciones que quedaban bajo la dirección de la Sociedad. Todo esto daba a las damas elegidas derecho a ocupar un lugar en las ceremonias oficiales, en la información de los periódicos y el acceso al ministerio de gobierno del cual dependían sus actividades.

Relata Alberto Meyer Arana, en *Las primeras trece*, las dificultades que afrontó Rivadavia en su empeño por crear las damas de la Beneficencia en Buenos Aires. La iniciativa llegó en momentos en que el gobierno de Rodríguez estaba mal visto a consecuencia de la reforma del clero y fue tachada de anticlerical por las familias más conservadoras. De allí que la comisión encargada de invitar a las mujeres, seleccionadas por su apellido patricio y por su riqueza, tropezara con una cerrada negativa a pesar de que la formaban personalidades archirrespetables, como el doctor José María Roxas y Patrón y Francisco del Sar. El ministro debió entonces recurrir a Mariquita, quien, pese a su preeminencia social, no figuraba en el grupo seleccionado en primer término.[18] ¿A qué se debía esa postergación? Tal vez a que las matronas de la reducida élite porteña aún no le habían perdonado su segunda boda.

En ese cálido enero de 1823 en que se le dio la comisión del gobierno, escribe Meyer, ella "venía casi a diario de su chacra de San Isidro, a recibir lecciones de arpa a fin de tomar parte, con Carmen Madero, en un concierto para la inauguración de la Academia Nacional de Música".

No eran tiempos fáciles desde el punto de vista político. En efecto, mientras Mariquita, Joaquina Izquierdo y Cipriana de Boneo llevaban a cabo las primeras gestiones, Gregorio Tagle, enemigo tenaz de la reforma religiosa, conspiraba por segunda vez contra Rivadavia (el primer intento había sido abortado a fines de 1822).

Pero las negativas de las señoras no respondían sólo a razones políticas: algunas recibían con cierta sorpresa y timidez la propuesta de integrar un organismo público. Retiradas en sus quintas de Barracas, del Socorro, la costa de Los Olivos o de San Isidro, donde pasaban el verano, buena parte de las invitadas se negó, fuera mediante el recurso siempre valedero de la mala salud o el no menos socorrido de las obligaciones domésticas, o porque sencillamente no tenían la mínima inclinación por la actividad pública.

Pero Joaquina Izquierdo, pese a su mala salud, respondió: "¿cómo no servir el destino que se me da en el primer encargo que se hace a nuestro sexo?"; por su parte Isabel Casamayor aceptaba el nuevo compromiso en estos términos: "procuraré ser útil a la Sociedad en un ministerio que hasta el presente no esperábamos ver en personas de mi sexo por tan errados como desgraciados principios".[19]

Para sustituir a las que rechazaron el ofrecimiento, dice Meyer Arana, Mariquita buscó, además de las indicadas expresamente por el ministro, a las amigas que concurrían a su salón o "tertulia de invierno"; finalmente comunicó a Rivadavia que tenía una docena de nombres. Éste contestó a "su dulce amiga" que se reunirían un jueves de mediados de febrero, sin atender "cuestiones de etiqueta a la chinesca".[20] Así se designó a las trece socias fundadoras de la Beneficencia.

Presidía la entidad Mercedes Lasala de Riglos, de prosapia realista, dueña de la casa con la célebre "balconada" sobre la plaza de la Victoria; la vicepresidenta era María Cabrera de Altolaguirre, viuda de Martín José, el padrino de Thompson: era española, sin hijos, había heredado íntegra la fortuna de su esposo y no se destacaba, según se decía, por su patriotismo; secretarias, Isabel Casamayor, "la bizquita", esposa de Juan Manuel de Luca, sin hijos, que estaba dedicada desde siempre a la cultura y la caridad; Joaquina Izquierdo, que había participado de la fundación de la Sociedad del Buen Gusto; Josefa "Pepa" Ramos Mexía, hermana de Ildefonso, alcalde de la ciudad en 1820, y de Francisco, hacendado en los campos de Kaquel; Isabel Agüero de Ugalde era hermana del canónigo Julián Segundo de Agüero, mano derecha de Rivadavia;

Cipriana Viana y Boneo, de familia tan aristocrática como cultivada; Manuela Aguirre, muy rica; María de los Santos Riera del Sar, cuya familia patrocinaba numerosas obras caritativas vinculadas con la Iglesia; Bernardina Chavarría de Viamonte, esposa de un general de las guerras de la Independencia. Entre las que se negaron a aceptar estuvieron Estanislada Tartas de Urit y Flora de Azcuénaga de Santa Coloma, ambas de acaudaladas y prestigiosas familias porteñas. Pero Mariquita, explica Meyer Arana, le evitó un papelón al gobierno al lograr en su lugar el consentimiento de María del Rosario Azcuénaga, la joven sobrina de Flora, quien antes de aceptar pidió permiso a su padre.

Que la integración de la Sociedad había sido en buena medida mérito de Madame Mendeville lo ratifica esta nota que le envió Pepa Ramos Mexía, una de sus fieles admiradoras:

"Querida amiga: muy agradecida a su fineza de contarme entre ese número tan escogido de sus amigas y para tan bellos fines. El estado de mi vista me imposibilita y me hace lacónica. Mañana la abrazaré en su casa.

"Mi amiga ¡qué éxitos los suyos! Sabe lo que se hace el señor Rivadavia poniendo en sus manos su destino con la más difícil de las tareas de escoger, convencer y allanar voluntades."[21]

Lo mismo que otras iniciativas progresistas aplicadas luego de la Revolución, esta de las mujeres se organizaba sobre el modelo de la España ilustrada de Carlos III, donde se formaron "juntas" de damas para ocuparse de escuelas, hospitales e industrias femeninas. En cuanto a la entidad fundada en Buenos Aires, tomaría a su cargo las escuelas de niñas, el Hospital de Mujeres, la Casa Cuna y la de Partos Públicos y Ocultos, el Colegio de Huérfanas y la Cárcel de Mujeres. Todas estas instituciones eran herencia de las que administraba la Hermandad de la Caridad, que funcionó en Buenos Aires desde el período colonial hasta que Martín Rodríguez la disolvió y reservó su administración al Ministerio de Gobierno.

Entre tanto, el 19 de marzo se abortó la segunda conspiración encabezada por Gregorio Tagle con su triste secuela de ejecuciones y otros castigos. Sin embargo, a pesar de la agitación política, el 12 de abril se reunían once de las trece socias fundadoras en la Casa Cuna, en los fondos del convento de San Francisco, para tomar a su cargo los establecimientos señalados por el decreto de fundación.

En su discurso inaugural, el ministro abordó el tema del lugar de la mujer en la sociedad; además de dar ejemplos de mujeres célebres, señaló que hasta los hombres más sabios se complacen en el trato dulce de las mujeres instruidas; les recomendó dedicarse a la industria de modo que al unirse con un hombre llevaran un capital exclusivamente suyo y un hábito de trabajo capaz de aumentarlo. Ésta es la etapa, dijo, de terminar la Revolución mediante el perfeccionamiento de la sociedad y para ello se precisa del influjo femenino, de su sensibilidad y de su corazón. Observó asimismo que en todos los países había sido grande la injusticia que se había cometido al no colocar a la mujer en la misma línea que el hombre cuando "A la mujer le es más fácil cultivar su razón y adornar su inteligencia".[22]

Este discurso era moderno pues más allá de su tono paternalista hacía hincapié en la necesidad de la autonomía económica y de la educación, dos condiciones insoslayables para la promoción de las mujeres. A partir de entonces el reducido grupo de damas ilustradas de Buenos Aires se volcó en favor de la obra de Rivadavia, quien más allá de sus errores y limitaciones era el único hombre de gobierno interesado en concretar acciones favorables a la mujer.

Entre los establecimientos que quedaban a cargo de la Sociedad, uno de los más complejos era la Casa Cuna, con unos 250 bebés a su cargo. Estaba administrada por el prestigioso deán Saturnino Segurola, el cual continuó en la tarea aunque cupo a la Sociedad la inspección del establecimiento. Más difícil resultaría en cambio la atención de la Casa de Huérfanas que funcionaba en la Casa de Ejercicios.

En esa institución las pupilas eran verdaderas presas de por vida, salvo que la Hermandad de la Caridad, responsable de su cuidado, les encontrara marido. Explica Meyer Arana que por resolución ministerial, antes de entregar dicho establecimiento a la Sociedad, el gobierno colocó en casas de familia y a sueldo a las 29 asiladas mayores de 13 años, mientras las mayores de 25 años quedaban en libertad. En el futuro, la Sociedad sería la curadora en los matrimonios de huérfanas; los casos dudosos se acordarían con el Defensor General de Menores.

Mariquita figura reiteradamente en las primeras actas de la Sociedad de Beneficencia, como integrante de la comisión que debía vigilar la entrega de las huérfanas a particulares y como encargada de averiguar la posibilidad de aplicar el sistema de Lancaster de enseñanza mutua a las escuelas de niñas. También se le encomiendan tareas prácticas, como la de encargar a un buen carpintero la confección de las mesas y sillas de los establecimientos escolares que abrirían sus puertas en los barrios de Monserrat, San Nicolás, las Catalinas y la Residencia.

Sin duda los debates que registran las actas de sesiones eran muy diferentes de las conversaciones de salón: las opiniones debían justificarse y las decisiones daban pie a responsabilidades asumidas públicamente. Era difícil para estas damas tratar a las maestras, pues unas y otras estaban acostumbradas a ordenar y mandar. La escasez de personal docente idóneo para las escuelas de niñas se convirtió de inmediato en uno de los principales obstáculos a franquear para cumplir el objetivo de educar a las mujeres.

La Sociedad confiaba en las bondades del sistema de Lancaster de educación mutua para abaratar y facilitar la enseñanza. Por otra parte, cada escuela debía contar con aula separada para las alumnas de castas. Porque aunque los hijos de esclavos fuesen libres a partir de 1813, subsistían los prejuicios contra el negro y el mulato y durante cuatro décadas más las niñas pardas y las niñas blancas estudiarían separadamente. Mariquita aceptaba con tanta naturalidad como las demás socias esta situación. La novedad revolucionaria e igualitaria se limitaba por entonces al acceso a la educación pública de los hijos de castas cuya instrucción había estado prohibida durante la época colonial.[23]

Entre las primeras actuaciones de Mariquita en relación con el Colegio de Huérfanas de San Miguel, del que había sido designada inspectora, se recuerda este rezo destinado a las pequeñas internas:

"Padre Nuestro que estás en los cielos, ¡tú eres nuestro solo Padre, porque los que nos dieron el ser nos han abandonado y arrojado al mundo sin guía ni amparo! No los castigues, Señor, por esta culpa, pero dadnos resignación para soportar nuestra orfandad. No permitas que cuando nuestra razón se desarrolle sintamos odio y rencor contra los autores de nuestra desgracia, que ella nos sirva de ejemplo para no imitarlos; dadnos, Señor, entendimiento para aprender a fin de que podamos adquirir con nuestro trabajo nuestra subsistencia. Haznos humildes, pues tendremos tantos motivos para que nuestro amor propio sea irritado; dadnos un juicio recto para sabernos conducir; no nos abandone jamás tu misericordia; inspira caridad a los corazones que nos protejan para que no se cansen de nosotros, y ¡haznos, Señor, dignos de tu gloria."

Esta versión libre del Padre Nuestro ha merecido el juicio crítico de Meyer Arana: "su rezo sin quererlo, tejía una posible protesta de hijos contra padres... y por boca de quien enseñaba el catecismo, en cuya primera página se leía el cuarto mandamiento. Ella, en su fervor místico, buscando ser más intensa ante Dios, intentó variar la oración del mismo Dios, el Padre Nuestro de Jesús ¡Mariquita Sánchez, Dios te haya perdonado por la pureza de tu intención!'."[24]

No, Mariquita no era dada al fervor místico aunque en las horas difíciles de su vida recurriera a la oración y a los libros piadosos. Pero en cuanto al cuarto mandamiento, creía que la obediencia a los padres no anulaba los derechos de los hijos ni eximía a los progenitores de toda culpa.

En el curso del invierno de 1823, ella trabajó en la organización y arreglos materiales del Colegio, que pudo abrirse a fines de octubre con veinte huérfanas. De acuerdo con el reglamento dictado por el gobierno, las internas mayores de diez años colaboraban en los servicios de cocina, limpieza y medicina doméstica, y un personal reducido enseñaba primeras letras, elementos de aritmética, economía doméstica, religión, costura y bordados; 160 niñas estudiaban gratuitamente en el establecimiento anexo y 30 lo hacían mediante paga reducida. Pero los problemas alrededor de la designación de la rectora del colegio apenas comenzaban: ya en diciembre Mariquita informaba que ella estaba tratando de ver si maestra y monitora "acomodaban sus genios".

Durante el verano algunas socias se ausentaron al campo, pero la mayoría permaneció en la ciudad y asistió a las sesiones con bastante rigor. Integrar la Sociedad implicaba por cierto una serie de obligaciones formales, pero Mariquita no se hizo presente hasta el 20 de febrero de 1824. ¿Había nacido Carlos, el segundo de sus hijos con Mendeville?

El año 1824 resultó mucho menos activo en materia de acciones de beneficencia. Bajo la presidencia de la rica señora de Riglos, que era una figura decorativa, el debate se banalizó; se discutía, por ejemplo, la calidad de los premios que se darían el 26 de mayo: mientras Mariquita quiere premiar a las niñas con un vestido dentro de una canastilla, la mayoría se inclina por dar cajas de costura a las alumnas de las seis escuelas y del Colegio de Huérfanas recompensadas en ese día.[25]

Mariquita casi no figura en las escuetas actas que registran la actividad de ese año en que, por otra parte, los problemas de organización en el Colegio de Huérfanas revelarían su carácter crónico. Pero interesada en hacer más efectiva a la Sociedad, le escribió a su amigo Rivadavia, quien en 1825 se encontraba en Londres gestionando la venida de capitales británicos para la exploración de las minas del Famatina. El ex ministro le contestó amablemente en un todo de acuerdo con ella y la felicitó por la designación de Mendeville como primer cónsul de Francia en las Provincias Unidas.[26]

En efecto, a partir de esa fecha Jean-Baptiste ocuparía un cargo diplomático de carácter honorífico muy apropiado para el esposo de la dama que ejercía un auténtico liderazgo social, cultural y político en Buenos Aires.

Por entonces el matrimonio Mendeville pasaba muy agradablemente sus días en su casa de la calle Florida. Ese amable modo de vivir se trasladaba asimismo a la chacra de San Isidro sobre la barranca del río, escenario de cacerías de patos y de animadas tertulias estivales.[27]

Entusiasta de las novedades del arte y de la técnica, el nombre de Mariquita se vincula con el primer viaje a vapor de Buenos Aires a San Isidro, que tuvo lugar el 13 de noviembre de 1825. Subieron a bordo del Druid, Rivadavia, Balcarce, Miguel Belgrano —sobrino del prócer—, Riglos, el almirante Brown y casi toda la colonia inglesa: Mackinlay, Gowland, Thompson, Wilson, Bevans y sus respectivas esposas. La embarcación zarpó a las once de la mañana, se detuvo cuatro horas en San Isidro, y volvió a las nueve de la noche de ese día luminoso y de poco viento. Los 40 pasajeros del viaje pagaron cinco pesos el pasaje. Pasarían otros diez años hasta que otro barco a vapor iniciase muy brevemente un servicio regular entre Montevideo y Buenos Aires.[28]

¡Cuántas novedades! La navegación a vapor y la ópera italiana, la inmigración escocesa y las inversiones británicas en minería, tierras y comercio. A los ojos de la burguesía porteña se presentaba una oferta variada y tentadora a la que los Mendeville sucumbían sin demasiados remilgos: modas sofisticadas de vestir, de comer y de actuar en sociedad, adornos bellos, exóticos o confortables, entretenimientos... La lista de novedades resultaba inacabable.

En materia de moda en el vestir, Mariquita se atrevía a casi todo: fue la primera que usó tapado de piel en Buenos Aires, a pesar de que la rodeaban, burlones, grupos de muchachos de la calle... Respecto a las delicadezas del servicio y del menú, ya en tiempos de su primer esposo había cambiado la platería de mesa, de rigor en la época colonial, por el servicio de porcelana a la inglesa; por su parte, Jean-Baptiste se había hecho experto en la colocación de papeles pintados en los muros, la nueva moda francesa en materia de decoración de interiores que reemplazaba a los pesados damascos o a las paredes desnudas. En su hogar se exhibían objetos originales, como el llamado "paje mudo", que sobrevivió en el antecomedor familiar de los Lezica hasta entrado el siglo XX. Era una mesita inglesa con distintos lugares para colocar platos y fuentes que permitía a los dueños de casa prescindir para sus reuniones reservadas del servicio de mozo. Otra curiosidad eran los muebles de salón chinos laqueados, que pueden verse hoy en el Museo Saavedra, tan incómodos como exóticos, y que fueron vendidos en vida de Mariquita en una de las renovaciones de su mobiliario.[29]

Pero tanta actividad social y cultural, tanto gastar en lujos superfluos sin incrementar los ingresos del grupo familiar, afectarían inexorablemente el patrimonio de los Mendeville. Éste consistía exclusivamente en la herencia de Sánchez de Velazco (en su testamento, Mariquita dice que no hizo testamentaría al morir Martín Thompson porque éste no dejó bienes de fortuna). Y como era habitual en las familias de la burguesía comercial porteña, la parte más sustancial de esta fortuna consistía en fincas urbanas que se valorizaban gracias al crecimiento incesante de la ciudad. De los alquileres de casas se vivía confortablemente y con más tranquilidad que del producto de las fincas rurales, sujetas a las alternativas de los malones, las sequías y las inundaciones. Aunque los Sánchez de Velazco tuvieron campos —eran propietarios de por lo menos 5000 hectáreas vecinas a Tapiales en el pago de La Matanza—, no figuraron entre los grandes comerciantes que se ocuparon del negocio ganadero: esto se debió a que sólo tenían una hija: poblar una estancia era una tarea a cargo de los hijos varones.[30]

Respecto de las propiedades urbanas de Mariquita, recuerda José Antonio Wilde, en *Buenos Aires desde setenta años atrás*, que "fue dueña de varias fincas, entre ellas, la gran casa en que estos últimos años ha existido, por mucho tiempo, un depósito de plantas en la calle Florida; de todas las casas, en esa cuadra, y de la mayor parte de la manzana por la calle de Cuyo y la de Cangallo, donde estuvo, en tiempo de Rosas, la imprenta de la *Gaceta Mercantil*."[31]

Éstos eran sus bienes en los años de la vejez, cuando ya muchas de sus fincas habían sido vendidas o hipotecadas. Las grandes ventas comenzaron en la década de 1820 con la de la quinta de Los Olivos, ubicada sobre la calle Larga de la Recoleta, que había pertenecido a Martín Altolaguirre, el padrino de Thompson. La espléndida propiedad, alquilada por el cónsul inglés, Woodbine Parish, fue vendida por Mendeville en agosto de 1826 en 55.000 pesos a Tomás Whitfield, junto con sus enseres domésticos y con dos años de plazo.[32]

Más de treinta años después, Mariquita se lamentaba de esa venta (1861) "...¡qué rica sería si se hubiera conservado algo", escribía a Mendeville. "¡Si vieras la quinta! Vendió Wyil la casa vieja hasta el bajo. Con la plata, hizo tres hermosísimas casas grandes y tres chicas al bajo y tres a la calle larga, todas con opción a pasear al bosque de los olivos que es cuidado y lleno de jardines que tiene cada casa. Esto es lo más lindo que hay aquí y su dueño vive con grandeza de sus rentas".[33]

La nostalgia, el velado reproche y la ilusión de lo que pudo ser afloran en este párrafo en que la anciana dama volvía a aquella década de 1820 en que comenzaron sus penurias económicas, más dispuesta adjudicar al ex marido la mala administración del patrimonio heredado que a reconocer sus propias faltas en la materia. Porque en aquella dorada década de 1820, la de la feliz experiencia porteña, los Mendeville habían sido una pareja cuya brillante situación social disimulaba desavenencias y conflictos íntimos, pero en la que el amor, los celos y la pasión no habían desaparecido del todo. Esta carta que Jean-Baptiste envía a Mariquita, escrita en francés y dentro del lenguaje romántico de la época, revela en parte cómo fue la intimidad de la pareja:

"José ha llegado mi buena amiga, él me trajo tu carta, la he abierto, leido, esta carta de mi pobre pequeña Marica y me he puesto a llorar lágrimas cálidas; no sé por qué lloraba y por qué lloro aún, ¿es de placer por saber que tú has hecho tan buen viaje y que volverás pronto?; ¿de ver tu nombre, tu letra? No lo sé. ¿Es porque me dices que me amas? No lo sé, en fin, sea cual fuere la razón, yo amo esas lágrimas que yo derramo por tí, mi hija, les encuentro una dulzura que tu sola puedes adivinar. Me había propuesto trabajar mucho durante tu ausencia, mi querida; creo que se pasará en proyectos. ¡Qué diferencia hay entre estar solo o encontrar al volver su amable amiga para contarle lo que se ha hecho, lo que ha pasado! ¡Ah! No me hablen del campo cuando tu estás en la ciudad, ni de la ciudad cuando tu estás en el campo. Tú eres todo para mí. No hay placer para mí si tu no lo compartes (...) Verdaderamente es mi corazón el que te habla. Yo soy aún muy joven, mi amiga, y sin embargo mi alma ha pasado por todas las sensaciones que pueden darse en el curso de la vida; he experimentado todos los sentimientos que se encuentran en el mundo: gozo, placer, felicidad. He viajado, he hecho la guerra, he hecho el amor, he conocido los fastos e intrigas de la corte, los placeres ruidosos de las grandes ciudades; me he cansado de todo, de todo absolutamente; no hay más que la clase de felicidad que disfruto contigo, mi tierna niña, de la que no puedo cansarme: verte, escucharte, comprenderte; yo buscaba esto desde hace largo tiempo, y me resulta tanto más precioso por haberlo encontrado en un momento inesperado, cuando me era más necesario.

"Estoy condenado a ser molestado cada vez que te escribo (...) Adiós mi buena esposa, mi tierna amiga, cuida bien lo que quede de tu dolor, tu sabes cuanto sufro cuando estás enferma, de modo que no es para tí, sino para mí. Besa por mí a mis niños y cuenta con el cariño que te he prometido de por vida. W de Mendeville".

Esta carta de amor, que explica algo de la seducción del mundano segundo esposo de Mariquita, contenía una posdata en español dirigida al portador: "sírvase decirles a mis hijitos que cuando vaya al pueblo les he de dar caramelos a todos y también dulces del Café Francés".[34]

Los hijos eran tres: Julio, el mayor, Carlos, y Enrique, el más pequeño, nacido el 7 de octubre de 1825 y apadrinado por Jorge Federico Frank y María Gregoria Febres.[35]

NOTAS

[1] El pasaporte original de Washington de Mendeville, en el archivo de Juan Isidro Quesada.

[2] *Cartas*, p. 359.

[3] *Ibidem*, p. 316 y 318.

[4] Fotocopia del certificado dado por la parroquia de La Merced en 1863 a pedido de Mariquita (AL).

[5] Zavalía Lagos, *op. cit.*, p. 117 y 125. Acierta en cambio Meyer Arana, *Las primeras trece*, p. 51: "Thompson murió el 23 de octubre de 1819, con galones de coronel, al regresar de Ministro del Directorio en Norte Améri-

ca. Y la fresca y graciosa Mariquita, a quien la misión diplomática de su consorte había anticipado una viudez de luto transitorio, repitiendo el caso de su propia madre, contrajo segundas nupcias el 19 de abril siguiente con Mendeville, maestro de música; era el hombre para una dama tan característicamente distinguida de educación tan esmerada, y de inteligencia tan brillante y movida".

[6] De Crespet a W. de Mendeville, s/f, original en el archivo Lezica.

[7] Véase el testamento de Julio Mendeville, AGN Tribunales, Sucesiones. 7084. Exp. 1172, y el Libro de Bautismos de la Parroquia de la Merced. Año 1820.

[8] Cuaderno escrito por Florencia Lezica y Thompson hacia 1910, original en el archivo Zavalía Lagos Lezica.

[9] De Madame Castagnet a Mariquita, s/f, original en francés, en el archivo Zavalía Lagos.

[10] De Juan García del Río a Mariquita, Londres, 1-12, 1822, documento original en el archivo Lezica.

[11] Puente Candamo, José Agustín de la. *San Martín y el Perú. Planteamiento doctrinario*. Lima, 1948, p. 82 y ss.

[12] De Larrea a Mariquita, Bordeaux, 1-2-1846, AZL.

[13] Gallardo, Guillermo. *Juan Pedro Esnaola*. Buenos Aires, Theoría, 1960, p. 52.

[14] Gesualdo Vicente. *Historia de la música en la Argentina*. Buenos Aires, Libros de Hispanoamérica, 1978. vol. II. *La Independencia y la época de Rivadavia*.1810-1829, p. 190.

[15] Citado por Juan M. Gutiérrez en *Juan Cruz Varela. Su vida. Sus obras. Su época*. Buenos Aires, La Cultura Argentina, 1918, p. 196

[16] Diploma, original en el Archivo Zavalía Lagos.

[17] Gutiérrez, *op. cit.,* p. 55.

[18] Meyer Arana, Alberto. *Las primeras trece*. Buenos Aires, Pesce, 1923, p. 119.

[19] *Ibidem, passim*.

[20] De Rivadavia a Mariquita, cit. por Vilaseca, p. 11.

[21] Citada por Meyer Arana, *op. cit.*, p. 118.

[22] AGN. Sociedad de Beneficencia. *Libro de Actas de la Sociedad de Beneficencia*, Nº 1.

[23] *Ibidem, passim*.

[24] Meyer Arana, *op. cit.*, p. 142.

[25] AGN. *Actas de la Sociedad de Beneficencia*, Vol. 1, f. 41 y ss.

[26] *De Rivadavia a Mariquita*, Londres, 22 de junio de 1825, fotocopia del original en el archivo Zavalía Lagos.

[27] Ese estupendo mirador sobre la costa fue, según la memoria familiar, el punto de partida de Juan Antonio de Lavalleja cuando se embarcó junto con 33 compañeros para liberar a la Banda Oriental de los portugueses. Lo hizo en el monte de sauces del bajo del río frente a la finca de los Tres Ombúes.

[28] Goyeneche, Ana Zaefferer de. *La navegación mercante en el Río de la Plata*. Buenos Aires, Emecé, 1987, p. 119. La versión de que Mariquita participó del viaje inaugural, la recoge la revista *Esquiú* en nota sobre San Isidro.

[29] He tomado los datos del ya citado cuaderno de Florencita Lezica y Thompson que no tiene fecha precisa. El "paje mudo" es mencionado por Carlos Lezica en anotaciones de su puño y letra a la edición de las *Cartas*.

[30] Testamento de doña María Sánchez de Mendeville, fotocopia del original en el archivo Zavalía Lagos; agradezco a José María Pico la referencia a la propiedad lindera con Tapiales.

[31] Wilde, José Antonio. *Buenos Aires desde setenta años atrás*, Buenos Aires, Espasa Calpe Argentina, 1944, p. 84.

[32] Original de esta venta en el archivo Lezica.

[33] En *Cartas, op. cit.,* p. 316.

[34] *De Mendeville a Mariquita*. Original en el archivo Lezica, sin fecha ni lugar de procedencia.

[35] Libro de Bautismos de la Parroquia de la Merced (Buenos Aires). Año 1825.

8

ESCUELA DE MUJERES

1826-1827

Mariquita cumplió 40 años el 1º de noviembre de 1826; al alcanzar lo que sería casi la mitad del camino de su vida, pudo meditar acerca de los cambios ocurridos en su patria y en el mundo, en su hogar y en ella misma.

En 1826, la mayor de sus hijas, Clementina Thompson, de 19 años de edad, se casó con Edouard Loreilhe, que era socio de Mendeville en una firma importadora de artículos franceses. Clementina, una belleza alta y espigada de ojos negros, fue la primera de las niñas Thompson que se fue a vivir a Europa para siempre. Como el novio, nativo de Burdeos, era de religión protestante, hubo que pedir autorización eclesiástica para la boda. La Iglesia, que se había resignado a esta nueva moda de los matrimonios mixtos, dio su consentimiento, pero exigió a la pareja el compromiso de educar a sus hijos en el catolicismo. Poco después los Loreilhe se marcharon a Europa.[1] Mariquita no volvería a ver a Clementina. Tampoco conocería a su primera nieta, Enriqueta Loreilhe, casi contemporánea de Enrique, su benjamín.

También Jean-Baptiste viajó a Francia. El joven desterrado que volvía a su patria, ocho años después de su partida, como un rico hombre de negocios, obtuvo el cargo de agente consular. Y Mariquita se convirtió en la esposa del primer diplomático de Francia en la Argentina. Lograba así establecer lazos sólidos con aquel país lejano y admirado, modelo de la revolución americana y que entonces estaba gobernado por la rama legítima de los Borbones, primos de aquel Fernando VII cuya tiranía escandalizaba a los liberales de todo el mundo.

Mariquita destinó a Consulado la parte de la casa que quedaba a la izquierda de la gran entrada de Florida sobre Cuyo y que antaño había habitado su madre, doña Magdalena Trillo. Se sentía muy honrada por el nuevo cargo de su esposo, que le permitiría servir de intermediaria entre su patria americana y el Reino cuyo refinamiento cultural e ideológico respetaba desde niña. Pero la compleja situación política de las Provincias Unidas, sumada a la escasa experiencia del novel cónsul, le traerían más trastornos que satisfacciones.

"He hecho acciones con mi marido más que heroicas. Dos veces ha estado su consulado en el suelo; yo lo he levantado. Mil veces por sus locuras habríamos estado en el fango, y mi prudencia y paciencia lo tapaba todo. No le he dado un disgusto. Mi fortuna a manos llenas", diría años más tarde Mariquita.[2]

La gestión consular de Mendeville abrió la serie de conflictos violentos entre Francia y la Argentina respecto del servicio militar, pero en un primer momento las cosas no fueron tan dramáticas.[3]

Así como en los diez años a partir de la Revolución se impuso en el Río de la Plata la influencia británica, correspondía ahora el turno del afrancesamiento de los altos estratos sociales criollos. Y esto a pesar de que el espíritu legitimista de la dinastía reinante en Francia contrastaba con las tendencias republicanas que se fortalecieron en las Provincias Unidas a partir de 1820. Prevalecía en esta influencia la del comercio y la cultura, introducidos gracias a los barcos y a la constante emigración de franceses para realizar tareas calificadas.

Según anota un testigo inglés, Love, que residió cinco años en Buenos Aires (de 1820 a 1825), había muchos prósperos franceses en la ciudad, aunque no tantos como los británicos. Sus importaciones consistían en artículos de tocador: abanicos, medias de seda, perfumes, agua de Colonia, joyas y todas esas fruslerías a que son tan aficionados los franceses. Roquin, Meyer & Cía. era la casa de comercio de esa nacionalidad más importante, pero una gran cantidad de firmas criollas y extranjeras importaban asimismo dichas mercaderías. Hacia 1825, la secular rivalidad militar anglofrancesa daba paso a una sana competencia comercial.

Love reconocía que había hombres muy caballerescos e inteligentes dentro de la colectividad francesa y que la clase superior figuraba en la mejor sociedad de Buenos Aires. Por sus maneras vivaces y conversación, su compañía era mucho más solicitada que la de los británicos, más reservados; pero la calidad social de esa colectividad se desmerecía un poco, en la opinión de Love, debido a la gran cantidad de mozos de café parisinos que habían emigrado al Plata.[4]

En lo político, los franceses se hallaban hondamente divididos: muchos eran bonapartistas que se apenaron al conocer la muerte de Napoleón en Santa Elena e hicieron ondear su bandera el día de su aniversario; otros, partidarios de los Borbones; pero a todos les dolió el trato preferencial que recibieron los ingleses a partir de la firma del Tratado de Paz, Amistad, Comercio y Navegación entre el gobierno del general Las Heras y el representante de Su Majestad Británica (1825). Dicho Tratado no sólo otorgaba ventajas comerciales al Reino Unido y autorizaba a sus súbditos a practicar libremente su culto, sino que también los eximía del servicio militar, carga pública que los demás extranjeros debían cumplir y que resultaría más gravosa a medida que se complicaba la política local.

La actividad social del Consulado intensificó la que ya venían desplegando los esposos Mendeville en apoyo de los franceses recién venidos. Quedan testimonios de su gentileza proverbial en los diarios de viajes de visitantes ilustres de este período: el marino Edmond de la Touanne, primer francés que realizó el trayecto de Santiago de Chile a Buenos Aires en febrero de 1826, menciona en sus notas de viaje cómo lo agasajaron los Mendeville en las dos semanas que pasó en la capital argentina.[5]

Alcide Dessalines D'Orbigny, el reconocido naturalista que viajó a los 24 años de edad por encargo del Museo de Francia, narra en su *Diario* de viaje que apenas instalado en el hotel de Buenos Aires realiza algunas visitas para entregar sus cartas de recomendación:

"La acogida que se me dispensó en casa de Mendeville fue de las más amables, y se tuvo a bien hacerme conocer a las personas más recomendables de la ciudad y el país, entre las cuales he de señalar a los señores Roquin y Meyer, comerciantes, con quienes entablé relaciones frecuentes", dice.[6]

Pero no era su responsabilidad como esposa del cónsul francés la única tarea pública de Mariquita. En la asamblea de la Sociedad de Beneficencia de enero de 1826, había sido incorporada al consejo directivo en calidad de primera secretaria. Elegida en segundo término, cuando las más votadas al principio renunciaron en forma indeclinable, daría rápidas pruebas de reunir las calidades adecuadas para la tarea.

En efecto, la Sociedad, que había languidecido en los años 1824 y 1825, recobró impulso con esta nueva comisión directiva cuyas actas la secretaria redactó con su elegante letra. El renacimiento de la entidad benéfica coincidía con la designación de Rivadavia en el cargo de presidente de las Provincias Unidas que acababa de crear el Congreso Nacional reunido en Buenos Aires.

Efectivamente, la guerra que los argentinos libraban contra el Brasil exigía que el Poder Ejecutivo se unificara; pero pronto este gobierno se debilitó y la guerra civil volvió a instalarse. Sin embargo, en el ámbito estrictamente urbano, la administración de Rivadavia pudo retomar sus preocupaciones del período 1821/24, entre ellas la de impulsar las iniciativas en cuanto al progreso y a la educación de la mujer.

Por decreto del 26 de abril se encomendó a la Sociedad hacerse cargo de las escuelas de campaña, que debían fundarse a la brevedad ya que las pocas existentes languidecían (como era el caso de la de San Isidro, cerrada por enfermedad de la maestra). Sus colegas encomendaron a Mariquita el grueso de la tarea relativa a estas fundaciones: entenderse en cuestiones de alquiler de locales, construcción de bancos, provisión de útiles escolares y contratación de maestras.[7]

Como indicio de la medida en que el gobierno valoraba a la Sociedad, ese año la entrega de premios a la virtud y a las alumnas de las escuelas públicas revistió especial solemnidad. En la ceremonia del templo de San Ignacio, a la que asistieron el presidente y sus ministros, más de 200 invitados y 700 niñas de las escuelas de la ciudad, Mariquita ocupó lugar destacado. La vicepresidente, Pepa Ramos Mexía, habló en público, algo intimidada. Porque expresarse en público era un obstáculo casi insalvable para estas damas, habituadas al estrado morisco más que a la tribuna. Mariquita en cambio carecía de inhibiciones y se sintió muy a gusto al leer en voz alta el bosquejo histórico de la Sociedad. Después desfilaron las premiadas: una de ellas, ciega, recompensada en el rubro industria, otra en amor filial, otra en moral... La mejor alumna del Colegio San Miguel había sido Rosa Guerra —que con el tiempo se destacaría como periodista y educadora—. La selección había resultado difícil, "todas las propuestas los merecen", opinó Mariquita, que premió de sus fondos particulares a dos niñas.

En la ceremonia se entonó una canción, falta de toda inspiración poética, que resumía el nuevo rol adjudicado a la mujer en la sociedad:

"Que una suerte dichosa algún día,
les prepare en unión conyugal.
En industria afanosa viviendo
contra el vicio un escudo procuran
o el sustento a su prole aseguran
o el sostén de su amarga viudez
al mirarlas el vicio aterrado
no se atreve a turbar su reposo
sus virtudes respeta envidioso
y a su ejemplo se dobla tal vez.
Al estudio por siempre aplicadas
los talentos en ellas acrecen;
y a la par que sus años florecen
el ingenio y las luces también.
Nuestra Patria contempla gozosa
a ese sexo harto tiempo olvidado
que en las ciencias procura empeñado
de los hombres alzarse al nivel.
Salud hijas del suelo argentino
que la patria os corone de gloria.
Vuestro nombre también en la historia
a los siglos remotos irá".[8]

100

Otra importante ceremonia protagonizó Mariquita ese año, cuando hizo entrega de la bandera del Combate de los Pozos al almirante Brown, en la Sala Argentina, una semana después del histórico combate librado a la vista de la ciudad. La bandera tenía esta leyenda bordada en letras de oro:

"Al día 11 de junio de 1826, ofrenda de su admiración, las señoras esperan que os acompañará en los combates que emprendais en defensa de nuestra patria".

El almirante irlandés era el nuevo héroe del pueblo porteño por haberse enfrentado a las fuerzas navales brasileñas que dominaban los ríos y asfixiaban el comercio. Mariquita, escribe Pastor Obligado, le ofreció una comida con servicio de plata que despertó la admiración del marino. Al día siguiente una negrita esclava le llevó a Brown una bandeja que éste había elogiado y un gentil recado: "Manda decir mi amita, que las naranjas son también para su merced". A partir de esa fecha fueron amigos y el almirante visitó con frecuencia la casa de la calle del Empedrado.[9]

Más allá de estos actos protocolares y políticos, las damas de la Beneficencia continuaban con su tarea específica. De ella formaba parte la discusión del método pedagógico a seguir en las escuelas públicas de niñas. Para Mariquita, las alumnas aventajadas de la Escuela Normal podían enseñar en el Colegio de San Miguel, donde una sola maestra atendía a todas las niñas, pero insistía para que el gobierno designase una segunda maestra según establecía el reglamento: se trata de una economía mal entendida, dijo, porque todo lo que se gasta es como inútil si no se enseña a las niñas como es debido; mientras, sus consocias optaban por no poner en gastos al gobierno.[10]

El emprendimiento más complejo abordado ese año era la creación de escuelas de campaña. Las de San José de Flores y San Isidro podían controlarse directamente desde Buenos Aires, pero en las poblaciones alejadas era preciso el apoyo del juez de paz, del párroco y de algún vecino conspicuo que oficiara de intermediario.

Apenas iniciado el invierno de 1826, la Sociedad encarga a Mariquita arreglar a su criterio lo relativo a la escuela de Flores: encontrar una casa apropiada para escuela, ablandar al propietario para rebajar el alquiler, encargar útiles, contratar a la maestra. Cuando todo está listo, una comisión de socias visita el local y se muestra de acuerdo con todo lo obrado por la primera secretaria.

Promediado el año tanta actividad rendía frutos: en julio partía la preceptora para San Nicolás con los útiles y muebles, mientras la escuela de Flores funcionaba ya con cuarenta alumnas. Llega entonces un pedido urgente del juez de Chascomús: ochenta niñas están prontas para ingresar a la escuela pero no hay ninguna maestra en el pueblo. Mariquita convoca al vecino que trae el mensaje, le hace ver los elementos que están preparados para enviar allí y hace saber al juez de paz y a las familias, "que manifiestan un deseo tan justo de educar sus hijas", que la Sociedad no ha podido, según el impulso de sus deseos, tener el gusto de establecer con prontitud esa escuela por no haber podido encontrar una maestra que correspondiera a la ilustración de aquel pueblo y pudiera dar la educación adecuada.

Mariquita propone anunciar en los periódicos que se necesitan maestras; pero por el momento sólo estaría disponible para Chascomús la señora de Mendoza. Ésta, pese a los insistentes ruegos de la secretaria, se niega a marchar al sur, y sólo aceptará con reticencia y a disgusto el nombramiento a condición de que su hija vaya de monitora.

En San Nicolás, vencidas las primeras dificultades se abría una escuela pública con cincuenta niñas en un local alquilado por iniciativa del juez de paz, que resultó muy incómodo; las socias optaron por dejar las cosas como estaban: esto que parecía un asunto trivial no lo era, opinó Mariquita, porque en un pueblo pequeño es preciso doble prudencia para no malquistar a las personas que por hacer un bien han dado esos informes.

Otros temas que discutieron las socias tenían que ver con el problema de la vacuna. Como la mayoría de las madres se negaba a autorizar que sus hijas fueran vacunadas, las señoras se preguntaron si era factible forzarlas a aceptar este beneficio de la medicina preventiva moderna. Se discutió asimismo la posibilidad de multar a los padres que sacaban a las niñas de los establecimientos educativos antes de los cuatro años prescriptos para completar el ciclo de enseñanza primaria. Cualquier amenaza en este sentido resulta perjudicial porque las niñas desaparecen como por encanto, sostenía Josefa Sosa, mientras Justa Foguet proponía la exigencia, pero de entonces en adelante y sin carácter retroactivo. Mariquita, de acuerdo en principio con su amiga Justa, sugirió que esto se explicara por los papeles públicos, pero luego lo pensó mejor y expresó su criterio: está fuera de los límites de la Sociedad imponer penas, debe volverse a reflexionar sobre esto y consultar al gobierno.[11]

Esa intensa y exitosa actividad pública que llevó a cabo a lo largo de 1826, concluye en enero de 1827 cuando Mariquita, reelecta secretaria, pide una licencia de dos meses para irse al campo a restablecer su salud. Comienza para ella una época de dificultades en el marco de la Sociedad, cuya presidencia ejerce ese año Estanislada Cossío de Gutiérrez. Demoras en el cumplimiento de sus obligaciones y gestos arrogantes multiplican los roces con sus consocias, situación que se complica por las alternativas políticas.

Respecto de Estanislada y Mariquita dice Meyer Arana: "Un vivo antagonismo separaba a ambas señoras, sea porque Estanislada, de alta alcurnia correntina, tuviera algunos años menos que Mariquita, y fuera, se decía, más bonita que ella; o porque la buena educación francesa recibida en su casa le permitiera burlarse más o menos abiertamente de la pronunciación de Mariquita cuando ésta recitaba los versos de Lamartine, el poeta romántico de moda, o tal vez por ignotas razones políticas (...) Ambas habían dado personería y fortuna a sus esposos, de celebración idénticamente inferior a las suyas; ambas gozaban nombradía de literatas por sus lecturas y escritos (...) Una y otra debían sentirse demasiado secretaria y poco presidente entre sí".[12] Pero como ambas eran rivadavianas, no las separaban diferencias políticas serias: eran rivales pero dentro del mismo grupo de poder.

Esta interna empezó con el retraso de Mariquita en entregar las cuentas del año 1826 que incluían los gastos originados por las escuelas de campaña. El contador del Ministerio de Gobierno reclamó, estando ella todavía ausente de las sesiones, y las socias se apresuraron a dejar a salvo su responsabilidad: Estanislada dijo haberle enviado recado repetidas veces y que si no concluía la tarea en la semana entrante haría presente al gobierno las causas de la demora. Además de prevenirla, el Consejo decidió quitarle la inspección del Colegio San Miguel que Mariquita ejercía desde 1823. Si hay señoras sin comisión alguna, ¿por qué sobrecargar a una sola de comisiones?, se dijo para disimular la afrenta.

Entre tanto llovían críticas sobre la gestión de Mariquita. La maestra Josefa Mendoza de Pérez y su hija, la monitora, se quejaban agriamente de las disputas con la inspectora por cuestiones de útiles. Las socias las apoyaron, mientras Mariquita se demoraba en la entrega de cuentas con el pretexto de su mala salud: habituada a gastar sin orden su dinero, la obligación pública en que se encontraba la había llevado a meterse en un brete. Y sus colegas aprovecharon este incumplimiento para cobrarse viejas cuentas con la elegante, bromista y liberal señora que esta vez no tenía la razón de su parte.

Mariquita, enterada de que se había hablado mal de su gestión en su ausencia, pasó nota reclamando copia del acta de la sesión en que se la había atacado. La respuesta fue dura: la Sociedad no creía propio entrar en explicaciones de esta naturaleza y no le interesaban los chismes. Con respecto a las actas, podía verlas en la misma sala.

Mariquita concurrió personalmente a vindicarse de las imputaciones de la maestra Mendoza, a la cual acusó de ingratitud y de falsedad. Presentó documentos de gastos, cartas y recibos para probar que había invertido seiscientos pesos de su bolsillo entre útiles y catecismos de doctrina cristiana para la escuela: "Quien ha tenido esa generosidad con el sólo interés de establecer una escuela en grande y hacerla prosperar, no le habría negado los quince pesos gastados por la maestra en útiles si se los hubiese pedido", argumentó irritada. Propuso a la maestra desdecirse "si no quería pasar por embustera y ser despreciada por las mismas que le habían creído".

"No entro a examinar la actitud de la Sociedad de separarme de la inspección sin oírme, sin duda le habrá parecido justo cuando así lo ha hecho. Es inútil probar nada; me doy por satisfecha de todo y desde luego no quiero la inspección ni por una hora más", insistía.[13]

Estanislada Cossío intentó volver a hablar, pero Mariquita alegó no poder seguir la discusión; debía retirarse por hallarse muy enferma. En su ausencia se dio lectura a una segunda presentación de la señora de Mendoza, que volvía a quejarse de los muchos insultos de misia Mariquita por el delito de haber pedido útiles para el establecimiento. Se ratificaba de todo y ofrecía repetirlo en presencia de la misma señora para lo cual esperaría en la antesala.

Seguía el debate. Las partidarias de Mariquita no quisieron admitir inspeccionar la escuela dirigida por una mujer díscola que tenía el atrevimiento de quejarse de una persona de quien recibiera tantos beneficios; por su parte, Estanislada enfatizó que mientras ella ocupara la presidencia no dejaría de leerse cuanto se presentase y que, en cuanto a las pruebas alegadas por la señora de Mendeville, no destruían en nada el asunto que se trataba.[14]

Para colmo de agravios, en los exámenes realizados en marzo las alumnas del Colegio San Miguel y de la Catedral se quedaron sin premios, mientras las de las escuelas de Piedad y Catalinas merecían toda suerte de elogios.

A mediados de mayo Mariquita retomó sus funciones de secretaria. Se mantuvo al principio discreta y silenciosa. El día de la distribución de premios se puso de pie para leer un bosquejo acerca de la instalación de la Sociedad, de sus trabajos y progresos. Esta ceremonia fue una de las últimas apariciones públicas de Rivadavia, el cual, desacreditado por la pésima gestión de paz de su enviado al Brasil, Manuel José García, entregó el mando a Vicente López y Planes para un breve interinato (junio).

La autoridad nacional se disolvió. El nuevo gobernador de la provincia, el coronel Manuel Dorrego, tenía toda la intención de respetar a la Sociedad, pese a lo cual la oposición hizo correr rumores infundados acerca de su supuesta intención de cerrar los establecimientos de beneficencia. En cuanto a Mariquita, el gobierno le aceptó las cuentas pendientes de las escuelas de campaña que le entregó tardíamente. Sus muchas atenciones domésticas y falta de salud no le habían permitido pasar antes las cuentas, a pesar de haber sido reconvenida, dijo, y solicitó que se le reembolsasen los 348 pesos gastados de su bolsillo en útiles: la autoridad provincial le reconoció esta deuda.[15]

Al comenzar el año 28, se renueva el conflicto dentro de la Sociedad de Beneficencia en torno a los problemas crónicos de falta de maestras que padecía el Colegio de Huérfanas y los tropiezos que sufrían los establecimientos fundados en los pueblos de campaña.

Respecto del Colegio, las señoras deciden informar al gobierno que sus progresos no correspondían a las expectativas: los trabajos de las inspectoras resultaban inútiles mientras no hubiese mujeres capaces de dirigirlo. ¿Sugería esta información la conveniencia de cerrar el establecimiento? Esta mera posibilidad desató una nueva tormenta.

El gobierno respondió en forma inesperada: admitía la necesidad de una reforma profunda y para proceder a ella nombraba en comisión especial a Mariquita y a María del Rosario Azcuénaga, a fin de que en consorcio con la presidenta e inspectoras, procedieran a dirigir el Colegio y a introducir las reformas que creyeran convenientes, incluido el reglamento, para lo cual debían entenderse directamente con el gobierno.

Según el acta, a la lectura del mensaje oficial siguen unos minutos de enojoso silencio, quebrado por Isabel Agüero para decir que el gobierno parece persuadido de que la Sociedad quiere cerrar el Colegio cuando sólo se habló de retirar a las pensionistas que pagaban poco sin afectar por eso a las huérfanas. Mariquita contesta que así se entendía en la nota de la Sociedad. Vuelve a leerse la nota. Insiste Isabel en que el gobierno, contra el reglamento, sustrae el Colegio de la dependencia de la Sociedad. El debate sigue con intervenciones de Estanislada Cossío e Isabel Casamayor entre otras; está claro que la mayoría piensa que ha sido Mariquita la culpable de quitarle prerrogativas a la Sociedad para hacer con respaldo del gobierno las reformas que sus consocias le impidieron llevar adelante el año anterior; Josefa Sosa y Justa Foguet parecen las únicas conformes con la decisión oficial. Pero al advertir que las socias no ceden, Rosario Azcuénaga renuncia a la comisión y Mariquita afirma que ya tenía dispuesto excusarse aunque esperó hasta conocer el criterio de la Sociedad.

Tales debates constituían un excelente aprendizaje. La Beneficencia operaba como una suerte de escuela para esas mujeres de alto rango social, habituadas a actuar en la trastienda doméstica, sin dar la cara, amparadas en el secreto de la intimidad. Mariquita, educada en esta tradición, advertía entonces las condiciones que impone una actividad de conjunto, las obligaciones mutuas que implica, los intereses y las sensibilidades que deben respetarse. Ella estaba habituada a manejarse por cuenta propia, a destacarse, a brillar, pero al mismo tiempo tenía capacidad para aprender a comportarse de un modo más solidario, como efectivamente ocurrió.

Desde 1825, Mariquita empezó a quedarse sola con frecuencia. Requerido por las tareas del consulado, Jean-Baptiste viajaba entre Buenos Aires y Montevideo:

105

"Hija mía: estos renglones son para que no te aflijas y que no me creas enfermo en caso de que este buque llegue antes del paquete que te llevará mis cartas. Te abrazo y te amo con toda mi alma", le escribía Mendeville desde la Banda Oriental en noviembre de 1827.[16] Al año siguiente viajaría a Francia para arreglar asuntos del Consulado. Juan Thompson también se marchó a Europa, a completar su educación.

Ese otoño de 1828 la opinión pública estaba pendiente de las negociaciones de paz con el Brasil. Este ríspido tema que había derribado al presidente Rivadavia el año anterior, podía hallar una solución adecuada gracias a la habilidad y al patriotismo de los representantes del gobernador Dorrego, los generales Guido y Balcarce, que habían viajado a Río de Janeiro. A la capital del Imperio también se dirigía Mendeville, recién ascendido a cónsul general de Francia ante las Provincias Unidas, para tratar el problema de las presas hechas por los corsarios rioplatenses en los barcos franceses.

De entonces data la correspondencia de Mariquita con el conde de Gestas, vinculado desde la época de la Revolución con los patriotas del Río de la Plata. Ella le escribió para que atendiera a Guido y a Balcarce. Este género de recomendaciones era de gran utilidad para facilitar una buena recepción social en el exterior y formaba parte de las obligaciones de la dueña de un salón cosmopolita como lo era Mariquita. Gestas le contestó gentilmente:

"Tengo que agradeceros mucho Señora, el haber querido escribirme unas líneas el pasado 5 de abril, en esa época esperábais la Paz, no sé qué conclusiones habéis sacado del discurso que el emperador pronunció en la apertura de las cámaras el 3 de mayo último. Aquí todavía estamos dudando del resultado de las negociaciones que sólo han llevado más que a una suspensión de las operaciones bélicas. La llegada de M. de Mendeville contribuirá quizás también a terminar un acercamiento tan deseado por el comercio."

Mendeville, cuya presencia en Río se esperaba desde febrero, arrribó a bordo de un barco de guerra que zarpó de Brest en el mes de mayo. Gestas fue uno de los primeros en tranquilizarlo acerca del estado de salud de su esposa que lo había alarmado mucho. ¿Estaba realmente enferma Mariquita en esos años en que con tanta frecuencia se hablaba de sus malestares, o utilizaba el problema de su salud para intrigar y preocupar a este marido con el que empezaba a tener más diferencias que entendimientos? En cuanto a Gestas, poca era su influencia sobre lo que se discutía:

"En la carta del 12 de julio con la que me habéis honrado, me informáis del asunto que todos deseamos ver concluído, la paz del Brasil y Buenos Aires y usted me recomienda a los negociadores. No dudo de que sean apreciadas prontamente aquí las buenas cualidades de estos caballeros, pero yo no podré disfrutar por mí mismo de todo el recibimiento al que le da lugar su mérito personal. Desde hace tiempo Madame mi rol es de estar poco en evidencia, tal es la ruta que me ha trazado la alta diplomacia a la que se me ha sometido. Ella está ahora menos absorbida por el asunto de la paz, que por el de las presas hechas en el Plata que han motivado la llegada del almirante Roussin y de su división, ¡pero me es imposible deciros el resultado de ninguna de las dos! Oigo decir que todo va bien, que todo ha terminado, sin embargo, M. de Mendeville no nos deja todavía y pienso que su partida depende un poco de lo que se arreglará con el Brasil, sea por la paz o bien por el bloqueo del Plata".[17]

En esta correspondencia se hace mención de amigos y de recomendados, como el sabio D'Orbigny, a quien Mariquita había agasajado en Buenos Aires. Gestas se refiere con mucho interés a Madame Andrea Bacle de Saint Loup, dama educada y amable, afirma, de conducta admirable ante los males que la obligan a ir a residir en Buenos Aires con su marido y sus dos hijos. Los Bacle viajarían en el mismo navío que llevaba a Mendeville a Buenos Aires, donde la pareja instaló a poco de llegar un importante taller de litografía.

Mendeville volvió el 21 de setiembre de 1828, a bordo de una corbeta de guerra francesa, como cónsul general de Su Majestad Cristianísima en las Provincias Unidas del Río de la Plata. Venía condecorado con la Legión de Honor. El gobierno de Buenos Aires, encargado de las relaciones exteriores argentinas, lo reconoció de inmediato. Tanto su ascenso como su arribo a bordo de un navío de guerra tenían un hondo significado: Francia se disponía a no ceder terreno a Gran Bretaña en las nuevas repúblicas americanas como se había venido haciendo hasta entonces por razones de ideología. En consecuencia, la Marina Real, reducida a casi nada por culpa de las guerras napoleónicas, empezó a rearmarse a fin de poder mantener estaciones navales en todos los mares y respaldar el comercio y a los súbditos de Francia.

El esposo de Mariquita avisó en los periódicos que la Cancillería del Consulado atendía en la calle Florida 95, de 9 de la mañana a 3 de la tarde. Allí debían registrarse los residentes franceses y hacer sus reclamos quienes hubiesen sido perjudicados por la guerra del corso. Separadamente, anunció su retiro del comercio y el cese de la firma comercial que integraba con Edouard Loreilhe.[18]

La situación familiar de los Mendeville parecía más sólida y estable de lo que era en la realidad. Vivían con mucho desorden. "Para pagar un baile se vende la manzana de Maipú, Esmeralda, Córdoba, Viamonte", asegura uno de los descendientes de Mariquita.[19] Consta en el archivo familiar que en 1828 la pareja se vio obligada a vender otra de sus grandes propiedades, la de la barranca de San Isidro, comprada por la familia Santa Coloma.

El motivo de la venta se arrastraba desde los tiempos del mítico don Manuel del Arco, el primer marido de Magdalena Trillo. Las casas de del Arco estaban sujetas al pago de una deuda de 17.000 pesos plata, contraída por don Manuel con la casa comercial de Manuel Escalada allá en el siglo XVIII. Fue en 1823 cuando los Mendeville debieron afrontar la exigencia del pago formulada por Tomasa de la Quintana, viuda de Escalada y suegra del general San Martín. Las partes convinieron que se pagarían los intereses durante seis años y luego se devolvería la suma prestada. Pero como la promesa de pago que debía verificarse en 1828 no se cumplió, los acreedores recurrieron a la Justicia.[20]

¿Pero quién podía o quería ahorrar en ese Buenos Aires donde el contacto con el exterior y los dineros de la aduana multiplicaban las tentaciones? Se cantaban en el teatro las óperas de moda en Europa, El barbero de Sevilla, Tancredi, La italiana en Argel; las funciones musicales se alternaban con piezas cómicas o dramáticas en las que descollaban los artistas Rosquellas, Trinidad Guevara, Angelita Tani. Había buenos establecimientos educativos, como el Colegio Argentino, de los esposos de Angelis, o el internado de señoritas que prometía Madame Courel. Goulu hacía excelentes retratos, aunque caros. La comida francesa refinaba el paladar criollo, pero también se pagaba más, lo mismo que la ropa, las telas y el mobiliario.

Así estaban las cosas cuando la política argentina tomó un giro dramático: en diciembre de 1828 un golpe militar, encabezado por el general Lavalle y las fuerzas que regresaban de la guerra con el Brasil, derrocaba al gobernador Dorrego y lo fusilaba sin más trámite, dando así principio a una despiadada guerra civil que movilizó no sólo a los hijos del país sino también a los residentes extranjeros.

El general Lavalle, la "espada sin cabeza" que presidía el gobierno de fuerza, fue condenado por la Convención de Santa Fe donde se reunía la opinión federalista acaudillada por el general López. Rosas, comisionado por aquélla para hacer la guerra al gobierno porteño, sitió la ciudad capital al frente de sus milicias campesinas. De esta situación derivarían graves complicaciones para el cónsul de Francia y su esposa, en el ojo de la tormenta, sujetos a una serie de sobresaltos y de disgustos graves.

NOTAS

[1] Del ya citado cuaderno de recuerdos de familia de Florencia Lezica y Thompson, original en el archivo Zavalía Lagos.
[2] Carta a Alberdi, 27-5-1863, Vilaseca, p. 359.
[3] Jacques Duprey. *Voyage aux origines françaises de l'Uruguay*, Montevideo. MCMLII, p. 240.
[4] Un inglés. *Cinco años en Buenos Aires. 1820-1825*. Buenos Aires, Solar/Hachette, 1962, p.71.

[5] Jimena Sáenz. *Buenos Aires en los relatos de los viajeros franceses. 1800-1870*. Tesis de Licenciatura. Facultad de Filosofía y Letras de la Universidad de Buenos Aires, 1966, p. 21 (inédita).

[6] Alcide D'Orbigny. *Viaje a la América Meridional*. Buenos Aires, Futuro, 1945, tomo 1, p. 85.

[7] Alberto Meyer Arana. *Las Beneméritas de 1828*. Buenos Aires, Pesce, 1923, p. 94 y ss.

[8] *Ibidem*, p. 115.

[9] Pastor Obligado. *Tradiciones argentinas. El Salón de Madame Mendeville*, p. 60 y ss.

[10] AGN. *Actas de la Sociedad de Beneficencia*, vol. 1, f. 93, 18 de octubre de 1826.

[11] *Ibidem*, f. 99.

[12] *Ibidem*, f. 144.

[13] AGN. *Actas de la Sociedad de Beneficencia*, vol. 1, f. 112; sesión del 23 de abril de 1827.

[14] *Ibidem,* f. 112 bis.

[15] *Ibidem*, f. 124 bis y f. 125; sesión del 13-IX.

[16] *De Mendeville a Mariquita*. Montevideo, 4 de noviembre de 1827. Original en el archivo Lezica.

[17] Originales de las cartas del conde de Gestas a Mariquita en el A4 de archivo Zavalía Lagos, *passim*.

[18] *El Tiempo*, Buenos Aires, setiembre de 1828.

[19] Comentario de Carlos Lezica en AL.

[20] Documentos en AL.

9

LAS REDES DE JUAN MANUEL

1829

La anécdota ha sido narrada por Gregorio López, partícipe del ataque que un centenar de enfurecidos porteños perpetró contra la casa de Mariquita Sánchez, responsabilizando al cónsul Mendeville de que barcos de guerra franceses hubiesen desarmado a la escuadrilla argentina. Pero Jean-Baptiste no estaba en la casa de la calle Florida, escenario del hecho. Se había marchado a Montevideo mientras su esposa arreglaba los problemas financieros que habían quedado pendientes. Y fue ella quien enfrentó a los agresores que a duras penas trataban de contener el mayordomo y unos sirvientes armados precariamente.

"Misia Marica nos pegó dos altos y a don Manuel que poco faltó para descargar y nos dijo que nos fuéramos, y nombró a muchos, que su marido no estaba y que no tuvo nada que ver con los cañonazos, que no teníamos que hacer en su casa; que ella era más patriota que todos nosotros; que había hecho al pueblo y a la libertad; que de cuando acá los criollos no eran caballeros. Yo empujé a todos sin dejar que nadie se acercase desde que la vide; les cayó bien y se largaron por las escalerillas abajo con Rosauro de cabecilla". La carta, dirigida a Juan Peña, continúa: "Misia Marica nos improvisó un discurso que ni el señor Rivadavia lo diría tan largo y tan bien, que se salieron todos. ¡Qué mujer! Podría estar en el gobierno. Lo rico es que todos salieron de amigos cuando entraron de enemigos."[1]

Mariquita soportó a pie firme la agresión a su hogar contraatacando con sus mejores armas, la fortaleza femenina, la seducción de la debilidad, el recurso elocuente al patriotismo y la sinceridad. En ese Buenos Aires en que todos se conocían por encima de las barreras sociales, sus méritos de patriota no eran un secreto para nadie. Eran tiempos revueltos y ella, que según la tradición familiar buscó en su segundo esposo protección y amparo, tenía recursos suficientes para defenderse por sí. En cuanto a los agresores, se trataba de elementos unitarios (decembristas), como se desprende del comentario admirativo de Gregorio López respecto del ex presidente Rivadavia. Porque esta anécdota se inscribe en la compleja trama del incidente Venancourt (mayo de 1829), en el que Mariquita y su esposo sirvieron a los planes de Rosas y provocaron la indignación de la gente de Lavalle que aún dominaba en la ciudad.

¿Cómo podía darse esa paradoja de que siendo ella amiga de Rivadavia, y por lo tanto más vinculada a los decembristas que a los federales, prestara un servicio a Rosas, el amigo de infancia sin duda, pero asimismo el más caracterizado representante de la tradición conservadora que Mariquita desdeñaba?

Jacques Duprey, en su *Historia de los orígenes franceses del Uruguay*, dice que Mendeville abre la serie de conflictos violentos entre Francia y la Argentina sobre la cuestión del servicio militar impuesto por la ley del país a los franceses. La actuación del cónsul puede seguirse en los informes periódicos que enviaba a su Cancillería y que se conservan en el Archivo del Quai d'Orsay (París). Revelan buena información y juicio propio, pero exceso de arrogancia.

El cargo diplomático había vuelto a Mendeville muy conservador. Detestaba el alarde de *sansculottisme* de los elementos republicanos de la colectividad francesa que en sus reuniones entonaba las estrofas de la Marsellesa, tan mal vista en la Francia de la Restauración monárquica.[2]

El gobierno de Lavalle, que mantenía buena relación precisamente con esos elementos republicanos franceses, había procurado desde un principio ganarse la simpatía de los cónsules, el británico Woodbine Parish, el norteamericano Forbes y el francés Mendeville. Pero los tres se negaron a reconocer al nuevo régimen.[3] Meses después, cuando las guerrillas rurales de Rosas sitiaron la ciudad (abril de 1829), nativos y extranjeros fueron convocados a servir en la milicia pasiva. Mendeville aceptó en un primer momento que los franceses se incorporaran al Batallón de los Amigos del Orden, al mando de Ramón Larrea, un amigo entrañable de su familia política. Pero a medida que los acontecimientos se precipitaban, el cónsul empezó a considerar desdoroso que sus connacionales merecieran un trato inferior al de ingleses y norteamericanos, protegidos por tratados especiales.

Había alrededor de 6000 residentes franceses en Buenos Aires, divididos entre sí respecto de la cuestión del servicio militar: mientras los bonapartistas, exiliados del régimen borbónico, compartían el punto de vista del gobierno decembrista, los elementos conservadores y monárquicos se resistían a incorporarse al Batallón del Orden.

Mendeville sostenía que servir en la milicia era inmiscuirse en las luchas de partido. Por su parte, el gobierno de Lavalle consideraba que ser cónsul general no le daba derecho a efectuar reclamaciones diplomáticas de esa envergadura. Pero en sus comunicaciones daba un trato deferente a quien era, en definitiva, el marido de Mariquita.

Esas razones y este trato no sirvieron para calmarlo. La cuestión se agravó cuando Mendeville amenazó a quienes se incorporasen al batallón del Orden con la pérdida de la nacionalidad; muy pronto de los 600 franceses incorporados al servicio sólo quedaban 120, en su mayoría bonapartistas o republicanos disconformes con el gobierno de Carlos X de Borbón, en cuyo nombre decía actuar Mendeville, escribe el historiador Ernesto J. Fitte en *La agresión francesa a la escuadra argentina*.[4]

La prensa oficialista criticó duramente la actitud del cónsul: "quiere en vano apagar el entusiasmo de sus compatriotas y forzarlos por todos los medios posibles a faltar a sus deberes con la comunidad en que viven". Consignaba al pasar los atropellos de que eran víctimas los extranjeros en las zonas suburbanas expuestas al ataque de los "anarquistas" de Rosas.

Pero cuando a fines de abril Mendeville decide alejarse del país y pide su pasaporte para embarcarse en un buque de guerra francés, se pone en evidencia el mal estado de sus negocios privados: sus numerosos acreedores se presentan a la Justicia para impedir su partida y debe dejar fianza a modo precautorio para que no se lo tenga por un deudor fallido o fraudulento. Puede entonces embarcarse en la corbeta de guerra Isis dejando como reemplazante al norteamericano John Murray Forbes, otra decisión que excedía sus facultades consulares.

"No decimos que este caballero sea un deudor fallido, pero lo cierto es que se ausenta dejando deudas crecidas y si no se hubiera embarcado tan pronto, o las hubiera pagado lo habríamos visto en la cárcel de deudores al cónsul de Su Majestad Cristianísima", se lee en el periódico oficialista *El Tiempo*.[5]

En el Consulado no quedaban ya ni la bandera ni el escudo de Francia. Parte de los residentes franceses seguiría al cónsul a Montevideo en dos barcos dispuestos a ese efecto. Mendeville, cuya familia lo acompañaría después, planeaba dar una dura lección a los atrevidos porteños por haber puesto presos a dos franceses, rebeldes al servicio, en la embarcación Pontón Cacique. El cónsul se había envalentonado con el respaldo del vizconde de Venancourt, jefe de la escuadrilla francesa en aguas del Plata, cuya misión era respaldar los reclamos de la diplomacia francesa con la fuerza de los cañones.

Entre tanto Mariquita permaneció unos días más en Buenos Aires para arreglar los complicados asuntos de familia, designar un apoderado y celebrar un convenio con José Iturriaga, acreedor de la firma Mendeville, Loreilhe y Cía. por 10.750 pesos.[6]

El 21 de mayo por la noche, la escuadra francesa atacó a la escuadrilla porteña: tres barcos fueron apresados, uno ardió —murieron ocho tripulantes y los demás quedaron prisioneros—. Desde la costa la gente contemplaba azorada el espectáculo sin comprender muy bien lo que había ocurrido. El ataque hirió de muerte al ya tambaleante gobierno decembrista, que poco después se retiró para dar paso a un gobierno de transición encabezado por el general Viamonte.

El debate comenzaba en torno a un episodio que para la historiografía revisionista es asunto clave por tratarse de la posible complicidad de Rosas en una agresión extranjera. ¿A quién atribuir la iniciativa? ¿A Venancourt, a Mendeville, o tal vez al mismísimo Rosas a través del vizconde y del cónsul o, quizás mejor, de Mariquita?

Lo cierto es que apenas llegado a Montevideo, Mendeville le había escrito a Rosas en términos cordiales, con la esperanza de lograr su apoyo en la cruzada de evitar que los franceses cumplieran con el servicio militar en Buenos Aires y tratando de aprovechar los lazos amistosos que unían a la familia de Ortiz de Rosas con la de Sánchez de Velazco.

Era una amistad que venía de lejos: Cecilio Sánchez de Velazco, padre de Mariquita, había sido socio de Clemente López de Osornio en el negocio del abasto de carne a la ciudad, y luego tutor de sus hijos, entre ellos de Agustina, la madre del Restaurador. Las familias fueron vecinas del mismo barrio de La Merced. Con el tiempo las dos damas, Mariquita y Agustina, representaron modos de ser opuestos sin que esto enturbiase su buena relación. Es conocida la opinión de misia Agustina que relata Lucio V. Mansilla:

"Déjame, hija, de comer en casa de Marica, que allí todo se vuelve tapas lustrosas y cuatro papas a la inglesa siendo lo único abundante la amabilidad. La quiero mucho: pero más quiero el estómago de los Rozas."[7]

El trato fraterno que ambas familias se prodigaban continuó al margen de las diferencias políticas que enfrentaron a los clanes porteños en la década de 1820, de ahí que Mendeville pudiera comunicarle a Rosas:

"He visto con frecuencia a su apreciable familia; no ignoro hasta qué punto usted lleva por sus padres el sentimiento del respeto y del amor filial. Creo poder asegurar a usted que todo lo que haga por mí en esta circunstancia les será personalmente agradable y usted no podrá hacerme jamás un servicio que le de más derecho a mi reconocimiento que haciéndose en mi ausencia el protector de mis compatriotas."

Rosas sacó partido de esta circunstancia y le contestó a mediados de mayo desde la chacra de los Remedios, donde había establecido su campamento, justificando el reclamo del cónsul y ofreciéndose para serle útil, puesto que toda la campaña porteña estaba en su poder:

"Descanse usted respecto a la protección y consideraciones que solicita para todos los individuos de la Nación francesa; Sírvase ponerme a los pies de mi querida Mariquita y reciba los finos recuerdos de mis hermanos Prudencio y Gervasio". El portador, anunciaba Rosas, lo impondría de la situación cuyos detalles omitía consignar, circunstancia que el historiador Fitte, en un documentado trabajo, interpreta como una comunicación secreta del proyecto de agresión a la escuadrilla. Cuando los prisioneros federales del Pontón Cacique fueron trasladados al campamento de Rosas en la Ensenada las tropas gritaron: ¡Viva la patria!, ¡vivan los franceses!, otra prueba más, según el autor, de esta complicidad.[8]

Los residentes franceses de tendencia republicana adjudicaron la responsabilidad del ataque a las insidias de Mendeville.[9] Pero según Alfred de Brossard, venido al Plata en 1847 con la misión Waleski, Mendeville no era responsable directo de la intriga sino a través de su encantadora esposa. Afirma que el cónsul, si bien se había opuesto desde el principio a la exigencia de conscripción, quedó hondamente preocupado por el gesto de Venancourt de apoderarse de los barcos y hasta se disgustó porque el almirante se refería a los "anarquistas" cuando aludía a los unitarios, tomando así partido en las querellas internas argentinas. Agrega algunos datos más o menos verídicos acerca de Mendeville:

"Desde 1824 el gobierno francés tenía un cónsul en Buenos Aires. M. de Mandeville (sic) llenaba esta función. Hombre de mundo y de placer, se había casado con una de las más ricas herederas de la ciudad, distinguida ella misma por la fineza de su espíritu y por sus encantos, doña María Sánchez, viuda en primeras nupcias de un inglés, casada en segundas nupcias con M. de Mandeville, era hermana de leche de don Juan Manuel de Rosas. Educada con el jefe de la campaña, poseía sobre él esa suerte de crédito que da el hábito de una larga intimidad y cierta analogía de espíritu y de gustos, tal como pueden existir entre una mujer, acostumbrada poco a poco a las elegancias de la vida europea, y un hombre salido, por la sola fuerza de su voluntad y de su inteligencia, de un medio mitad bárbaro.

"Don Juan Manuel aprovechó hábilmente de esta circunstancia para hacer entender al cónsul de Francia el interés que tendría en sostenerlo a él y a su partido contra Lavalle y sus unitarios.

"Desde el primer momento, M. de Mandeville se había comprometido con la causa de estos últimos; había autorizado a sus connacionales a obedecer el decreto del gobierno de Buenos Aires que llamaba a las armas a todos los extranjeros establecidos en la ciudad. Criticado y con razón por su gobierno, que en ausencia de un tratado regular con Buenos Aires no podía admitir que los súbditos franceses fueran tratados más desfavorablemente que los ingleses exceptuados del servicio militar por el tratado de 1825, este agente debió volver sobre la medida que había tomado tan desprevenidamente. El general Lavalle se rehusó a revocar el decreto. Una ruptura siguió y es entonces que don Juan Manuel, por intermedio de Madame Mandeville, hizo brillar ante los ojos del cónsul de Francia la reparación próxima de los daños que habían sufrido sus connacionales, si él lograba derribar a Lavalle, lo cual sería fácil por poco que Francia lo ayudara. Le aseguró un reconocimiento sin límites si el cónsul de Francia se ocupaba de liberar a su gran amigo, su querido compadre, don Tomás Manuel de Anchorena, detenido con los otros jefes del partido federal, por orden de Lavalle, a bordo de la corbeta argentina Río Bamba.

"M. de Mandeville que no pudo obtener satisfacción de Lavalle, no vaciló en rendirse a la sugestión de don Juan Manuel. Dio orden de actuar al almirante Venancourt, comandante de la fragata La Magicienne.

"El 7 de junio de 1829, al amanecer, abordó con mucha resolución la escuadra argentina anclada frente a Buenos Aires.

"Este hecho que colocó a Lavalle entre la hostilidad declarada de Francia y las fuerzas del partido federal, lo obligó a arreglar con este último. Renunció el 24 de junio de 1829 y fue reemplazado por el general Viamonte."[10]

En este relato del incidente, a veinte años de los hechos y en plena intervención anglofrancesa en el Plata, Mariquita aparece como una figura legendaria. Ella es la responsable de comunicar a su esposo el plan de Rosas de usar la fuerza de la marina francesa en apoyo de sus intereses de partido. Brossard magnifica el vínculo entre Mariquita y Juan Manuel y pasa por alto la pésima opinión que el marido de Mariquita tenía de los unitarios Rivadavia, Agüero y demás responsables del golpe decembrista, a los que descalificó con dureza, especialmente a Juan Cruz Varela, "antiguo mayordomo de Madame Mendeville", a quien acusó de haberse quedado con dineros públicos.[11]

Mariquita, enterada de lo que decía Brossard, narró su propia versión en una nota cuyo borrador, de su puño y letra, posiblemente escrito en 1848, dice:

"Vea usted aquí la sencilla relación del hecho que tenemos que esclarecer: hecha la revolución del 1 de setiembre (sic) se encontró mi marido en la difícil situación que ahora se ha casi repetido en Montevideo. El gobierno que había en Buenos Aires llamaba a tomar las armas a los extranjeros dando por razón que venía un ejército que se componía en su mayor parte de indios y que no respetaría ningún pabellón, etc., etc. Conocido es que no hay aún leyes que fijen la posición de un extranjero en tales casos, y así mi marido, temiendo por un lado el ejército que venía, y no pudiendo invocar una ley para hacer que sus compatriotas no fueran forzados a tomar las armas, después de haberse debatido con el gobierno para que guardara neutralidad aconsejó a los franceses de alistarse en la Milicia. Muchos franceses apoyados por el gobierno creyeron mejor formar un cuerpo ellos solos y así lo hicieron. En este estado de cosas recibe Mendeville un oficio de Rosas diciéndole que él venía de general del Ejército que sitiaba a Buenos Aires, que estaba autorizado por la única autoridad legítima que había quedado, la Convención Nacional que estaba en Santa Fe. Que le hacía presente que él no venía a hacer la guerra del modo que el gobierno de Buenos Aires lo decía, que sus tropas sabrían respetar a todos los extranjeros guardando la neutralidad debida en tales casos, pero si permanecía con las armas los trataría como a enemigos etc. etc. La posición de M. era muy difícil. Reunió algunos franceses notables para comunicarles aquella nota, y al fin se decidió a hablar al Gobernador francamente, para hacerle ver que en una guerra civil los extranjeros no debían tomar parte, y viendo acercarse a Rosas con mucha fuerza, aconsejó a sus Nacionales dejar las armas. El gobierno no quiso acceder a las razones de M. y como último recurso pidió sus pasaportes, que le fueron dados horas después. Como el gobierno obligaba a los franceses a servir, y como no le quedaba a mi marido ningún medio de proteger a sus Nacionales, escribió a Rosas, y me pidió escribirle yo también mediante la amistad que teníamos desde la infancia. Nuestras cartas eran con el objeto de pedirle que no considerara a los franceses como a enemigos en caso de entrar por la fuerza, pues no podría dejar las armas. Contestó prometiendo tener cuantas consideraciones fueran posibles a los franceses bajo su firma.

"Con esta garantía salimos para Montevideo. Allí supimos el hecho de Mr Benancourt (*sic*), en el que no tuvo mi marido la menor ingerencia."[12]

Desde Montevideo, donde se instaló entre mayo y setiembre de 1829 con su familia, Mendeville relató a la Cancillería con lujo de detalles lo sucedido cuando sus acreedores se presentaron al tribunal del Consulado de Buenos Aires para impedir su salida del país y se extendió sobre su situación económica personal. Explicó que ya no estaba en condiciones de atender las funciones de su rango: la guerra con el Brasil, la revolución decembrista y el sitio de Buenos Aires por las milicias rurales lo habían arruinado. Entre las causas del derrumbe mencionó la drástica depreciación de la moneda, fatídica para la clase de los propietarios debido a que los alquileres se pagaban con papel moneda desvalorizado; también las estancias fueron arrasadas por la guerra civil en su único valor, los ganados, botín favorito de los contendientes. La firma comercial de la que fue principal accionista hasta 1828, y que dejó para atender exclusivamente los negocios del Consulado, resultó víctima de estos desastres.[13] Con esta exposición —ciertamente similar a la formulada en 1816 por Martín Thompson al gobierno argentino— pretendía el cónsul que se pagaran sus servicios diplomáticos cumplidos hasta entonces con carácter honorario.

La conducta de Jean-Baptiste sería examinada por el jefe de la estación naval francesa en Río de Janeiro, almirante Roussin, a quien le pareció criticable la actitud del cónsul por haber hecho abandono de su puesto en Buenos Aires; por su parte, el gobernador Viamonte, sucesor de Lavalle, había exigido el retiro de Mendeville y una compensación por el agravio de Venancourt al pabellón argentino. Pero a medida que la política se tornaba favorable a Rosas, empezó a valorarse la firmeza del cónsul. El triunfo de Rosas se esperaba de un momento a otro y su buena relación con Mendeville resultaba ahora beneficiosa para Francia.

Jean-Baptiste y los suyos volvieron en setiembre (1829) a Buenos Aires. Se encontraron, por ejemplo, con que su coche carecía de caballos debido a que todos los animales de tiro de la ciudad habían sido requisados para el ejército. Pero en lo demás la vida continuaba. Mariquita se reincorporó de inmediato a la Sociedad de Beneficencia, cuyas sesiones se habían llevado a cabo con una concurrencia mínima de socias.

Entre tanto su esposo informaba a París acerca de la difícil situación de las repúblicas del Plata. Insistía en las ventajas de utilizar las tierras de Río Negro y los establecimientos de las Malvinas en provecho de Francia —la pesquería de focas, eje de la actividad económica de la zona austral, era un buen negocio— y se explayaba acerca de un tema urticante: el desencanto de las clases ilustradas de los países americanos con las ideas republicanas introducidas por la Revolución. Era hora de considerar el establecimiento de algún protectorado inglés y francés en estas ingobernables regiones, escribía. Pero en los asuntos inmediatos, Mendeville, más prudente, elogiaba la discreción y la capacidad del jefe de la campaña bonaerense, Rosas, única esperanza, decía, de un orden estable.

En noviembre el cónsul organizó un convite en honor del rey Carlos X; Juan Manuel, recién llegado victorioso a la ciudad, aceptó la invitación para agasajar al soberano Borbón, el cual, por otra parte, seguía empeinado en desconocer a las nuevas naciones americanas.[14]

El 1º de diciembre de 1829 Rosas fue electo gobernador de Buenos Aires. Comenzaba así su larga hegemonía a escala nacional y se aproximaban años difíciles para quienes no estuvieran dispuestos a incorporarse sin condiciones al nuevo esquema político de la provincia y de la Confederación. Porque ésa era la época, según ha señalado Parish Robertson, en que la amable sociabilidad porteña del período 1817-1820 se quebró. La implacable lucha facciosa puso a unas familias frente a otras. Dorrego era la víctima que simbolizaba esta era de renovada violencia. Pero su nombre sería una bandera de lucha para el nuevo gobernador y de ningún modo un ejemplo a seguir en materia de pacificación y tolerancia.

Los Mendeville habían sido parte de la compleja red de intrigas que contribuyó a llevar a don Juan Manuel al poder. Tal situación no podía ser del agrado de Mariquita, quien aspiraba todavía a ubicarse por encima de las divisiones políticas, tratar a todos con elegancia y mantener el vínculo de siempre con los distintos clanes familiares fuera cual fuese su postura partidaria. Jugaba a la intriga política, dirían sus adversarios; defendía su espacio social, contestarían sus admiradores. De cualquier modo, semejantes aspiraciones resultaban insostenibles en el marco de la guerra civil que ardía en el interior y de la dictadura que se instalaba en Buenos Aires.

El año 1829 concluía sin embargo de manera positiva para madama Mendeville. En efecto, en diciembre, cuando Rosas asumió por vez primera el gobierno de la provincia, fueron Mariquita y Pascuala Beláustegui de Arana las comisionadas por la Sociedad para saludarlo. Pascuala era la esposa de uno de los personajes del partido federal porteño; Mariquita, del cónsul cuya actitud había favorecido a Rosas. La crónica recogió las palabras que pronunció la señora de Mendeville en su visita oficial al gobernador:

"La Sociedad de Beneficencia se congratula de ver a V. E. dirigiendo los destinos de la provincia. Los eminentes servicios de S. E. le señalan este lugar y la Sociedad de Beneficencia lo felicita del modo más expresivo porque ve en V. E. la firme garantía de paz interior que satisface los sentimientos blandos y suaves de que está animada."

Rosas contestó, en el más perfecto estilo rivadaviano, que la Sociedad enorgullecía a la provincia y que "la patria debe a los cuidados de las señoras que la componen nada menos que una generación más instruida y virtuosa."

Pero a Mariquita, siempre preocupada por su imagen pública, le disgustó que el texto incluido en el periódico oficialista *El Lucero* diese la impresión de que ella se sumaba al clima generalizado de adulación a Rosas. No quería volver a quedar envuelta en las redes de Juan Manuel. Deseaba diferenciarse tanto de su poderoso amigo de la infancia como del oficialismo obsecuente de que hacía gala Mendeville. Por eso solicitó al editor del periódico esta rectificación y tuvo la suerte de que se la publicasen:

"Yo no creí que las pocas palabras dirigidas por mí a nombre de la Sociedad de Beneficencia al excelentísimo señor gobernador el jueves 17 del corriente merecerían ocupar un lugar en su periódico, mas ya que usted ha tenido a bien insertarlas, espero que se dignará presentarlas literalmente que es como sigue:

'Excelentísimo Señor:

'Encargadas por la Sociedad de Beneficencia de felicitar a V. E., tenemos la satisfacción de cumplir con tan honrosa misión y de manifestarle que la Sociedad ha incesantemente procurado llenar los deberes de su instituto con esmero y perseverancia, venciendo en cuanto ha sido posible las dificultades que se han presentado. Sus esfuerzos hasta el presente han tenido buen éxito, así es que en el curso del año que va a concluir los establecimientos de educación que están a su cargo han hecho notables progresos. La Sociedad reclama por ellos la protección de V. E." [15]

Mariquita ponía límites a su relación con Juan Manuel. Y estos límites eran aceptados. Quince días después, en enero de 1830, era elegida por unanimidad presidenta de la Sociedad de Beneficencia, cargo eminentemente político que exigía una buena relación con el poder de turno, y el más importante a que podía aspirar una mujer en Buenos Aires. Sucedería en la presidencia a la señora de Marín, una tiesa matrona unitaria. De ella se esperaba, en cambio, un buen desempeño gracias a la mezcla de firmeza y seducción de que siempre hacía gala y a la claridad de sus miras en cuanto a los objetivos de la Sociedad.

Aceptaba, dijo, a pesar de que "las muchas atenciones domésticas no le permitirían ocuparse este año, tanto como era indispensable, en reparar los atrasos que después de las convulsiones políticas habían experimentado los establecimientos... Sin embargo, siendo también para ella gran satisfacción el ver que no había faltado un solo voto en su favor, creía que la mejor manera de manifestar a la Sociedad su reconocimiento sería la de someterse a sus resoluciones." [16]

NOTAS

[1] Zavalía Lagos, *op. cit.*, p. 167.

[2] J. Fitte, Ernesto. *La agresión francesa a la escuadra argentina*, Buenos Aires, Plus Ultra, 1976, p. 69.

[3] Ferns, H. S. *Gran Bretaña y la Argentina en el siglo XIX*. Buenos Aires, Solar/ Hachette, 1968, p. 204.

[4] Fitte, *op. cit.,passim*.

[5] *El Tiempo*. Diario político, literario y mercantil. Buenos Aires, 5-5-1829.

[6] Documento original en el archivo Lezica. En Fitte, *op. cit.*, p. 82, otros datos de Mendeville sobre el problema de sus acreedores.

[7] Lucio V. Mansilla. *Rozas*, Buenos Aires, La cultura argentina, 1925, p. 33.

[8] Fitte, *op. cit.*, p. 146 y ss.

[9] Isabelle Arsène. *Viaje a Argentina, Uruguay y Brasil, en 1830*. Buenos Aires, Americana, 1943, p. 181.

[10] Citado por Fitte, *op. cit.*, p. 144.

[11] *Ibidem*, p. 211.

[12] Meyer Arana. *Rosas y la Sociedad de Beneficencia*. Buenos Aires, Pesce, 1923, p. 31.

[13] Fitte, *op. cit.*, p. 180.

[14] *Ibidem, passim*.

[15] "María Sánchez de Mendeville", *El Lucero*, Buenos Aires, 19 de diciembre de 1829. Citado por Clara Vilaseca, en sus *Cartas*, p. 13.

[16] AGN. *Actas de la Sociedad de Beneficencia*, vol. 1, enero de 1830.

10

AÑOS DIFÍCILES

1830-1834

Un retrato de esta época, pintado por Carlos Enrique Pellegrini, muestra a Mariquita tal como era a los 44 años de edad. Está sentada con el menor de sus hijos en las faldas y flanqueada por los otros dos niños Mendeville. Los cuatro visten con refinada elegancia; ella, de oscuro, con cuello de encaje y los bucles sobre la frente. El artista supo trasmitir la extrema delicadeza del conjunto y el encanto de ese rostro alargado, sensible. Aunque Pellegrini hacía bocetos rápidos y no exigía las fatigosas sesiones de pose que demandaban otros artistas de la época, la dama no sonríe. Una cierta melancolía domina la escena, que según Eduardo Schiaffino habría lanzado a Pellegrini como retratista de la alta sociedad porteña:

"Un día, estando de tertulia en casa de doña Mariquita Sánchez de Mendeville, la conversación recayó sobre retratos, sobre la imposibilidad de hacerlos hacer en Buenos Aires siendo, naturalmente, las damas quienes más se lamentaban de este vacío. Pellegrini, como acto de galantería, ofreció, con este motivo, a la simpática e inteligente dueña de casa, trazarle su retrato si le concedía una hora de pose. El ofrecimiento fue aceptado. Sobre la marcha se procuró papel y lápiz, la bella señora de Mendeville tomó asiento y Pellegrini rodeado de tertulianos, comenzó su obra, la sesión duró menos de una hora; el retrato resultó perfecto como semejanza, con gran aplauso de todos los espectadores."[1]

Por más halagos que la rodeasen, por más aplausos y mimos que recibiese en su salón, la esposa del cónsul francés tenía razones para preocuparse. ¿En qué medida estaba segura de que el amor de Jean-Baptiste perduraría? ¿Era todavía la dueña de una fortuna o solamente le quedaban los restos del fasto de antaño a más de una serie interminable de compromisos costosos? Sus relaciones con el poder, ¿eran tantas como suponía la gente, o en cualquier nueva oportunidad en que se cruzase con Juan Manuel ella volvería a quedar malparada? ¡Si hasta la seguridad del propio domicilio había quedado dañada por los sucesos del año 1829.

Esta última realidad se desprende del relato de Arsène Isabelle, quien, al llegar a Buenos Aires durante el verano de 1830, emigrado de la Francia de los Borbones, encontró un clima muy agresivo.

"Mueran los unitarios, mueran los franceses", grita el populacho al conocerse la derrota del general Quiroga a manos del general Paz en la batalla de Oncativo (febrero de 1830). Las manifestaciones adversas se repiten con motivo de la llegada a Buenos Aires del vencido. "Estas últimas vociferaciones, que nos interesaban más que nada, se las debíamos al señor Mendeville, cuyas tergiversaciones habían comprometido a todos los franceses de la ciudad y del interior, así como al señor vizconde Cornette de Venancourt, que acababa de quemar, durante la noche y por sorpresa los únicos navíos de guerra de la república... Fue una de las numerosas torpezas de nuestro cónsul el hacer actuar tan brutalmente al comandante de la estación, en un momento en que los argentinos estaban exasperados y con razón contra nosotros, debido a nuestra intervención armada en sus disputas; era necesario en cambio emplear prudencia y toda clase de consideraciones a fin de calmar la efervescencia popular. Sin la sabia conducta de los jefes federales (y me complazco en hacerles justicia) los franceses hubieran podido ser degollados y en primer término, el cónsul (el consulado estaba, en esa época, en la calle Florida, en el centro de la ciudad)."

Describe Isabelle los temores que soportó esa noche junto a varios compatriotas suyos alojados en la fonda de Francia. Por la mañana fue a ver al cónsul, el cual le respondió que en caso de revuelta seria, los franceses debían reunirse alrededor de su pabellón, que él tenía armas y se defenderían... "¡Triste alternativa! No se le había ocurrido reflexionar en si había posibilidad de reunirse; hubiéramos sido degollados, acogotados, antes de haber recorrido tres cuadras". Pese a lo cual, la frialdad de Mendeville lo tranquilizó. Comprendió entonces que esas conmociones eran habituales y que en Buenos Aires había que resignarse a recibir una cuchillada por la calle con la misma filosofía que afectaba el cónsul.[2]

El tenor crítico de estos comentarios contrastaba con los elogios unánimes que los viajeros prodigaban a los Mendeville pocos años antes. La honda división que afectaba a la colectividad francesa se extendía al patriciado criollo que, luego de la división entre realistas y patriotas, se escindía, inconciliable, en unitarios y federales. Las cabezas más comprometidas con el golpe decembrista comenzaron a emigrar a la República Oriental: Rivadavia, Lavalle, Varela, Ramón Larrea, del Carril, Francisco Pico...

Tiempos difíciles también para presidir la Sociedad de Beneficencia: el gobierno no quería comprometerse en gastos extras, la gente estaba pobre y las enfermedades proliferaban entre las alumnas. Por otra parte el nivel de enseñanza era bajo y sobrevivía sobre la base del discutible método lancasteriano. De todos modos la presidenta de la Sociedad contaba con el respaldo de su amigo de siempre, Tomás Guido, que era ministro de Gobierno de Rosas.

"Era íntima amiga de mi madre, y confidenta más de una vez, en graves circunstancias, de mi padre, de don Manuel José García, general Alvear, don Manuel de Sarratea, don Tomás M. de Anchorena y otros personajes de su tiempo", afirma el poeta Carlos Guido Spano, al prologar las *Tradiciones* de Obligado, exagerando un poco esas amistades, al menos en el caso del muy conservador Anchorena.

Mariquita procuró restablecer el orden en las escuelas: maestras y socias inspectoras discutían entre sí desde la calidad de la enseñanza al trato dado a las alumnas y el estado material de los establecimientos. Como las maestras compensaban sus ínfimas remuneraciones utilizando las escuelas como vivienda particular, las querellas alcanzaban una virulencia comprensible: la docente criticada veía peligrar no sólo su puesto, sino el techo familiar y el cargo de preceptora de alguna de sus hijas.

Éste era el caso de las Mendoza, madre e hija maestras en el Colegio de Huérfanas de San Miguel, y de Marcelina Gómez, maestra de la escuela de las Catalinas. La confrontación entre esta última y la inspectora del establecimiento, señora de Viamonte, se arrastraba desde hacía meses, agravada por las diferencias políticas entre ambas: la maestra, de filiación unitaria; la inspectora, federal.

Mariquita logró que las socias la autorizaran a actuar por las suyas. Marcelina debía cesar en sus funciones, dijo, y aclaró que la Sociedad procedía en este asunto "por convencimiento, no por personalidad o por influencia; no basta que una preceptora pueda enseñar los rudimentos de la educación, es muy esencial que esté dotada de las cualidades más preciosas en una mujer, la moderación, la humildad, la dulzura, la caridad, y sin ellas las mayores habilidades no son bastante para desempeñar el delicado cargo de formar a la juventud".

Ante la exigencia de Marcelina de ir a la Justicia, Mariquita ejemplificó al ministro sus defectos:

"Qué ley tendría que reclamar la Sociedad contra una Maestra que condena a las niñas a estar horas en un pie, a tenerlas de cabeza, y a otras penitencias crueles e indecentes; que les hace tirar baldes de agua con exceso a sus tiernas fuerzas, contra las órdenes especiales y terminantes de la Inspectora, que las deja en la calle expuestas a los rigores de la estación con perjuicio de su salud y de la moral, una o dos horas sin abrir la puerta de la escuela hasta que ha concluido su siesta y a pesar de que se pagan esas grandes casas para que las escuelas tengan todas estas comodidades en conformidad con el reglamento. ¿Las socias tendrían que comparecer delante de los jueces para estas pruebas?; ¿cuáles serían las Inspectoras que tomarían tales cargos gratuitamente si tuvieran que pasar por estos disgustos a más de los que tienen a cada momento que sufrir por querer que las Maestras cumplan con su deber? Estas y otras muchas incomodidades son las que retraen tanto a las Señoras de querer entrar en la Sociedad de Beneficencia, una Inspectora, señor excelentísimo, no tiene más emulación que el honor de su escuela; una Maestra tiene su propio interés, y siempre mira con desagrado a una Inspectora que vela sin cesar sobre sus operaciones."

A Mariquita le parecía encomiable el gesto de la inspectora, Bernardina Chavarría de Viamonte, porque siendo su marido el gobernador de la provincia, prefirió no pedirle un acto de justicia sino actuar en paz y caridad, a pesar de que Marcelina introducía el espíritu de partido entre las alumnas. Porque Mariquita, si bien criticaba atinadamente el modo autoritario de la maestra, quedaba atrapada por sus prejuicios de clase al sobrevalorar la actividad filantrópica de las socias con relación a la específica de las maestras.

En el caso de las Mendoza, pedía prudencia y circunspección por tratarse de personas que ella había enfrentado como inspectora en 1827, oportunidad —recordaba— en que sus propias colegas le habían retaceado apoyo. Que no se pensara ahora que actuaba por espíritu de venganza: fueron las mismas maestras quienes confesaron no saber ni matemática ni aritmética y se comprometieron espontáneamente a costear con su sueldo un profesor para esas lecciones. Pero dicho profesor duró sólo un par de meses. Las Mendoza lo despidieron por inmoral. "Aunque se tratara de un viejo, continúa Mariquita ello podía ser cierto, pero no era excusa para no reemplazarlo jamás." Como la querella se prolongaba, se dispuso cerrar la escuela hasta encontrar nueva casa y nueva maestra.

En todo esto la autoridad de las socias era relativa, pues el ministro de Gobierno podía desautorizarlas, como efectivamente ocurrió cuando ellas designaron reemplazantes por cuenta propia. Mariquita narró este desaire a la señora de Viamonte:

"No extrañe usted que no la haya visto; estoy llena de malos ratos y de atenciones que no me dejan respirar, lo más pronto que sea posible me proporcionaré ese gusto". Admitía que en el asunto de la maestra, la Sociedad no podía decidir por sí . En cuanto a "doña Remilgues" (Marcelina): "toda la rabia es conmigo, que ha de hacer un manifiesto que por unitaria padece y mil diabluras: el resultado es que nos ha dado mucho que rabiar y que estaba sostenida o protegida no sé cómo (...). Yo no tengo ni empeño ni predilección amiga, sino deseo que en las escuelas se coloquen personas capaces; para entrar prometen todo y después que ya gozan del empleo no quieren aprender. Esto ha sucedido con las dos Mendoza y sus hijas."[3]

En estos forcejeos Mariquita demostró haber aprendido las lecciones recibidas dos años antes. Escribía sin cesar y argumentaba en defensa de sus propuestas, utilizando hábilmente sus ventajas comparativas, posición social, lecturas, trato habitual con gente de categoría. Pero actuaba con autorización de sus consocias y cumplía con bastante rigor el reglamento, aunque en invierno, cuando el tiempo estaba muy frío, las reuniones se hicieran contraviniendo las reglas en su casa, que era más confortable.

La segunda confrontación del año fue con el párroco del templo de San Ignacio, don Felipe Elortondo y Palacios, quien se negaba a autorizar que el templo fuera utilizado para la ceremonia anual de entrega de premios como se venía haciendo desde 1823.

Elortondo, encumbrada figura del clero federal porteño que hizo de su existencia, dice Paul Groussac, "una obra maestra de ocultación", contaba con el respaldo del provisor de la diócesis, José María Terrero. Meyer Arana supone en esta negativa a abrir el templo para una celebración cívica cierto espíritu de revancha de los sacerdotes, quienes pensaban que el gobierno de Rosas debía resarcirlos de las penurias sufridas durante la época de Rivadavia.[4] Pero Mariquita defendió con énfasis el derecho a realizar la ceremonia en el sitio acostumbrado. Había visitado con su secretaria otros lugares posibles, sin hallar local apropiado para las 600 alumnas de las escuelas:

"Para varios actos que no tienen relación alguna con el culto divino, y mucho más profanos, sin duda, que el premiar las virtudes, se ocupan los templos. Infinitas reuniones políticas se han hecho en ellos. No sería imposible repartir privadamente los premios en cualquier local, pero de este modo no se conseguiría inspirar el mismo deseo de obtenerlos", explicó en nota al ministro de Gobierno. Como el obispado fundaba su negativa en los posibles desórdenes que tendrían lugar en la ceremonia, ella recomendó la presencia de los comisarios de policía para desvanecer estos temores y aludió al pasar a los hechos indecorosos que habían tenido lugar en los sermones nocturnos de la Semana Santa, en los que "el escándalo y el desacato llegaron al colmo." Por lo tanto, premiar y estimular la moral, la industria y el amor filial, recompensar la aplicación de la juventud, formar madres de familia honestas y virtuosas "no puede ser menos agradable a la divinidad que otros muchos actos que se ejecutan en los templos".[5]

Mariquita, más inclinada a la religión del corazón que a las prácticas piadosas tradicionales, se sentía a gusto polemizando con estos clérigos conservadores, y el ministro Guido autorizó por esta vez la celebración que en adelante se haría en el patio de San Ignacio.

Con relación a la Casa Cuna, la Sociedad se ofreció para tomar bajo su cuidado la asistencia de las pequeñas huérfanas, sin ocuparse de lo estrictamente administrativo del establecimiento. Esto indicaba cambios en relación a la postura adoptada en 1823, cuando las mismas señoras no se atrevieron a inmiscuirse en los asuntos de la Cuna. Así, el 20 de setiembre de 1830, la Sociedad, de simple directora de escuelas de niñas, pasó a hacerse cargo de todo lo respectivo a los objetos propios del sexo femenino.[6]

Crecía la responsabilidad de la mujer en los asuntos públicos. Sin embargo, en el tercer tema que ocupó a Mariquita durante 1830, ella que siempre se había jactado de ser pionera de la nueva sensibilidad, incurrió en un retorno al tiempo viejo, cuando el matrimonio era un asunto de familia y poco importaba el amor.

La joven Juana Martínez, educada en el Colegio San Miguel y sirvienta de la casa de Justa Foguet de Sánchez, deseaba "tomar estado con un pardo". La Sociedad, que debía autorizar la boda, se opuso: una muchacha blanca, educada en un buen colegio, aunque servidora de casa principal, conservaba un rango superior al del mulato, categoría despreciada en la sociedad de la época. Tanto Mariquita como las demás socias decidieron evitar que la joven se desclasara y acordaron ponerla en el Colegio, para tratar de disuadirla porque Juana seguía empecinada en casarse con su enamorado.[7]

El cuarto tema que surge de estas actas muestra a Mariquita más próxima a la sensibilidad actual en cuanto a la enseñanza gratuita para los pobres: "Hizo presente la señora de Mendeville que la medida adoptada en las escuelas para 'pedir para agua' a las niñas, era contraria al espíritu del Gobierno, consistente en proporcionar educación a quienes no podían pagarla; que esta idea generosa quedaría sin efecto si se le ponían trabas; porque para un pobre era lo mismo costear el agua y demás útiles que retribuir la escuela; y así, pedía a las Inspectoras que desde el 1 del mes entrante 'compraran el agua' (a los aguateros), y al fin de él le dieran una noticia de lo gastado".

La acción de erigir escuelas públicas de niñas en la campaña fue retomada en 1830 cuando la provincia se había pacificado. Mariquita se empeñó especialmente en la fundación de la escuela de San Isidro, para la que prefirió un lugar cercano a su antigua quinta sobre la barranca y no el paraje de la costa de San Fernando, que estaba empezando a poblarse. El establecimiento se inauguró para festejar la Nochebuena de 1830 con setenta alumnas. Una suscripción abierta entre las familias de la zona permitió vestir a las alumnas y ofrecerles un Nacimiento cargado de juguetes, narra Meyer Arana, estando Mariquita gravemente enferma.[8]

En enero del 31, cumplido el plazo para el que había sido designada, Mariquita informó que concluía el año en que por bondad de sus compañeras la habían llamado a desempeñar el cargo y, por muchos que hubieran sido sus esfuerzos para corresponder a esta confianza, no se habían concretado en todo sus deseos, por sus habituales enfermedades y por las infinitas dificultades halladas en el curso de su gestión. Entre los logros alcanzados, cita la apertura de la escuela de la parroquia de San Telmo y de la de San Isidro. Agradece a las señoras su cooperación, la demostración continua de deferencia y aprecio que le han manifestado en el año anterior, y enfatiza la necesidad de conservar siempre ese espíritu de unión y de cordialidad.

Sus consocias la reeligieron presidenta; Mariquita al principio declinó el honor, pero lo aceptó luego para continuar bregando por el adelanto de los establecimientos filantrópicos, la Sociedad y la patria. La vicepresidenta sería Casilda Igarzábal de Rodríguez Peña, otra patriota del año 10, como ella.

Esta segunda gestión de Mariquita resultó al parecer más inoperante que la primera. Pero no es posible seguirla paso a paso porque las actas de 1831 se perdieron. Sugiere Meyer Arana que esto ocurrió por la misma voluntad de Mariquita: "No hay actas. Y ello es demasiado significativo, ocupando la presidencia la matrona más dada a dejar bien consignada la huella de su vida."

Entre tanto los objetivos de la Sociedad empiezan a cumplirse. De las ocho escuelas gratuitas de Buenos Aires siete son regidas por jóvenes maestras formadas por la Sociedad; en tres de los seis establecimientos de campaña enseñan discípulas de las escuelas de la beneficencia; las monitoras siguen la misma proporción. Era muy satisfactorio comprobar que más de 200 familias de escasos ingresos, cuyas hijas habían sido educadas en las escuelas públicas, proporcionaban a sus padres comodidades gracias a las habilidades adquiridas; que mil otras alimentaban la esperanza de ser igualmente útiles a los suyos o de darles motivos de satisfacción con su conducta.

¿Cómo mejorar la enseñanza? Mariquita, designada socia de una entidad parisina especializada en el método de Lancaster, preguntó a Francia qué era lo más moderno para aplicar a la enseñanza de niñas en Buenos Aires. En la Memoria que dirige al gobierno (enero de 1832) ofrece un panorama del estado de las escuelas y responde a la crítica de que se impartía a las huérfanas una educación por encima de su clase:

"La Sociedad está distante de dar a las niñas que se hallan bajo su dirección una educación demasiado elevada como lo han temido algunas personas respetables del pueblo. Sus deseos son, al contrario, que ellas se complazcan más en su estado, conociendo mejor sus deberes, y que acepten con resignación su destino, sintiéndose con mayores medios de mejorarlo. En fin, la sociedad hace enseñar a las alumnas en el Colegio San Miguel a planchar, cocinar, zurcir y remendar a la par de los ramos que forman una educación más distinguida." La presidenta presentaba asimismo las cuentas de lo gastado por su mano en reparaciones y útiles con los recibos correspondientes.[9]

Al finalizar el año 31 Mariquita no fue reelegida. En su lugar quedó María del Rosario Azcuénaga y ella pasó a desempeñarse como consejera. Porque a pesar de que su labor había merecido el agradecimiento oficial, la política porteña se estaba volviendo demasiado insalubre: no se podían desconocer ni pasar por alto ciertas órdenes oficiales cuyo cumplimiento repugnaba a quien tuviese un espíritu independiente, por caso, la comunicación del ministro Anchorena para que la Sociedad dispusiera el uso de la divisa federal en las escuelas de niñas; o la circular que prevenía a las inspectoras que fueran muy escrupulosas en vigilar la conducta de las maestras y en no admitir ninguna idea disconforme con la política oficial.[10]

Para congraciarse con el gobierno, la Sociedad incorporó a Agustina Rosas de Mansilla, hermana de Juan Manuel y esposa de uno de sus íntimos colaboradores. Debía estar incluida, pese a su juventud e inexperiencia, para contar con alguna dama de la familia Rosas: misia Encarnación Ezcurra había declinado el nombramiento con el pretexto de su mala salud (en realidad se había dedicado a tareas políticas de mayor envergadura); las otras hermanas del Restaurador estaban decididas a continuar su vida privada.[11]

Las intervenciones de Mariquita serían, en adelante, escasas. En 1833 asistió a cuatro de las treinta y tres sesiones. Su única actividad notoria del año, el intento de arreglar el conflicto entre la socia Joaquina Rubin de Rivarola y su protegida, la maestra Martina Caballero, concluyó mal, ya que el nuevo ministro Gregorio Tagle sospechó que ella quería comunicarse directamente con el gobernador Balcarce, como en efecto había ocurrido.[12]

En 1834 asistió a una sola reunión de la Sociedad. Para justificar su deserción, alegó el trabajo relacionado con la colectividad francesa. Era éste la fundación de la Sociedad Filantrópica Francesa del Río de la Plata, sobre el principio de un capital inalienable. Fue dicha Sociedad la fundadora del Hospital Francés de Buenos Aires, iniciativa que se reconoce a la acción del cónsul Mendeville.[13]

Por entonces los Mendeville habían dejado su casona de la calle Florida y alquilaban la espléndida quinta de Tomás Faire, en Barracas, zona de huertas y casas de recreo, de vegetación tan frondosa que a los extranjeros parecía casi ecuatorial aunque estuviera compuesta de olivares, naranjos, granados e higueras. Los franceses llamaban El Castillo (Le Châteaux) a la residencia del cónsul.[14]

El lugar resultó un pacífico retiro en medio de los avatares de la Revolución de los Restauradores (octubre de 1833), en que las masas federales sitiaron Buenos Aires y se volvió peligroso vivir en la zona céntrica: la rabia partidista podía volverse contra el extranjero y hacer blanco en los franceses, faltos todavía de protección especial. Barracas, aunque suburbana, era más segura por la presencia de los barcos de la estación naval francesa en la rada.

Nadie, ni siquiera los más encumbrados miembros del partido federal apostólico, estaba seguro en Buenos Aires. La mismísima Encarnación Ezcurra de Rosas, que dirigía los hilos de esta Revolución, consultó a Mendeville respecto de la posibilidad de hacer depositar en su casa lo que tenían de más precioso y venir a buscar asilo cuando el clima se volvió más amenazador.[15]

Apenas terminada la revuelta federal, el 12 de noviembre de 1833, en la quinta de Barracas, parroquia de San Pedro Telmo, se casó Florencia Thompson, la segunda de las hijas de Mariquita. "Era bellísima; blanca, fresca, de ojos dorados oscuros, nariz perfecta, ligeramente aguileña, se ponía colorada a cada rato y le decían por eso Rosa de Jericó", escribe su hija al evocarla.[16] Tenía además mucho talento musical, que cultivaba en veladas familiares en las que la presencia del maestro Esnaola era de rigor.

Florencia se casaba dentro de su clase. El novio, Faustino Lezica Vera, era un espléndido candidato para cualquier muchacha de buena sociedad, riquísimo, buen mozo, de 35 años de edad, culto y de buenas costumbres. El menor de los hijos varones de Juan José Lezica, alcalde de primer voto de la ciudad en mayo de 1810, formó junto con sus hermanos Sebastián y Manuel una casa de comercio cuyas ramificaciones se extendían a Chile. Sebastián, que había adquirido experiencia mercantil en Río de Janeiro, Montevideo, Valparaíso y Londres, y en lo político integraba el grupo rivadaviano, administraba la firma. Pero cuando este hermano decidió radicarse en Chile (1826), Faustino, hasta entonces más interesado en lo intelectual que en los negocios, quedó como jefe de la próspera casa. Se había casado en primeras nupcias con su sobrina carnal, Robustiana Tellechea Lezica, quien murió en 1828, sin hijos, y le dejó su fortuna.

Los Lezica y los Mendeville eran buenos amigos: Sebastián había apadrinado a Julio Mendeville en 1820 y Faustino fue el apoderado de Mariquita en 1829.[15] Siendo niña Florencia, Faustino y Robustiana Tellechea la iban a buscar en una elegante carroza en que salían a pasear todas las tardes; no tenían hijos y querían a la pequeña Thompson como si lo fuera.

Faustino (35) y Florencia (21) se casaron en la ya citada quinta. Mariquita fue madrina de la boda y Mariano Sarratea representó en la ceremonia a Sebastián. Florencia llegó a su nuevo hogar acompañada de una sirvienta liberta, Manuela García, de 18 años.

"Fueron muy felices, recibían mucha gente y daban tertulia. El fuerte de mi padre eran las mesas", dice Florencita Lezica Thompson con referencia a los primeros años de casados de sus progenitores. Faustino acababa de comprar una mansión espléndida, ubicada frente al paredón de la iglesia de Santo Domingo, que serviría a la vez de domicilio particular y de escritorio de comercio.

La atención de los negocios de la firma estaba a cargo de Federico Hortung, un alemán que gozaba de la plena confianza de los Lezica.[17]

Al año de la boda nacía Enrique Lezica Thompson, el primer nieto argentino de Mariquita. Sin duda el destino de la encantadora Florencia, casada con uno de los hombres más ricos y distinguidos de Buenos Aires, parecía asegurado. Tendría una vida alegre y sin sombras, esposa niña de un marido enamorado y varios años mayor. Mariquita debía ahora ocuparse de casar no menos brillantemente a sus otras dos hijas solteras, Magdalena y Albina.

Este objetivo de toda buena madre pareció concretarse en el caso de Albina, la menor de las niñas Thompson, quien el 21 de febrero de 1835 se casó con Juan Antonio Tresserra. La novia tenía 20 años; el novio, 18 años mayor, era un comerciante catalán, socio de la casa Zumarán, de Barcelona, con sucursal en Montevideo. Por el momento, la pareja se quedó en Buenos Aires.[18]

Entre tanto Juan Thompson empezaba a descollar en los círculos intelectuales. De regreso de su viaje de estudios a Europa, además de seguir la carrera de Derecho se había incorporado al movimiento literario y político del romanticismo. Versificaba en francés. El *Diario de la Tarde* publicaba, sin firma, sus primeras críticas literarias, en las que abordaba la cuestión de la literatura nacional desde la perspectiva novedosa del romanticismo. Thompson se lamentaba de que la poesía de Juan Cruz Varela hubiera buscado inspiración preferentemente en el mundo clásico y reivindicaba la necesidad de representar hechos ocurridos en la patria, tal como hacía Esteban Echeverría en la colección lírica *Los Consuelos*.

Gracias a los amigos de su hijo, el salón de Mariquita se revitalizó y se convirtió en el eje social de la vanguardia romántica, ese imaginativo y persistente grupo que con el tiempo sería reconocido como "la generación de 1837", la segunda gran generación política de la historia argentina.

NOTAS

[1] Isabelle Arsène. *Viaje a Argentina, Uruguay y Brasil, en 1830.* Buenos Aires, Americana, 1943, p. 159.

[2] *Ibidem*, p. 181.

[3] Meyer Arana, Alberto. *Matronas y maestras.* Buenos Aires, Pesce, 1923, p. 109; el relato del incidente, p. 95 y ss; la carta de Mariquita Bernardina Viamonte, p. 109.

[4] *Ibidem*, p. 137-139.

[5] Correa Luna, Carlo. *Historia de la Sociedad de Beneficencia*, Buenos Aires, 1923, t. 1, p. 243-244.

[6] Meyer Arana, *op. cit.*, p. 144.

[7] Correa Luna, *op. cit.*, p. 247.

[8] Meyer Arana. *Matronas y maestras*, p. 145.

[9] AGN. Actas de la Sociedad de Beneficencia. 1831-1838, tomo 2, acta del 7-1-1832.

[10] Meyer Arana. *Alrededor de las huérfanas*, Buenos Aires, Pesce, 1923, p. 12.

[11] Meyer Arana. *Rosas y la Sociedad de Beneficencia*. Buenos Aires, Pesce, 1923, p. 31.

[12] Meyer Arana. *Alrededor de las huérfanas*, p. 68 y ss.

[13] Véase el informe del vicecónsul Roger del 25 de agosto de 1836, en Instituto Zinny.

[14] Isabellè, *op. cit.*, p. 140.

[15] *De Mendeville al ministro de RR.EE. de Francia*; copia del original, en francés, en AGN, Sala 7. Biblioteca Nacional, legajo 673. Archives du Ministère des Affaires Etrangères. Correspondance des agents diplomatiques francais a l'étranger.

[16] *Cuaderno de familia* de Florencia Lezica Thompson (AZL). Fotocopia del certificado del matrimonio Thompson Lezica en el AL, otorgado en 1953.

[17] Agradezco a la profesora Graciela Lapido el préstamo de los originales de su libro *La Casa Sebastián Lezica y Hermanos*, Buenos Aires 1992, II, 1.1. y 2. 4 con documentación inédita acerca de esta importante familia.

[18] Meyer Arana. *Rosas y la Sociedad de Beneficencia, op. cit.*, p. 105.

[19] Arrieta, Rafael Alberto. *Esteban Echeverría y el romanticismo en el Plata*. En *Historia de la literatura argentina*. Buenos Aires, Peuser, MCMLVIII, tomo II, p. 43.

11

LA EXTRAÑA MUERTE DEL
MARQUÉS DE PAYSSAC

1835-1836

Desde su instalación en 1830, la Monarquía de Julio, como se denominaba al reino de Luis Felipe I de Orleáns, puso empeño en vincularse con los gobiernos americanos y en dejar de lado la política reaccionaria seguida hasta entonces por la cancillería francesa. Así llegó a Buenos Aires en 1831 M. de Forest, con la doble calidad de cónsul y encargado de negocios ante la Confederación Argentina. Pero Rosas, que manejaba las relaciones exteriores de la Confederación y no simpatizaba con Forest debido a su actuación previa en Chile, no lo recibió. Al diplomático no le quedó otro camino que retirarse.

Este rechazo provocó el disgusto de la cancillería francesa y desde 1832 la sede diplomática estuvo vacante. La situación cambió cuando Rosas se retiró del gobierno. Viamonte (1834) intentaría fortalecer las relaciones con Francia. La ocupación de las Islas Malvinas el año anterior por los británicos hacía ver la necesidad de este acercamiento. Pero el tratado de amistad y comercio con Francia que establecía, entre otros puntos, la exención del servicio militar para los argentinos en ese país y para los franceses en la Argentina, no sería aprobado por la Legislatura de Buenos Aires debido a la influencia de Rosas.[1]

De todos modos, la presencia de Mendeville como único representante de la diplomacia francesa era a todas luces insuficiente: "Sólo la bandera francesa que ondea a cien pies de altura en los barcos anclados en la rada de Buenos Aires, es bastante respetada como para imponer la protección que el señor Mendeville es incapaz de acordar a seis mil franceses que le odian cordialmente y a justo título, porque sus tergiversaciones y chismes han comprometido su fortuna y su vida", insistía Isabelle en el libro que publicó en Francia (1835) sobre Sudamérica.[2]

Atento seguramente a tales críticas, el gobierno de Luis Felipe decidió trasladar a Mendeville al Consulado de Quito (Ecuador), en tanto el marqués de Vins de Payssac venía a ocupar el puesto que quedaba vacante en Buenos Aires, en calidad de cónsul y de encargado de negocios, los mismos cargos que había intentado hacer reconocer Forest infructuosamente. También de Payssac se encontró con toda clase de dilaciones. El descontento que había en Europa hacia la Monarquía de Julio servía de pretexto a estas dilaciones, escribe Fraboschi en un trabajo sobre el comienzo de las relaciones franco-argentinas.

Alfred de Brossard (1847) dice que de Payssac "obtuvo fácilmente su *exequatur* como Cónsul, pero no pudo conseguir audiencia como Encargado de Negocios sino después de un año de paciencia, de obsequiosas diligencias y de rechazos humillantes. Lo que don Juan Manuel aparentaba negar a los deseos de Francia no quería acordarlo, en apariencia al menos, sino por la intervención de la Señora de Mendeville.

"Como ésta insistiera calurosamente, y por escrito, sobre la recepción de M. de Vins, él contestó (también por escrito) con una respuesta zumbona en la cual le censuraba su celo por los intereses de Francia: (...) M. de Vins fue al fin recibido y hasta su muerte, acaecida en 1837, se mantuvo por especial condescendencia, en buenos términos con Rosas".[3]

Pero los hechos relacionados con el reconocimiento del marqués se desarrollaron en forma bastante más tortuosa, y afectaron la imagen pública de Mariquita como no le había ocurrido hasta entonces en el curso de los años difíciles que atravesaba el país.

Vins de Payssac había arribado a Buenos Aires en abril de 1835 en compañía del vicecónsul Aimé Roger. No disponía de contactos sociales y tuvo que esperar dos meses para que se lo reconociera como cónsul general a secas. Rosas argumentó que él carecía de títulos de la Confederación para recibir a un agente político y que una ley de 1834 prohibía acreditar a diplomáticos de países que no hubieran reconocido la Independencia. Se le explicó que no era así, que Francia había efectuado dicho reconocimiento a fines del año 30. Entonces sí se lo recibiría, pero como cónsul solamente, concedió Rosas.

Mendeville, aunque íntimamente descontento por la llegada de su sucesor, lo recibió cortésmente; organizó en su casa un banquete en su honor al que concurrieron, entre otros, el caballero Hamilton del Reino Unido y el encargado de Negocios del Brasil, Manuel Maza, los generales Guido, Mansilla y Rolón y oficiales franceses. Luego de brindar por Luis Felipe, por Rosas y porque la alianza anglofrancesa consolidara la paz en Europa, la concurrencia se entregó al baile.

En otro agasajo, esta vez en casa de M. Audebert, del que participaron los principales comerciantes franceses, Mendeville elogió calurosamente al marqués y tuvo el gusto, a su vez, de que un miembro de la colectividad le agradeciera los servicios prestados en su misión: el pesar causado por su partida, agregó, sería mitigado porque la interesante familia de Mendeville seguiría viviendo en Buenos Aires. Hubo brindis dedicados a esta familia y a la Sociedad Filantrópica Francesa de la cual era fundador, dice la crónica del acontecimiento publicada en *El Diario de la Tarde* (1-5-1835).

A pesar de estas demostraciones amables, la designación del marqués resultaba un agravio para el hogar de Mariquita: la pérdida del Consulado general en Buenos Aires y la designación de Mendeville en Ecuador, país más distante que Europa debido a las pésimas comunicaciones, implicaban la separación de hecho de la familia. Por supuesto, en ningún momento se consideró seriamente la posibilidad de que el jefe de familia fuera acompañado por su esposa e hijos a su nuevo destino.

Sin lugar a dudas, el traslado de Jean-Baptiste contribuía a clarificar la realidad: el verdadero jefe de la familia era Mariquita y donde ella residiese estaría el centro del hogar. El alejamiento de su esposo, exigencia de su carrera diplomática para alcanzar con el tiempo una buena jubilación, serviría de pretexto elegante para justificar la separación de hecho del matrimonio, el cual quizás ya estaba destruido. Pero fueran cuales fuesen las relaciones íntimas de la pareja, Mariquita y los suyos hicieron lo posible para que Mendeville se quedara en la Argentina. Este deseo apenas encubierto incomodó al marqués.

Sin duda la popularidad, el prestigio, las conexiones sociales de Mariquita y hasta sus bromas despertaban recelos, como se vio en relación con las socias de la Beneficencia; pero el recelo llegaría al odio en el caso de este diplomático orgulloso de su título de nobleza y naturalmente desdeñoso hacia la gente criolla. Y así empezó a ver en Mariquita más que a una amable rival a una adversaria temible, una intrigante a la que responsabilizó de los desaires que le infligía Rosas.

"Mi paciencia y mi tenacidad dieron felizmente los resultados que yo esperaba, y paralizaron los esfuerzos que afectos de infancia y de familia hacían más peligrosos para mí", explicaba de Payssac a su gobierno. "Sin embargo, no pretendo esparcir ninguna duda sobre la conducta de M. de Mendeville, por el contrario, pienso que fue franco y leal en todo el asunto; pero, ¿qué podía hacer frente al interés que la gente del país tiene hacia la familia de su esposa y al deseo muy pronunciado, de parte de algunas personas influyentes, para que el Consulado General de Francia quedase en esta familia? Es una simpatía bien natural y que me ha costado bastantes problemas y dificultades vencer. Hay que agregar a esto que el asunto del navío Herminia se incluye en estas contrariedades. En fin, la hidra acaba de ser derrotada, pero esta victoria, me cuesta el título de Encargado de Negocios".[4]

Humillado porque no podía hacer valer su designación de mayor jerarquía, el marqués buscó apoyo en la esposa del gobernador,

134

Encarnación Ezcurra, la discutida figura política femenina de la que todo el mundo le hablaba en Buenos Aires:

"Madame Rosas es una mujer de unos cuarenta años, más pequeña que grande y no parece de buena salud; pero cuando se anima al hablar es fácil ver que tiene alma y energía si las circunstancias lo exigen. Yo no diría como un ministro del Rey que ha visitado Buenos Aires y ha escrito la historia bajo el dictado de Madame de Mendeville, mujer de un espíritu superior en verdad, pero que embellece muy fácilmente todo lo que dice para entretener a los que la escuchan, yo no diré que Madame Rosas lleva un par de pistolas a la cintura lo mismo que un puñal, porque estoy convencido de que me equivocaría, pero me diría que si su marido o la patria estuvieran en peligro, esta mujer sería capaz de la mayor entrega y de los mayores esfuerzos que el coraje solo puede inspirar."

El marqués simpatizó con la aguerrida Encarnación, porque comprobó que tenía mucho espíritu natural, los modales de la buena sociedad y *last but not least*, era nieta del francés Arguibel.[5] De este modo comparaba a las dos personalidades femeninas más relevantes de la provincia: Encarnación, quien venía de dar prueba de su capacidad política en la Revolución de octubre de 1833, y Mariquita, el árbitro de la cultura y del buen gusto. Ambas tenían carácter fuerte y pasiones: las dos se habían casado por amor con la oposición de sus respectivas familias. Para Encarnación, mujer de acción política por excelencia, esto representó un trámite rápido, con el clásico argumento del embarazo prematrimonial; para Mariquita, un proceso judicial que demoró cuatro años su boda y sentó jurisprudencia en la materia.

Un pequeño óleo que se conserva en el archivo Lezica refleja a Mariquita en la plenitud de su madurez y sin rastros de la melancolía presente en la composición de Pellegrini. El talle esbelto, las manos cruzadas sobre la amplia falda sostienen un abanico, el peinado en *bandeaux* según la moda de la década de 1830, grandes aros de perlas y, dando marco a la silueta, un sillón tapizado de damasco amarillo que realza el alegre colorido de la blusa y la falda. Una mujer dueña de sí, segura, radiante.

Mendeville se había marchado a fines de junio de 1835 rumbo a Francia, escala previa en su viaje al Pacífico. Y Mariquita se quedó sola en una ciudad que se le iba volviendo hostil. Pero ella estaba dispuesta a sostener el derecho a la disidencia y hasta a emplear su habitual tono ligero y festivo, en el preciso momento en que Buenos Aires se acomodaba para aceptar mansamente el liderazgo único de Rosas, extensible a las damas de su familia, Encarnación, María Josefa, Manuelita, Agustina, pero intransferible a otra sangre.

Preocupada ante la posibilidad de que Payssac le atribuyese la demora en el reconocimiento, Mariquita le escribió a Rosas para que de una buena vez recibiera al marqués. Pero el gobernador, dispuesto a jugar al gato y al ratón con su atractiva amiga, le contestó irónico:

"Conocí antes una María Sánchez, buena y virtuosa federal. La desconozco ahora, en el billete con tu firma que he recibido de una francesita parlanchina y coqueta".

El viejo afecto perdura en estos renglones, pero la advertencia de que ella ha dejado de ser una virtuosa federal, en otras palabras, una mujer silenciosa y sumisa, encierra una velada amenaza a la que Mariquita contesta:

"Mi querido Juan Manuel, te doy mil gracias por tu carta. De cualquier modo que me hayas contestado, sólo el hacerlo con tanta puntualidad en medio de tus graves ocupaciones, es ya una fineza que en otro tiempo sabré agradecer. No quiero dejarte en la duda de si te ha escrito una francesa o una americana. Te diré que desde que estoy unida a un francés, he servido a mi país con más celo y entusiasmo, y lo haré siempre del mismo modo a no ser que se ponga en oposición de la Francia, pues, en tal caso, seré francesa, porque mi marido es francés y está al servicio de su nación. Tú, que pones en el cepo a Encarnación, si no se adorna con tu divisa, debes aprobarme, tanto más cuanto no sólo sigo tu doctrina, sino las reglas del honor y del deber. ¿Qué harías si Encarnación se te hiciera unitaria? Yo sé lo que harías. Así, mi amigo, en tu mano está que yo sea americana o francesa. Te quiero como a un hermano y sentiría que me declararas la guerra. Hasta entonces permíteme que te hable con franqueza de nuestra amistad de la infancia y créeme tu amiga."

El texto, de una fineza extrema para aludir a asuntos graves sin herir al destinatario, sugiere que en las relaciones internacionales conviene a la Confederación contar con la amistad de Francia. En lo personal, Mariquita establece una comparación atrevida entre su relación de pareja y la de los Rosas; sabe que Encarnación leerá esta carta y por ello indica la clase de autoridad que Juan Manuel ejerce sobre su mujer. ¿Había acaso diferencias recientes entre los Rosas respecto a asuntos privados o de gobierno? Si estos temas se comentaban en la aldea porteña se los hablaba en voz baja, nadie se atrevía a mencionarlos en voz alta, y mucho menos por escrito en carta al mismísimo gobernador. Pero Mariquita se atrevía, aun a riesgo de que le declarasen la guerra, a señalar a Rosas, con delicada ironía, los límites de toda acción política, es decir, la esfera de la intimidad, en este caso, la elección que ella había hecho al casarse con un francés y asumir como propios los asuntos de la patria de su marido.

Cuando las intrigas y rumores estaban en su punto álgido, Mariquita se fue a Montevideo. El Gobernador le envió un billetito: "¿Porqué te vas, Marica?"; y ella contestó rápida, frontal: "Porque te tengo miedo, Juan Manuel".[6]

Si Mariquita Sánchez tuvo que afrontar sola la relación con Rosas, también debió asimilar por su cuenta la desgracia que en setiembre de 1835 se abatió sobre la familia de su hija Florencia al quebrar estrepitosamente la firma comercial Sebastián Lezica y Hermanos cuyo representante en Buenos Aires era Faustino, su yerno.

La noticia se difundió de inmediato por la ciudad. No era para menos. La quiebra de una de las firmas más importantes de la plaza porteña dejaba a decenas de personas conocidas entrampadas con letras de cambio faltas de respaldo legal. Pronto pudo establecerse que el principal responsable de haberlas emitido falsificando firmas era el cajero de los Lezica, Federico Hortung.

El affaire venía de tres años antes, cuando la casa Lezica resultó perjudicada por una prolongada sequía que había arruinado los campos de la provincia. Esto coincidió con nuevas actitudes colectivas: la sociedad porteña, luego de las alternativas de la guerra con el Brasil, entró en un proceso de usura. La gente quería vivir de préstamos a interés y éstos eran cada vez más altos, escribe la historiadora Graciela Lapido en un trabajo sobre esta célebre quiebra. De ahí que una de las preocupaciones del segundo gobierno de Rosas fuera desalentar tales operaciones. Producido el hecho, el propio Gobernador, utilizando sus facultades extraordinarias, tomó medidas en cuanto a la prosecución de la causa contra Lezica, Hortung e Iturriaga, los principales implicados[7].

En carta a Estanislao López (23-1-1836) Rosas dio cuenta de la gravedad de lo ocurrido; había nombrado tribunales especiales solamente para dos clases de delitos: uno para las causas criminales, pues debía asegurarse el buen orden en la ciudad y en la campaña, y otro "para conocer y decidir en la quiebra de la casa de Lezica y Hermanos y Compañía, porque se presentó bajo un aspecto tan criminal y ruinoso a todo el comercio de esta provincia".[8]

No había memoria en Buenos Aires de un caso similar en cuanto al alto copete de los responsables y a la cantidad de familias estafadas. El reclamo popular era intenso y Faustino, a pesar del prestigio y de las influencias familiares, fue encarcelado de inmediato, no en la cárcel pública, sino en la que el Tribunal del Consulado tenía habilitada cerca del Cabildo para los deudores.

Florencia, con el marido preso, desmoralizado y temeroso, debió asumir el rol maduro que hasta entonces le parecía vedado. Dejó la gran casa vecina a Santo Domingo y se fue con su pequeño Enrique a vivir con su madre. Visitaba a diario a su esposo y reclamaba con energía que se lo dejara salir bajo fianza para evitar un daño irreparable a su salud. Sus argumentos cobraron peso cuando Manuel, el hermano de Faustino, que acababa de llegar de

Corrientes, se suicidó al enterarse del escándalo que afectaba el honor de su casa. Y ella estaba decidida a impedir que su marido incurriera en un gesto desesperado semejante.

Pese a todo, los personajes de alto copete de la sociedad federal no abandonaron a Faustino, quien fue muy visitado en la cárcel, incluso por los Anchorena, con quienes los Lezica estaban unidos por lazos de amistad y negocios. Poco a poco se demostró que el detenido, cuyas costumbres honestas no se ponían en duda, no tenía otra culpa que su desidia al dejar todo el manejo de la firma a Hortung. Y con chauvinismo comprensible se culpó de la quiebra a los extranjeros, mientras quedaba a salvo el buen nombre de los Lezica y hasta el de Iturriaga, aunque este último estuviese bastante más enterado de los manejos turbios de Hortung, el cual había desaparecido sin dejar rastros.

En enero de 1836 Faustino logró el privilegio de que se lo dejara preso en su casa, mientras los médicos insistían en la gravedad de su mal pulmonar, accesos de fiebre y tos. Pero el proceso continuaba. Los bienes de familia, abocados al pago de la deuda contraída, estaban bajo el control de la junta de síndicos designados por la Justicia, que vendió a la viuda de Facundo Quiroga, en cien mil pesos, la gran casa que había comprado Faustino en vísperas de su boda con Florencia.

Entre tanto se había complicado la relación de Mariquita con el marqués por culpa de un artículo publicado por *El Moderador*, diario de los emigrados unitarios en Montevideo. Explica Clara Vilaseca que la nota reproducía la correspondencia entre Vins de Payssac y el ministro Arana acerca de la aparición en un diario de Francia de un artículo en que se relataban las penurias de los unitarios en Buenos Aires. El cónsul refutó su contenido a pedido del gobierno porteño; pero *El Moderador* (11-12-1835) replicó con la publicación de una protesta sobre su actuación firmada por varios residentes franceses.[18]

Para el cónsul estaba claro que la aborrecible Madame Mendeville se hallaba en el centro de esta intriga y quizá era la autora de la nota en cuestión. Para evitar el riesgo que implicaba semejante suposición, Mariquita recurrió al presidente del Uruguay, el general Oribe, hermano de su amiga Pepita Oribe de Contucci. Quería que desde esa alta fuente se aclarara una sospecha que se sumaba a la difícil situación que soportaba Florencia. Oribe le respondió de inmediato:

"La estimable y favorecedora de usted, de 19 del corriente, (diciembre), me ha inspirado el más vivo interés por la justificación de su inocencia en el desagradable asunto que me comunica. A la verdad debe ser no pequeño el conflicto en que la ha envuelto tan vil calumnia y tomo de mi cuenta el más decidido empeño en proporcionarle los medios de sincerarse. Tan luego como los consiga me apresuraré a hacerlos llegar a sus manos, cierto del uso prudente y discreto que sabrá hacer de ellos. Entonces haré más extensa mi contestación a los pormenores que me conciernen, y con los que su bondad ha querido honrarme".[9]

Pero no era ésta la única pena que afectaba a Mariquita: desde principios de 1836 empeoró la salud de Enrique Mendeville, el menor de sus hijos, que había cumplido diez años. Se ignora el mal que padecía, tisis posiblemente.

Mendeville, en viaje de Francia a Guayaquil, aprovechó la escala en Montevideo para hacer una brevísima visita a Buenos Aires (abril de 1836). Quería abrazar a su hijo enfermo y cerciorarse personalmente de la situación de los Lezica sobre la que corrían toda suerte de rumores maléficos. Se presentó de improviso en su casa y explicó a la pareja su proyecto de enviarlos a Valparaíso, donde Faustino podría volver a trabajar en un medio en que no se lo conocía.[10]

La iniciativa era apresurada pues Faustino aún no había saldado sus cuentas con la Justicia, pero Mendeville se tranquilizó al comprobar que el yerno se hallaba bien y su negocio mejorando "y tu, hijita —escribió a Florencia—, habiéndote conducido en aquel conflicto como una mujer de razón, de energía y de educación. ¡Vaya! en nuestra desgracia tu buen talento me ha hecho feliz".[11] Luego de dar lo que sería su adiós definitivo a Mariquita, siguió viaje hacia el Pacífico. Llevaba consigo cartas de presentación que le había dado el general San Martín en París para Bernardo de O'Higgins en Chile:

"Yo estoy seguro dispensará todas las atenciones debidas al mérito del amigo y recomendado el caballero Mendeville", decía San Martín. "Él dirá a usted la persecución del nuevo gobernador de Buenos Aires contra mi familia y la de mi hijo político al que ha depuesto del empleo de primer oficial de secretaría de Negocios Extranjeros".[12]

El rápido paso de Mendeville por Buenos Aires no pasó desapercibido al marqués de Payssac, que controlaba cada uno de los movimientos de esta familia a la que culpaba de sus desdichas. "El Cónsul de Francia en Guayaquil estuvo aquí dos o tres días, y se ha dirigido a su nuevo destino en la corbeta del rey La Bonita que ha ido a buscar a Montevideo", informó a la Cancillería.[13]

El marqués estaba de parabienes. Finalmente, después de esperar casi un año, había sido reconocido en su doble carácter de cónsul y encargado de negocios. Pero seguía responsabilizando a Mariquita de los agravios que le había dispensado el gobierno de Rosas, sin comprender que éstos eran los recursos tácticos que el astuto dictador aplicaba a las relaciones exteriores de la Confederación, salvo, claro está, en el caso de Gran Bretaña.

El 1º de mayo del 36, de Payssac se propuso celebrar con bombos y platillos el día de San Felipe, santo patrono del rey de los franceses. Para ello organizó un gran baile en el cual 600 invitados danzaron hasta el amanecer infinidad de contradanzas y escuadrillas al son de la música que ejecutaba la orquesta del teatro.

Oficiaron de bastoneros los señores Quesada y Demetrio Peña. Rosas, ausente, envió a su muy bonita y joven hija que llegó acompañada por sus primas. Las damas y caballeros, de rigurosa divisa punzó, pertenecían a lo más granado de la sociedad federal: Garrigós; Arana; Irigoyen; el general Rolón con su esposa e hija; Garmendia, el presidente del Banco; Miguel de Riglos y su numerosa familia; Pedro Lezica y sus tres hijas; Luis Vernet, ex gobernador de Malvinas, su esposa e hija; dos señoritas Lezica; María Josefa Ezcurra; Larroudé y señora, Madame Nouguier...

Fue una de las fiestas más espléndidas jamás dadas aquí, escribió el marqués, muy satisfecho al imaginar que así consagraba su prestigio y ponía el fin al estrellato de Mariquita en la representación francesa de Buenos Aires.

"Yo había invitado igualmente a la soirée a Madame Mendeville y su familia, pero no me hizo el honor de asistir ni ella ni ninguno de los suyos; sin duda le molestó que yo no la hubiese necesitado para las invitaciones: sea como sea, esta brillante reunión le habrá probado que he sabido colocarme en el espíritu de los argentinos, de todos los colores políticos, como conviene a un agente francés". Explicaba al ministro que Madame Arana, mujer hábil, casada con el ministro de Relaciones Exteriores de la Confederación, había hecho en su lista de invitados una fusión de federales y de unitarios. Pero ningún opositor de peso figuraba en la larga lista que se publicó en la prensa.

Por fin los ánimos estaban bien dispuestos para que se firmara una Convención Preliminar o un Tratado definitivo de Comercio y amistad entre la Confederación Argentina y el Reino de Francia. En cuanto al baile, cuyos gastos solicitaba el marqués le fueran reintegrados, era indispensable para salir de la posición falsa en la que el diplomático se veía envuelto desde hacía un año. Porque ni siquiera este panorama auspicioso atenuaba el rencor de Payssac, quien seguía enviando informes venenosos contra Mariquita:

"He logrado sobreponerme a las más negras intrigas y maquinaciones diabólicas, de parte de una mujer, tanto más peligrosa porque es de aquí y está enfurecida por no haber podido conservar para su marido el Consulado General de Francia en Buenos Aires", dice en carta del 10 de mayo. "Felizmente, todo ha pasado ahora, las faltas que ella ha cometido le han alienado incluso la gente que le era más devota y hoy no goza de ningún crédito en absoluto. Sin embargo, en los cargos que debo reprocharle a Madame Mendeville no debo involucrar a su marido: me es grato persuadirme de que él no está comprometido."[14]

140

En su correspondencia oficial, el diplomático francés preservaba a su compatriota Mendeville, mientras cargaba las tintas sobre Mariquita. Confió asimismo sus rencores a sus acompañantes en Buenos Aires, su sobrino, Selmour Chateau, y Mademoseille Marie Yvon, su amante, quien en ausencia de su señora había compartido sus destinos diplomáticos. También escribió a su esposa para comunicarle sus miedos.

Y precisamente en medio de este cúmulo de intrigas, de Payssac moría repentinamente en Buenos Aires el 22 de mayo de 1836. De inmediato, corrió el rumor de que había sido envenenado.

La muerte súbita no estaba bien estudiada entonces y en la mayoría de los casos se atribuía sin beneficio de inventario a un veneno poderoso; la expresión "hacer comer o probar bocado", eufemismo de envenenamiento, se utilizaba con frecuencia cuando la causa de muerte no era clara y había poderosos intereses — pasionales, políticos, económicos— capaces de instigar el asesinato. Esto ocurrió, por ejemplo, con la muerte del españolista obispo Lué en 1813 y con la de Mariano Moreno, jefe de la fracción ultra de la Revolución de Mayo en 1811. Pero tales presunciones no habían afectado hasta entonces a una dama de prestigio, caritativa y sensible como era Mariquita. El colmo fue que la propia Manuelita Rosas dijo delante de una concurrencia numerosa: "¿Pero es verdaderamente cierto que no lo han envenenado?"

"En casos sospechosos, la costumbre es ordenar una autopsia y publicar el resultado en los periódicos. Así debe hacerse con el cónsul de Francia para evitar que se diga que se lo ha asesinado aquí", explicó un hombre influyente al vicecónsul Aimé Roger en quien había recaído la jefatura de la misión diplomática.

El atribulado vicecónsul encomendó la autopsia a un grupo de médicos de prestigio, entre ellos el doctor Rivero, cuñado del gobernador.[15] La carta a la cancillería francesa en que Roger daba cuenta de este tema y de la repatriación del cadáver a Francia trazaba un crudo retrato de Mariquita:

"El 2 de abril de 1835, M. Vins de Payssac desembarcó en Buenos Aires y pese a los avisos que le fueron dados y quizás a causa de dichos avisos dados de todas partes, presentados a veces en forma moderada, se dejó seducir por el recibimiento de la más amable familia de Buenos Aires, la de M. de Mendeville. Entonces entró en esa larga serie de incertidumbres y vacilaciones que fueron tan funestas para el resultado inmediato de su misión. Testigo y confidente de estas irresoluciones, puedo asegurar que ellas trajeron las hirientes resistencias del gobierno de Buenos Aires que ya desde esa época estaba cansado de las intrigas con que se lo acosaba desde tiempo atrás."

Mal aconsejado, explica Roger, de Payssac, en vez de presentarse como cónsul, se atribuyó el título de encargado de negocios plenipotenciario, pretensión de consecuencias funestas que desconcertó al gobierno de Buenos Aires, más al corriente de las tradiciones diplomáticas, y que no supo ya qué recepción hacerle. El gobierno argentino temía que el marqués, al cual precedía la reputación de hábil, hubiera recibido instrucciones de ser muy duro. Las sospechas se confirmaron por el asunto del navío L'Herminie: como el nuevo cónsul no estaba todavía admitido, y en consecuencia no temía comprometerse personalmente, empujó con vigor a M. de Mendeville, quien, "sintiéndose fuerte por el apoyo de su superior, hizo escuchar al gobierno argentino un lenguaje hasta entonces desconocido".

De Payssac quedó como responsable del traspié y su admisión como encargado de negocios se demoró. En el curso del año que duró esta desagradable controversia, tuvo pruebas inequívocas de las intrigas dirigidas contra él y M. de Forest y se quejó amargamente. ¿Cuáles eran esas intrigas?

"Madame de Mendeville, luego de la muerte de M. Thompson, su primer marido, era todavía, pese a su extravagante prodigalidad, dueña de una de las más bellas fortunas del país. Se casó en segundas nupcias con M. de Mendeville, y quiso gozar de los únicos placeres que ella no había aún gustado, los de la ambición. Gracias al recibimiento pleno de afabilidad que ella había hecho a los señores oficiales de la Marina Real que por primera vez visitaron el Río de la Plata, gracias al prestigio de su enorme fortuna y también al estado precario de nuestras relaciones con los estados de América del Sur, obtuvo para su marido el título tan deseado de Agente General del Comercio francés y más tarde el de Cónsul General. Sin embargo, gastos alocados hundieron en poco tiempo la fortuna de M. de Mendeville, y el consulado general se convirtió para la familia en un importante y último recurso. Se pidieron con insistencia honorarios que antes se habían desdeñado, y el gobierno francés creyó recompensar generosamente al cónsul de Guayaquil al acordarle el puesto de Nueva Orleans. Fue entonces que Madame de Mendeville se persuadió que ella podría fácilmente probar al gobierno francés que su marido era el hombre indispensable en Buenos Aires y de allí todas las complicaciones.

"He aquí en pocas palabras toda la verdad. Yo agregaré que cuando Vins de Payssac llegó a Buenos Aires, ya Madame Mendeville estaba descorazonada. Ella se agitó todavía un poco, pero como un resto de costumbre, y yo no puedo consentir en atribuirle, como se ha hecho, todos los contratiempos que el Cónsul General fallecido soportó.

"He aquí a M. de Vins acusando en sus cartas a V. E. a Madame Mendeville de negras intrigas y de maquinaciones diabólicas, y dejando escapar a cada instante y en todo lugar palabras amargas. Vedle impaciente durante un año, triunfando al fin y muriendo súbitamente el día en que anuncia al gobierno francés su éxito y ahora leed esta frase de Madame de Vins a su marido: *con tal que esta desdichada mujer no vaya a emplear contra tí el puñal o el veneno* (frase de una carta que me fue comunicada confidencialmente por M. de Vins) y dígame V. E. si yo no debía establecer la verdad con todos los medios posibles, y publicar oficialmente que solamente la apoplegía fulminante había terminado con los días de M. de Payssac."

Al dossier del caso se agregó esta carta de Mariquita en su descargo, conservada en el archivo del Quai D'Orsay (París):

"Señor: Me dirijo a Ud. en esta ocasión del modo más solemne, como a una autoridad francesa a cuya protección tengo un derecho, para suplicarle se sirva hacer una vindicación que conviene a mi honor. M. de Vins me ha hecho pasar por una intrigante contra su empleo, por su enemiga. Mientras ha vivido, he estado convencida que no lo creía así, porque nadie, pensaba yo, puede hacer tales inculpaciones sin ningún motivo, y yo desafío no sólo a M. de Vins, señor, sino al mundo entero que se me cite un solo hecho en que yo haya perjudicado o hecho mal a alguien. Convencida pues, que en esta indigna opinión que se me daba, no había buena fe, ¿qué podía hacer yo para destruirla? Cualquier esfuerzo de mi parte no hubiera sido sino para perjudicarme más. Pero me sería muy doloroso que M. Selmour, que Mlle. Marie Yvon que han oído hablar así de mí, que no me conocen, lleven esta injusta opinión de mi carácter y de mi corazón y lo trasmitan a otras personas. Yo declaro señor, y lo juro por lo más sagrado que jamás he hecho mal a M. de Vins, que por el contrario, hice cuanto pude a su llegada para allanar las dificultades que se presentaron para su admisión y esto lo puedo probar con el testimonio de personas respetables. Desde que M. de Vins llegó a este país, he tenido para él todos los sentimientos de la más pura amistad, cuando vi que era correspondida con la más negra ingratitud, tuve el mayor pesar, pero mi conducta, mis sentimientos, no cambiaron y Ud. sabe, señor, con la sinceridad y buen corazón que hablé con Ud. el día de su muerte. Declaro también, señor, que es la mayor injusticia que se me ha hecho el atribuirme el artículo del *Moderador* contra M. de Vins y sobre este punto pronto pasaré a manos de Ud. documentos que me justificarán completamente y de cuya autoridad no podrá dudarse que pondrán en claro la verdad. Si M. de Vins ha querido sacrificarme por miras de alta política yo lo perdono; pero declaro delante de Dios que lo que ha dicho contra mí es falso, que no le he hecho ningún mal, ni me he mezclado de ningún modo ni directo ni indirecto en ningún asunto al respecto. Quiera Ud. señor vindicarme en el ánimo de las personas de su familia en toda forma, esto es debido a la justicia, al honor de una persona que no sé si puedo comprender por qué se ha calumniado, este será un favor al que le quedaré reconocida."[16]

La extraña muerte del marqués de Payssac y la serie de intrigas que la precedieron enseñarían a Mariquita a ser más prudente. A partir de entonces, abandonó el escenario de su querida ciudad, para mudarse por temporadas a Montevideo, la secular rival de Buenos Aires, donde se podía vivir con más libertad.

NOTAS

[1] Roberto O. Fraboschi. *Rosas y las relaciones exteriores con Francia e Inglaterra. Rosas y su época*, Academia Nacional de la Historia. *Historia de la Nación argentina*, vol. VII. p. 214.

[2] Isabelle, *op. cit.*, p. 140.

[3] Brossard, *op. cit.*, p. 97.

[4] Affaires Etrangéres. Buenos Aires. Correspond. Consul. Vol. 22, ff. 77-78, *Marquis de Vins de Payssac à Ministre*, Buenos Aires, le 22 juin 1835. Fotocopias en el Instituto Zinny, Buenos Aires.

[5] *Ibidem*, 2 de agosto de 1835.

[6] Los textos transcriptos han sido publicados por Dellepiane y por Vilaseca, pero no he podido hallar sus originales entre los documentos de Rosas. Mariquita guardó entre los suyos un borrador sin fecha de la carta en que habla de Encarnación, donde se lee: "el Marqués ha recibido también la que esperaba y de cualquier modo que se le haya contestado mi marido ha salido de la posición violenta en que se hallaba y tu amiga de su a... Tanto más que en el sentido que te indico lejos de perder nuestro país no puede sino ganar en su prosperidad y comercio conservando la buena armonía con una Nación que teniéndola por amiga nos puede ser muy útil y hacernos mucho mal si la despreciamos sin merecerlo. Te he mirado como a un hermano y sentiría me declararas la guerra"; "en la confianza que tengo contigo puedes creerme que jamás tomaré secretario para manifestarte las expresiones de mi corazón" son los párrafos de este borrador que difieren de los publicados hasta ahora. La mención de la carta al marqués corrobora la hipótesis de que este intercambio epistolar es de 1835 y que la demora de Rosas en reconocer a Vins comprometía a los Mendeville.

[7] Graciela Lapido, *op. cit., passim*.

[8] Citado por Enrique M. Barba. *Formación de la tiranía*. En *Historia de la Nación Argentina*. Academia Nacional de la Historia, Buenos Aires, 1950, vol. VII, p. 135.

[9] *Carta de Manuel Oribe a Mariquita*, citada por Meyer Arana. *Rosas y la Sociedad de Beneficencia, op. cit.*, p. 34; sobre *El Moderador*, véase Vilaseca, *Cartas,. op. cit.*,

[10] *De Faustino a Sebastián Lezica*, abril 16 de 1836, original en el archivo Lezica.

[11] *De Mendeville a Florencia Th.*, Montevideo, abril 26: "Por otra parte, he escrito a tu madre, conforme a lo prometido a ti y a Faustino para demostrarle cuan violento sería para él volver a trabajar en Buenos Aires en los primeros tiempos y para empeñarla a que en lugar de oponerse a tu viaje a Valparaíso favoreciera la realización de este proyecto". Gestionaba a través del almirante francés un lugar para llevarlos a ambos en buque de guerra de esa bandera. (AZL)

[12] O'Higgins le contestó a San Martín en agosto: "No me ocupó en cosa alguna a pesar de mis ofrecimientos, como era un recomendado de usted(...) La amabilidad del señor Mendeville nos permitió principalmente a mi hermana Rosita cuantas investigaciones acerca de usted debían satisfacer una tan larga ausencia". Se había embarcado para Guayaquil alrededor del 20 de julio de 1836. Citada en: José Pacífico Otero. *Historia del Libertador San Martín*. Buenos Aires, Cabaut, 1932, tomo IV, p. 358.

[13] Archives du Quai D'Orsay, París, *op. cit.*, carta de mayo de 1836, folio 248).

[14] *Ibidem,* folio 242.

[15] Fotocopias de los originales del Quai D'Orsay, en el Instituto Zinny.

[16] *De Mariquita a Aimé Roger*. Archives du Quai D'Orsay, *op. cit.*, (copia y traducción autorizada por Aimé Roger, folios 280/1).

12

"NO LO DIRÉ"

1837-1838

A partir de 1837 Mariquita estaba de hecho separada de su marido a pesar de que cada tanto proyectaba reunirse con él. Sola, libre, viajera constante entre las dos orillas del Plata, podía abrir su tertulia en la capital oriental con la misma facilidad que en la porteña calle Florida. Pero como en su ciudad natal, Rosas y las mujeres de su familia monopolizaban a su gusto y estilo la vida social brillante, ella preservaba otro espacio, de carácter cultural, que nadie pensaba disputarle.

Como respuesta positiva a las calumnias formuladas por la diplomacia de Francia y al intento de Rosas de encolumnar a la sociedad detrás de su divisa, esta mujer de acción empezaría a ser la musa, protectora y maestra de un calificado grupo de jóvenes, la generación romántica del Plata, destinada a renovar las ideas y a constituir un sólido bloque opositor al dictador argentino. La nueva orientación de Mariquita no pasó inadvertida al siempre bien informado gobernador.

El primer indicio de que los Thompson Mendeville habían caído en desgracia lo dio el rechazo oficial a la candidatura de Albina Thompson de Tresserra a integrar la Sociedad de Beneficencia; había sido propuesta en 1837, dentro de una terna de la que formaban parte otras señoras de familias sospechosas de opositoras. Rosas dijo que las elegidas debían ser notoriamente adictas a la causa de la Federación, con maridos, padres y hermanos que hubieran dado testimonios públicos e intergiversables de su adhesión.[1] Y éste no era el caso de Albina: su hermano, Juan, formaba parte de la juventud nucleada con objetivos políticos y literarios que no eran del agrado del gobierno. Sin embargo, mientras pudo, Mariquita siguió utilizando su acceso directo al gobernador con el propósito de mejorar la suerte de Lezica:

"Como cuando me vine escribí a Rosas recomendándole mucho lo que dejaba de mi familia y sobre todo a Ud., me ha parecido que no podía decirle más. Sin embargo, si tarda, le mandaré una carta para pedirle algo de galantería y prontitud. Dígame si le parece que mande esa carta", escribe a Faustino desde Montevideo, donde se había instalado a principios de 1837 con sus hijos Magdalena y Enrique.[2]

La salud de Enrique no mejoraba, por el contrario, eran frecuentes los resfríos y otros padecimientos, pero los médicos tenían la esperanza de curarlo en el clima montevideano, considerado muy saludable.

Faustino, pendiente de la resolución de su proceso, salía poco y con esfuerzo; visitaba a su anciana madre a quien se había ocultado la trágica muerte de Manuel, su otro hijo, mientras Florencia criaba a su bebé, Eusebio Juan. Su nuevo embarazo demoraba la puesta en marcha del proyectado viaje a Chile, esta vez para establecerse en Coquimbo, el emporio del cobre. Mariquita era contraria al traslado de esta hija tan querida cuya situación familiar había respaldado con eficacia.

"A tu madre política y mi querida amiga Mariquita, no la olvido un momento, ni olvidaré jamás los servicios que me ha hecho con sus interesantes reflexiones y los que te ha hecho y está haciendo en tu desgracia", le dice Sebastián a Faustino. "Interín vivas en familia con la Mariquita, puedes arreglarte con concepto de que es preciso ayudar a sus gastos con lo que se pueda. Si te parece puedes convenir en algo de ésto con esta buena persona y procuraré mandarte por Río de Janeiro y Montevideo 30 o 40 onzas con este objeto."[3]

El 18 de marzo de 1838 Faustino le escribió a su hermano:

"Parece que el fatal destino nos persigue pues hoy tenemos que lamentar la desaparición del joven Enrique Mendeville, de 12 a 13 años de edad, que falleció el 18 del corriente a las 10 1/2 de la noche, quedando la estimable mamá y familia toda sumergida en el pesar más profundo por la pérdida de tan apreciable joven. Y aunque su existencia desde 3 años ha sido un padecimiento continuo y que causaba gran pena verle padecer, no es fácil conformarse con su desaparición, cuando los miembros todos de la familia le amaban tiernamente y el joven interesaba por su dulzura de carácter y capacidad poco común en su edad; de manera que el destino ha venido a arrebatarnos la esperanza de una madre cariñosa y de todos los que le rodeábamos. ¡Sólo el tiempo podrá aliviar la pena!

"Difícil que la mamá tenga ánimo de escribir a Mendeville en esta ocasión, y no sé cómo se determinaría a participarle tan funesta nueva; entre tanto sería conveniente que prepararas a M. de Mendeville, anunciándole que sabías por mí el mal estado de la salud de Enrique, o como mejor te parezca."[4]

Enrique fue enterrado en la sepultura comprada por su madre en el cementerio de la Recoleta, dado que ya no se usaban a ese efecto los templos. "Henrique de Mendeville... Pagó temprano tributo a la naturaleza. Fue arrancado de los brazos de su madre. Pero vivirá siempre en su corazón", escribió Jean-Baptiste en memoria de este hijo.[5]

A partir de entonces cada año la fecha del 18 de marzo será un día de dolor para Mariquita; pero esa pena inconsolable no la alejaría de su actividad intelectual y social, desarrollada en el estrecho marco que la dictadura dejaba disponible.

Mariquita no estaba sola únicamente por falta de marido. En cierta medida ella se había quedado aislada de su generación. Salvo unos pocos, los protagonistas de 1810 que no habían muerto o se habían ido del país se sometieron a la hegemonía de Rosas. Tal fue el caso de López y Planes, de Alvear y de Guido, entre otros de los que acudían a su salón. Pero los jóvenes románticos ocuparon el espacio vacío. Y así, a la librería de Marcos Sastre o a la tertulia del profesor Diego de Alcorta, debe agregarse el salón de Mariquita como vivero que protegió el crecimiento de la Joven Generación Argentina.

Todos los movimientos románticos de la época buscaban en las raíces históricas de los pueblos su razón de ser y su fuente de inspiración. En el Río de la Plata, donde se renegaba de los antecedentes coloniales, la única raíz admisible era la Revolución de Mayo. Para la juventud romántica, Mariquita tenía la aureola de haber conocido aquellos tiempos fundadores cuyo espíritu ellos querían recuperar. Femenina y maternal, relacionada con todos, memoria viva de Mayo, se adecuaba especialmente para ese rol fundante. Ambos se necesitaban: los muchachos de la nueva generación, la mayoría de una cierta medianía económica, algunos provincianos, necesitaban del amparo, sabiduría e influencias sociales de Mariquita. Por su parte, ella recuperaba gracias a los jóvenes el espíritu liberal de la Revolución de 1810, reverdecido en los nuevos conceptos que escuchaba de boca de quienes habían venido a su casa de la mano de Juan, su primogénito.

Al regresar de Montevideo en el segundo semestre de 1837, Mariquita se encontró con ese clima de ebullición intelectual, por el momento limitado a lo literario, que Vicente Fidel López describe así:

"Leíamos de día, conversábamos y discutíamos de noche. El célebre prefacio de *Cromwell*, de Víctor Hugo, llamado entonces el Nuevo Arte Poético, el nuevo dogma, regía como constitución de las ideas. Las palabras de un creyente, de Lamennais, los discursos parlamentarios de Guizot, Thiers, Berryer, *La Roma subterránea*, de Cha. Didier, la pléyade de los mártires italianos, amigos nuestros por la desgracia y por los fines que interesaban nuestras más vivas simpatías."[6]

En las reuniones del Salón Literario, Juan María Gutiérrez leyó fragmentos de *La Cautiva*, el poema de Esteban Echeverría, todavía inédito, cuyo escenario era la pampa. El autor, famoso entre esta juventud por *Los Consuelos* (1834), había sido invitado por Marcos Sastre "a presidir y dirigir el desarrollo de la inteligencia en este país, a encabezar la marcha de la juventud, levantar el estandarte de los principios que deben guiarla, y tanto necesita en el descarrío intelectual en que hoy se encuentra".[7]

Las reuniones terminaron en el mismo mes de setiembre en que habían comenzado. Desde noviembre (1837), los mismos jóvenes se nuclearían en el periódico *La Moda*, gacetín de música, de poesía, de literatura, de costumbres, cuyo editor responsable era Rafael Corvalán, hijo del edecán de Rosas. El periódico, que llegó a publicar 23 números, estaba a la vanguardia de la crítica literaria, al punto de desdeñar a Víctor Hugo y a Chateaubriand por cavernícolas admiradores del medioevo.

Este vanguardismo disgustaba a los intelectuales rivadavianos, adictos al clasicismo, como era el caso de Florencio y Juan Cruz Varela; pero Mariquita simpatizó desde un principio con el nuevo espíritu romántico, el cual, por otra parte, tenía un mensaje definido para la liberación de la mujer en el pensamiento socialista de Saint-Simon.

"A través de Gutiérrez, de Alberdi, de Tejedor, el espíritu de madame de Mendeville llega al periodismo argentino, ahora en las páginas de *La Moda*, como antes en las de *El Centinela* por la pluma de Varela. Doña Mariquita sabía encender el estro clásico, pero también dar vida a la inspiración romántica. Siempre supo tener la edad del más joven de sus amigos", afirma Clara Vilaseca, para quien el artículo "La Conversación" (*La Moda*, 10-3-1838) refleja el lugar donde nació la idea, es decir el salón de Mariquita.[8]

En otro artículo de Alberdi se afirma reiteradamente que "el principio y el fin de nuestra sociedad es la democracia, la igualdad de clases" y que sobre tal fundamento deben levantarse nuestras costumbres. Si la democracia es el gobierno del pueblo, es necesario que el pueblo se eduque. La vida de las mujeres que se desarrolla en el ámbito privado, llena de celos, de chismes, de frivolidad y vaciedad, debe cambiar: "Llegará un día en que las mujeres pasen al otro lado del mostrador, como han hecho en Europa. Algún día escaparán de la abyección en que las ha dejado la tiranía española: ellas deben estar todavía poco agradecidas a la libertad: nada le deben aún. Se ha gritado emancipación, pero ellas siguen en tutela. Es preciso preparar su libertad por medio de un sistema de educación adecuado y sabio. Una emancipación súbita y brusca las precipitaría en la licencia. La mujer es niña nada más entre nosotros. No es de ella misma, no tiene personalidad social. Es una faz de la madre o del marido: es la madre o el marido vista desde otro aspecto. Es algo cuando ya no es nada. Puede disponer de sí cuando ya nadie quiere disponer de ella. La dejan los padres, cuando la deja el mundo. Y no entra en los brazos de la libertad sino cuando la ha abandonado la belleza, como si estas dos deidades fuesen rivales, siendo así que de su armonía, que algún día será encontrada a la luz de la filosofía, depende toda la felicidad de la mujer".[9]

Pero esta nota no había sido publicada en Buenos Aires, sino en *El Iniciador* de Montevideo (1-10-1838), cuando ya Alberdi había puesto distancia con el régimen de Rosas. Esto era consecuencia de la creciente politización del grupo.

En efecto, el 23 de junio de 1838, Echeverría, acompañado por Alberdi y Gutiérrez, funda la Asociación de la Joven Argentina. Unos treinta jóvenes lo acompañan en la lectura de las quince palabras simbólicas: "Asociación. Progreso, Fraternidad, Igualdad, Libertad, Dios, centro y periferia de nuestra creencia religiosa, el Cristianismo, su ley, el honor y el sacrificio, norma de nuestra conducta social. Adopción de todas las honras legítimas, tanto individuales como colectivas de la Revolución; continuación de las tradiciones progresivas de la Revolución de Mayo. Independencia de las tradiciones retrógradas que nos subordinan al antiguo régimen. Emancipación del espíritu americano. Organización de la patria sobre la base democrática. Confraternidad de principios. Fusión de todas las doctrinas progresivas en un centro unitario. Abnegación de las simpatías que puedan ligarnos a las dos grandes facciones que se han disputado el poderío durante la Revolución."[10]

El 8 de julio, durante un banquete con motivo de un nuevo aniversario de la Independencia, se hizo el juramento de estas palabras simbólicas que se discutirían durante dos semanas de reclusión campesina, escribe Arrieta, mientras la policía rosista vigilaba a los presuntos conjurados. "Señores: estamos vendidos y la tiranía nos acecha", anuncia Echeverría poco tiempo después. Se inician así la despedida y el compromiso de luchar por lo jurado: Alberdi cruza a Montevideo, donde empezará a publicar regularmente en periódicos de esa capital; el sanjuanino Manuel Quiroga Rosas funda una filial en San Juan, junto a Sarmiento, Laspiur y Aberastain. Vicente Fidel López se marcha a Córdoba dispuesto a difundir las palabras. Echeverría permanece en Buenos Aires, pero se retira a una estancia que arrienda su hermano, Los Talas, cerca de Luján, donde se siente relativamente a salvo de persecuciones, libre para meditar y escribir.

Es precisamente durante esos meses de incertidumbres cuando el poeta envía a Mariquita el ejemplar de las *Rimas* que incluye el célebre poema *La Cautiva*, publicado en setiembre de 1837 por la Imprenta Argentina, con buena recepción de público. Quizás porque Mariquita estaba ausente en Montevideo, recibió el libro un año después de editado. Ella se apresuró a agradecerlo y a salvar con elegancia una descortesía que había tenido con el poeta; pensó cuidadosamente el texto de la nota que enviaba al intelectual más prestigioso de Buenos Aires, borrador que guardó entre sus papeles junto con la respuesta:

"Mi estimado Señor Echeverría: Yo tenía una deuda sobre mi corazón y me alegro que usted me haya proporcionado el modo de satisfacerla. Usted tuvo la bondad de mandarme un ejemplar de *Los Consuelos,* y yo no le di las gracias, y esta falta de atención, aunque no de aprecio, me hace ahora agradecer aún mucho más el tomo de *La Cautiva* que he recibido. Crea usted que es muy lisonjero este presente, que conservaré con reconocimiento y que le deseo al autor el buen suceso que merece tan justamente."

Había escrito el 18 de setiembre y la respuesta llegó tres días más tarde: "Señora: abriga usted un corazón de aquellos que nunca envejecen y tiene una memoria tan viva como es inagotable su sensibilidad. ¿Usted acordarse de mis *Consuelos*, cuando el autor los ha olvidado ya y sólo los recuerda como solemos rememorar despiertos las imágenes tristes de un sueño fugitivo? ¿Usted considerarse deudora de un testimonio tan pequeño de aprecio, único don que pueden ofrecer las musas? Acepto, desde luego, gustosísimo, las gratas expresiones de su carta y me lisonjea haberlas merecido. Pero me permitirá decirle que ni antes ni ahora he aspirado a otra cosa que a hacerme acreedor a la estimación de la digna madre de uno de mis amigos y de una de las porteñas que más honran a nuestra patria".[12]

Echeverría, hipersensible como suelen ser los poetas, no admitía la menor crítica de su obra y hasta se había disgustado con Juan Thompson porque no le parecieron suficientemente elogiosos sus comentarios en *El Diario de la Tarde* (1834). Puede imaginarse entonces que la indiferencia de la madre de Juan ante el envío de *Los Consuelos* debe haberlo herido doblemente. Pero Mariquita supo subsanar esa omisión. De este modo se iniciaba la amistad de dos personas que compartían una sensibilidad común por el arte y la cultura inseparable de la preocupación patriótica, en el marco del romanticismo, la ideología de moda entre las minorías cultas de Europa y América. Casi veinte años los separaban (Esteban había nacido en 1805, Mariquita en 1786); tampoco era similar el ambiente social del cual provenían: él pertenecía a una familia de nivel medio que habitaba en el barrio del Alto (San Telmo), casi una zona marginal; ella, a la burguesía del sector más aristocrático de la ciudad. Con el tiempo la relación entre ambos evolucionaría hacia un sentimiento amoroso, pero por el momento era más profundo el vínculo que unía a Mariquita con Juan María Gutiérrez, otro de los amigos de Juan.

"Entre las amistades que influyeron en la formación de Gutiérrez conviene no olvidar la de la señora de Thompson de Mendeville, la Sévigné del Río de la Plata. Fue su madre intelectual en más de un respecto", escribe Alberdi en las páginas biográficas que dedicó al redactor de la Constitución de 1853.

Explica que el amigo predilecto de Juan María era entonces Juan Thompson, quien se le parecía por la educación que había recibido en Europa, y que ambos estaban próximos a Echeverría, formado también en ese continente.

"La relación de Thompson, aunque capaz por si sola de explicar muchos adelantos en Gutiérrez en esa dirección, le trajo otra relación más importante, o que fue al menos la que más influyó en la educación de sociedad y de mundo de Gutiérrez. Fue la de la señora madre de su amigo, doña María Sánchez de Thompson, más tarde, por su segundo matrimonio, Madama de Mendeville, personalidad importante, de la mejor sociedad de Buenos Aires, y sin la cual es imposible explicar el desarrollo de su cultura y buen gusto. Su gran fortuna y su talento hicieron por largo tiempo de su casa un foco de elegancia y de buen tono. Como viuda de Thompson, uno de los contemporáneos y colaboradores de la revolución contra España, doña María Sánchez se distinguía por su liberalismo ilustrado, y más tarde, por el europeísmo culto de su espíritu, con motivo de su segundo matrimonio con M. de Mendeville. El papel de Madama de Mendeville en la sociedad de Buenos Aires, ha sido comparado más de una vez con el de madama Sévigné en Francia por su talento, cultura y buen gusto, sin sombra de pretensión literaria (...).

"Si me he extendido en detalles sobre esta amistad de Gutiérrez es por la gran influencia que ella tuvo en su educación y carácter de hombre de sociedad y de mundo. Madama de Mendeville ha sido la segunda madre de Gutiérrez en su instrucción intelectual y social. En el espíritu y buen gusto, en la cultura del trato, en sus maneras europeas de buen tono, en su gusto por lo simple, elegante y distinguido, en su amor al progreso de nuestra cultura argentina, eran la madre y el hijo en lo parecidos. Gutiérrez, sin embargo, no frecuentaba sus salones, que eran los de mejor tono de Buenos Aires, por la reserva habitual de su vida de hombre ocupado en estudios y trabajos que exigen recogimiento y concentración."[13]

La relación afectuosa entre una seductora mujer madura y un joven que inicia su educación sentimental cultural y social, puede convertirse en amor si existen suficientes afinidades entre ellos, mutua necesidad, identificación con el otro, admiración. Este poema de Gutiérrez, "No lo diré", inspirado en Musset y fechado en 1838, hace referencia, precisamente, a su amor secreto por una mujer:

"Si te dijera: te amo ¿que dirías,
mujer hermosa de animados ojos?
tu sabes cuanto mal, cuantos enojos
causa el amor, y por venganza acaso
con veneno de amor me matarías.

152

...

Si te dijese: "Un año, silencioso,
sufrí tormento, alimenté ilusiones";
tú que eres tan sagaz y en las regiones
del alma enferma sabes leer, dirías:
"Decirme lo que sé... ¡eso es ocioso!"

...

Si te dijese que tras ti voy ciego,
como la sombra de tu cuerpo airoso:
tal vez que recobrando aquel dudoso
aire que bien te sienta replicaras:
"no creo en el ardor de tanto fuego".

...

Si te dijese: "Aquí en el alma impreso
tengo cuanto tus labios han vertido";
el cielo de tus ojos convertido
súbito fuera en encendido infierno,
y yo muriera de tu sana al peso.

...

Si te dijese que en la noche velo
y que en llanto y plegaria paso el día:
¡cuan pronto por tu labio vagaría
aquel reír que lo transforma en rosa
con espinas de amargo desconsuelo!

...

No, que nada sabrás. Mudo, discreto,
a ti me acercaré, oiré tu acento,
tu melodioso hablar, y el suave aliento
respiraré que de tu seno emana,
sin que sepas mi gozo y mi secreto.

...

¡Oh!, ¡cuál disfruto tus bienes misterioso!
ya escucho tras de ti que el dulce piano
suspira de placer bajo tu mano;
ya en los giros fugaces de la valsa
te ciño con mis brazos amorosos.

...

Yo te amo y te contesto indiferente;
te amo y nadie sabe ni lo dice:
mi mismo padecer me hace felice;
que si he jurado amar sin esperanza,
no sin ventura, pues estás presente."

...

Otra composición de Gutiérrez concluye con este sugestivo
interrogante:

"¿Quién me amará como me amó María?
¡Quién me dará su puro amor de hermana!
¡Ah tú eres mi mañana,
mi fresca noche, mi luciente día,
mi aliento, mi existir!"[14]

Ninguno de estos poemas es una prueba de amor. María era el nombre romántico por excelencia y muchas porteñas eran agraciadas, de rizos negros rebeldes y ojos de fuego, aunque muchas menos tocaban el piano, y menos aún tenían a flor de labios la respuesta espiritual, apropiada para contener a un joven tan exigente como era Juan María Gutiérrez. Pero lo que ocurrió entre ellos, si es que ocurrió, no lo sabremos jamás debido a que ambos pactaron en sus últimos días destruir la correspondencia que habían mantenido sin interrupción durante toda la vida y de la que sólo una mínima parte ha llegado a nosotros.

Carlos Ibarguren se refiere a "ese exquisito diálogo epistolar entre el fino escritor, Juan María Gutiérrez, y misia Mariquita, los dos románticos que habían tenido desde la juventud una deliciosa amistad —quizás un amor sofocado— estaban viejos, achacosos, retirados en sus casas y comunicábanse por correspondencia".[15] Pero Ibarguren, lo mismo que Meyer Arana, escribía en una época en la que aún no se había perdido del todo la memoria del siglo XIX y en la que a falta de documentos podían contar con la colaboración invalorable de alguna madre, abuela o tío memoriosos. Hoy se ha cortado el vínculo que unía a uno y otro siglo dando una cierta carnadura al pasado y no disponemos más que de algunos documentos y de la imaginación para reconstruirlo.

En la primavera de 1838 Mariquita cumplía, además de su rol intelectual, deberes indelegables de madre y abuela de familia numerosa: Florencia había tenido el 30 de setiembre de 1838 su tercer hijo, una niña, Florencia Sofía, mientras su esposo estaba en la remota sierra del Volcán, empeñado en poblar una estancia para recuperar su fortuna.

"Hace ocho días que tiene usted una hija y no he podido encontrar cómo enviarle a usted ese gusto", le escribió Mariquita a Faustino. "La casa de Molino Torres nos promete mandar ésta mañana y lo que yo quisiera es hacerla volar para tranquilizarlo. No tenga usted ningún cuidado. Están la madre y la hija perfectamente buenas. El domingo a las siete de la mañana vino la partera y a las 9 menos cinco estaba la niña vestida. Después no ha tenido más incomodidad que la abundancia de leche que usted conoce; pero sin la incomodidad de otras veces en los pechos. Todo ha sido lo más feliz. La niña es muy parecida a los otros dos, Enrique y Juan, que están locos con la hermanita que les han traído del campo en lugar del petizo. Le traen cocos y pandorgas para que juegue.

"Esté usted tranquilo. Florencia está buena y no nos separamos de ella. Los serafines, lindísimos. Enrique cada día más malo. Malena no se separa del cuarto. Está loca con la niña, la madre, la tía y la mamita (...) No se apure usted para venirse. No nos hace falta. No galopee afligido sin necesidad.

"No tenga usted cuidado por Florencia ni por los serafines que están al lado de una mamá, que aunque medio opa, usted debe ya conocer que no tiene otro consuelo que querer a sus hijos y así, no piense ni por un instante que somos extraños, que me hacen ruido, ni otras ilusiones que le presente su delicadeza. Lo que siento es no tener que darles sino buena voluntad y un corazón sincero."[16]

Pero apenas concluyó este compromiso insoslayable, Mariquita decidió marcharse. No podía quedarse más. A partir de mayo de 1838, la marina de guerra de Francia bloqueaba Buenos Aires a consecuencia de un nuevo entredicho relativo al servicio militar, de la injusta prisión del litógrafo Bacle y de las reclamaciones del cónsul Aimé Roger, que disgustaron a Rosas y despertaron un sentimiento generalizado contra los extranjeros.

Mariquita estaba vinculada tanto a la diplomacia francesa como al sector de la juventud que empezaba a ser catalogada de opositora y del que formaba parte su hijo Juan. Éste, previamente a graduarse de abogado, había debido pasar por una prueba humillante: solicitar por nota al rector de la Universidad que los catedráticos atestiguasen que en sus estudios "fue obsecuente a sus superiores y adicto a la causa nacional de la Federación".[17] Pero esta prueba que se exigía por decreto estaba lejos de expresar sus convicciones.

En diciembre de 1838 Mariquita se trasladaba a Montevideo con el pretexto de acompañar a su hija menor, Albina, cuyo esposo Tresserra tenía allí una importante casa de comercio. Viajó con Juan, Julio y Carlos, mientras Malena se quedaba con los Lezica. Bien podía decirse entonces que la mitad de esta familia se hallaba en la capital oriental.

Las amigas de Mariquita lamentaron su ausencia: "Nadie está aquí más bloqueado que las tertulias y los franceses hacen muy mal de hacerse estos enemigos pues que usted sabe que son implacables. En cuanto a mí los maldigo todos los días cuando veo mi toilette desprovisto de todo lo que necesito y mucho más cuando no encuentro en las tiendas nada de gusto para mandar a usted, ni a mi querida Albina, esto no se lo perdonaré jamás", le escribía Pilar Spano de Guido. Contaba que hasta Pascuala Beláustegui, la esposa del ultrarrosista ministro Arana, lloró lágrimas "producidas por un sentimiento muy tierno hacia usted, amiga mía, esto siempre es agradable y no ha sido usted tan amable impunemente". Pilar espaciaría sus cartas: "desde que uno se halla ante la necesidad de reprimir sus ideas, la correspondencia ya no es agradable, mucho más para mí que estoy acostumbrada a desahogarme sin reservas con usted".[18]

Por entonces las finanzas de Mariquita inquietaban a su yerno, Faustino, quien comentó a Sebastián Lezica ciertos pormenores. Quería mucho a su suegra a pesar de su incontrolable tendencia al despilfarro y a su excesivo compromiso político que el prudente ex millonario consideraba absolutamente indeseable:

"Como tú me dices que quieres que me arregle con la Mamá a fin de ayudarla en sus gastos con generosidad y que sabrías con gusto que así lo habría verificado, me hallo en el caso de hablarte en la confianza como me he conducido con esta buena madre desde que mi desgracia me hizo experimentar la dependencia mía, la de Florencia y mi familia de sus favores que a la verdad nunca dejaré de apreciar. Dejando a un lado los sentimientos de gratitud hacia esta buena madre y excelente familia que quedan grabadas en mi corazón, debo hacerte saber que cuanto hemos poseído de recursos pecuniarios procedente de venta de alhajas que concedieron a Florencia legalmente y de los que recibí de tí para ayuda de mi familia, han sido atendidas sus urgencias de un modo que te confieso nada mezquino y excediéndome aún con el riesgo de no tener de que disponer en breve si tan oportunamente no me hubieras auxiliado y con una extremada generosidad como lo has hecho.

"Las rentas de la Mamá han sido siempre menores que sus gastos y sus empeños porque a la verdad su carácter no le permite economía por más que conozca sus apuros y tiene esta desgracia o llámese fatalidad, pues conoce su posición, se aflige por momentos, protesta, arregla, etc. y nunca llega el día; así es que dinero en sus manos dura poco. En atención a ésto que lo revelo en la más grande reserva, sin dejar de apreciar su talento y buen corazón, he hecho hablarla con Florencia manifestándole tu especial encargo de ayudar a sus gastos de modo generoso como merecía y atendidas sus circunstancias, etc. a que tu estabas interesado como nosotros: y en consecuencia le proponía fijar una suma mensual de 400 pesos moneda corriente independiente de los gastos de mi Florencia y familia que me pertenece etc.; y ya que se iba a Montevideo dejando a la excelente Magdalena con Florencia le asignaba una onza de oro en Montevideo y doscientos pesos moneda corriente en ésta para ayuda de sus gastos. Creo pues que con esta propuesta habré llenado tus deseos y yo conseguiría quizás arreglar o fijar el gasto que hasta aquí no me ha sido posible fijar por más que he reflexionado en ello. Ojalá que esta suma fijada no exigiese mayores auxilios por nuestra parte como ha sucedido constantemente y Tresserra es sabedor como también ha contribuido a aliviar a la vez las urgencias de nuestra buena Mamá en sus empeños y gastos. Espero de tí harás un uso prudente de lo expuesto y que sólo me he atrevido a decírtelo como tú has sido nuestro común favorecedor y creo un deber de comunicártelo en la confianza.

"Florencia con sus niños queda acompañada de la estimada Magdalena pues la mamá lleva consigo a Montevideo a Juan y a Julio. No sé si la permanencia en Montevideo será por largo tiempo, todo dependerá de la voluntad de la Mamá que por desgracia es inclinada a depender de la política que nada le da de provecho.

"La atmósfera política está en un gran nublado y debe descargar sobre este país; muchos males y desgracias han de sucederse, por mi parte me propongo afilarme (*sic*) al lado de los intereses a mi cuidado pero no me lisonjeo de que quedaría libre de la tormenta: si la campaña del sur se conmueve porque los indios o los cristianos vivirán de las propiedades rurales que quedarán sin garantía es pues forzoso resignarse a lo que venga y obre el destino."[19]

En Montevideo Mariquita disfrutaba de una larga serie de amistades. Algunos eran extranjeros, como Cavaillon, el vicecónsul de Francia, y su esposa Pepita Areta, quienes vivían en una espléndida casa de forma piramidal cercana al puerto. Tenía asimismo buena relación con varios emigrados argentinos: Valentín Alsina, cuya tertulia visitaba con frecuencia; Florencio Varela y Justa Cané, Juan Madero y Paula Varela. En cuanto a su amigo y ex administrador, el poeta Juan Cruz Varela, falleció en esa ciudad pocas semanas después de su arribo (enero de 1839). Sin embargo no sería éste su círculo más próximo, a pesar de que en cierto modo le correspondía por razones generacionales. Ella prefería rodearse de los jóvenes románticos que uno tras otro fueron llegando a la capital oriental, cada vez más comprometidos en la lucha contra Rosas.

"Pronto verá usted a su comadre", le escribe Gutiérrez a Alberdi, "no la abandone. Puede mucho y ama y comprende nuestras ideas de una manera admirable. Tiene un talento pasmoso. Tenemos mil motivos para quererla mucho. Cuídela usted como se le obliga a hacerlo su parentesco espiritual (...) La quiero más que mi madre porque tiene mucho mérito y le debo muchos favores de infinita consideración."

¿Hacía referencia Gutiérrez a algún rito iniciático o a algún código propio de la Joven Generación del que Mariquita era partícipe?

"Recomiendo este asunto a su comadre por si ella puede hacer algo acerca de algunas personas que usted no conozca y sí ella. Esta señora me habla muy bien de usted en sus cartas; le tiene hasta amistad como a mí, que soy el hijo que le ha dado la sociedad según expresión de ella misma."[20]

La política obligaba a ser prudente, de modo que en las cartas que se enviaban a Buenos Aires, Juan María Gutiérrez recibirá el apodo de Brian —nombre del protagonista de *La Cautiva*—, y Carmen Belgrano, la novia que Juan ha dejado en Buenos Aires, el de

Miss Wilson. Por otra parte, y como medida preventiva, Mariquita escribe menos a sus amigas, lo que provoca la queja de la fiel Justa Foguet (abril del 39):

"Alguna vez he creído que usted (...) por ahorrarme compromisos, no me escribe. Si esto es así, lo aprecio como debo, aunque mis cartas a usted, sólo son de cariño."[21]

Con respecto al exilio de Mariquita escribió Alberdi: "Montevideo asilaba en sus murallas toda la flor de la sociedad de Buenos Aires. Madama de Mendeville se hallaba también en Montevideo, no por temor de persecución de Rosas, pues el dictador, su amigo de la primera juventud, la tuteaba, sino por la repulsión instintiva de su carácter para todo despotismo. Su salón era un centro del mundo político y diplomático (...) Toda la cuestión franco-argentina podía, sin embargo, verse transparente desde ese centro que era una escuela rica de enseñanza para un joven publicista".[22]

Sin duda la política de la oposición a Rosas pasaba en ese momento álgido por la alianza con los franceses: los emigrados unitarios no la querían para luchar contra el dictador argentino; los románticos la aceptaban sin mayores reservas y Alberdi era su principal gestor: cuando obtuvo el compromiso del cónsul Baradère de que Francia respetaría el principio de nacionalidad argentino, Alberdi le escribió a Lavalle, instalado en Mercedes (RO), a fin de invitarlo a encabezar una invasión a la Argentina para derrocar a Rosas con apoyo de Francia.[23]

Puede imaginarse que el joven tucumano, tan ilustrado y ambicioso como socialmente desconocido hasta entonces, se conectaba con la diplomacia francesa en el salón de Mariquita cuyo rol político parece agrandarse en esta etapa. A tales conexiones aludía Gutiérrez más o menos veladamente en sus cartas.

Porque es en la capital oriental y con el respaldo de esa potencia europea donde se prepara la gran ofensiva antirrosista: al sur, el alzamiento de los estancieros de los pagos de Dolores y Monsalvo, combinado inicialmente con el desembarco de fuerzas al mando de Juan Lavalle en el litoral marítimo bonaerense. Al nordeste, el levantamiento de Corrientes cuya Legislatura, disgustada porque el control de los ríos navegables se ejercía desde Buenos Aires y se demoraba *sine die* la promesa de hacer una Constitución, eligió gobernador en enero de 1839 a Genaro Berón de Astrada, que unas semanas más tarde declaraba la guerra a Rosas. Fructuoso Rivera, el sucesor de facto de Oribe, había hecho una declaración similar cuatro días antes.

NOTAS

[1] Meyer Arana. *Rosas y la Sociedad de Beneficencia*, p. 104.

[2] *Cartas, op. cit.*, p. 53.

[3] *Carta de Faustino Lezica a Sebastián Lezica*, original, AZL.

[4] *De Faustino a Sebastián Lezica*, original, AZL.

[5] Papel escrito a lápiz con letra de Mendeville, AL.

[6] Citado por Rafael Alberto Arrieta, *Historia de la literatura argentina*, tomo II, p. 73.

[7] *Ibidem*, p. 75.

[8] *Cartas, op. cit.*, p. 17.

[9] *El Iniciador*, Montevideo, 1° de octubre de 1838. En Juan Bautista Alberdi, *Obras Completas,* tomo 1, p. 392 y ss.

[10] Aunque el propio Echeverría confundiría la fecha por la de 1837, escribe Arrieta, *op. cit.*, t. 2, p. 79.

[11] *Ibidem*, p. 81.

[12] *De Mariquita a Echeverría*, 18 de setiembre de 1838; *de Echeverría a Mariquita*, 21 de setiembre de 1838, originales en *AZL. Citadas por Vilaseca, p. 329.

[13] Escritos póstumos de Juan Bautista Alberdi. *Ensayos sobre la sociedad, los hombres y las cosas de Sud América*. Buenos Aires, 1898, tomo 30 y p. 110-121.

[14] Juan María Gutiérrez. *Poesías*. Buenos Aires, Estrada, *passim*.

[15] Carlos Ibarguren. *C. H. Pellegrini. Su obra, su vida, su tiempo*. Buenos Aires, Amigos del Arte, 1946, p. 424.

[16] *Cartas, op. cit.*, p. 54/55.

[17] *Nota de Juan Thompson al rector de la Universidad*, 20 de junio de 1838, AGN; Sala X; 25-5-5.

[18] *De Pilar Spano de Guido a Mariquita*, Buenos Aires, 14-12-1838. Original, AL.

[19] *De Faustino a Sebastián Lezica*, Buenos Aires, 2 de enero de 1839, AL; copiada por Carlos Lezica en las ya citadas Notas a las Cartas de Mariquita.

[20] Citadas por Vilaseca, *Cartas, op. cit.*, p. 18.

[21] *De Justa Foguet de Sánchez a Mariquita*, Buenos Aires, 4-4-1839. Original AZL.

[22] Alberdi. *Ensayos sobre la sociedad, op.cit.*, p. 119.

[23] José Ignacio García Hamilton. *Vida de un ausente*. Buenos Aires, Sudamericana, 1993, p. 93.

13

DIARIO DE UNA EXILIADA ARGENTINA

1839

Mariquita se había comprometido gravemente al asumirse como opositora a Rosas. Esta nueva actitud se refleja en el Diario que escribió a intervalos entre abril de 1839 y marzo de 1840, exclusivamente político y dedicado a Esteban Echeverría, quien se hallaba retirado en la estancia Los Talas (Luján), de Mariano Biaus. En este campo, donde los gatos monteses eran "grandes y bravos como cachorros de tigre", se habían edificado unos ranchos que aún se encuentran allí junto a otras construcciones más modernas.[1]

Pero el nombre del poeta no figura en lo que se conserva de este Diario cuya primera parte se destruyó, sea porque eran tiempos de reserva y discreción en que todo vínculo entre Montevideo y Buenos Aires era considerado sospechoso, o por alguna razón que se desconoce.

Existen otros diarios de esa misma época, como los de Tomás de Iriarte y Manuel Antonio Pueyrredón; pero la obra de Mariquita posee el encanto de su personalidad, visible en los retratos psicológicos, las observaciones agudas, los comentarios guiados por un criterio prudente y festivo a la vez. Asimismo resultan valiosas las emociones que trasmite y que toman el pulso de este pequeño grupo de exiliados argentinos inmerso en la incertidumbre de un año crítico en la lucha contra la dictadura de Rosas. En algún párrafo de este escrito Mariquita puntualiza los obstáculos con que tropieza en la tarea de hacer la crónica del presente:

"Es difícil escribir como historiador contemporáneo, pero más difícil aún aquí en que es imposible descubrir la verdad. Así, mi Diario no asegura como tal sino muy pocas cosas que puedo garantirlas; pero lo demás el tiempo lo caracterizará."[2]

Comienza el 13 de abril, "funesto día, aniversario fatal": cuatro años atrás Rosas subía por segunda vez al gobierno y ahora reina la incertidumbre acerca de la suerte de las fuerzas correntinas antirrosistas. Como se demora el parte oficial, crecen las dudas. Por fin se vuelve inocultable una grave derrota, Pago Largo, ocurrida el 31 de marzo, en la que perecieron más de 1000 correntinos y entre-rrianos y el gobernador, Berón de Astrada.

"Tristeza general. El teatro ha estado poco concurrido. Se cono-ce el abatimiento de todos a pesar de los esfuerzos que por prudencia se hacen. El general Lavalle vino a mi palco. Este hombre me hace hacer mil reflexiones cada vez que lo veo. Los trabajos físicos y morales que ha padecido se le conocen en todo. Su cara anuncia tormentos interiores y bravura. Tiene esperanzas, pero yo creo que las da y no las cree. Está impaciente por la conducta de Rivera, pero, como todos, disimula, porque la desgracia nos obliga a ser diplomáti-cos con este hombre y dependemos de él. Me habló con mucha confianza."

Este retrato psicológico del fusilador de Dorrego se retoma en otras páginas. Lavalle, figura trágica, desdichado que arrastra su castigo en vida, se contrapone a la grotesca personalidad de Fruc-tuoso Rivera. Don Frutos: "¿Es un perverso?. ¿Es un astuto?. ¿Es un ignorante?" La conducta errática del presidente uruguayo da motivo para todas esas conjeturas. "Veremos lo que dice el tiempo (...). Lo creo un hombre con toda la perspicacia de los gauchos y la aparien-cia de un hombre civilizado. Rosas menos sanguinario". Sus partida-rios decían que había dado 25.000 novillos de su propiedad para sostener al ejército. "Y usted dirá ¿Y, de dónde salieron esos novi-llos? Dios no falta a nadie. Llovieron del cielo con otras estancias que se forman y pueblan".

La experiencia de lo ocurrido en el caso argentino la hace desconfiar del giro que toman los asuntos de la República Oriental: "Desde mi rincón, deploro la suerte de éste como deploré la de mi país. Están aquí ahora en el año 25 y 26. Vendrán el 33 y el 38", observa clarividente.

El 21 de abril ha tenido noticias directas de Echeverría. Supo asimismo que no hay arreglo sobre el bloqueo y que el comodoro estadounidense, Juan B. Nicholson, "que como sus nacionales, de buena o mala fe están a favor de Rosas, abrigando aún la vieja y rebatida opinión de que este país no está aún bastante maduro para tener un gobierno liberal, se ha desengañado un poco sobre Rosas y parece muy descontento. Cuánto poder tiene el interés sobre las naciones y los individuos, triste reflexión para nosotros dos que no somos ricos, pero desinteresados".[3] Sin embargo Bouchet de Martigny, encargado de negocios de Francia en Montevideo, le ase-gura que no tiene noticias sobre un posible levantamiento del blo-queo arreglado por Rosas con Nicholson.

Se aflige al conocer los pormenores de la derrota de Berón de Astrada. No era para menos, se hablaba de unos 400 entrerrianos muertos y de unos mil correntinos: "Es una gran desgracia para mí, que no veo en los hombres sino una familia, los muertos son igual-mente llorados de cualquier lado que queden. Estos infelices sacrificados por ignorancia, por ambición, por miserables intrigas, son, para mí, objeto de compasión. Cuando deberíamos hacer todo para aumentar la población como el primer elemento de nuestra prosperidad, no se trabaja sino para aniquilarla".

El 18 de abril, en el primer aniversario de la muerte de su hijo Enrique, anota: "este día es un triste día para mí, siempre. No tengo valor ni para escribir".

Las acciones contra Rosas van tomando forma definida. Lavalle encabezará una de las dos columnas que se preparan, la de los "ultra en los principios" que no aceptan la ayuda de Francia para derrocar al dictador; la otra columna "recogerá todos los partidos, como el arco iris todos los colores y reflejos (...) Aquí se encontrará mucha de la juventud que usted conoce".

Relata con lujo de detalles su visita a lo de Lavalle, donde saluda a varios jefes argentinos y se enternece ante la vista de esos bravos hermanos de armas y de infortunios; el general, con toda "la afabilidad de una buena educación y la natural franqueza de un valiente", recibía a los que se iban presentando con abrazos cariñosos y sinceros; le sorprende la figura del coronel José María Vilela, oficial de las guerras de la Independencia, cuya cabeza "podría servir de modelo a un pintor para hacer un militar imponente" pues recuerda a los de la vieja Guardia de Napoleón.

"Yo miraba esta reunión de hombres que parecían envejecidos más por la adversidad que por el tiempo y pensaba en silencio que ellos dirían: 'después de tantos trabajos, tenemos que empezar de nuevo a conquistar nuestra patria y la libertad'. Algunos tienen la apariencia de la suma pobreza. La familia de Lavalle se compone de su esposa, admirable por sus virtudes y dulzura, de finos modales, y cuatro hijos: dos varones y dos mujeres, todos lindos. No se puede dar un cuadro más interesante. Cuando encuentro una familia que puede figurar y dar influencia, perteneciente a la civilización, mi corazón se reposa como cansado de los tormentos que ofrece la barbarie".

Civilización y barbarie. La antinomia sarmientina aparece ya en este Diario cuya autora se complace en reflexionar acerca del encanto de la sociabilidad, "los mil indicios que da la cultura, que los distingue la vista acostumbrada rápidamente, y este encuentro es un placer inexplicable para quien lo siente. Yo comparaba este pequeño grupo de gentes que nos entendíamos sin pena ni esfuerzo, que nos acariciábamos alternativamente con atenciones, y me recordaba el mulato Eusebio y demás locos. ¡Ah, qué dolor, qué tormento mi amigo, es la sociedad bruta y áspera para un corazón sensible y acostumbrado largo tiempo a las dulzuras de la refinada cultura. Una nada sostiene la conversación con amenidad. El corazón respira pensando en un orden de cosas diferente para el futuro. Este será un buen día para mí".

La corte de Palermo, con sus grotescos bufones y las pesadas bromas que hacían reír al Restaurador, se contrapone aquí al estilo social que Mariquita cultiva, donde el arte de conversar, suprema muestra de civilización, tiene un espacio reconocido. Por otra parte, a medida que trataba al núcleo de emigrados argentinos, ella se vinculaba con personas que no habían pertenecido a su círculo en Buenos Aires, incluso con quienes, como la esposa del dirigente unitario Miguel Marín, le tenían franca antipatía:

"La señora de Marín, emigrada al fin de sus años por la tiranía, antigua en todo, en ideas como en vestidos, siguiendo aquella máxima que usted conoce, que una señora casada no tiene a quién parecer bien (porque su marido no tiene ojos ni amor propio) resignada en todos los reveses de la vida a la voluntad de Dios. Marín sin duda me había juzgado a mí por una extravagante lo que menos, por haber sido elegante y jamás nos habíamos tratado. Ha tomado por mi un cariño particular y me repite con tanta ingenuidad como franqueza. ¡Qué idea tenía yo tan diferente de usted! ¡Qué extrañas conquistas hace la emigración".

Mariquita puso especial empeño en seducir a la anticuada matrona: "Como estudio el modo de plegarme a todas las sociedades, traté de acomodarme al círculo, y hablar del tiempo y otras pequeñeces, pero mi amigo Marín, que se va haciendo penetrante, vino a tomarme la mano y llevarme al cuarto de Miguel Irigoyen, donde había una reunión de argentinos. ¡Qué buen rato de abandono, de broma y patriotismo. Brindamos con dulce por la libertad y por usted, sentados Irigoyen y yo en un catre de lienzo que hacía de sofá. ¡Qué concierto de elogios para el hombre que nos tiranizaba!..."[4]

Miguel Irigoyen y Miguel Marín figuran asimismo en las *Memorias* de Iriarte, el primero como un joven de 23 años, bien dispuesto, de ideas liberales, tan pretensioso como inmaduro; Marín, antiguo militar, es uno de los jefes argentinos emigrados junto a Martín Rodríguez, Juan José Viamonte, el coronel Manuel Pueyrredón y el propio Iriarte.[5]

"Día de silencio", anota Mariquita el 27 de abril. "Ni una mentira llega para llenar el diario, sólo se sabe que Reyes es un agente de Rosas y de Oribe", autor de las cartas que se publican en *La Gaceta Mercantil*, "que inventa cosas para desunir a los argentinos y lo consigue" y "en las que me dirigen una indirecta que desprecio. No conozco a este enemigo que me ha dado el nombre de Madama para indicar mi afrancesamiento. ¡Qué feliz seré si sólo encuentran que merezco este título!".

En efecto, en *La Gaceta Mercantil* se habían publicado cartas, auténticas unas, apócrifas otras, procedentes de Montevideo, en las que se tomaba el pelo a los emigrados, "que van gastando sus mediecitos en bailes y convites" para disimular que su corazón está tan afligido como su bolsillo. "Todos están comprometidos a bailar en la plaza de la Victoria el 25 de Mayo. Don Miguel Marín debe romper el baile con Madama. No habrá minuet por ser baile francés, todo será joven (menos los danzantes, por supuesto) como la joven América, valsas y gavotas".[6]

La alusión a la edad de la pareja danzante debió molestar a Mariquita. Pero lo cierto era que escribirse con parientes y amigos de Buenos Aires resultaba cada vez más riesgoso: la Capitanía del Puerto confiscaba la correspondencia y los Thompson/Mendeville pasaron ocho días de aflicción sin tener cartas de su madre.

"Triste cosa que ni el consuelo de desmentir una calumnia bajo su firma le quede en esta época a un alma sincera", se queja Mariquita y agrega, con referencia al Himno Nacional Argentino, esta frase enigmática: "En igual caso me encuentro dándome por autora del Grito Sagrado, cosa que ni he soñado, dirán que es mentira cuando lo asegure".[7]

Sus anotaciones se reducen a unos pocos renglones diarios. "Los argentinos trabajan como hormigas, pero el silencio y la reserva es lo que se considera más necesario (...) La revolución marcha como un volcán que va a reventar. Todos los partidos se han convenido en un punto: persecución a Rosas, y cada uno del modo que pueda, debe llenar ese objeto. Sin que se haga una fusión, se hará una revolución."

La opinión de los emigrados está atenta a las noticias de México, donde también intervienen los franceses contra la política del dictador de turno, el general Antonio López de Santa Ana, en la llamada "guerra de los pasteles", que incluyó un ataque de la Marina Real a la fortaleza de San Juan de Ulúa. ¿Se atrevería Francia a conquistar tierras o sólo presionaría al dictador para sacar ventaja? Cuando el conflicto se arregló, con garantía inglesa, luego de pagar 600.000 duros de indemnizaciones a comerciantes franceses muchos de cuales eran reposteros, de ahí lo de los "pasteles", Mariquita respiró aliviada: "Los que se han empeñado en hacer parecer conquistadores a los franceses, tendrán que hacer mucho plan".

Pero esa toma de partido no le impide señalar errores, como fue el caso del desembarco de los marinos franceses en Atalaya, sobre la costa sur del Río de la Plata, y la quema de 22 buques de cabotaje. Más adelante deplorará la conducta del almirante francés, en quien no ve sino incapacidad y petulancia en este suceso.

"Ruido sordo, revolución, misterio, deseos, temores, es el santo del día" escribe el 18 de mayo, cuando circula el rumor de que se ha descubierto en Buenos Aires una conspiración. Se trata de un invento, mientras la verdadera revolución "marcha bien con sigilo. Lavalle es el blanco de la curiosidad general ¿Ha salido? ¿Va a salir? ¿hoy?, ¿mañana?, es la pregunta incesante"(...).

Ese mismo día 18 de mayo, escribía el general Tomás de Iriarte en sus *Memorias*: "La conducta del almirante Dupotet es inaudita, no falta quien crea que Rosas lo ha comprado. En casa de Alsina, oí decir a madame Mendeville que Dupotet se enfurece cuando alguno de sus oficiales se pronuncia a favor de la causa argentina y contra Rosas, y que a los oficiales de esta opinión los trata durísimamente."[8]

El 25 la escuadra francesa debe saludar a la bandera argentina, escribe Mariquita. Para unos, se trata de una anomalía, para otros, de una bella demostración de que no se ataca la independencia del país. Ella, por su parte, se siente invadida por la nostalgia en estas nuevas vísperas de Mayo:

"Todos los patriotas desterrados verán mañana el sol de Mayo llenos de esperanza de libertad próxima. Todos los corazones creen, esperan, todos piensan que hay mucho en el porvenir. Hay quien espera mañana... quien tiembla de escribir más... a las doce de la noche". Compara sus emociones del año 1810 con las de este 25 de mayo de 1839 en que sus hijos deben empezar a conquistar de nuevo la libertad:

"¡25 de Mayo de 1839! ¡Poco menos que desterrada de mi patria por detestar la tiranía y la ignorancia! ¡Y en un suelo libre, hospitalario, no puedo siquiera manifestar mis sentimientos patrióticos!"

"Las inocentes de la Beneficencia" están presentes en su memoria el 26 de mayo, día en que se efectuaba la ceremonia anual de entrega de premios. "Mi solo consuelo es pensar que las semillas que en este día y en años anteriores se han sembrado, darán su fruto".

"¡Se libertan los negros y esclavizan los blancos!; el cónsul inglés de aquí es un enemigo de la libertad y un amigo apasionado de Rosas y Oribe", exclama Mariquita con motivo de la firma del Tratado sobre el fin de la esclavatura entre Gran Bretaña y la Confederación Argentina y con referencia al ministro británico, Henry Mandeville, malquerido por la oposición a Rosas.

"Se necesita pelear, es una cruel necesidad. Los argentinos, aunque divididos, convienen en las cualidades del valiente Lavalle (...) Todos se van a él. Es el centro. Toda la juventud que usted conoce está con él, bien que conoce que se agrega a un partido y usted sabe cuánto esto quiere decir, mas Lavalle va a hacer una profesión de fe pública para hacer ver que sus ideas en el día son arregladas a las necesidades de la patria."

"¡Qué horror! ¡Qué triste historia será la nuestra!", anota al registrar la horrible noticia de que Servando Gómez ha hecho hacer una manea de la piel de Berón de Astrada y se la ha mandado a Rosas.[9]

Entre intrigas menores y preparativos concretos se pasaban los días: "esta es la verdadera torre de Babel, y aquella fue mentira (...)¡Cuántos trabajos, cuántos disgustos, cuantos imposibles por vencer un solo hombre!".

Lavalle sigue indeciso; "ahora se murmura de ese hombre,

hasta en su propio partido los más entusiastas lo llaman apático".[10] Ella compadece a este jefe que tiene una mancha, la muerte de Dorrego, y ahora puede perder la sola ocasión de mejorar su nombre para sus hijos.

Los agentes de Rosas trabajan sin cesar mientras se habla mucho de las intrigas de Rivera para demorar la salida de la expedición argentina; se dice que prolonga el bloqueo al solo efecto de lograr un subsidio de 200.000 pesos fuertes mensuales de los franceses. Bouchet de Martigny, el encargado de negocios de Francia, comprobó personalmente los engaños de Rivera en cuanto a la suma que destinaba al pago de las tropas argentinas. Fingía que era mucho más de lo que aportaba realmente...

Sin duda Mariquita tenía en todo información de primer agua. Los marinos y los diplomáticos de Francia eran infaltables a su tertulia y ella concurría habitualmente a lo de Alsina, Varela y otros compatriotas emigrados. Hasta el cónsul Aimé Roger, quien en oportunidad de la muerte de Payssac la había juzgado con dureza, era ahora su amigo, a tal punto que se marchó a Francia ese invierno, concluida su misión, en compañía de Carlos Mendeville, quien por indicación de su padre se iba a completar su educación en Europa.

Mariquita se hallaba al tanto de los preparativos secretos para que las fuerzas de Lavalle pudieran trasladarse a Martín García burlando la vigilancia de Rivera. Éste, en combinación con el cónsul británico, procuraba impedirlo. En esos críticos momentos llegan de Buenos Aires las noticias del asesinato y el fusilamiento de los Maza, padre e hijo. Hay gran agitación entre los argentinos. Todo se pierde si no se apresuran:

"Es preciso volar y les corta las alas Rivera. Se dan órdenes para impedir el embarco. Las horas son siglos, para nosotros, infelices, que estamos al cabo de secretos que no se pueden escribir siquiera", confía Mariquita a su Diario.

En la tarde del 2 de junio, día en que las lanchas francesas han cubierto el mar, transportando a la tropa argentina hasta la isla, escribe: "es la una y acabo de abrazar a Lavalle que se embarca dentro de una hora. M. Baradère y el comandante de La Alerta lo acompañan por si quieren detenerlo. Gran concurrencia lo espera en el muelle y se preparan a defenderlo. (...) Lavalle está bajo la protección francesa, obsequiado y cuidado. Toda la expedición bajo la misma égira vuela a redimir la patria".

A Rivera no le quedaría otro recurso que resignarse; Rosas sospechaba ahora de la doblez del "pardejón", como apodaba al enemigo de Oribe. En cuanto a Mariquita, confiaba en que la colaboración francesa se limitaría a lo indispensable sin afectar la soberanía argentina:

"El tiempo hermoso parece celebrar nuestra Independencia",

anota el 9 de Julio; en Martín García, donde ondean juntas la bandera francesa y la argentina, "los franceses son el consuelo y la protección de esta empresa". Pero el día 12 todos son malos presagios, actos de violencia de particulares, accidentes y chismes sobre los robos descarados de Rivera. Se asegura que éste sólo a su esposa le ha dado 200.000 pesos, mientras ha casado a una de sus queridas con un francés que se dice marqués de Ruti, a quien para hacerle aceptar la novia, lo ha hecho coronel y le ha obsequiado una estancia.

El desencanto de Mariquita se refleja en las páginas del Diario: "Este teatro todo es falsía, astucias miserables, mentiras continuas (...) El principal objeto es tener plata, cuanta puedan conseguir aún a costa del honor, la vergüenza y cuanto hay de más sagrado (...) Asombra la inmoralidad, la corrupción de esta corte, los creo capaces de todo. No se puede decir cuál es el plan de estas buenas gentes porque cada día tienen uno nuevo. He paseado hoy a bordo de la Alerta, que es el cuartel general de los argentinos. He almorzado en la cámara donde estuvo Lavalle, que es ahora nuestro Napoleón".[11]

En comparación con el desmoronamiento moral que observa en el gobierno oriental, "hay mucha actividad entre los argentinos y es admirable lo que han trabajado todos, hasta las mujeres han ahorrado muchas sumas con su trabajo, cosiendo cuanto se ofrece, disputándose el trabajo". Pero las dificultades se suavizan cuando Rosas no quiere hacer la paz con Rivera y éste se decide, por fin, a proteger a los argentinos:

"Ayer se creía a los pobres argentinos expuestos a todo, y si el éxito de la empresa era desgraciado, pensábamos que no nos quedaría más apoyo que Martín García y que serían sacrificados a Rosas. Hoy, los ministros del Uruguay llaman a Madero y le hacen las más grandes ofertas."

"Hay patriotismo en el Plata cuando se creía extinguido. Se embarcan hombres, lanzas, armas, pero el tiempo pasa lentamente para los infelices cuando esperan. Se ha perdido tanto tiempo con las intrigas y perfidias que es preciso repararlo"; le disgusta que las autoridades patriotas mientan a sabiendas, haciendo correr el rumor de que habrá intervención inglesa, cuando no es cierto.[12]

Como historiadora del presente vacila Mariquita al consignar las críticas a los hermanos Olazábal, federales doctrinarios o lomos negros, emigrados en 1834. ¿Es justo o injusto lo que se dice de estos dos hombres? "Es lo que aún no puedo probar. Se dice que Félix está constantemente borracho. Desde mi llegada está en campaña, pasando grandes trabajos, privaciones y sufrimientos. Esto es verdad, en esto todos convienen: pese a los engaños de Rivera es patriota, pronto a luchar por la libertad de su patria. Son los unitarios los que lo denigran."

A mediados de agosto las anotaciones del Diario se van espaciando, mientras llegan noticias de Martín García que tienen en revolución a los argentinos: se dice que Lavalle piensa pasar a Entre Ríos cuando se creía que iba a Buenos Aires. La opinión general lo reprueba, y considera a la expedición sacrificada a las intrigas de Rosas y de Rivera. A fin de disuadirlo, Madero, Varela y Juan Thompson se embarcan para Martín García. No logran ser escuchados; la sublevación de los Libres del Sur en Montalvo y Dolores se encamina hacia un fracaso seguro.

El 7 de setiembre anota brevemente: "Yo nada creo ni sé qué pensar. Me cansa la política de aquí". Luego, mientras corre el rumor de que el ejército entrerriano ha pasado el Uruguay, comienzan los problemas con los residentes franceses en torno a si deben o no tomar las armas ante la posible invasión. Mariquita se queja de ellos, pues "queriendo hacer a su nación grande y superior a todas, la degradan ellos mismos". Mucha agitación el 19 de setiembre "por las noticias de que avanzaba el enemigo, el desorden en las opiniones, poca unión en las autoridades, desaliento en los unos, aflicción en los otros, intrigas innumerables de los enemigos de la administración actual y de los franceses; al fin vimos descender (de los buques franceses) una fuerza de 480 hombres con sus oficiales, bien arreglada, recibida por más de dos mil almas desde los balcones y las azoteas y en las calles; venir entre vivas a la libertad, a Luis Felipe, a la Francia, a la unión, al presidente Rivera, al estado oriental y a cuanto se puede gritar que viva, y mueran los tiranos y más mueras, a ocupar su cuartel de donde han salido después dos piquetes para guarnecer el punto que les toca defender".

El 20 de setiembre hay alegría entre los emigrados argentinos: Lavalle ha escrito que marcha bien y con apoyo de la gente; pero el 22, se sabe que las poblaciones huyen ante el avance del ejército y abandonan sus pueblos dejándolo todo desierto. A partir del 25 de ese mes no habrá más anotaciones en el Diario hasta el 27 de enero siguiente.

En este lapso ocurrieron hechos gravísimos: en primer lugar, la revolución de los Libres del Sud, en Dolores, que sin el prometido apoyo de las fuerzas de Lavalle fue aplastada fácilmente. De inmediato, una nueva rebelión de Corrientes, ahora bajo el firme liderazgo de Pedro Ferré y en colaboración con el ejército de Rivera, encabezado por Olazábal.

Por entonces Juan Thompson se había marchado a Corrientes en misión secreta para apoyar la campaña mediante la fundación de un periódico. Su madre le escribe con regularidad para tenerlo al tanto de los hechos políticos, familiares y sentimentales y de paso prevenirlo contra los posibles compromisos amorosos contraídos con muchachas de otra condición social.

"Querido hijo siento que la primera vez que te escribo sea sólo para hablarte de cosas tristes (...) Se dicen horrores cometidos con las mujeres y familias de los libertadores o sublevados... ¡Qué cuadro de horrores y crímenes presentan estos países al filósofo filantrópico que no ve sino hermanos en la especie humana! No extraño que la nueva generación no sea tan sentimental como nosotros: se cría en una carnicería y no podría vivir tal vez si fuera más sensible (...) Te deseo salud, discreción suma y prudencia para que seas lo menos desgraciado posible, porque feliz, lo creo muy difícil."[13]

Había admitido que Juan (30) se enrolara en el ejército: "ya es un hombre, puede darle a su vida la dirección que quiera"; pero se opuso con firmeza a que Julio (19) tomara las armas. "Me ha tenido locar y a él le ha costado dos días de cama la pesadumbre sin querer tomar ni agua. Sigue con la manía como don Quijote."

A mediados de diciembre Mariquita confirma a su hijo la dispersión y trastorno del Sud, la muerte del pobre Crámer y la de Castelli: "es inútil que te diga la causa que parece más indudable ha producido estos males, impericia-desorden-desunión. La principal cabeza parece no estaba buena: ¿era un trastorno mental o causado por algo? (...). Los hijos de Álzaga se han salvado, uno está aquí, otro se espera. Mucho te habrá esto sorprendido; a mí no: pienso que la descomposición de elementos que tenemos en todo, para todo, nos ha de dar mucho trabajo para organizar algo compacto que produzca algún resultado sólido."

Sabe Mariquita que a Buenos Aires entran muchos presos de la campaña diariamente, pero los excesos de la Mashorca (*sic*) han cesado y a muchos detenidos se los pone en libertad. "Vivimos en el vago, en la oscuridad, silencio de cementerios, atentos a rumores, por ejemplo, que Lavalle ha sido derrotado otra vez por Mascarilla (López).(...)Dichoso el que no tiene afecciones que dejar y puede irse de aquí. Brian (Gutiérrez) está muy inquieto por tí y con interés y ternura me habla de esto, lo he tranquilizado más que yo misma lo estoy (...)."[14]

El pequeño grupo de emigrados argentinos se vio commovido por la muerte de Manuel —sobrino del general Belgrano— el 25 de diciembre. El hermano de Carmen, la novia de Juan Thompson, miembro como todos ellos del Salón Literario, había vuelto muy enfermo del sur, adonde llegó cuando se había dispersado la gente de Castelli. Partió junto con otros buques cargados de argentinos: Olazábal, Iriarte, Irigoyen, y no tuvo dónde desembarcar.

Belgrano muere en casa de los Varela donde lo han cuidado durante su enfermedad. Juan recibe en Corrientes la noticia. Es crítico el cuadro que ofrecen los emigrados argentinos de Montevideo, desmoralizados y agotados: Varela se enferma en Martín García, Alsina padece ataques de disentería de sangre.[16] Pero los ánimos maltrechos se reaniman al saberse que Rivera derrotó al

169

gobernador entrerriano, Pascual Echagüe, en Cagancha, con lo que la guerra parece tomar un giro favorable a sus intereses.

Mariquita, sin dejarse llevar por el entusiasmo, se burla: "¡qué nombres, parecen que los han escogido a propósito! Ahora hemos obtenido una victoria en Cagancha a quién se le ocurre hacer decir eso a la gente. Condenada estoy con estos nombres. Parece pues que en la cuchilla y en la ca.... todo se ha concluido admirablemente, cuetes y repiques sin cesar y partes y boletines a cada momento nos dicen mil sucesos gloriosos, pero nuestra incredulidad es tanta que desconfiamos hasta de lo que vemos (...) Paciencia".[15]

Concluye el año. Mientras Juan sigue en Corrientes, Malena viene a pasar la Navidad con su madre y Julio y Carlos están en Francia completando su educación; Mariquita teme que su Juan entre en acción de guerra, "qué penas tenemos las Madres hijo mío". El 1º de enero de 1840 escribe:

"Querido Juan, la primera fecha del nuevo año que mi mano ha escrito es ésta, que ella te lleve la fortuna, la felicidad y lo que más desees, tus hermanas te abrazan como yo y piden al cielo que este nuevo año nos tenga en nuestra patria."[16]

Comenzaba 1840, el año del Terror.

NOTAS

[1] En carta a Carlos Lezica, Buenos Aires, 23-9-1944, que se conserva en el AL, Clara Vilaseca dice que pudo observar el original de este Diario, existente en la colección de Jorge Furt (Estancia Los Talas, Luján); considera que fue bastante más largo y que la primera parte se destruyó. El primero en publicarlo fue Alberto Palomeque.

[2] *Cartas*, p. 410.

[3] *Ibidem*, p. 376.

[4] *Cartas, op. cit.*, p. 378/9.

[5] Tomás de Iriarte. *Memorias. La tiranía de Rosas y el bloqueo francés*. Buenos Aires, Ediciones Argentinas, 1948; la referencia a Irigoyen p. 51; a Marín, p. 113.

[6] *Cartas*, p. 380.

[7] *Ibidem*, p. 382.

[8] Iriarte, *op. cit.*, p. 315-317.

[9] *Cartas*, p. 391.

[10] *Ibidem*, p. 395.

[11] *Ibidem*, p. 407.

[12] *Ibidem*, p. 409.

[13] *Ibidem*, p. 31.

[14] *De Mariquita a Juan Thompson*, Montevideo, 13-12-1839, original en AL.

[15] *De Mariquita a Juan Thompson*, Montevideo, 30-12-1839 (original inédito AZL).

[16] *De Mariquita a Juan Thompson*, Montevideo, 1-1-1840, original AZL.

14

EL PAÍS DE LOS MUERTOS

1840

Durante 1840 los emigrados de Montevideo vivieron pendientes de las noticias que llegaban de todos los puntos de la Confederación Argentina, en conflicto con Rosas. En lo personal, Mariquita y sus hijos tenían por doquier parientes y amigos entrañables cuya suerte estaba en juego y con los que mantenían, en lo posible, el vínculo epistolar.

Multitud de noticias circulaban entonces, verdaderas las menos, falsas las más. En febrero llegó de Buenos Aires el rumor de que Rosas dejaba el mando y se retiraba a una de sus estancias; su lugar sería ocupado por el general Pacheco decían unos, por el más aceptable general Guido, aseguraban otros. "Yo no extrañaría que renunciase y se fuera del país llevando su fortuna y su vida. Sería para él lo mejor", opinó Mariquita, libre de rencores personales para con su viejo amigo.[1] Pero la expectativa se evaporó al aceptar Rosas el nuevo período de gobierno que le ofreció la Legislatura. "El abominable tirano" había sido reelecto por cinco años.

Acerca del clima lúgubre que se vivía en Buenos Aires informaba Juan Tresserra a su cuñado, Juan Thompson:

"La Mazorca parece que calla como calla todo Buenos Aires. Parece que aquella ciudad es el Herculano o Pompeya". Varios jóvenes conocidos habían sido puestos en el servicio militar, entre ellos el doctor Viola "que dicen está de tambor"; un tal Miró, hermano del casado con la hija de don Luis Dorrego; un hijo del almacenero Riestra y otros cuyos nombres no recuerda. Pero estas noticias penosas se compensan con la dulce intimidad familiar: su hijito menor cumple muy alegremente un año. Albinita, la mayor, lee y habla inglés porque va a una escuela inglesa. Albina, delgada pero buena. "Magdalena todavía está con nosotros y espero lograr que no se vuelva a la ciudad de los muertos".[2]

Entre los atractivos culturales de ese verano sombrío estuvo la llegada del daguerrotipo. El formidable invento de M. Daguerre se conoció en Montevideo gracias al viaje de un buque fletado por un grupo de padres para que sus hijos hicieran una navegación de estudios alrededor del mundo. Mariquita figuró entre los invitados a presenciar el novedoso sistema que fortalecía su confianza en el progreso de la humanidad.

"Ayer he visto una maravilla. La ejecución del daguerrotipo es una cosa admirable. Imagínate una cámara oscura en la que se coloca la plancha ya preparada con los ingredientes que sabes. La plancha es como de plata muy brillante (...). En una vista del Janeiro, de una plaza, reducida al tamaño de este papel —juzga la disminución de la escala— ves como unos puntitos. Con un lente de aumento ves que eran una camisa y unas medias, tendidas en la soga en el corral de una casa, que estaban sin duda bien lejos de pensar que irían a la historia. ¡Qué objeto de meditación, Juan mío! ¡Qué ignorantes somos los hombres! y al mismo tiempo ¡qué esfuerzos hacen algunos tan honrosos para la especie humana![3]

Mariquita recomendaba a su hijo mucha paciencia y discreción: "No te hagas cargo lo que se murmura de la lentitud de ese ejército pues sabes lo fácil que es dar batallas y conseguir victorias a los que están comiendo y durmiendo tranquilos(...) Dios quiera hijo que nos veamos en nuestra patria pronto. Te abrazo, mil besos. Tu madre."[4]

Entre tanto, en Buenos Aires se vivía un clima asfixiante. Los opositores a Rosas que se habían quedado en la ciudad se apoyaban mutuamente. Gracias a las cartas de Carmen Belgrano a Juan Thompson, los Mendeville estaban muy al corriente de lo que sucedía.

Carmen Belgrano (1814-1894) pertenecía al reducido número de mujeres cultas de Buenos Aires. Hija del coronel José Gregorio Belgrano, hermano del creador de la bandera, y de Casiana Cabral, formó parte de la juventud de 1837. Su hermano, Manuel, fue profesor de inglés en la Universidad y autor de la tragedia en cinco actos *Molina*, basada en una leyenda de la conquista del Perú (1823). Una hermana suya estaba casada con el profesor Diego Alcorta, en cuya casa se hacían muchas de las reuniones culturales de los románticos.[5] El espíritu fraterno era uno de los rasgos sobresalientes de este grupo.

Dicho espíritu era muy necesario para Carmen, la cual, muy enamorada de Thompson, percibía la frialdad con que éste contestaba sus cartas a pesar de que cuatro años antes se habían jurado amor eterno: "Acaba de avisarme Magdalena que escriba para esta noche y también me manda una de tu mamá para que se le entregue a Brian (Gutiérrez)(...) ¿Cómo es que escribiendo tu mamá tú no lo haces? Yo no puedo explicarme esto. Lo que hay de cierto es que llevo diez meses de continua agitación y sobresalto".[6]

Pero ni el tono doliente de las cartas, ni el estoicismo ante la crueldad del destino de que hacía gala su novia conmovían a Thompson, habituado como estaba al tono ameno de la correspondencia que mantenía con su madre:

"Puedo decirte J. adorado que no espero felicidad sino tormentos y amarguras. No puedes imaginar lo que me aflige el saber que te has alejado de Montevideo, quien sabe a todo lo que estas expuesto(...) Tu carta no me satisface. Ni me dices si volverás pronto ni nada que pueda tranquilizarme", escribió Carmen al saber que Juan estaba en Corrientes.

"Ese viaje tuyo me tiene desesperada. Tu has pensado solamente en una cosa J. sin acordarte de lo que sufro. Tu hermana es la conductora de ésta, ahora me falta que se vaya también Brian. Nada extrañaría que sucediera porque parece que mi destino es sufrir todo cuanto me venga."

Estos tristes presentimientos se confirmaron con motivo del fallecimiento del hermano de Carmen, Manuel: "Ahora Thompson mío eres mi padre, mi hermano, y todo para mí y tu separación me será cada día más insoportable. Así hijo no te pido más sino que pongas todos los medios para que nos unamos para no separarnos jamás", lo emplazó ella.

Más consecuente que el amor de Juan era la amistad de Brian. Venía todas las noches desde que se supo la enfermedad de Manuel, a quien consideraba una de las nuevas víctimas del "Monstruo".[7] Vicente Fidel López también acompañó en su dolor a esta amiga hasta que se marchó a Córdoba el 23 de febrero de 1840.

Por una carta de Carmen se supo en Montevideo, a fines de febrero, que Brian estaba preso. Carmen se desesperó: "Te aseguro Th. mío que tengo momentos en que no sentiría nada dejar de existir... Nos ha tocado una época desgraciada y eso no es culpa nuestra, tal vez nuestra misma desgracia hace que te ame cada día más... Acabo en este momento de recibir cuatro renglones de nuestro Br. está contento el pobre pero a mí me hace derramar muchas lágrimas"...

Carmen, que desde hacía meses no salía y en su depresión había perdido el gusto por la costura y demás actividades manuales en las que era diestra, buscó un correo personal para tener noticias del amigo preso. Su cuñado, Alcorta, averiguaba cada día si había esperanza. El resto de los conocidos poco aportaban. Era riesgoso, claro, jugarse en favor de un opositor.

La prisión de Gutiérrez llevó a las Thompson a intimar con la novia de Juan, a la que poco o nada habían tratado hasta entonces: Carmen no frecuentaba el núcleo elegante sino otro más intelectual y de ingresos medios dentro del patriciado porteño:

"Brian irá muy pronto a hacerle una visita a tu mamá y tal vez a tí, informó a principios de marzo. Ayer he tenido a tu hermana de visita. Siempre muy amable, me ha visitado algunas veces y yo también (...); el otro día vi tus habitaciones, vi tu cama y las mesitas que fueron del pobre Manuel (...) He recibido un recado de tu mamá que me ha llenado de gusto (...) Tu mamá me ha escrito por el paquete llena de atención y cariño, dice que sus sentimientos por mí son invariables sea cual fuese el término de cierto asunto y que hará cuanto pueda para que sean realizados mis deseos".[8]

Pero Brian seguía preso, con grillos, destinado a las armas, y le pedían para soltarlo diez personeros a razón de 3000 pesos cada uno, demasiado dinero para los ingresos de un empleado público como era Gutiérrez, cuya familia, madre y hermanas, hacían poco en su favor, quizá por falta de influencias y de recursos. Afortunadamente su rica e influyente "madre adoptiva" no lo había olvidado.

Mariquita se movilizó al enterarse de que su querido Juan María, "más de un mes ha estado según dicen como emparedado", y relató a su hijo mayor las preocupaciones y trabajos que esto le había significado. Ante todo, el problema de los personeros (voluntarios pagos que tomaban el lugar de una persona que no quería incorporarse al ejército, práctica admitida en la época). Además de caros, los personeros escaseaban pues había numerosos interesados en contratarlos.

Mariquita justificaba sus afanes ante Juan para evitar celos y rivalidades ulteriores: "Tu sabes que es para mí un hijo que lo quiero como si fuera tu mellizo, que conozco sus preciosas cualidades y su valer para el porvenir, que lo aconsejo con más confianza que a mis propios hijos y que conozco me mira como a su madre misma, piensa lo que sentiré sobre esto y sobre todo tener 40 leguas de agua que nos separan y no poder servirlo (...) J. M. era digno de inspirar más interés, y verlo más de un mes en un calabozo con grillos y no haber podido si era preciso ir de puerta en puerta para redimir su existencia expuesta a cada momento al suplicio según el capricho ya conocido de un hombre, esto es muy triste; ¡qué estímulo para la juventud virtuosa! Recuerdo con orgullo cuántos pasos y lágrimas he derramado en casos semejantes para sacar de las prisiones a miserables que apenas conocía a los que no me ligaban más lazos que la piedad...".

En su opinión la patria había llegado al triste estado en que se encontraba porque "se veía padecer al otro con serenidad, y cada uno no veía en las penas del otro a su semejante sino para reservarse más a fin de que no lo toque".[9]

El 18 de mayo Gutiérrez quedó en libertad condicional, pues era responsable de la deserción de cualquiera de sus diez personeros. Por otra parte había perdido su empleo oficial de agrimensor y si quería salir del país precisaba un pasaporte o debía arriesgarse a hacerlo clandestinamente.

Muchos opositores emigraron corriendo serios riesgos ese año de 1840. El general Paz narró en sus *Memorias* las angustias que pasó con su esposa antes de decidirse a abordar una ballenera en el bajo de la Recoleta para embarcarse en un navío francés que lo llevaría a Montevideo. Esas aventuras —según se lee en "Cuando el año cuarenta moría", de Jimena Sáenz— podían terminar trágicamente, como fue el caso de un grupo de personas que intentaron huir por el Bajo de la Residencia y fueron denunciadas, episodio ocurrido el 4 de mayo de 1840 y que constituye el principio de la novela histórica *Amalia*, de José Mármol.[10]

Pero Juan María no corrió esos riesgos, pues, como observaba su maternal amiga, no era persona para afrontarlos; desde Montevideo Mariquita logró arreglarlo todo: lo hizo ocultar un tiempo bajo pabellón extranjero, probablemente el de su amigo, el cónsul de Cerdeña, Barón Picolet, quien era casi el protector oficial de los unitarios.[11] Luego, quizás con la ayuda del doctor Lepper, médico de Rosas, viajó a Montevideo, adonde llegó el 24 de mayo. Estaba a salvo, entre amigos, en una ciudad que era el eje de las acciones contra el dictador argentino.

"Cuánto será tu contento —le escribió Mariquita a Juan— cuando sepas que Gutiérrez esta aquí, venido con pasaporte, conseguido por un santo de mi devoción! Hace cuatro días llegó y aun no lo he visto sino un instante. Florencio se ha amparado de él, y también tiene un pie enfermo, de modo que no puede andar, y así, aún no he podido hablar con él ni aún para saber los pormenores de su prisión."[12]

Había recuperado su buen ánimo y hacía planes que incluían un hipotético regreso a Buenos Aires: "Julio, ya sabes, con la puerta y la patria, enloqueciéndome (...) cada día más rotoso y más dormilón, en la literatura, en las traducciones, etc, etc. Me dice que para no tener que vestirlo para el invierno lo deje irse al ejército y ya empiezan mis penas y estos días estoy como una noche, porque ayer murió Enrique y me parece que fue verdaderamente ayer, tal lo siento y lo recuerdo. No me puedo olvidar de este hijo. Carlos está bueno. Tuve cartas de él y una de Roger en que me hace un grande elogio de su capacidad y progresos en su educación . Te recuerda con gran ternura".

Empezaba a fatigarse de la política. "No te puedo decir lo aburrida que estoy de ver-tantas miserias de nuestra sociedad, no encuentro que han adelantado a proporción de los azotes que les han dado", se confió a Juan: "las mismas niñerías que tenía el niño recién nacido tiene a los 30 años. Los patriotas de buen corazón, que deseamos la felicidad de la humanidad, padecemos mucho; pero es preciso cumplir nuestra misión y hacer, cada hombre, lo que pueda en la órbita que le ha caído en suerte (...) Yo como soy el Quijote con pollera y calzones, no pierdo nunca de vista esta sublime máxima que haría yo escribir, como Rosas el muera los unitarios (...) a tu prójimo como a ti mismo, y siempre por este camino, sin deslizarme. No te abatas, que yo tengo muchos proyectos para lo futuro en los que tienes la mayor parte. Esta peregrinación, hijo, nos ha hecho ver que en nuestra vieja casa podemos ser felices, en medio de nuestras estrecheces, somos más dichosos que otros con su gran fortuna. Así, suspiro por mi cuartitó a la calle con ansia. Partiremos, pues, con la

Wilson nuestras pobrezas y trabajaremos para mejorar nuestro porvenir."

Ciertamente, por más penas y riesgos que implicara la causa abrazada por Juan, "no serían comparables a las que tendría si te hubieras propuesto defender lo contrario. Como dijo aquel sujeto: si todo se pierde nos quedará el honor".

Insistía en elogiarle a este hijo ausente las virtudes de Carmen y en hacer planes para ambos: "No podrías haber encontrado una persona mejor (...) en nuestro país que es tan extravagante lo general de la educación, es una fortuna lo que has adquirido. Yo no la conozco (...). Ella es tan modesta que se contentará con los cuartos del patio, le daré una librea a Patricio, les lavará tía Josefa, y listo".

Muy sensibilizada y llorosa porque ha muerto en Chile Sebastián Lezica, el fiel amigo y el apoyo de Florencia, insiste para que Juan se vuelva a Montevideo: "Cuida tu salud y sobre todo te pido no vayas al ejército, esa no puede ser tu carrera".[13] Pero el 4 de agosto recupera el ánimo combativo y la esperanza en momentos en que el Ejército Libertador se apresta a desembarcar en Buenos Aires:

"Querido Juan, Cuantas cosas te quisiera decir pero estoy en este momento como en capilla, Lavalle ha pasado el Paraná y esto es para nosotros el salto de... vida o muerte. De Francia se espera por momentos la resolución."

Comentaba asimismo la compleja relación con Francia. Suponía que quienes, como el almirante Dupotet, querían la paz con la Confederación Argentina, debían desear la caída de Lavalle para rehabilitarse en la opinión de su país y de su gobierno, donde muchos criticaban el posible entendimiento con Rosas. La carta traía, además de noticias políticas, las últimas novedades de familia: Carlos Mendeville, internado en París, se quejaba de que sus hermanos no le escribían: "oye hablar de tus versos y desea ver algo de tu talento y de tu corazón. Su carta es de un hombre con alma". Mendeville ha sido ascendido a cónsul general: "es un adelanto en su carrera y un medio para que me auxilie más".[14]

A mediados del año 1840 Mariquita le escribió a Echeverría una carta para acompañar los ejemplares de *El Pueblo Libertador*, periódico editado por Juan en Corrientes:

"He tenido una muy larga carta de Juan, me hace las infinitas reflexiones que ya me había hecho, sobre las distancias y obstáculos. Sería muy largo copiarle a usted lo más esencial, lo primero porque los románticos escriben para que no se pueda leer, y después que trabajo una hora para adivinar si son letras o rayitas, vengo a encontrar lo que sabía que hemos ido al Santo Sepulcro a hacer oración y penitencia para que Dios nos ayude, no dudo un momento de los trabajos y martirios que sufrirá el pobre Ejército y lo que siento es que hayan ido a los oídos del primer mártir las murmuraciones de los judíos. Le he copiado a usted en figura ese boletín como para alucinarlo, ese retazo pero no lo haga correr entre los profanos no sea que haya Maroto y embarremos. Me encarga de pasar a usted esos números, ¡pobre Petizo! cuando habla de organización y constitución, creo ver los diablos de Milton en el calor disputando Teología: me encarga haga una visita a la amable comadre que usted tendrá la bondad de anunciarle mientras yo tengo el placer de verla. Me repito su siempre amiga".[15]

Esteban se encontraba todavía en la estancia Los Talas (Luján) cuando Mariquita le envió esta carta. Pero poco después su destino cambió junto con la suerte del ejército de Lavalle. Éste, luego de desembarcar con ayuda de la flota francesa en Baradero (Buenos Aires) el 5 de agosto, inició su avance sobre los pueblos de Arrecifes, Pergamino, Mercedes y Luján, adonde llegó el 20 de agosto; recibido en un silencio hostil por las poblaciones, dijo de éstas, grandilocuente, el héroe de Riobamba: "hordas de esclavos envilecidos y muy contentos con sus cadenas".

Mientras, Rosas se había puesto al comando de más de 17.000 hombres a la retaguardia de Lavalle: las fuerzas de los gobernadores rosistas de Santa Fe y Entre Ríos amenazaban unirse y cortar la retirada de los invasores. Lavalle, que el 29 de agosto había llegado a Merlo, a sólo siete leguas de Buenos Aires, y parecía en condiciones de avanzar sobre la capital, el 7 de setiembre daba orden de abandonar la provincia porteña. Su expectativa estaba puesta ahora en Córdoba, donde había triunfado una revolución encabezada por el general Lamadrid, en coincidencia con los gobernadores antirrosistas del Norte. Antes de retirarse avisó a los "patriotas comprometidos con su causa" que se pusieran a salvo.[16]

Las fuerzas invasoras se retiraban acompañadas por un contingente de civiles de la oposición; entre ellos estaban Echeverría y Juan Antonio Gutiérrez (hermano de Juan María). Ambos amigos eran culpables de haber labrado un acta de protesta contra Rosas y de apoyo a Lavalle en el pueblo de San Andrés de Giles; Esteban se embarcó en un buque francés y de allí pasó a la Colonia.[17] La medida era prudente. Apenas se retiró Lavalle y el pueblo federal respiró aliviado, comenzaron las represalias que tuvieron su punto álgido en el mes de octubre. Atentados personales, asesinatos, confiscaciones, amenazas contra los "salvajes unitarios" y los federales tibios o "a medias".

Entre tanto, Lavalle se había quedado sin su principal sostén económico y diplomático: la firma del tratado Arana Mackau (29 de octubre), que ponía fin al bloqueo francés, resultó en cierto modo una victoria para Rosas: Francia devolvía la isla de Martín García a cambio del trato de privilegio que se daría a los franceses y de indemnizaciones por los daños sufridos. El gobernador de Buenos

177

Aires tenía ahora las manos libres para luchar contra sus enemigos del interior del país.

En ese mes de octubre, en que según cuentas que figuran en su archivo, los Lezica Thompson debieron pintar de rojo los zócalos de su casa, como se hacía para evitar represalias, Florencia dio a luz a su cuarto hijo. Pese a todo, la vida continuaba en la "ciudad de los muertos". Por otra parte, los Lezica estaban protegidos: el Barón de Mackau se empeñó en conseguirle un pasaporte a Faustino para que pudiera viajar a Montevideo. En esas semanas en que llovían pedidos al Consulado de Francia para obtener protección y poder marcharse del país, gozar de la protección del almirante francés era un verdadero privilegio.

También José Mármol se alejó de Buenos Aires a mediados de noviembre de 1840 a bordo de un barco de guerra extranjero en el que iban numerosos emigrados: "El 21 entramos al puerto a las 10.30 de la noche", escribió el autor de *Amalia* en su Diario, "y yo sólo me desembarqué con le Blanc, por la entrada llamada baños de los padres. El mismo me condujo a lo de la señora de Thompson, en donde fui recibido con la bondad que caracteriza a esta familia. Pasé a las 11 a lo del doctor Pico (Francisco), fui recibido con el contento que ya esperaba. El doctor Alberdi y otros jóvenes de la nueva generación me visitaron el 22".[18]

Habían empezado las confiscaciones de los bienes de los opositores. Éstos diferían según fuese la fortuna de cada uno: los Ramos Mejía, grandes hacendados sureños, fueron castigados con la pérdida de sus ganados. Lo mismo les ocurrió a los Lastra y a otros destacados estancieros comprometidos con el movimiento de los Libres del Sur. De los bienes de Miguel Cané, en cambio, sólo pudo rematarse alguna chuchería, mientras a Echeverría el juez de paz de San Andrés de Giles le embargaba un sofá y una guitarra, que debió ser de buena calidad pues se remató en 105 pesos.

Esteban permaneció al principio en Colonia del Sacramento. A mediados de 1841 se trasladaría a Montevideo en medio de dificultades económicas que lo obligaron a vender parte de su biblioteca. Mariquita le había confiado en varias oportunidades sus dudas, temores y desencantos acerca de los acontecimientos que se vivían.

"Llorará tal vez y se consolará, como yo, de pensar que si nosotros somos tan infelices, en otras partes del mundo nuestros hermanos se amen como tales, y gocen de los bienes de la civilización, en tanto que nosotros, deplorando los acontecimientos que nos han alejado también de ella, suspiramos por un día en que los hombres se crean, aquí como allá, hijos del imperio de Dios. ¡Cuándo será ese día mi amigo! No sé, temo que la guerra civil no se acabe con nosotros. Los resentimientos, los odios, tienen raíces muy profundas, sea que la generosidad cueste mucho en ciertos casos, o que es cualidad que (no) abunda en nuestro suelo. Yo veo con sentimientos que los hermanos que están aquí no lo parecen. Yo hubiera debido hacer un diario para usted, pues que tantas veces me ha pedido de escribirle lo que ocurra, pero mil consideraciones me han detenido. Cuando usted lea esto, yo le podré hablar y será mejor. ¡Pero si no lo veo más! ¿Sería posible que esto fuera hasta el fin del mundo? Así me lo hace suponer mi impaciencia. Entonces, al menos, usted sepa lo que hemos padecido para que nos compadezca. Sí, mi amigo, bien nos puede compadecer por el chasco tan completo que nos hemos llevado. Porque, a la verdad, hemos sido engañados con cartas que los más avisados habrían creído buenas".

Pasa luego a describir el panorama que encontró a su llegada a Montevideo con el Tratado de Corrientes y la declaración francesa de guerra sólo a Rosas y no a la Confederación Argentina, lo que salvaguardaba la independencia del país. "La Francia de aliada en esta empresa, todo parecía que sobraba para conseguir un cambio de Administración. Lo que me consolaba (...) era pensar que esto se conseguiría con las menos víctimas posibles, porque la abundancia misma de elementos con que se contaba, el descontento y la desesperación de esta población, todo, todo hacía esperar un pronto resultado que debía hacer la publicación de estos dos documentos el 10 de febrero. ¡Qué largo me parecía contar un mes... Varios rumores siniestros me empezaron a afligir: recurrí a un amigo que está iniciado en los grandes misterios y de sus palabras de consuelo, a su modo de ver, concebía sospechas funestas, temí lo que estamos tocando ahora, temía que había un misterio, un modo de conducir los sucesos, que a juzgar por los hechos, como juzga el vulgo, podríamos temer que los intereses particulares se antepusiesen a los generales."

"No cuente usted, pues, con mucho apoyo oriental y vuelva usted los ojos a sus compatriotas", advierte Mariquita, pues hay una rivalidad estéril entre orientales y argentinos. "Se reiría usted del empeño de distinguirse de nosotros, como si fueran una nación enteramente diferente."

Este cuadro de desunión afecta asimismo a la emigración argentina: "Los que se llaman unitarios le protestan a usted que prescinden de antigua querella, pero bien pronto se apercibe usted que así se habla por parecer generoso o civilizado, pero el odio está en el fondo del corazón, bien concentrado. Este partido no se une con nadie, y está más orgulloso después de la adversidad que lo estuvo en su Siglo de Oro. Aparentan agasajar a la Nueva Generación, pero es en la apariencia. Se tienen por extravío sus progresos; se mira como la mayor locura la manifestación de su Creencia; se le desprecia en el fondo a no ser que se haga unitaria completa. Detestan con pasión a los que llaman lomos negros. Esta causa, ya sabe usted: el

179

esfuerzo de la mitad de este partido para sacudir un yugo feroz sin unitarios, les incomodaba, y no lo han perdonado, porque los unitarios, creo, se gozaban en las desgracias de la patria, como si dijeran: sufran para vengarnos. Este partido, a mi ver, se ha quedado estacionado y no ha perdido ninguna de sus preocupaciones. Agüero se cree ministro, un orgullo desmedido manifestado francamente(...)".

Mariquita, enterada de todo lo que ocurre y deseosa de participar de estas intrigas, se ve al mismo tiempo aterrada ante las consecuencias de la guerra que no ha sido breve y exitosa, como se supuso al principio, sino larga, imprevisible, sangrienta.[19]

El año había trascurrido para ella tan pesado como un siglo. Dolores de cabeza frecuentes, caídas del pelo a mechones, son las señales físicas del agobio a que estaba sometida, como persona sensible y pensante, en una sociedad dividida por la guerra civil y donde la razón política más contundente consistía en matar al adversario. Mariquita, aunque políticamente embanderada con la oposición a Rosas, no era ciega a los errores en que había incurrido su partido y a las falencias de los dirigentes amigos a los que trataba cotidianamente en los salones de Montevideo.

NOTAS

[1] *De Mariquita a Juan Thompson*, Montevideo, 8 de enero de 1840, AZL.

[2] *De Juan Tresserra a Juan Thompson*, Montevideo, 21 de febrero de 1840, original en AZL.

[3] *Cartas, op. cit.*, p. 38.

[4] *De Mariquita a Juan Thompson*, Montevideo, 11 de enero de 1840, original en AZL.

[5] Ricardo Piccirilli. *Juan Thompson. Su foja, su temple, su cuño.* Buenos Aires, Peuser, 1949, p. 120.

[6] *De Carmen Belgrano a Juan Thompson*, Buenos Aires, noviembre de 1839, original en AZL.

[7] *De Carmen Belgrano a Juan Thompson*, Buenos Aires, 15 de enero de 1840. Ésta y las demás cartas citadas se encuentran en el archivo Zavalía Lagos.

[8] *Ibidem*, 15 de mayo de 1840, AZL.

[9] *Cartas, op. cit.*, p. 43.

[10] Jimena Sáenz. "Cuando el año cuarenta moría". En: *Todo es Historia*, octubre de 1969, Nº 30, p. 88.

[11] Guerra, José María. *Memoria histórico-militar del capitán de inválidos, actuante en la Revolución de los restauradores, en la de los "Libres del Sur" y en la campaña Libertadora del general Lavalle contra Rosas*. Buenos Aires. Edición de la Comisión de Homenaje a los Libres del Sur, 1939, p. 169. Menciona al barón Picolet; describe asimismo en este libro las prisiones que sufrían los opositores a Rosas, la barra de grillos, las fugas.

[12] *Cartas, op.cit.*, p.48; Piccirilli, *op. cit.*, p. 127.

[13] *Cartas, op. cit.,* p. 42 y ss.

[14] *De Mariquita a Juan Thompson*, Montevideo, cartas del 22 de junio y del 4 de agosto de 1840, originales inéditos en AZL.

[15] *De Mariquita a Esteban Echeverría*, s/f, documento original inédito en el archivo de Juan Isidro Quesada.

[16] Barba. *Reacciones contra Rosas, op. cit., passim.*

[17] Alberto Palcos, *Historia de Echeverría*, Buenos Aires, Emecé 1960, p. 64.

[18] Ricardo Rojas. *Historia de la literatura argentina*. Buenos Aires, Losada, 1948. Tercera parte. *Los proscriptos,* tomo II, p. 439.

[19] *Cartas, op. cit.,* p. 418-423.

15

LOS ROMÁNTICOS DE MONTEVIDEO

1841-1843

"El temor de desmerecer en la opinión de usted por una producción triste de pensamientos y de melodía, me ha de sujetar a la prosa", escribe Mariquita en carta a Juan María Gutiérrez.

"Si el poeta anhela algún aplauso para su obra, debe usted estar satisfecho de sus versos de ayer... No he pulsado yo la lira para celebrarlos ni alzado altos encomios en su loor.

"Pero los he coronado con mi llanto, impulsada por mi ardorosa imaginación, he volado hasta las sombrías bóvedas que han visto los últimos días de Jorge Sand; ¡he creído verla en su tumba!... y me he lanzado a comprender los misterios de aquella alma sublime que supo enseñorearse sobre las preocupaciones, que vivió para la razón y la verdad, mirando con desdén esa muchedumbre insulsa y altanera que siempre procura con ahinco echar el lazo de vejación al ser de Genio.

"En muchas páginas de Sand he saboreado mis dolores... me he encontrado...Criatura espiritualista, he temblado cuando vi por ella levantar el velo que cubre la materialidad y enseñar sus horrendos abismos sin emboces... Conocía entonces qué poco tenía que esperar en el mundo fuera del estudio... Desde aquel momento la Mujer que había profetizado mi destino futuro, como ser de mi especie y como condenada por su genio a los martirios que forman la corona de éste, tuvo un lugar en mi alma.

"La poesía de usted, tan alta, tan suave, tan sin pretensión, renovó todas mis simpatías hacia ella y excitó mi compasión por la alta criatura que con tanto valor rompió las añejas barreras que pesan sobre la sociedad e intentó la gran reforma de la Humanidad.

"Jorge Sand, comprendiendo los hondos abismos del vicio, cubiertos con la máscara de la santidad, quiso arrancarla... ¡Era empresa de siglos! Vencida en la lucha por los hombres y dirigentes del mundo, continuó su misión hasta donde alcanzan las fuerzas de un mortal... y entonces se volvió a Dios!... Ahora ya está en el cielo, la patria del poeta...

"Después que leí los versos de usted necesité meditar... necesité perderme en esas silenciosas regiones del Infinito...porque la tierra no era bastante al pensamiento, cuando la lira de usted, acababa de conmoverme, fuertemente, resonando en mi oído como una melodía celestial, como una inspiración de Dios...

”El último verso me hizo buscar en el firmamento un astro melancólico...que se pareciese a Sand...porque quería verla...y creí encontrarla en una estrella mustia...pálida, viva poesía que yo traducía por la última mirada de mi desconocida y lograda amiga...

”Los versos de usted me pusieron en esa irritación cerebral que nos eleva y nos impulsa a las concepciones más atrevidas!...Anoche, el cielo con su azul melancólico y suave...con sus estrellas,... su luna... hasta el aire que acariciaba mi frente, me pareció que traían las melodías del órgano...tomaba olor a incienso...una voz vaga, suave, me cantaba los versos de usted...y yo la veía a ella... como una paloma blanca volando en el espacio.

”Le doy a usted cuenta de mis impresiones tal que las sentí y algo que no digo es porque no sé cuáles palabras pueden retornar al vivo la sublimidad del pensamiento... Usted me lo comprenderá.

Montevideo, 2 de febrero de 1841.”[1]

El tono y la inspiración de esta carta, únicos dentro de la correspondencia de Mariquita dirigida a Gutiérrez, permiten entender su alma romántica, su fantasía delirante, su rebeldía femenina, que sólo confía a este joven amigo, y su identificación con la personalidad femenina más transgresora de su tiempo.

George Sand (Aurore Dudevant) tenía fama de escritora maldita en la década de 1830. Sus libros se vendían mucho, tal vez porque, como decía Balzac, su literatura constituía “una reacción de la verdad contra lo fantástico del tiempo actual, contra la Edad Media”, en la que se perdían los autores del romanticismo.

¿Cuáles eran los libros que pudieron deslumbrar a Mariquita? Uno de ellos, *Indiana* (1832), trataba un tipo femenino, el ser débil cuyas pasiones deben reprimir las leyes. La protagonista es una joven criolla, nativa de la Isla Bourbon, dominio colonial de Francia en el Océano Índico. Víctima de un marido viejo y despótico, indiferente a los sentimientos delicados, esta mujer nerviosa y enfermiza, de grandes ojos negros, apasionada hasta el sacrificio pero inexperta, se enamora del elegante y archimundano Raymon. La historia transcurre en la Francia de la Restauración.

Sand aceptaba en sus novelas algunas teorías de los sansimonianos sobre el amor y la mujer; en *Lelia*, otra de sus obras más exitosas, describía un tema audaz para la época, la insatisfacción sexual de la protagonista.[2]

Mariquita admira el valor de la escritora francesa, su forma de desenmascarar a la hipocresía que, a su modo, ella desafiaba también. Parece conocer bien la trayectoria intelectual de George Sand, aunque tiene una información errónea acerca de su muerte. En 1841 la novelista gozaba de buena salud. Vivía con Chopin en París, rue Pigalle, al fondo de un jardín, con flores por doquier, y el magnífico piano de palisandro de Federico. Sand se burlaba del matrimonio; era ardiente republicana, librepensadora, y tomaba sucesivamente amantes con libertad comparable a la de un varón. Hasta su apariencia física era la de una transgresora pues vestía pantalones y fumaba en pipa. Divorciada de su esposo y con dos hijos que arrastraba consigo en sus aventuras, cada nueva experiencia, cada dolor de la vida, lo volcaba en una novela, y así lograba ser el ídolo de muchísimas mujeres que no se atrevían a tanto, como era el caso de Mariquita.

¿Su ideario reformista en lo social la seducía también? Tal vez sí porque la patricia argentina compartía con sus amigos románticos el gusto por una vaga utopía social. Por otra parte, entre los amores de Sand figuró Pierre Leroux, uno de los filósofos favoritos de la Joven Generación Argentina que adoptaba el cristianismo desde una perspectiva de progreso espiritual y juzgaba inadmisible la desigualdad de los sexos en el amor y en el matrimonio.[3]

"En muchas páginas de Sand he saboreado mis dolores", decía Mariquita. Ella era como la admirable francesa, transgresora y rebelde, pero al modo de las sociedades urbanizadas del Río de la Plata, dulcificado, suavizado, vaciado de dramatismo. Y lo mismo que la amiga de Chopin, simpatizaba con los jóvenes intelectuales que la rodeaban en su tertulia de Montevideo. La carta a Gutiérrez citada más arriba llevaba un bonito impreso, la dama y el trovador, rodeados de guías con hojas y flores, ¿alusión al amor cortés medieval en que la dama suele aventajar al galán en edad y en posición social? Quizás.

Gracias a su ingenio, a su seducción y a su permanente actualización cultural, Mariquita había logrado superar la barrera generacional que la separaba de los amigos de su hijo mayor. Éstos, al sentirse progresivamente aislados en Montevideo, mientras se desvanecía la ilusión de derrocar a Rosas, formaron en torno a Mariquita un círculo tan pequeño como calificado. No eran ellos los únicos amigos de Mariquita en la época de su exilio montevideano, pero sí los preferidos por su inteligencia, su juventud y el atractivo físico que reflejan los retratos que les hizo Pellegrini y se conservan en el Museo Histórico Nacional.

"Mi estimado Echeverría. Espero que usted tendrá la bondad de venir esta noche a oir un poco de música. Muy de prisa su amiga María S. de Mendeville".[4]

"Compadre: Echeverría me ha prometido venir a comer hoy conmigo. Vea usted si se tienta; pero no vaya a pensar que hay comida de ceremonia: los dos solos. Vea si está de humor y si hay noticias de Gutiérrez. Dígame si lo veremos. A las 4 ó 5 comeremos".

Jueves, dice una esquela de Mariquita a Alberdi.[5] Comerían en casa de Mariquita, Juan Bautista, Juan María y Esteban. Hablarían de literatura, de política, de las últimas noticias de Europa, de los autores favoritos y del odioso tirano de Buenos Aires; harían algo de música y así olvidarían las mezquindades de la vida del proscripto, los bandos que enfrentaban entre sí a los exiliados, la pobreza, el miedo, la frustración del porvenir brillante que cada uno había soñado para sí y para el país.

A este salón de Mariquita de Montevideo acudían diplomáticos, políticos, militares, oficiales de marina extranjeros, hombres de negocios y muchos escritores. Y como la poesía se había puesto de moda, la anfitriona era destinataria de versos como los que dedicó "a mi madrina" el publicista cordobés José Rivera Indarte en su cumpleaños de 1841:

> "Viene y roba de tu vida
> el tiempo una primavera,
> y en su mano lisonjera
> madrina dulce y querida
> que el alma que en ti se anida
> se muestra con más belleza
> hoy que a marchitarse empieza
> la seducción de tu amor
> que es más subido el valor
> del diamante sin corteza.
> Dos cetros apetecidos
> te dio fortuna amorosa
> ayer de amor reina hermosa
> tirana de los sentidos
> hada de blandas prisiones
> pirata de corazones
> reinar después de morir
> es vida eterna vivir
> fénix de las ilusiones."[6]

Pero lo mismo que su admirada George Sand, Mariquita tenía a su cargo una familia, mucho más numerosa por cierto que la de la escritora francesa. En 1841 su economía mejoró. Había alquilado a buen precio su mansión de Buenos Aires al nuevo encargado de negocios de Francia, Charles Lefevbre de Bécourt, y como sus preocupaciones domésticas giraban siempre en torno a la suerte de los Lezica, se vio en condiciones de tranquilizar a Florencia.

Faustino, cuya depresión se había acentuado por el fallecimiento de su hermano Sebastián (Valparaíso, 1840), quería ir a Chile, donde confiaba obtener algo de la testamentaria del difunto. Pero el gobierno argentino se negaba a autorizar su salida del país, pues el asunto de la quiebra no había sido resuelto del todo. "Las gestiones que se eternizan por la mala voluntad del gobierno, irritaron al pobre señor Lezica, enfermo como está, y en más de una ocasión afectaron el carácter bondadoso y calmo de su esposa", diría Lefevbre de Bécourt, a cargo, por indicación del almirante Mackau, de procurarle el pasaporte.[7] A fines de 1840 pudo Lezica viajar a Montevideo, mientras Florencia se reponía del nacimiento de Ricardo, su quinto hijo.

El ánimo sombrío de su yerno, al que no veía desde hacía dos años, alarmó a Mariquita. "Vamos ahora a hablar de Faustino", le escribió a Florencia. "Por este momento es preciso que tome valor y espere un poco. Voy a ver por aquí si se le puede proporcionar algo". Y en otra: "Te mando mil pesos para que hagas el gasto de tu casa. Apúntame todo lo que necesitas para todo, más bien más que menos para arreglar que todos los meses tengas lo que necesites sin contar para nada con Faustino, a ver si de este modo compramos nuestra salud las dos, porque al paso que vamos pronto iremos a la Recoleta. Haga las reflexiones o las boberías de costumbre, no las escuches, volveremos a empezar mañana con la misma canción y como no cree sino lo que tiene en la mano es preciso empezar por poner término de algún modo a esta vida de infierno y que vea prácticamente que voy a mantenerte con todos tus hijos sin que tenga que ocuparse de eso (...) Este plan se lo había ya dicho, pero como no había empezado la pensión, volvemos a la letanía, y te aseguro que mi paciencia se ha concluido y mi educación y todo y ya tiro por la calle del medio. Ve si tu puedes tener más calma, segura que tendrá como vivir mientras viva".[8]

Las cartas a Florencia eran muy diferentes de las que Mariquita escribía a sus amistades intelectuales o políticas, incluso de las que enviaba a Juan, quien siempre se mantenía en lo posible, como buen poeta, al margen de los intereses materiales. Con su hija hablaba francamente de reinversiones en casas de su propiedad, hipotecas sobre estos bienes, goteras y muebles tanto como de sus malestares físicos y anímicos.

Florencia comprendía todo y se ocupaba de todo, a pesar de los partos sucesivos y de las enfermedades. Era el gran apoyo de su madre y también la confidente de sus demás hermanos. Ambas volvían una y otra vez al tema de la casa grande de la calle Florida. ¿Convenía vender parte del terreno del fondo, como quería Florencia? En esto su madre era muy conservadora: "Tu sabes que para mí una vara es una pena, como si me quitaran una alhaja", pero si le pagaban por 12 varas 4000 pesos fuertes y un terrenito de la calle de la Catedral, accedería a cortar la huerta "que para mí es como si me cortaran un brazo (...) Si no me voy a Europa, me pienso morir en mi casa y tengo varios proyectos de los que te hablaré y verás de cuanta utilidad es tener ese corral".

¿Volver a Buenos Aires? El tema empezaba a tratarse entre madre e hija. "Tú suspiras porque me vaya a ésta, pero no sé yo misma lo que voy a hacer. Ya no soy la mujer fuerte y ya estoy abatida y cansada de mi mala suerte. Puede ser que sea orgullo de mi parte, pero me parece que yo era acreedora de muchas cosas que me suceden al contrario en la vida y tantas penas, siempre sin descanso, no más consuelos que mis esfuerzos, me van rindiendo. No está lejos el día que me vaya, pero te lo avisaré con oportunidad para que me arregles algo. Por hoy no puedo decidir."[9]

A mediados de 1841 Florencia estaba muy inquieta: "La señora Lezica se ve con temor madre de cinco niños y amenazada de perder a su marido al que la inacción mina y consume", observó de Bécourt. El joven encargado de negocios de Francia, encariñado con los Lezica, se aburría soberanamente en la sociedad federal porteña. Trataba a poca gente. Sus relaciones se limitaban al reducido núcleo afrancesado de la ciudad punzó, compuesto por el general Mansilla y Agustina Rozas (una señora bellísima que no estaba nunca en su casa); Felipe Arana (desprolijo pero amable) y su linda esposa Pascuala Beláustegui; el general Guido y Pilar Spano, "su graciosa mujercita" con tertulia abierta todas las noches; Manuel de Sarratea; los Lezica y uno que otro más. Ir a Palermo a bailar en lo de Manuelita le parecía un compromiso abrumador. La hija de Rosas era una amazona y bailarina incansable, pero bastante hipócrita; se negaba a aprender francés o a leer un libro y siempre estaba rodeada de todas esas jovencitas que reían sin cesar:

"¿Qué pasará por su noble corazón, señor Almirante", escribía Bécourt a Mackau, "cuando le diga que durante ocho días las mujeres de la familia del gobernador, su hija, sus amigas, le mostraron a todo el mundo, dejaron en exposición sobre el piano, en el salón donde lo recibieron a usted, las orejas de un coronel del ejército de Lavalle, muerto en la reciente acción de Tucumán? Estas atrocidades son raras, me apresuro a decirlo, pero pido que me crean después de haber vivido un año en este país."[10]

No es difícil imaginar que este clima de violencia dividiera a parientes y amigos. Gervasio Rozas, hermano del gobernador de Buenos Aires, pero exiliado por supuesta complicidad con los Libres del Sur, era asiduo de la tertulia de Mariquita en Montevideo. Pilar Spano, en los diez días que pasó frente a la capital oriental, a bordo del buque que la llevaba a Río de Janeiro, donde su esposo representaría a la Confederación ante el Imperio, no se atrevió a visitar a Mariquita. Explicaba las razones en carta a Florencia:

"Entre los grandes sacrificios que he tenido que hacer en mi vida, cuento el de haberme separado de allí sin haberle dado un abrazo a mi mejor amiga. ¿Creías tu que fuéramos capaces de tanta prudencia? Confieso que yo misma me asombro de este esfuerzo que en nosotras debe llamarse heroísmo."[11]

Sea como fuere, a fines de 1841 Mariquita se ocupaba cada vez más de su casa porteña; quería sacar algunos muebles, en parte para que los enviasen a Montevideo y en parte para venderlos. Las órdenes bastante caprichosas de la dueña de casa desconcertaban a su inquilino, el amable Bécourt, para quien la mansión de la calle Florida era un caserón incómodo y no tan espléndido como suponía su dueña:

"Es una familia encantadora. Pero abusan un poco de mi estima hacia ellos y muy recientemente estuve a punto de irme de esta enorme casa por la que pago demasiado caro y de la que retiraron los muebles sin ningún reparo (...) Es una familia digna de que se interesen por ella. Pero yo siempre discuto con ellos por los muebles que quieren sacar de la casa donde vivo. Hoy fue un viejo piano que adorna el salón. La señora Mendeville, asediada de trabajo, actúa con poca delicadeza. Voy a escribirle con todos los miramientos posibles para decirle que si ella insiste, pondré la casa a su disposición. En este caso, tomaría dos cuartos mientras aguardo la llegada de mi sucesor." Pese a las amenazas, Bécourt se quedó y a su partida la casa fue alquilada, pero esta vez sin muebles, al nuevo encargado de negocios de Francia. Y el diplomático terminó casándose con la cuñada de Guido, Nieves Spano, viuda y con hijos, a la que se llevó a Francia al concluir su misión.[12]

Mariquita, en la inacción forzosa del exilio, no sólo atendía sus intereses materiales. Leía un poco de todo, estudiaba y se interesaba por el pasado inmediato de la Argentina. En ese sentido recabó datos concretos del ex director supremo, general Rondeau, quien vivía en Montevideo:

"Deseo tener la noticia siguiente: el día en que usted se recibió del mando de Director Supremo de la República Argentina. El día que usted entregó el mismo destino y si se puede la fecha también de decreto de abolición de la plaza de toros. Bajo la firma de usted esto no urge cuando usted pueda; cuando tenga el gusto de verlo le informaré del motivo que tengo para ser importuna".[13]

"Tengo aquí una salud como no he tenido en mi vida, vivo querida y considerada", le escribía a Florencia. Pero desde el punto de vista familiar sufría por la partida a Europa de otra de sus hijas.

"Magdalena salió antes de ayer y esto te dice todo. Mi alma está despedazada y mi cabeza aturdida. Ha llevado cuanto puede llevar para su comodidad y regalo. Juan ha ido con ella y una buena criada francesa; esto me parece un sueño."[14]

La tercera de las hijas de su primer matrimonio, Malena, se había casado por poder con un marino bretón, el capitán Chiron de Brossay, quien comandó una de las naves de guerra de la estación francesa en el Plata durante 1841. El noviazgo se desarrolló en los salones porteños y montevideanos, adonde eran invitados de honor los oficiales de alta graduación extranjeros. Chiron se enamoró de

Malena, la cual, a los 31 años, parecía destinada a cuidar de su madre y sobrinos. De regreso en Francia, el marino arregló sus papeles para casarse.

Malena viajó durante 94 interminables días en una travesía que se prolongó al punto de que durante las últimas semanas escaseaban los víveres y sólo se comían porotos. Mareada, entristecida por el adiós a su madre, vomitó casi todo el tiempo; para consolarse saboreaba dulces de durazno y de toronja preparados por una amiga. Pero las vicisitudes de navegar en ese barco sucio fueron olvidadas apenas tocó tierra: en Nantes la esperaba su esposo por poder, quien había alquilado unos cuartos para estar cómodos. Resultó un buen marido, y su familia recibió afectuosamente a la joven argentina, a la que imaginaban semisalvaje y encontraron de tez blanquísima y perfectamente educada. Fascinada con las novedades de la vida europea, la joven Madame Chiron confiaba en que su madre viajaría pronto a visitarla.[15]

La partida de Juan significó asimismo el fin de su noviazgo epistolar con Carmen Belgrano, que languidecía desde hacía años. Mariquita estaba muy disgustada con la actitud de Juan. Para evitar malentendidos, tomó la decisión de comunicarse con Carmen, quien se había recluido en una quinta y ni siquiera visitaba a Florencia por temor de encontrarse con personas al tanto de su fracaso sentimental.

Pero Carmen no dudaba de la sinceridad, la franqueza y el buen corazón de su frustrada suegra: "Yo y mi familia estamos perfectamente convencidas, que usted ha hecho cuanto ha podido por mí, si nada ha conseguido, no está en su mano el dirigir el corazón de otros. Por mi parte, cada vez que por mi desgracia se toca este asunto, hablo de usted y de sus hijas como debo".[16]

Las Thompson lamentarían siempre la pérdida de esta buena amiga; temían que Juan las hubiera utilizado como pretexto de la ruptura. No se engañaba Mariquita acerca de la personalidad de su hijo: "Juan es amable mientras tiene un interés, entonces cariños y risa, consiguió, como si no se conociera. Se desvía de sus amigos más íntimos sin darles razón y se aleja y deja sus relaciones como las toma, sin pena", le confió a Florencia. "Pobre C., cuánto siento ésto! Pero la mujer de J. nunca ha de ser de nuestro gusto, ni la ha de dejar intimar, porque siempre nos ha de tener de cuco para echarnos la culpa de sus rarezas".[17]

Por dolorosa que fuera la partida de dos de sus hijos a Europa, Mariquita secó sus lágrimas y se aprontó para celebrar lo más alegremente posible su 56º cumpleaños; antes que nada le envió a Alberdi una esquela afectuosa, muy apropiada para un joven poeta que padecía depresiones y malestares, huérfano de madre desde muy niño:

"Querido compadre. Siento mucho no tener el gusto de comer

con usted hoy; pero más que sea por falta de salud. Víctor Hugo es de mi misma opinión: que el sistema de vida romántico es pernicioso, que esos estómagos no tienen irrigación, sino necesidad de tónicos, de buen vino y puchero pero es preciso que el sistema de romanticismo de estómago vaya envejeciendo. Mientras, haga lo posible por estar bueno el martes a la noche y venga a tomar agua de goma aunque sea: es mi día de tormento; quién sabe si cumplo un siglo. Como para nada me sirve saberlo lo dejo así, en el olvido. Pero quieren obsequiarme con un dúo de piano y arpa. No lo diga, no piense que es tertulia; pero tendré algo bueno. Cúrese y venga". Devolvía un libro, y le enviaba un verso: "para que se ría, después le diré el autor".[18]

En cierto modo, Mariquita regresaba a los platos y sabores de su infancia, aquellos que siendo una joven y elegante anfitriona desdeñaba para su mesa, según se había quejado misia Agustina López de Osornio. En cuanto al concierto, había sido idea de Albina Thompson; ella le contó a Florencia cómo había sido el festejo: "El 1 de ésta pasamos el día con mamá y a la noche hubo un poquito de música, fuimos unos cuantas amigas, tomamos te y a las doce se acabó la *soirée*, tocó el piano la señora del cónsul francés que es una profesora de modo que nada faltó sino ustedes. ¡Pobre mamá, te aseguro que me daba pena ver que el año que viene ni a mí me tendrá. No quiero entristecerla." La partida de los Tresserra para instalarse definitivamente en Barcelona ya estaba decidida.[19]

Por entonces la situación no podía ser más grave para la causa antirrosista. Rosas había triunfado en su enfrentamiento con los gobernadores del noroeste y el litoral. El saldo de esa lucha encarnizada era penoso: los gobernantes de Catamarca, José Cubas, y de Tucumán, Marco Avellaneda, inspirador de la Liga del Norte, habían sido degollados; el riojano Brizuela combatía aún desesperadamente en su provincia; Lavalle había sido una vez más vencido por Oribe en Famaillá (setiembre de 1841); Lamadrid, después de la completa derrota de Rodeo del Medio (setiembre de 1841), se refugió en Chile. La expectativa de los unitarios se mantuvo un tiempo en el Litoral, gracias a la estrategia del general Paz: luego de su victoria en Caaguazú (noviembre de 1841), el escenario de la lucha se había trasladado al territorio entrerriano, donde el gobernador López se pronunciaba contra Rosas. Esa nueva esperanza se malograría también debido a las desinteligencias entre Paz, Ferré y Rivera. Entre tanto Oribe había regresado vencedor de la Liga de Gobernadores del Norte y se aprestaba a tomarse la revancha de Rivera y a recuperar la presidencia de la República Oriental de la que había sido desalojado cuatro años antes. Su propósito empezó a concretarse el 6 de diciembre de 1842 en la batalla de Arroyo Grande, en la cual se enfrentaron ejércitos de unos 9.000 hombres cada uno. En vísperas de Navidad, Oribe cruza el Uruguay con su ejército en dirección a Montevideo. El triunfo federal que unificará los gobiernos de ambas orillas del Plata parece inminente.

Pero Montevideo era un enclave comercial y político con dinámica propia. Tenía entonces unos 31.000 habitantes; dos terceras partes de ellos eran extranjeros, vasco-franceses e italianos en su mayoría. El partido de Rivera contaba entre sus aliados al cónsul de Francia y a los emigrados argentinos para los cuales el triunfo eventual de Oribe significaba una sentencia de muerte o de expatriación. Aventureros con una ideología liberal definida, como era el caso de Giuseppe Garibaldi, ya habían participado en acciones de guerra por orden de Rivera. El 16 de febrero Oribe pone sitio a la capital oriental al instalarse en El Cerrito con sus fuerzas. La defensa de la ciudad queda a cargo del general Paz, el mejor soldado de la plaza.

Nuevamente la política decidía el destino de los intelectuales románticos que habían buscado refugio en Montevideo contra la opresión de Rosas. Muy pocos de ellos se hallaban dispuestos a continuar en estado de guerra permanente. No se sentían involucrados en la política oriental y mucho menos dispuestos a cumplir con las exigencias del ministro de Guerra, Pacheco y Obes, que había impuesto penas terribles para los que salieran de la ciudad sitiada.

Gutiérrez, Alberdi y Echeverría estaban entre los que deseaban irse de Montevideo, pero Esteban desistió a última hora por falta de dinero, según dijo Alberdi:

"Una estratagema feliz vino a proteger la seguridad de nuestra salida, que debimos a la influencia generosa de Madama de Mendeville. Mezclados a un grupo de oficiales de la marina francesa, que pasó en su casa la *soirée*, nos trasladamos a una fragata de guerra de su escuadra fondeada en el puerto, sin ser apercibidos ni molestados por nadie. De allí nos trasladamos al Edén". Era éste un bergantín mercante del Piamonte del que Alberdi había tenido noticia por Garibaldi: los dos amigos partieron provistos de cartas de recomendación para los miembros de la asociación La Joven Italia, liderada por Mazzini en Génova.[20]

"Gutiérrez se fue a Italia de modo que esto me ha dado también muy malos ratos, porque se fue sin licencia", le explicó Mariquita a Florencia. "Aquí quieren que todos perezcan y ni las mujeres quieren que tengan miedo, de modo que es la misma cosa que ahí, con un poco más de libertad. Ayer se registraron varias casas y al que se oculta le sacan amarrado y le hacen soldado de línea. Todo el día tiros, heridos, guerrillas, privación de muchos artículos, de modo que estoy como embarcada, sin leche, fruta carísima, y todo esto al 'nudo'. Ni es mi tierra, ni esto me sacará del 'pantano', pasando los pocos años que me quedan en padecer y ver padecer, y ni el nombre de política quisiera yo oir. Así quisiera arreglar mis intereses contigo y vivir en descanso, aunque fuera en un rancho. No tengo ninguna aspiración, ni aún vestirme como gente. Sólo lo que deseo es tomar una taza de caldo y otra de café, sin que me hagan rabiar y sin asustarme."

¿Su ánimo empezaba a flaquear o pretendía ofrecer una cara inobjetable para tranquilizar a la policía de Rosas y poder visitar a su hija? Había estado a punto de marcharse a España con los Tresserra en marzo del 43, pero una enfermedad la retuvo. Siempre habría un pretexto para postergar la partida, a pesar de que ese año Mendeville, con quien mantenía contacto epistolar, la había invitado a reunirse con él en París. De cualquier modo mejor sería volver a Buenos Aires.

Mariquita quería volver pero temía haber sido desacreditada por las murmuraciones de María Josefa Ezcurra. La ultrarrosista cuñada del Restaurador la acusaba de ser redactora de *El Grito*, hoja montevideana virulentamente opositora. Pero Mariquita se confiaba a la amistad invariable de Agustina López de Osornio, la ya octogenaria madre del gobernador: "no la olvido y creo que ella no me olvida tampoco". Le disgustaba, es claro, que su partida de la plaza sitiada fuese achacada al miedo: "quisiera ir cuando pudiesen ver que me iba por gusto y sin relación con la política de la que estoy tan cansada...".

Julio también se había ido, llamado por su padre a Europa, de modo que ella vivía sola, con Mamá Luisa, una fiel servidora de la familia, y un criadito francés de quince años, "oyendo todo el día tambores, viendo soldados como hormigas porque no sé de donde salen (...)".

"Considera que yo soy la madre del miedo, tengo el cuartel de los argentinos a dos cuadras y el de unos negros a una cuadra, de modo que a cualquier ruidito ya los veo pasar corriendo, y yo, temblando (...) Lloro de miedo y me propongo irme al Janeiro, solo para calentarme la cabeza, porque empiezo a tocar imposibles y además a afligirme". Aunque por costumbre disimule sus penas, "en el fondo de mi corazón no hay sino dolores. Por todo lo que me dice Malena y los muchachos, veo que con lo que tengo viviría bien en Francia y podría economizar, y aquí vivo mal, y me empeño más y más." Se siente insegura; tiene el pasaporte listo y el baúl acomodado, pero teme la ira popular contra los franceses que puede encontrarse en su país.[21]

Pudo por fin viajar discretamente a Buenos Aires. En julio del 43, Mariquita actuaba de madrina en el bautismo de su nieta Luisa Celestina Lezica Thompson, nacida en marzo. Y como su casa grande de Florida estaba alquilada, se instaló a la vuelta, en lo de Lezica.

Retrato de Mariquita, miniatura sobre marfil que la representa cuando tenía
alrededor de 40 años.

Martín Jacobo Thompson, el primer marido de Mariquita, dibujo a lápiz de autor anónimo, colección JR de Lezica.

Mariquita con sus hijos Julio, Carlos y Enrique Mendeville; óleo atribuido a Carlos
Enrique Pellegrini, pintado c. 1830; colección JR de Lezica.

"El Himno Nacional en la sala de María Sánchez de Thompson donde se cantó por primera vez", Museo Histórico Nacional. El óleo de Pedro Subercasseaux, inspirado en la Tradición narrada por Pastor Obligado, fijó la imagen de Mariquita en la memoria colectiva.

Mariquita en su espléndida madurez; colección JR de Lezica.

Juan Thompson, hijo del
primer matrimonio de
Mariquita, retratado por
Federico Madrazo; copia
del original, Calixto O-
yuela, 1852; Museo Histó-
rico Nacional.

Julio Mendeville, hijo
de su segundo matri-
monio, por J. M. Ru-
gendas, 1845; colec-
ción JR de Lezica.

Florencia Thompson de Lezica, la hija que fue su confidente y amiga; óleo de autor anónimo; colección JR de Lezica.

Los nietos, Enrique y Juan de Lezica y Thompson, en un dibujo de Rugendas, 1845. Colección JR de Lezica.

Mariquita hacia 1860: daguerrotipo; Museo Histórico Nacional.

NOTAS

[1] *De Mariquita a Juan María Gutiérrez*, Montevideo, 2-2-1841. Autógrafa, sin firma. Biblioteca del Congreso de la Nación. Colección doctor Juan María Gutiérrez. Archivo epistolario. Buenos Aires, 1979, tomo 1, p. 215. Doc. Nº 215.

[2] André Maurois. *Lélia o la vida de George Sand*, Buenos Aires, Emecé Editores, 1953, *passim*.

[3] *Ibidem*, p. 258.

[4] *Cartas, op. cit.*, p.329.

[5] *Ibidem*, p. 343.

[6] Documento original de José Rivera Indarte en AZL.

[7] Jorge C. Bohdziewicz. *Rosas y Lefevbre de Bécourt*. Buenos Aires. Scholastica, 1994, p. 210.

[8] *Cartas, op. cit.*, p. 61-62.

[9] *Ibidem*.

[10] *De Charles Lefevbre de Bécourt al Barón de Mackau*, Buenos Aires, 27 de octubre de 1841. Reproducida en Bohdziewicz, *op. cit.*, p. 206 y ss.

[11] *De Pilar Spano de Guido a Florencia Thompson,* Río de Janeiro, 8 de noviembre de 1841,original en AZL.

[12] *De Bécourt a Mackau*. Buenos Aires, 17-12-1841. Reproducida en Bohdziewicz, *op. cit.*, p. 172 y 216.

[13] *De Mariquita a José Rondeau*, Montevideo, 29 de enero de 1842. AGN; Colección Casavalle, Legajo 9 1842.

[14] *Cartas, op. cit.*, p. 66.

[15] Chiron figura en las ya citadas cartas de Lefevbre de Bécourt. Sobre Malena Thompson y la buena impresión que causó en su familia europea hay referencia en el cuaderno de su sobrina Florencia Lezica. El relato de su viaje a Francia lo narró Malèna en carta a Florencia existente en el archivo Lezica.

[16] *De Carmen Belgrano a Mariquita*, Buenos Aires, febrero de 1843, AZL.

[17] *Cartas, op. cit.*, p. 74.

[18] *Ibidem*, p. 343.

[19] *De Albina Th. de Tresserra a Florencia Th. de Lezica*. Montevideo, noviembre de 1842, original en AL.

[20] Juan Bautista Alberdi. *Estudio sobre D. Juan María Gutiérrez. Introducción a Origen y desarrollo de la enseñanza pública superior en Buenos Aires*. Buenos Aires, La Cultura Argentina, 1915, p. 22.

[21] *Cartas, op. cit.*, p. 72 y ss.

16

SPLEEN

1843-1846

Mariquita reabrió en Buenos Aires su tertulia cotidiana, tan culta como siempre pero menos politizada que antaño. El clima no daba para extravagancias ni vanguardias culturales, ni había espacio para otro liderazgo social que el de las mujeres de la familia de Rosas.

Aunque bastante marginadas en lo político, las Thompson mantenían incólume su prestigio en materia de educación, buen gusto y refinamiento, al punto que su trato resultaba indispensable a la formación de todo joven distinguido, incluso si se trataba de un sobrino del Restaurador, como era el caso de Lucio V. Mansilla. Éste recuerda:

"Iban poco a casa misia Marica Thompson lo mismo que misia Florencia (Lezica) su hija. Pero mi madre las tenía siempre en los labios citándolas como ejemplares de cultura, y con frecuencia me mandaba a visitarlas. La casa de misia Mariquita en Florida, mirando al oeste, entre Piedad y Cangallo, con grandísimo patio, era una mansión que me infundía respeto, un no sé qué."[1]

Acudían a la tertulia cotidiana M. Jean-Baptiste Prelig, comerciante francés con quien las Thompson contrataban la importación de adornos, muebles y géneros, y que les alquilaba una parte de la gran casa; Gervasio Ortiz de Rozas, el hermano rebelde del Restaurador que había empezado a administrar los bienes de Mariquita y era rendido admirador de ambas señoras; el Barón Picolet, cónsul sardo, amigo entrañable en las buenas y en las malas; el músico Juan Pedro Esnaola, animador de las veladas de Manuelita en Palermo (había compuesto la música del Himno Gloria eterna al magnánimo Rosas, y otras canciones muy federales y apostólicas).[2]

Las amigas de toda la vida estaban encantadas de haber recuperado a Mariquita luego de cuatro años y medio de ausencia. Las de Lezica, las de Larrea, Justa Foguet de Sánchez, Manuela Gómez de Calzadilla, Candelaria Somellera e Isabel Casamayor formaban la vieja guardia de las amistades femeninas porteñas. Sencillas, directas, para nada sofisticadas, muy afectuosas, eran autodidactas en materia cultural y tan exaltadas y gritonas como solían serlo las patricias del siglo XIX antes de que las domesticara la educación impartida en los colegios religiosos franceses.

El tono y la temática de la conversación de estas mujeres se traslucen en las cartas que se enviaban cuando se hallaban fuera de Buenos Aires, o dentro de la misma ciudad si estaban enfermas o había mal tiempo.

"Amiga mía, me río yo de los amantes que nos pinta Alejandro Dumas; yo he estado pensando en tí desde que me recordé, así es que cuando tomé tu carta, me llené de placer al ver que tu te recordabas de mí en el momento que yo me ocupaba de tí. No he podido verte en tu enfermedad, porque las mías han sido de patente. Había pensado ir con Isabel a visitarte, pero el granizo me ha muerto, pero mañana o pasado iré, si el tiempo lo permite(...) Por si no voy mañana escríbeme el asunto, puesto que mi perseguidora estrella no me deja salir",[3] escribe Candelaria Somellera a Mariquita.

No faltan en esta correspondencia reflexiones críticas acerca de la condición femenina: "Cuando yo recuerdo lo poco que nos han enseñado, generalmente hablando, y observo a presente cuanto se ha debilitado la idea de hacernos progresar, me muero de pena"; dice Manuela Gómez de Calzadilla (madre del autor de *Las beldades de mi tiempo*), "porque es para mí un principio, que las sociedades se ilustrarían mas pronto si el cultivo de la razón fuera simultáneo en ambos sexos. No precisamente igual, pero siempre proporcionado. ¿Habrá alguna razón justa para negarle a la mujer lo que le es dado tener en la mejora social? ¿No tiene ella calidades particulares, en la combinación de su ingenio, que al hombre no le es dado obtener? Espero que cuanto tengas un lugarcito me des tu opinión sobre ésto, ya que sin saber cómo me he deslizado en materia tan ardua para mí, pero tu tienes la culpa, y tus cartas también (...) Si alguna vez nos vemos, nos hemos de acordar mucho de esta correspondencia y todo lo que le es anexo (...) Es un hecho que en la vida del hombre todo se compensa. Sus mismos placeres están en razón de su edad, cuando joven, amor, cuando viejo, amistad. ¿Cuál de ambos goces será más sólido, más importante a la felicidad? Espero también saberlo de tí, ya que te has propuesto ganar el cielo a fuerza de amor: ocurrencia que nos ha hecho reír mucho."[4]

La presencia de tantos amigos y parientes en el mundo europeo y americano hizo que Mariquita se refugiara cada vez más en la correspondencia. Escribir era entonces un hábito indelegable de la gente, fuera o no culta, porque no había otro modo de permanecer en contacto con los que estaban lejos y de no olvidar y ser olvidado. Mariquita escribía habitualmente cada vez que se aproximaba la partida del paquete (vapor con salidas regulares) para Europa o el Pacífico, de modo que en su archivo se entremezclan noticias de Montevideo, París, Burdeos, Barcelona, Río de Janeiro, Quito y Valparaíso.

A Magdalena le había sido muy penoso separarse de su madre y de su hermana, dejar las tierras del Plata e incorporarse en forma definitiva a la vida de Europa, pero esperaba ver pronto a Mariquita; quizás ya había llegado a Cádiz acompañando a Albina, escribía a Florencia en abril del 43:

"Puedes pensar todo lo que mi corazón siente a la idea de ver a mamá cuando no hay un día que no piense en ella y no me reconvenga a mí misma de haberla dejado. Pobre mamá cómo me alegrará que venga, pues yo dudo aún en su genio que se haya decidido. Ojalá venga. Te aseguro que puede vivir muy bien con lo que tiene si es razonable y que estará en su elemento. Lo sólo que temo es que Papá estará aquí en junio. (...) En fin que todo lo que deseo es que se venga con nosotros."

Malena, pese a hallarse entretenida con las novedades de Francia y satisfecha con su marido, padecía de incurable nostalgia. "Me considero más aclimatada. A tí diré mejor más consolada desde que tengo la esperanza de ver a mamá. He sufrido mucho de la ausencia de todos ustedes, tu sabes como los quiero a todos los chiquitos. Todo me cuesta verme tan lejos. Cuando voy a las Tullerías, miro todos los niños, a ver si hay alguno que se parezca a los tuyos, nada hija, hay niños muy lindos, pero no son para mí los tuyos. Ya estoy mejor de salud a pesar que el invierno ha sido suave, yo sufrí mucho de la humedad y sobre todo de unos cólicos terribles, que verás cuando te cuente que hago uso de la cajita... mi consuelo es el doctor, dice que estoy enferma de *spleen*, teme el pobre hablarme de la tierra querida pues es tan porteño como yo. Y ya me quedo más consolada. Tan buen amigo. Como lo quiero pues a él debo parte de mi felicidad."

La hija de Mariquita apreciaba las ventajas de la vida cotidiana en Europa, tanto más práctica que la del Río de la Plata: "Estoy en París, creo por algún tiempo, estoy en mi casita muy mona y muy chiquita. Cómo me acuerdo de tí, hija, con qué comodidad, con que gusto y economía se vive en Europa. Mi casita está en una de las calles más a la moda de París. Tengo sala, comedor, dos dormitorios, dos cuartos para criadas, bóveda para la leña por 1000 francos al año. Lo sólo que no hay es la patria y que no es nuestra tierra".

Se siente querida por Chiron y los suyos: "No creas que esté como Palomita pero algunas veces me parece mentira que tengo una persona que me quiere tanto como él. Su familia es muy buena también. El tío Halgan que tiene sus 72, día que estoy enferma es una o dos visitas. Me quieren y consideran como una hija".[5]

En octubre llegó de Barcelona su hermana, Albina Thompson de Tresserra, para acompañar a Malena, próxima a dar a luz. Ella también se sintió a gusto en París, "puedes vivir como quieres, como pobre, como rica, sola o en sociedad, puedes salir a la calle como te dé la gana, pues como nadie te conoce no eres notable en nada, y la gran cantidad de extranjeros que hay hace que nadie se fije y tenga uno la libertad que quiere". Pero no educaría a su hija, Albinita, en la capital de Francia: junto a ella conservaría "esos sentimientos que se pierden lejos de los padres" y se evitaría lo ocurrido a sus medio hermanos, Julio y Carlos Mendeville: "dos hombres e incapaces de nada y sin saber nada. ¡Qué dolor me da pensar en su suerte con un padre semejante y tan poco capaces de consolar a Mamita en su vejez". Por el momento, Albina desconocía el paradero de su independiente Mamita.[6]

También Malena confiaba a Florencia su inquietud por el desapego y frivolidad de sus hermanos: "Julio no hace nada, así está esperando a papá para ir a hacerse estanciero con Faustino. Carlos dará su examen en marzo para entrar en la carrera del Consulado. Es entero a Papá (hasta en lo desamorado, esto es para tí) me cuesta un triunfo que escriban, con las modas y paquetería, como tú sabes". En cuanto a Juan, se empeñaba en seducir con poesías románticas a su sobrina, Enriqueta Loreilhe Thompson, de 15 años apenas cumplidos, bello pelo y mal cuerpo. "Dios quiera que no sea otra pobre Carmen (...) Te aseguro que cuando pienso en la pobre Mamá, me aflige verla tan digna de una mejor suerte y tantos pesares que ha tenido con los varones. Ojalá papá tome de una vez una determinación sobre estas tres cruces pero ya conoces su genio: que tu madre se entienda con ellos. Basta de murmurar."

Entre aquellos argentinos residentes en París con quienes Malena podía pasar "un rato de conversación calle de San Francisco", es decir en la intimidad de los temas de la sociedad porteña más restringida, figuraba el acaudalado hombre de negocios Manuel Guerrico, quien cada tanto le enviaba un palco para escuchar ópera, o la acompañaba en su paseo predilecto: la visita a la residencia del general San Martín en Grand-Bourg a una hora de París por el "camino de hierro".

"Mi amiga de corazón es Merceditas San Martín", escribía. "Me parece que estoy en Buenos Aires cuando voy a su casa, somos excelentes amigas". Admiraba la forma en que Mercedes educaba a sus hijas y les enseñaba ella misma inglés, francés y castellano.[7] Curiosamente en estas cartas Malena no habla de San Martín; en cambio el general la menciona a veces por ser íntima de Merceditas.[8]

Otro compatriota amigo era Mariano Sarratea: "Me visitó mucho, fuerte y guapo como un joven", informó Malena, que se emocionó asimismo al abrazar a Nieves Spano de Lefevbre, recién llegada a Francia, embarazada y fríamente tratada por su familia política. Otro viajero fue Juan Bautista Alberdi.

Pero, como bien observaba Pilar Spano, mientras los que se quedan en América lloran y extrañan a los ausentes, éstos se divierten a rabiar y precisamente en París, "¡donde se dice que uno olvida a la madre y a Dios!"[9]

El nacimiento de su primera hija, Marie, de ojos azules como el padre, "que está chocho con ella", en diciembre de 1843, da pie a que Malena haga otras confidencias: Chiron y Albina han sido sus enfermeros. Sufre de los pechos, y cree que con uno solo podrá criar a la beba, ya que, "ni París hace que las pobres mujeres suframos menos que en nuestras pampas".

Las costumbres eran diferentes en detalles pequeños pero significativos. Por ejemplo, Malena no podía pedirle plata a Chiron para hacer regalos a amigos y parientes como se usaba en Buenos Aires: "Aquí los patacones no se gastan con tanta indiferencia como en ésa". Sin duda, el estilo manirroto era típico de la pampa y sus moradores, no de la prudencia ahorrativa del europeo: "Me considero feliz y estoy segura que jamás haré nada de mi parte para que Chiron tenga la más leve pena por mí. Ya sé lo que es la vida, así que te agradezco tus buenos consejos y soy de tu opinión, lo primero es el aprecio al hombre a quien Dios nos ha ligado para siempre y de quien depende el bienestar de nuestros hijos", le dice a Florencia.[10]

Entre las diferencias que Malena registró en Francia estaba lo relativo al número de hijos que solía tener cada familia. Las francesas restringían los nacimientos, mientras en el Río de la Plata todo quedaba librado al sano instinto y a la voluntad de Dios. Y como las sucesivas maternidades de Florencia resultaban preocupantes para su madre y hermanas, Malena le informó que en Europa no se usaba tener tantos niños. Mariquita también le había escrito a ese respecto a Faustino: "con que no vas a hacer de las tuyas ni vayas a exponer a esa Dama... a los trabajos de la niñez. Ya me entiendo".[11] Pero ni siquiera en esta correspondencia íntima se aclaran los métodos a que recurrían las parejas para planificar el número de hijos.

A fines de 1843, parte de la familia de Mariquita estaba reunida en París. Mendeville vivía en lo de Chiron; Juan también estaba allí; nada se había aún decidido sobre Julio y Carlos y se ignoraba si Mamita estaría o no en camino, "pues Papá me dice que le ha escrito que se vaya y esto la habrá decidido así, por eso no le escribo", insistía Malena muy ilusionada con la idea de volver a verla.

El reencuentro entre Jean-Baptiste y Juan Thompson fue frío: ambos eran ya hombres maduros, habían dejado de verse largo tiempo y no simpatizaban mutuamente. La figura de Mariquita se interponía irremediablemente entre ellos. Juan, quien pretendía acompañar a su padrastro a Quito, donde ejercería de abogado, se sintió herido ante el recibimiento glacial que le hizo "el marido de mi madre", como desde entonces designó al hombre que había contribuido a empobrecerlo con sus gastos extravagantes. Ahora que estaba exiliado en Europa, sin perspectivas de volver a la patria y corto de recursos, Juan empezaba a saborear la parte amarga de la vida.[12]

Mendeville se había traído del Ecuador a su criado chino, representante de una inmigración que en la costa del Pacífico reemplazaba en cierto modo a la esclavitud. Bien recibido por la Cancillería, confiaba en que a su regreso se hiciera el canje de los tratados que jerarquizaban la relación del Ecuador con Francia. Malena creía que no daría a Mamita más aumento en su pensión pues no pensaba sino en economizar y hacer fortuna para retirarse y venirse a Europa.[13]

Empezaba Mendeville a aburrirse de Quito y a sentirse solo. Cercano a cumplir 50 años, se volvía cada vez más egocéntrico, sin el encanto y la agudeza de antaño. Obsesivamente pretendía ahora que Faustino y Florencia le enviaran a una de sus hijitas para educarla. Medio en broma, medio amenazador, escribía a su esposa que le sacaría a la nietita lo mismo que le había sacado al segundo de sus hijos varones.

Carlos seguía intentando aprobar sus exámenes en la Escuela del Consulado frecuentada por los hijos de los diplomáticos en París. Al principio todo le había sido difícil; sentía mucha nostalgia y extrañaba los cuidados que le daban la madre y hermanas. Se consolaba hablando de ellas los domingos cuando iba a casa de algún amigo argentino a charlar y a bailar la contradanza. No estaba interno, sino en una pensión donde estudiaba la mayor parte del día. El bachillerato en Letras le parecía un esfuerzo excesivo. Quería, sí, profesores de música, de canto y de dibujo, "en fin, todo lo que necesita un joven *comme il faut*", y aconsejaba a Florencia no enviar a sus hijos solos a un colegio de París en caso de tener fortuna para hacerlo: a 3000 leguas de su familia un niño puede ser instruido pero no bien educado; si él tenía un poco más de mundo que los otros jóvenes del colegio, lo debía al trato social recibido en su casa.

A través de estas cartas de Carlos a Florencia sabemos que Clementina Thompson de Loreilhe, la hija mayor de Mariquita que vivía en Burdeos, no era feliz: su marido, apenado de no poder contentarla, se había ido al puerto estadounidense de Nueva Orleáns para hacer negocios.[14] El *spleen* de Clementina no se debía sólo al descontento por no poder llevar un tren de vida lujoso: había tenido la desgracia de perder a su hijo varón siendo niño. Ella, en ciertos aspectos, parecía plenamente incorporada a su nueva patria, y hasta se negaba a enseñarles a sus hijas el español, como lo sugería su esposo.

En cuanto a Julio Mendeville, después de mucha indecisión acerca de cuál sería su destino, y de acompañar a su padre una temporada en la localidad de Sos, a mediados de 1844 estaba de vuelta en Montevideo, donde se abrazó con su madre.

Mariquita había regresado a la ciudad sitiada luego del año vivido en la capital argentina. El pretexto era su viaje a Europa, esta vez sí, inminente, aunque sus amistades dudaran de la seriedad de su propósito. Tuvo una primera impresión favorable de Montevideo, a pesar de que el sitio establecido por Oribe era entonces bastante riguroso:

"Ni sé si hay guerra, ni un tiro he oído aún", escribió a Florencia a fin de tranquilizarla. El cambio de clima le había sentado bien, podía comer tranquila y disfrutar con tantísimos amigos que venían a saludarla. Se alojaba en lo de Pepita Cavaillon, mientras el almirante francés —hombre formal, franco y bueno— se ocupaba de buscarle lugar en un barco confiable para que viajase sin miedo ni preocupaciones, como una reina:

"Los oficiales de a bordo se hacen una fiesta de cuidarme. Son muy bien, lo que me consuela es estar comiendo de todo y que nada me haga mal", etcétera. Sin embargo, estas cartas, escritas una tras otra, muestran a Mariquita en estado de gran confusión emotiva: en Europa la irá a buscar Albina, si se dirige a España, y Chiron si viene por El Havre, mientras Mendeville se halla en París esperándola. "Los cuatro elementos piden a María (...) El clamor es que me vaya a gozar". Sin embargo, ¿quiere realmente reencontrarse con Jean-Baptiste?

"Trabajo sin cesar para unir a los míos donde se pueda", afirma; pero por el momento todo proyecto resulta impracticable: la realidad es que Faustino Lezica empeora a ojos vistas, desalentado, temeroso, melancólico incurable ya. "Todo lo que me aflige eres tú. No te puedo olvidar. Por lo menos, hija, dame el consuelo de no estar triste por mí", le dice Mariquita a Florencia.[15]

Gracias a Varela, quien acaba de volver de su misión en Europa para gestionar la ayuda de las potencias a Montevideo, recibe noticias directas de París; Héctor, el hijo adolescente del dirigente unitario, se veía todos los días con Malena. Pero Mariquita sigue indecisa, ¿viajará o no?, ¿y por qué no instalarse en el Janeiro en lugar de cruzar el océano? Así estará lejos de la política oriental que la aburre tanto que ya ni siquiera lee los diarios...

El sitio de Montevideo empezaba a sentirse; en lo de Cavaillon no hay plata, falta de todo y la dieta cotidiana es a base de porotos y pescado; la gente pobre come hasta caballos, gatos y perros; hay hospitales de heridos y convalecientes atendidos por damas de caridad; nadie tiene dinero; contra el frío el recurso son los mitones que ella usa todo el tiempo; almuerza en la cama café con leche; tiene ratos muy tristes, aunque evita hablar de eso porque hay quienes están peor, mucho peor, como es el caso de la esposa de Olazábal, en la miseria con sus hijos y la dignidad a cuestas. Se propone ayudarla. Clama por cambios de actitud: "que los hombres puedan trabajar y no se maten".

Siempre alerta a lo que ocurre en Buenos Aires, lamenta la muerte de misia Casilda Igarzábal de Rodríguez Peña, una contemporánea suya, muy patriota. Su marido, Nicolás (1775-1853), revolucionario y logista del año 10, vive desde hace más de veinte años en Chile, aparentemente con otra mujer.

"¡Qué cosas hace la Providencia! ¡No darle el cancro (cáncer) a él...! Ahora se casará con la Pichona, el niño. ¡Qué mundo! En fin, para vivir rabiando y penando, mejor es que se haya muerto. ¡Cuánto le agradezco a Dios el estado de calma en que ha puesto mi corazón... Porque es preciso amar y ser mal correspondida para saber lo que es dolor, pero se llega uno a curar también, porque no hay nada eterno sino el dolor de perder un hijo. Lo demás se adormece al menos".[16]

Entre tanto en la ciudad sitiada que los poetas apodarían más tarde "la Nueva Troya", en alusión a los nueve años que duró el asedio, como en la urbe homérica, no faltaban las diversiones. Mariquita y otras señoras fueron invitadas por el almirante francés a un recibo a bordo de la fragata enseña, navío lleno de comodidades, desde la sala "divinamente amueblada del Almirante", hasta las cocinas donde "el olor de lo que hacían resucitaba". Ella disfrutó de todo y ni siquiera se mareó: su temor a las largas travesías debíase más al recuerdo amargo de lo ocurrido a Martín, su primer marido, que a dolencias físicas. La seducía, como siempre, el arte de vivir a la francesa. Las comidas a base de jamón, ostras, salmón, pasteles, dulce, manteca y bizcochos le parecían una exquisitez, pero de ahí a atravesar el Atlántico había diferencia.[17]

Julio regresó de Francia ese invierno del 44, "tan hombre, tan barbado y tan elegante", con los baúles llenos de paquetería. Abrazó a su madre en Montevideo y partió a Buenos Aires, donde asistió a fiestas memorables —como el gran baile de los Irigoyen—, visitó tertulias y divirtió a todos con su humor cáustico y los relatos acerca de París y de las parisienses.

Justa Foguet, encantada de poder conversar con alguien tan entretenido, le preguntó qué pensaban los franceses de las argentinas: "me dijo lo que yo había oído a otros y que no me sorprende ni me ofende, que muy pocos había que supieran que en Buenos Aires se vestía con la misma elegancia que en París y mucho menos que hasta a las señoras les fuese familiar la literatura francesa (...) Entonces le dije que les contara que las señoras argentinas habían olvidado a Voltaire, Volney y hasta a Madame de Staël, que conocían a Víctor Hugo, Lamartine, Dumas, Sue, de la Viña, Kock, Gorlan, Marcelina Valmore, Orago, Ducange, Nodier, Balzac y en fin, por no parecer pedante no alargué la lista de los autores conocidos por nosotras y el conocimiento que tenemos de los apuros en que la oposición pone a M. Guizot y del jesuitismo del conde de Montalembert, Bartelemi (sic) y Compañía. He dicho antes que no me sorprende ni me ofende el que ignoren lo que somos, que nada va de aquí que pueda inspirar deseo de conservar, ni industria, ni literatura, ni más que lana, cuero y sebo, que nosotros nos interesemos y nos divirtamos con saber lo que hace una nación que marcha a la cabeza de la civilización nada más natural y con todo deseo que les diera usted algunos manotones para castigarlos del olvido en que nos tienen aunque el trato con usted y Magdalena les enseñará a conocernos"...

Justa opinaba con razón que el interés que despierta una nación corre parejo a la complejidad de los productos que exporta. Muy pocos argentinos estaban entonces en condiciones de observar algo semejante. También Luisa Sánchez, la única hija de misia Justa, era una joven refinada que a los veinte años empezaba a destacarse como pintora. Pero madre e hija padecían constantemente de enfermedades y de males indefinidos; hastiadas de la vida cotidiana, refugiadas en lecturas cada vez más complejas, vivían aisladas del resto de la sociedad federal. Por eso agradecían a Mariquita... "el don del cielo con que usted sabe tratar con dedos de rosa las llagas del corazón y del alma para mejorarlas si es imposible cerrarlas (...) Por qué no nació usted en el siglo de Luis XIV y marquesa o condesa?", le preguntaba Justa "¿Quién citaría las cartas de la Sévigné y la Maintenon si hubiera sido usted su contemporánea?"[18]

En cuanto a Julio, felizmente parecía haber madurado; al tanto de que no le alcanzaría su herencia para llevar el tren de vida al que se había acostumbrado en su niñez, dudaba entre viajar a Quito, con Mendeville, o instalarse en Montevideo como comerciante. A su modo padecía de *spleen*, el mal del siglo. Triste, cansado, con las primeras canas en el pelo, se confió a Florencia:

"¿A la verdad qué hago yo acá? Vivir, ¿pero de qué modo? Con cuatro trapos que apenas dan de que subsistir sin asegurarme ni posibilitar mi porvenir. Hoy gano un peso, mañana lo gasto sin gusto ni placer, y los días pasan, los años vuelan y no salgo de una medianía. Si supieras qué difícil es ganar, improvisar una fortuna, levantarse de la nada hasta llegar a la altura que hemos sido criados". ¿Qué opinaba francamente Florencia de su proyectado viaje a Quito?: "Algunas veces lo he hablado con mamá, pero ella siempre me dice que hemos de ser muy ricos! Yo no sé con qué".[19]

A Mariquita le costaba admitir que sus ingresos actuales le alcanzaban sólo para vivir bien, sin locuras ni extravagancias. En cuanto al viaje a Europa, se pospuso para el otoño siguiente. Mientras tanto se quedaría en Buenos Aires con los Lezica.

A lo largo de estos años la correspondencia entre Mariquita y Gutiérrez se mantuvo a un ritmo constante. Juan María, de regreso de Europa, se había instalado en Porto Alegre, donde se aburría soberanamente, falto de relaciones comparables a las que dejara en Montevideo. "He escrito muy largo para nuestra amiga Madame Mendeville y para mi familia", le dice Gutiérrez a Echeverría en febrero del 44. "En este momento llegan tus cartas y la de Gutiérrez", le informa Mariquita a Florencia.

Gutiérrez lamentó mucho no poder encontrarse con ella: "Hubiera dado cualquier cosa por estar en Montevideo a la llegada de Florencio (Varela) y de nuestra amiga doña Mariquita; mucho pudiera haber hecho a favor de nuestros negocitos una entrevista con esta señora bendita que se ha reservado escribirme sobre cosas que me interesan mucho desde Río de Janeiro".

En el Janeiro había por entonces amigos comunes. Uno de ellos, Teodoro Vilardebó, escribió a Juan María: "En mi anterior decía a usted que siempre que doña Mariquita Mendeville al pasar por aquí me diese alguna cosa para usted se la remitiría en la primera ocasión que se me presentase. Hasta ahora doña Mariquita no ha aparecido y tal vez se vaya desde Montevideo directamente a Francia".

De Gutiérrez a Echeverría (Pelotas, 6-12-1844: "Entregue esta carta si está ahí la Señora". De Echeverría a Gutiérrez (Montevideo, 24-12-1844): "Doña Marica se fue a Buenos Aires. Irá la carta".[20]

Mariquita pasó el verano del 45 en su casa de Florida y en marzo estaba de nuevo en la capital oriental, firmemente decidida a irse al Brasil. Pero Julio, recién instalado con una tienda, no quería acompañarla y los amigos la prevenían acerca de los mortales calores del trópico. Estaba sobre ascuas. ¿Qué opinaba don Gervasio Rozas, siempre entendido y prudente?, en otras palabras, ¿debía marcharse o no del Río de la Plata cuando se preparaba una nueva intervención europea?:

"Te aseguro que me alejo cuanto es posible de la política, porque estoy aburrida", le dice a Florencia, pero esto era una verdad a medias: todos sus amigos de Montevideo tenían un fuerte compromiso político en favor de la intervención. La carta está fechada el 10 de marzo en Montevideo. Mariquita ignoraba que el día anterior había muerto repentinamente su yerno, Faustino. Esto trastocó sus planes y la devolvió de inmediato a Buenos Aires.[21]

Moría Lezica, sin haber logrado la rehabilitación moral completa de la quiebra de 1835, que llegaría un año después de su fallecimiento. Su viuda y sus niños seguirían viviendo en la casa de la calle Cuyo y la relación entre madre e hija se estrecharía todavía más.

Entre los pocos rastros dejados por Mariquita de la temporada que pasó en Buenos Aires acompañando a Florencia en su dolor está la carta dirigida a Echeverría, el cual, siempre escaso de dinero, le había dado algunos objetos para que se los vendiera:

"Querido amigo: Usted pensará que lo tengo olvidado. Ni por un momento lo crea usted; pero imposible de sacar partido de su pacotilla. No puede imaginarse al punto que se miran las cosas de tal origen y desde que hay tropiezo tan clásico no quieren hablar, y desprecian todo. Tenga usted un poco más de paciencia, no se ahogue en la arena. Cobre valor, puede ser que esto se pueda realizar mejor y en este caso tendré mucho gusto de servirlo pues soy muy su amiga.

"Vamos a la gloria. El señor Rugendas, a quien ha visto usted en casa de Pepita, habría tenido mucho gusto de conversar con usted, pero como no hay nada más difícil que hacer apartes en nuestra sociedad, porque ignora los placeres de la libertad social, se quedó muy calladito. Este señor es un admirador de usted y es *voto*. Es un hombre de alta concepción. Conoce nuestra América, se ha identificado con ella, es un americano indulgente y amante de nuestro país: tengo el placer de hablar con él de todo y me ha contado que ha hecho dos cuadros, tomando sus *Rimas* de usted por objeto. De modo que usted tendrá este lauro sin sospecharlo. Le he dado un ejemplar de sus *Rimas*, le he hablado de sus últimas composiciones de usted que aún no han visto la luz. Tiene una alta idea de su saber de usted y le admira y lo quiere por la idea que sus poesías le han dado de su corazón y sensibilidad. Considera perfecta la pintura que usted hace de las Pampas; él considera que usted concibió primero el paisaje y después tomó sus figuras como accesorio para pintar aquel. Mucho deseo que hable usted con él cuando vuelva. Yo le he hablado de usted con extensión, con el aprecio que hago de su juicio y talento. El publicará un viaje que será sin duda el primero de más valer para América. Ahora corre esta pobre Patria nuestra, toma vistas y golpes de dibujo para trabajar.

"Capítulo de Amor. ¿Cómo está el coloso de vapor? ¿Le ha enseñado usted a discurrir? ¡Siempre en el bayo!, ¿qué hace usted? ¡qué divertido estará! no se embrutezca usted por Dios, luche con el plomo que llueve sobre la imaginación, levante la cabeza, no se duerma, trabaje para ver los cuadros de Rugendas: qué bien hizo usted de ponerle María a la gaucha de su romance, este es nombre perseguido de la desgracia, ¡nombre fatal! Para una heroína desgraciada es el más a propósito. En fin, la desgracia está a la moda: qué me dice usted de Juanita Solsona! Hay para un poeta asunto. ¡Qué destino perverso! no hay que aspirar a la felicidad en esta indigna vida. ¿Ha conocido usted alguno dichoso? Sólo un instante para atormentarlo con la privación después del bien que ha poseído. Y en esta nuestra tierra, el mal viene en profusión y los consuelos para siquiera suavizarlos ningunos: ya es muy larga esta carta y muy llena de disparates. Escríbame y déle a Panchito su carta que me la mandará. Dígame lo que quiere que le diga al Viajero.

"Si ve a nuestras amigas las lindas y elegantes Rincón recuérdeme usted a todas con afecto y créame su afectísima amiga María S. de Mendeville".[22]

El autor de *El Matadero* estaba dispuesto a dejar "la vida

disipada y loca de los últimos meses y a trabajar"; había vuelto al largo poema titulado "El Ángel caído" y proyectaba ocuparse del ensayo, *Una mirada retrospectiva sobre el movimiento intelectual en el Plata desde el año 30 en adelante*, a fin de "inventariar lo hecho para saber dónde estamos y quiénes han sido los operarios". Tan depresivo como talentoso, precisaba de estímulo para ponerse a escribir. Y Mariquita era una excelente musa inspiradora que mezclaba hábilmente la realidad y el ensueño en dosis apropiadas para un poeta.[23]

La carta habla largamente de Mauro Rugendas. El artista alemán tenía unos 43 años cuando llegó a Montevideo, procedente de Chile, a fines de marzo de 1845. Alto y apuesto, se envolvía en una larga capa romántica. Venía dispuesto a hacer un álbum argentino, para el cual registró escenas costumbristas de la ciudad y de la campaña, los Andes, la frontera, los malones. Trató a Mariquita y a su círculo en los salones de Montevideo primero y luego en Buenos Aires. *Viajera a bordo del paquete inglés*, un delicado dibujo del artista cuyo tema es una mujer soñadora, de aire independiente, que viaja con una jaula de pájaros en la mano y una guitarra, sería, supone Bonifacio del Carril, una hija de Mariquita. Pero ninguna de las Thompson estaba por esa fecha en condiciones de hacer dicho viaje; la madre, en cambio, se trasladó precisamente entonces de la capital oriental a Buenos Aires. ¿Es ella la simpática viajera?

Rugendas pintó un retrato de Mariquita que se conserva en el Museo Histórico Nacional y está considerado como el trabajo de mayor importancia y jerarquía artística que ejecutó el artista alemán en el Río de la Plata: el único retrato individual al óleo que hasta ahora se le conoce en la Argentina, afirma del Carril. La pintó en ese otoño en que tanto dialogaron los dos, con el pretexto de *La cautiva*, acerca del vínculo entre la literatura y las artes plásticas, indispensable para describir la naturaleza exuberante del Nuevo Mundo.

El cuadro está ambientado en las barrancas de San Isidro, con la modelo sentada a la sombra de un ombú, el arbusto gigante de la pampa cuya originalidad no había pasado desapercibida a los ojos del artista. Ella aparece pequeña, frágil, delgada y esbelta, sin el *embompoint* característico de las matronas porteñas, con los largos bucles negros enmarcando el rostro de frente despejada, nariz fuerte, ojos vivaces. Viste sobriamente de seda oscura, mangas abullonadas y encajes en el escote y los puños. En gesto pensativo, sostiene la cabeza con el brazo que apoya en el muro, mientras la otra mano se abandona en el regazo. Tenía 58 años.[24]

Rugendas hizo amistad con otras personas del mismo círculo de Mariquita, como lo indica un bello retrato de Luisa Sánchez Foguet, quien se iniciaba por entonces en la pintura. Pero Mariquita y Mauro no pudieron viajar en la misma época a Montevideo y a Río de Janeiro como lo habían proyectado; su relación amistosa continuó sin embargo, a través de la correspondencia, hasta la temprana muerte del artista alemán en 1856.[25]

Entre tanto, la política rioplatense se complicaba: 1845 es el año en que se reanuda la intervención de Francia, esta vez aliada con Gran Bretaña, para reclamar se haga efectiva la libre navegación de los ríos que Rosas pretende controlar. En julio, la flota argentina, sitiadora de Montevideo, es apresada por la flota anglofrancesa; en agosto las potencias aliadas decretan el bloqueo de los puertos de la Confederación y de los uruguayos controlados por Oribe. En noviembre una flota aliada remonta el Paraná, y tras encarnizado combate, sobrepasa la defensa argentina instalada en la Vuelta de Obligado: el comportamiento de los defensores ha sido heroico, a pesar de lo cual los extranjeros tomarán contacto comercial con Corrientes, provincia que mantiene su oposición acérrima al sistema rosista, y donde el general Paz comanda una vez más el ejército. Con la ayuda de los extranjeros, los rigores del Sitio de Montevideo se atenuaron considerablemente.

En diciembre de 1845 Mariquita estaba nuevamente en la capital oriental, novedad comunicada de inmediato por Echeverría a Gutiérrez, cuyo exilio transcurría ahora en Valparaíso (Chile): "tenemos otra vez a doña Marica Thompson por acá y a Julio. Sé por ella que su familia toda está muy buena"; la noticia era tranquilizadora, pero la posdata inquietó a Juan María: "Me parece que pronto haré un viaje largo, larguísimo. ¡Sabe Dios si nos volveremos a ver!".[26] A pesar de su melancolía, el poeta meditaba cómo derrocar a Rosas. Tal vez, con la colaboración de Urquiza, el sueño podía convertirse en realidad. De estos y otros temas conversaría con su entrañable amiga.

Ella venía a Montevideo para instalarse por un largo tiempo; de ahí que sus pedidos a Florencia incluyeran desde su tina de baño y la vasija para los pies, hasta muebles y objetos queridos, como la mesa de la India, los floreros de rey Luis Felipe, macetas, alfombras, etc. Quería acompañar a Julio en su empeño por convertirse en comerciante de pro. "Como me visita cuanto hay de notable, quisiera que mi salita estuviera bonita". Habitaba en la calle Sarandí 144, una casa alquilada a los Lahitte.[27]

"Cuanto hay de notable" incluía a quienes entonces no lo eran aún, como era el caso de Domingo Sarmiento, quien proveniente de Chile llegó a Montevideo a fines de 1845, de paso para Europa y Estados Unidos. Gracias a una recomendación de Gutiérrez, visitó a Mariquita, cuyo encanto supo apreciar cumplidamente y trasmitir a la posteridad en forma algo indiscreta:

"La señora Mendeville, por unas palabras de Gutiérrez, me hizo procurar, nos hicimos amigos, pero tanto que una mañana solos, sentados en un sofá, hablando ella, mintiendo, ponderando con la gracia que sabe hacerlo, sentí... Vamos, a cualquiera le puede suceder otro tanto, me sorprendí víctima triste de una erección, tan porfiada que estaba a punto de interrumpirla y no obstante sus sesenta años violarla. Felizmente entró alguien y me salvó de tamaño atentado. Esto es solo para ponderarles nuestra amistad. Me ha atosigado de cartas de recomendación".[28]

Encantado de poder tratar a la legendaria dama, Sarmiento fanfarroneaba, como siempre. Para este argentino, vástago de un antiguo linaje empobrecido del interior, nada más codiciable que las galas de Buenos Aires representadas por Mariquita. Para ella, a los 59 años, uno menos de los que Sarmiento le adjudicaba, el audaz sanjuanino era un interlocutor agradable, digno de ser seducido en los términos que a ella le parecieran propios.

Apenas llegado al Janeiro, Sarmiento le escribió a su nueva amiga en forma tan fantasiosa como galante:

"Plaza de muy descortés y amigo poco afectuoso pasara, mi estimada Mme. Mendeville, si al llegar a Río de Janeiro y echar de menos los encantos de su sexo, sepultado aquí bajo cerrojo y celosías, no me acordase de usted la primera entre las que sacrifican a las gracias, y la última amiga que ha ocupado agradablemente mis recuerdos.

"Cuento con que el dador de ésta será mi compañero de trabajos y peregrinaciones, el joven López, muy admirador de usted, muy patriota y dotado de talentos que usted sabrá apreciar. Mi recomendación no contribuiría en nada a merecerle la grata acogida que dispensa usted a todos los que honran las letras argentinas, y me excusará de interponerla si no hallase mi vanidad lisonjeada en atribuirme la competencia necesaria para servir de introductor para con usted. Cuento con que este amigo le hablará de mí, y esta idea me hará creer que aún no soy eliminado de entre la escogida lista de sus relaciones.

"El primero de marzo continúo mi viaje y en todas partes la memoria de mi esclarecida amiga se unirá a la Patria que dejo atrás. Reciba usted, pues, todo el afecto de su servidor y amigo."

Pero el sanjuanino se apresuraba demasiado en materia de recomendaciones: Vicente Fidel López no necesitaba presentación alguna para Mariquita, amiga de sus padres desde los tiempos ya lejanos del Grito Sagrado, y cuyo trato había frecuentado él mismo, noche a noche, desde 1837, hasta 1839 cuando se alejó de Buenos Aires.[29] La *gaffe* del joven e irreverente provinciano no incomodó a Mariquita. Seguirían siendo amigos y a ratos adversarios, pero Sarmiento no integraría su círculo íntimo, tal vez porque era demasiado frontal o porque tenía mucha madre: el hijo de Paula Albarracín no precisaba una madre adoptiva, como era el caso de Juan María, de Juan Bautista o del mismo Esteban.

De una manera u otra Mariquita era mención casi obligada en

las cartas que intercambiaban sus jóvenes contertulios. En efecto, el 7 de enero de 1846, Gutiérrez le escribe a Echeverría: "Me habla de usted mi amiga Madama Mendeville y no me dice que esté usted enfermo, prueba que sus quejas de mala salud no son sino coquetería." Dos días después vuelve a comunicarse a fin de averiguar cómo ha sido recibido Sarmiento en Montevideo y cómo la están pasando entre el Sitio y el Bloqueo. Se había preocupado por la salud de Esteban "hasta que Madama Mendeville me habló de usted en términos que no me dejaban duda acerca de la buena salud de esa personita".

Gutiérrez, contraído a la publicación de la *América poética*, había encontrado muy bellos los poemas de *El Ángel caído*. Pero no era la literatura su ocupación excluyente: lo mismo que los otros exiliados argentinos, trabajaba "como un changador" para ganarse el pan, sostenido por la esperanza de volver a la patria; "esta idea nos aligera el trabajo y nos da aliento para la tarea más penosa de la vida: esperar."

Su amiga Mariquita aguardaba también en Montevideo. ¿Qué esperaba ella? Sin duda el fin de la guerra, el reencuentro con los amigos y parientes dispersos en ambos mundos, el restablecimiento de un gobierno argentino de su gusto y que al menos alguno de los sueños de su juventud empezara a volverse realidad en su querida patria. Tenía muchos años de espera por delante y la mayoría de sus proyectos no se concretarían jamás.

NOTAS

[1] Lucio V. Mansilla. *Mis Memorias*. Buenos Aires, Eudeba, 1966, p. 147.

[2] Guillermo Gallardo. *Juan Pedro Esnaola, una estirpe musical*. Buenos Aires, Theoria, 1960. p. 60.

[3] *De Candelaria Somellera a Mariquita*, s/f, AZL. Véase el *Diccionario biográfico de mujeres argentinas*, de Lily Sosa de Newton, Buenos Aires, Plus Ultra, 1980.

[4] *De Manuela Gómez de Calzadilla a Mariquita*. Buenos Aires, 25-9-1841, copia del original en el AZL.

[5] *De Magdalena Th. a Florencia Th.* Cartas del 20-4 y del 4-5-1843.

[6] *De Albina Th. a Florencia Th.*, París, 13 de octubre, s/f, [¿1843?] original en el AL.

[7] *Cartas de Magdalena Th. a Florencia Th.*, escritas en París el 20 de abril y el 29 de junio; aunque no precisen el año, corresponden a 1843.

[8] *De San Martín a Tomás Guido*, Grand Bourg, 20 de setiembre de 1845, citada por Felipe Barreda Laos. *General Tomás Guido. Revelaciones históricas*, Buenos Aires, 1942, p. 380.

[9] *De Pilar Spano a Florencia Th.* Río de Janeiro, 4 de mayo de 1843; original en AL.

[10] *De Malena Th. a Florencia Th.*, París, 30-12-s/f (¿1843?); *ibidem* 2 de marzo, s/f (¿1844?); originales en AL.

[11] *Cartas, op. cit.,* p. 58.

[12] Cfdo. Pastor Obligado. *Tradiciones, passim.*

[13] *De Magdalena Th. a Florencia Th...* París, febrero (¿1844?).

[14] *De Carlos Mendeville a Florencia T.* París, Institut Jacotet, Passage Saulnier N° 13, 20 de setiembre de 1840. *Ibidem*, 20 de octubre de 1841; originales en el AL.

[15] *Cartas, op. cit.,* p. 100.

[16] *Ibidem,* p. 107 y ss.

[17] *Ibidem,* p. 102.

[18] *De Justa Foguet de Sánchez a Mariquita.* Buenos Aires, 8-9-1844, AZL.

[19] *De Julio Mendeville a Florencia Th.* Montevideo, s/f., AZL.

[20] *Archivo del doctor Juan María Gutiérrez. Epistolario.* Buenos Aires, 1981, tomo 1, p. 282 a 286.

[21] *Cartas, op. cit.,* p. 113.

[22] *De Mariquita a Esteban Echeverría.* Buenos Aires, 19 de abril de 1845, original en el archivo de Juan Isidro Quesada; parcialmente trascripta en *Cartas,* p. 329, y por Dellepiane.

[23] Arrieta, *op. cit.,* t. II, p. 106.

[24] Bonifacio del Carril. *Mauricio Rugendas.* Buenos Aires, Academia Nacional de Bellas Artes, 1966, p. 20 y ss.

[25] *Ibidem,* p. 35. La profesora Richart, autora de una biografía en alemán de Rugendas, alude a esa correspondencia.

[26] Archivo Gutiérrez, *op. cit.,* p. 34.

[27] *Cartas, op. cit.,* p. 114.

[28] *La correspondencia de Sarmiento.* Primera serie, Tomo 1. *Años 1838-1854.* Poder Ejecutivo de Córdoba. Córdoba, 1988, p. 111.

[29] *Cartas,* p. 363.

[30] *Archivo del doctor Juan María Gutiérrez. Epistolario.* Buenos Aires, 1981, tomo II, p. 32.

17

VIAJE AL JANEIRO

1846-1847

La ida a Europa con que soñaba Mariquita desde siempre se redujo finalmente a una temporada en Río de Janeiro. La impulsaba la amistad de los Guido que desde 1841 residían en la capital del Imperio, donde Tomás desarrollaba una activa labor diplomática para prevenir la intervención extranjera en el Río de la Plata. Las ostensibles diferencias políticas no enturbiaban esta amistad.

Varias razones justificaban el viaje. Por lo pronto, la intervención anglofrancesa en el Río de la Plata iniciada el año anterior implicaba algún riesgo para Mariquita. La familia de Europa estaba alarmada. Tresserra le escribió desde Barcelona el 21 de enero (1846) sin saber su paradero, pero suponiendo que los sucesos de los que era teatro Buenos Aires habrían decidido su partida para Montevideo. "No pasa un instante que no nos recordemos la situación de usted y de la pobre Florencia, rodeada de tantos niños. Por Magdalena supimos había usted enviado a Julio a Montevideo ¡ojalá esté usted tranquila! Chiron salió para las costas de Africa mandando el buque L'Abeille que formó parte de la expedición anglo-francesa con arreglo a los últimos tratados para dar caza a los negreros. Aunque Magdalena ha quedado viuda la familia la cuidará pues es buena gente toda".[1]

Pero la dama que en Europa imaginaban apabullada por los acontecimientos políticos continuaba empeñada en ponerle encanto a la vida:

"Cuando pienso me desespero de mi suerte, y para no matarme, es preciso aturdirme, así busco recursos, y el piano es uno. Estudio mucho y toco mucho más, y en las tertulias me ruegan que toque, porque dicen que lo hago bien, así, para no repetir, quisiera algunas valsas, y si hay unas cuadrillas, las agradeceré mucho", le decía a Florencia que pasaba ese verano en San Isidro.

Las tertulias más concurridas fueron ese verano montevideano las de dos francesas, Madame Verley y Madame Nouguié, que rivalizaban por atraer a la élite local. Cuenta Mariquita que ese Carnaval, invitada con su hijo a una tertulia de disfraz, "Julio y yo hemos decidido disfrazarnos, el de Adán y yo de Eva porque tenemos una parra, que tiene unas hojas, aunque no uvas. Así tiene todas las casas ocupadas con este baile que será este miércoles". Pero en materia política el panorama es menos halagüeño: "Aquí, hija, todos ven visiones. Muy satisfechos, que todo va a ser una maravilla, yo nada creo. Siempre esperando quién me lleve a ver el Janeiro de balde para sacar algún provecho de esta temporada".

Tampoco Montevideo era un lugar seguro, debido a la lucha facciosa entre las legiones de extranjeros y a la debilidad del gobierno. Con motivo de una revuelta ocurrida el 1 de abril de 1846, cuenta Mariquita, "yo andaba como muchas otras en las tiendas, cuando oímos que se habían arreglado, de modo que no tuve tiempo de tener miedo". Para tranquilizar a Florencia, mencionaba los cuatro consulados y los buques de guerra extranjeros donde podría protegerse en caso de peligro. Pero como las posibilidades de arreglo eran casi nulas, se temían nuevos alborotos, más víctimas y riesgos renovados para los extranjeros: "Ya sabes que rodeada de los míos y con marido tenía miedo; considera lo que será ahora. Sólo Dios sabe los días que pasé. Mi salud lo paga".

Con pluma fácil describía los acontecimientos: "Los negros, borrachos, con fusiles, sin oficiales para dirigirlos, a su libre voluntad: ¡Viva Rivera! ¡Mueran los argentinos! ¡Muera Pacheco! Aquí tienes el grito que oías por todas partes, y tiros y más tiros, hasta que los ingleses y franceses, después de tres días, empezaron a poner orden (...) Así vamos, enredos y embrollos, corvinas y porotos, pobreza y lágrimas, y los malvados burlándose de la humanidad".

Vivía por entonces en la casa alquilada a los Lahitte, con una bonita vista sobre el puerto, pero en exceso húmeda y fría para la temporada invernal. Ahora sí quiere viajar y mientras aguarda la estación más propicia y calma reconforta a Florencia: "No te abatas, ten paciencia para vivir para tus hijos, que con la vida hay esperanzas de vernos (...) No tengas cuidado, aunque vaya al infierno me he de hacer mi circulito".

La otra razón para irse al Janeiro era de índole económica. Quienes venían de allí elogiaban la calidad y baratura de la comida —bananas, dulces y helados especialmente—, del lavado de ropa y el alquiler de viviendas. Asegurados los "goces animales, el calor no me asusta, ni la soledad tampoco", reitera Mariquita. Por cierto era difícil imaginarla sola: ¡en Montevideo visitaba por entonces 41 casas!

Quería viajar acompañada por Mariana, una mujer de confianza, poco simpática pero seria, "¡libre del amor y el mareo." Barbarita, su actual criada, "una cabeza que no está en sí", tiene su casa en completo desorden, "porque cuando las mujeres andan en el amor, ya se acabó, es inútil pedirles orden y atención". En realidad, la joven había venido de Buenos Aires embarazada: "aunque me ha pedido que no te lo diga por las criadas de ésa, guárdale el secreto que según las apariencias no será fácil guardarlo mucho tiempo".

Se queja ahora del peso de los años: "Yo que no he hecho mal ni a un perro, y ser tan desgraciada, y a mi vejez andar huyendo de mi país y sin comodidad". Para imaginarse que es feliz y hacer reír a su hija, le cuenta historias de criadas, medio ciertas, medio inventadas.[2]

La navegación a Río de Janeiro, concretada finalmente en agosto de 1846, fue corta y afortunada. En sólo tres días llegó Mariquita a la capital del Imperio. Era su primer contacto con la naturaleza pródiga del trópico y con la bella ciudad, escala inevitable del trayecto a Europa de la que tantísimos amigos le habían hecho el cuadro paisajístico y de costumbres.

Su primera impresión es favorable, "sosiego, hija, es una felicidad"; se vive bien con la mitad del dinero que en Montevideo, al principio en un hotel muy agradable donde puede bañarse a la hora que le dé la gana, en un cuartito que hay bajo la escalera. Los amigos le mandan coche y se empeñan en presentarla a la emperatriz, que es una dama agradable y atenta. Siente por su parte que el hecho de ser ella la esposa del encargado de Negocios de Francia en Ecuador le significa cierto reconocimiento social en la Corte de don Pedro II.

Pero las observaciones sobre el Imperio son limitadas. Nada acerca del sistema político, ni de la subsistencia de la esclavitud, ni de las relaciones internacionales. Ningún retrato de don Pedro II de Braganza, el majestuoso, joven e intelectual emperador de Brasil, y apenas un comentario acerca de su esposa, la amable Teresa de Borbón. Esta clase de reflexiones, que seguramente las hizo Mariquita, se habrán dirigido a Gutiérrez. Pero en las cartas familiares, que es lo único que quedó de este período, todo se reduce a algunas descripciones del salón de baile del Casino, con sus espejos, arañas, sofás y criados de librea sirviendo café y helados. También a las dificultades para instalarse con comodidad cuando decide alquilar una vivienda. Como juega a la lotería por poco dinero, le dice a Julio: "pronto veré de corresponderte algo para tus mozas o negocios. Hoy no puedo escribirte más porque estoy loca de calor".[3]

Tanta tranquilidad la ha favorecido físicamente. "Me sale pelo nuevo y negro (...) ya quisieras mi pecho para un día de fiesta", le dice a Florencia. Ha engordado, no se le ven los huesos y puede lucir los escotes y mangas cortas que impone el calor tropical en esa temporada en que las mujeres se visten de rosa, ante, celeste, gasa o sedas para reuniones de importancia.

"Aquí soy la vanidad de los argentinos (...) Hay tres barrios adonde quieren me mude (...) Cuando voy al Casino o a las reuniones me dicen: 'compóngase, déjenos airosos'." Sale mucho, aunque no tanto como Pilar Spano, quien vive muy ricamente, siempre de paseo: "no te puedes hacer una idea de la vida que hace esta familia".

Pero, como todo proscripto, extraña su tierra y llora al recibir dibujos y cartas de los nietos Lezica. En la ópera se enternece recordando a Esnaola; Norma, su favorita, le trae a la memoria al Barón Picolet cuando cantaba fragmentos de ella en las tertulias musicales. "Anoche lloré porque era Ana Bolena y cantó lo que le enseñó el conde a Malena (...) Pero a pesar de la ópera y las montañas, suspiro por mi tierra y mis amigas. Mil memorias a Jenara, Petrona y su madre, Peña y su señora, doña Lucía, las de Casamayor, doña Justa, Mamá Luisa y José y Marcela (...)." Embargada por la nostalgia, hasta el porteño barrio suburbano de Barracas empieza a parecerle lo mejor del mundo: "¡Cómo me acuerdo de mis amigas todas! ¿Qué montañas valen un rato con las de Larrea? Diles que no se achicharren y se pongan viejos y viejas, que allá voy yo a consolarlas con mis locuras".

Desea que la guerra concluya pronto para volverse. Es ahora, por otra parte, muy prudente en política. Advierte, por ejemplo, los trastornos que causan al general Guido, representante diplomático del gobierno de Rosas, las locuras que escribe José Mármol. El autor de *Los cantos del Peregrino*, durante su reciente estadía en la capital del Brasil había merecido la protección del general, quizás porque según un rumor imposible de probar el joven proscripto era un hijo natural suyo, anterior a su boda con Pilar Spano. Mariquita, por su parte, inclinada también a proteger a poetas y periodistas que eran opositores de la Federación, ha debido desprenderse de los "locos" que la rodeaban en Montevideo y, cuando le preguntan por Manuelita Rosas, pondera su amabilidad pues recibe a todos y sólo cumple lo que le ordena su padre.[4]

Mariquita cumplió 60 años en Río de Janeiro. Que ella estuviera viviendo sola fuera de su país era motivo de preocupación para sus hijas en Europa. Malena escribía desde Francia muy disgustada porque imaginaba a Mamita expuesta a mil peligros sin los cuidados afectuosos de Florencia. Tal vez le resultaba difícil reconocer que su madre se mantenía casi más joven que ella y sus hermanas.

En efecto, Albina, confiaba resignada a Florencia: "Ya pasamos los 30, edad en que empezamos a ponernos viejas, pero no importa estar como un zapato con tal que mis hijos sean felices".[5] En cuanto a Clementina, a los 40 años parecía más vieja que Mariquita y ya era abuela: su nieto, Enrique Deonnat, nacido en 1847, era hijo de Enriqueta Loreilhe Thompson, que a los 17 años fue madre y casi de inmediato enviudó.

"Mi triste estrella parece que se refleja en toda mi generación. No hay más que penas en la vida", le comentó Mariquita a Florencia respecto de las tristes circunstancias en que nació su primer biznieto en Burdeos. "Quiera Dios que tengas tú alguna tregua. Me consuela la idea del *cuadro, sin darle toda la intimidad que puede*, es un ser sobre el que se puede contar, que sabe ser prudente, excusar, complacer a todos los que sea preciso tolerar —cosa que no conocía aquella ortiga— (...) Creo que has mejorado, pero como para nosotras no ha de haber rosas sin espinas, hay su miedito. ¡Lo que deseo verte! ¡Y a tus hijos! Cuidarlos es lo primero."

El *cuadro* de que hablaban madre e hija en su código íntimo era un pretendiente de Florencia. Esta viuda de 34 años había recibido una declaración de amor, nada menos que de don Gervasio Rosas (45), gran hacendado, dueño de la estancia El Rincón de López en el Salado. Era soltero: sus largas relaciones amorosas con damas encumbradas de la sociedad no se concretaron en matrimonio, sea porque ellas ya estaban casadas —como fue el caso de Juana Ituarte Pueyrredón de Saénz Valiente— o por otras razones. Ahora se había enamorado de Florencia, una belleza rubia, de dulzura excepcional, muy musical y siempre rodeada de admiradores en su tertulia cotidiana. La atractiva viudita consultó a su madre.[6]

No era fácil aconsejar en tal circunstancia a Florencia, cuyo matrimonio había sido infeliz y estaba ahora abrumada por dificultades económicas y pleitos familiares además de la responsabilidad de criar a seis niños. Su cuñado Tresserra, en viaje de negocios a Buenos Aires, se espantó ante la sola posibilidad de ese romance, y como había asesorado a Florencia en sus problemas económicos, se permitió rogarle: "por amor a Dios, por amor a tus hijos y por cariño que me tengas que te guardes de D.G...".[7]

Pero Mariquita para aconsejar a su hija desplegó su amplia experiencia de la vida y empleó su lenguaje más sutil:

"¿Qué santo te ha librado de tal desgracia?", pregunta y agrega con referencia a don G...: "Es una persona formal, que se puede contar con ella para todo, un apoyo verdadero para una mujer. Creo que sabe amar con pasión, con delicadeza, que si se extravía en el modo es con el deseo siempre de finura. Muy al corriente de nuestros gustos, muy a nuestro modo de pensar y sentir. Lo veo muy hombre de bien, muy leal, muy caballero, capaz de considerarte, *de adorar a tus hijos*, haría un estudio de considerarlos y quererlos".

Funda esta opinión "en su conducta con una familia que tú conoces (...) Con esta misma franqueza te diré que lo que me hace meditar es que en esta familia, aun los más suaves, tienen dureza y rigor para nosotras, que somos compasivas y tan sensibles que no podemos oir cosas duras sin enfermarnos. Lo que a ellos les parece nada, y justicia tal vez, nos aflige a nosotras. Todos lo creen mucho más suave que a los otros. Esto no puedo saber hasta donde va. Ya sabes la variedad con que se habla. Otra cosa también te diré: he reparado que los hombres de esa familia han tenido a sus mujeres enfermas de una misma enfermedad: temo que sea en la sangre. No sé. La querida del sujeto también tuvo el mismo mal".

Los Ortiz de Rozas parecen no tener secretos para Mariquita, desde los males padecidos por sus esposas y amantes, hasta esa cuestión de la sensibilidad, tan decisiva para la convivencia y de la que una y otra familia representan un prototipo histórico. Pero no da consejo de valor absoluto: ella misma siente haber fracasado en el matrimonio. Por otra parte, no hay nada más triste que una mujer sola, como es su caso y el de su hija:

"¡Si supieras con qué envidia veo un buen marido! Y lo que tiemblo de darte un consejo, yo, que soy tan infeliz, y que he sido acreedora a otra suerte. Tiemblo, pues de decirte nada. Pero piénsalo tú, no perderás nada en su estimación aunque te vea incierta. Es muy prudente y vivo, comprende todo muy bien. El estará tan temeroso como tú, porque es hombre de bien y si piensa en una cosa formal, sabe bien lo que es. Trátalo, júzgalo tu misma. Yo adivino lo que pasa en su corazón como si lo tuviera en la mano. Quiso a una mujer con quien tienes semejanza y cierto, eres el ideal de su pensamiento, eso lo creo. Sin duda que pocos partidos te ofrecerán, por otra parte, más garantía de ser feliz, y de mirar por tus intereses como nadie, y de sacrificarse por tus hijos."

Mariquita es partidaria de que su hija conserve la libertad, bien inapreciable que da la viudez, y hasta le propone venirse al Janeiro a vivir todos juntos. En cuanto a Gervasio, conviene mantenerlo en calidad de agradable y provechosa amistad, sin arriesgarse en un segundo matrimonio, "sabe hacer un favor como nadie, es muy caballero". De cualquier modo, como enamorado es preferible a B., inicial que oculta a otro de los íntimos de la familia, quizás al Barón Picolet.[8] Y a juzgar por testimonios posteriores, Florencia siguió al pie de la letra el consejo materno.

Entre tanto Mariquita, sabia a la hora de aconsejar a otros, padecía en su interior un torbellino de sentimientos encontrados: la relación con Mendeville, limitada al intercambio epistolar y al envío de una pensión, atravesó mientras estuvo en Río de Janeiro una grave crisis. Jean-Baptiste insistía en que Florencia le enviara a dos de sus hijas para educarlas en Quito; les pondría aya y criada y las enviaría a un colegio francés superior a los de Buenos Aires; el viaje no era de temer: indígenas bien adiestrados llevarían alzadas a las niñas por la áspera geografía ecuatoriana, de Guayaquil y los pantanos bajos de la costa, a la alta meseta donde se había edificado la capital. Trasladarse a lomo de indio era menos penoso que hacerlo, como los adultos, a lomo de mula.

Tanto había mencionado Mendeville la eventual llegada de sus nietastras, que estaba convertido en objeto del ridículo para la sociedad local y, como no se atrevía a adoptar a las huérfanas de buena familia que le ofrecían, se conformó con dos indiecitas, humildes, afectuosas, agradecidas.

A Mariquita toda esta historia le resultaba absurda, hiriente, agraviante. Quince años después de su separación, Jean-Baptiste, su segundo gran amor, no había sido olvidado. Tampoco él era indiferente a las andanzas de su esposa criolla, cuya vitalidad resistía incólume el paso de ese tiempo que a él lo sumía en cambio en depresiones y melancolías. Insistía ante Florencia:

"Te aseguro que si este Quito ofreciera algún halago las hubiera convidado a tu madre y a ti viniesen a juntarse conmigo; mas cuando tienen del otro lado de la balanza la Francia, aunque no fuera sino Buenos Aires, no hay que pensar en hacerles una proposición disparatada. Los caminos éstos no son para los que han tenido un solo instante la idea de ir a gozar de los caminos/ferrocarriles (...) Estoy más resuelto que nunca a trabajar sin descanso para lograr mi intento que es juntarme con la familia en donde ella esté y lo más seguro para mí en esto de familia es necesariamente tu madre, tú y tus hijas, pues los varones casi siempre toman distintos rumbos por el comercio, los empleos, el casamiento, cualquier motivo los aleja, pero las mujeres quedan."

En caso de atreverse a venir, las niñitas estarían "mejor de lo que estuvieran tú y tus hermanas en su juventud, porque quiso Dios que viviésemos siempre sin orden en esa época. Otra cosa te diré que no teniendo ahora, como en aquellos tiempos, nada que me distraiga, yo mismo tendré cuidado de mis hijitas y cuando nos juntemos ellas mismas te dirán que nadie se atrevió a tocarlas con un dedo, ni a faltarles en nada. Ya sabes que en este particular soy muy delicado y que ni a vosotras, ni a mis hijos, he podido jamás aguantar que nadie los incomodara por nada".[9]

Un año después, agosto de 1846, Mendeville escribía quejoso; tenía todo dispuesto para recibir a las Lezica, pero su confianza disminuyó un poco, y cayó por fin "al leer en una carta de tu madre una frase de broma bastante ridícula con respecto a que iba a salir tu hija mayor Malena. Entonces llegué a hacerme cargo que esta niña era ya grande y que la querían ustedes mucho. Mas como yo no me fijé nunca al ofrecerte de tomar a mi cargo una o dos de tus hijas en que me mandases las grandes sino las muy chicas, confieso que tu silencio y la carta descabellada de tu madre me han contrariado". Reitera la sinceridad de sus sentimientos al invitar a las niñas, "porque parece la primera necesidad del hombre cuya edad avanza, el amar a las criaturas; no te ocultaré tampoco que por ser tuya, la había de querer más. Tú y tu madre habéis juzgado que no podía ser, gran provecho les haga: mas no decanteis tanto la falta de comodidades y diversiones ya que os presentais tan tercas."[10]

Los siguientes párrafos de esta carta, prolijamente cortados en el original, fueron quizás los que enfurecieron a Mariquita: "tu madre a los sesenta años tener aún ciertas (...) lo sumo de la ridiculez (...) Yo mi buena Florencia he entregado mis armas de buena fe. El campo, la lectura, el deseo de ganar cuatro pesos para mis últimos días que quisiera ir a pasar en Francia, son las solas ideas que tienen cabida en mis sesos".

Pero Mariquita se indignó más aún con estas explicaciones, en las que sólo veía egoísmo y olvido; ¿cómo confundir, por ejemplo, a Enrique, el mayor de los Lezica, de doce años de edad, con Malenita de sólo cinco? Ni la distancia, ni el tiempo trascurrido justificaban el error. Puesto que para eso ella escribía tantísimo y trasmitía en sus menores detalles la información familiar.

"Siempre me toma por bestia", murmura enfurecida, mientras repasa sus desdichas y hasta se pone mal del hígado como le sucede si se disgusta. Todo concluirá, supone, enviándole de vuelta a Carlos, el otro hijo de su segundo matrimonio, para que se haga cargo de su educación. ¿Qué hacer sola y con ese hombre que busca el modo de matarla?, se pregunta. "Mejor estás viuda, Florencia, tiembla de volver a casarte (...) Cada carta de Mendeville me quita diez años de vida".

"Qué se puede pensar de un tal hombre, Dios eterno? Parece imposible que sea tan malo con quien no le ha hecho sino beneficios. Lo peor es que, aunque cuando recibo una carta suya me dispongo a leerla a sangre fría, no puedo. Hay tanta perversidad en este corazón para mí, que no puedo ser insensible, no puedo, y se saldrá con la suya de matarme de un pesar y después se pondrá de luto por su amada durante diez años. ¡Qué fatalidad me hizo conocer a este hombre! ¡Cuántos males a toda mi familia y a toda mi generación! ¡Qué placer tan atroz de humillarme, de buscar un ridículo para colgármelo, de malquistarme con personas distinguidas, de quienes he tenido pruebas bien grandes de todo lo contrario! ¿Se puede dar un alma más negra? Y todo esto, porque no le mandan a tres mil leguas dos niñitas para divertirlo. Demasiado abusa de tu prudencia y se burla de mi ponderación. Lo mejor es que supone que yo le he dicho lo que no he pensado, y a mí misma me manda la carta ¿no ves hasta dónde se puede inventar? La carta a mí es ponderarme sus deudas, de modo que veo claro que lo que busca es un pretexto para quitarme esa pensión que me cuesta lágrimas de sangre y que sólo mi pobreza me hace sufrir y no anticiparme, yo misma, a abandonarla, harta de tantos malos ratos. (...) ¿No es admirable que veintiséis años, día a día, ha sido peor para mi este hombre? Ya vez que poco le incomodo y cuanto inventa para atormentarme. Dime cómo tiene valor para mandarme la carta abierta, fraguada sobre mentiras pues verá que ni oblea tiene. Dice que le he dicho que tiene doce años Malena. ¿No parecen cosas de loco o que nos trata como a locas?

"Yo estoy deseando irme, porque decirte mis tristezas es inútil. Deseo reunirme con Julio, y si se compone, como espero, la política, irme a mi país. ¿Qué quieres que piense ya en viajes con tal seguridad de auxilios como tengo? Mi impaciencia es volver ahí para hacer de modo que no necesite esta pensión que tantas lágrimas me cuesta. Julio me consuela diciéndome que no piensa sino en trabajar para mí (...) Así hija, allá me voy, y si es preciso ponerme moño, lo haré."

¿En qué consistía el agravio de Mendeville, que ella o Florencia quitaron del original de la carta que se guardó en el archivo familiar? ¿Aludía a los 60 años que acababa de cumplir en Río?; ¿a su renovada gana de vivir?; ¿a sus amores? Tal vez, aunque las razones secretas sólo las conocieran ellos mismos, como ocurre en las peleas entre ex esposos. Lo cierto es que Mariquita ya no quería irse a Francia, ni quedarse en Río, sino volver al Plata, a su hogar, aunque debiera colocarse en el pelo la roja divisa de la Federación.

"Qué miserable suerte la mía! Yo creo que una sola de miles de mis acciones habrían hecho impresión aún en el corazón de Nerón; pero este hombre me detesta y su rabia es que yo viva". Después de desahogarse, pasa a relatar historias de noviazgos y bellas jóvenes abandonadas por sus prometidos: "Ya vez que a las lindas y a las jóvenes las olvidan también. Dile al Barón que supongo que él vengará estos olvidos".[11]

Desde su separación matrimonial, se pasaba la vida suspendida entre dos mundos: Europa, la patria de su esposo y el lugar de residencia de varios hijos, centro de la cultura que admiraba, y el suelo americano en el que había nacido, vivido y soñado, pese a todo, tan entrañablemente suyo. En medio del descalabro afectivo en el que se hallaba inmersa, advertía que su lugar estaba en el Plata. No cabía otro.

Pero siempre guardó la memoria de la belleza del trópico: "Me imagino tu sorpresa", escribe a uno de sus nietos en 1862, "al ver las cascadas; para nosotros que nuestras cascadas son de polvo ésas son un placer admirable y como no hace frío, le da a uno el deseo de envolverse en ellas. El Río es el país más divino y más mal empleado. No se cansa uno de mirar, a cada vuelta es una admiración, sentiré que no hayas subido a Santa Teresa y a la Gloria, es divino uno y otro sitio: pero esa maravillosa creación me causaba una gran melancolía, mi alma divagaba por altas regiones."[12]

Por entonces adornaba con la imaginación, para solaz de sus contertulios, aquel viaje casi legendario. Cuenta Pastor Obligado que en cierta oportunidad alguien quiso saber las razones de su regreso del Brasil sin haber llegado a conocer Francia.

"Madama, ¿cómo usted tan amante de todo lo que es francés, y esposa de uno de sus representantes, no ha llegado en sus viajes a Francia?", le preguntó el contralmirante francés de visita en su salón de la calle Florida. "Por el canto de la uña", respondió ella, rápida y desconcertante. Explicó luego que había debido salir del país porque su esposo empezaba a ser mal visto por el gobierno de Rosas:

"Aunque muy miedosa para el mar decidí embarcarme. Hasta Montevideo fui bien, pero al llegar a Río de Janeiro, tan deshecha pamperada azotó la barca de vela que me conducía, que no obstante llamarse 'La Esperanza' sin ésta quedé de ver más a mis hijas. Pero, al fin, la espléndida bahía de Río de Janeiro tranquilizó mi espíritu y el mar. Allí no iba tan mal, rodeada de la primera sociedad, en Corte que damas y caballeros son tan amables y obsequiosos. Jóvenes como Diego de Alvear, Posadas, Costa, la familia Vernet, Daniel, Carlos y Eduardo Guido, me hicieron con sus atenciones y cuidados olvidar los sufrimientos de la tormenta. Al día siguiente de un baile de Corte (todavía ésta, mi nieta Florencia, guarda el vestido, con el cual, del brazo del Ministro Argentino General Guido, hice *vis à vis* al joven Emperador), me invitaron para una merienda bajo la cascadiña en Tijuca, donde el marqués de Caxias me ofreció una manzana, que no sé si fue la de Eva, casi casi fue la de mi perdición. Notando en sus rubicundos colores pequeña picadurita, rasqué un poco la corteza ¡Quién le dice a usted que amanecí con todo el dedo hinchado, hinchazón que al segundo día avanzaba a la mano, y al tercero por todo el brazo, con agudos dolores! Este segundo susto me hizo reflexionar, y me dije ¿adónde vas, Mariquita? ¡Vuélvete! Bien pudiera recaer o sorprenderme grave enfermedad, y en viaje tan largo, acompañada sólo de una sirvienta de confianza, no me decidí a cruzar el Océano. Recibí mejores noticias de mi marido, y el amor de un hogar que todavía podía rehacer para mis nietas, me retornó a la playa natal. No recuerdo día de mayor satisfacción como el que volvía a entrar a ésta mi casita de la calle Florida, donde nací, he pasado ochenta años y espero acabar en ella. Aún para morir, en ninguna parte se halla uno mejor que en su rinconcito de casa propia".[13]

Toda la historia narrada aquí es fantasiosa porque mezcla fechas y episodios ocurridos antes o después de su viaje al Brasil, desde la presencia de Mendeville hasta la infección en el brazo. Sin embargo, la *Tradición* de Obligado contiene el eco de la animada voz de Mariquita, de su particular recreación de la realidad y de sus sentimientos entrañables, como ese sentirse a gusto solamente en el hogar en que había nacido. Y al mismo tiempo, esa ida a Europa tantas veces postergada y retomada, aunque no se concretaría jamás, expresa algo genuinamente argentino: el desarraigo espiritual, que lleva a tantos compatriotas del pasado y del presente a añorar el Viejo Mundo, a soñarlo como escenario de una vida privilegiada y como el lugar en donde la quimera puede volverse realidad.

NOTAS

[1] *De Juan Tresserra a Mariquita*, Barcelona, 12-1-1846, AL.
[2] *Cartas, op. cit.,* p. 118 y ss.
[3] *Ibidem*, p. 267.
[4] *Ibidem*, p. 131 y ss.
[5] *De Albina Th. a Florencia Th.* Barcelona, 16 de setiembre, s/f. AL.
[6] *Cartas, op. cit.*, p. 139.
[7] *De Juan Tresserra a Florencia Th.*, fecha ilegible; original en AL.
[8] *Cartas*, p. 141.

[9] *De Mendeville a Florencia Th.*,Quito, 10 de julio de 1845, AL.
[10] *Ibidem*, agosto de 1846.
[11] *Cartas, op. cit.*, p. 143/4.
[12] *De Mariquita a Ricardo Lezica*, Buenos Aires, 1862, original en AZL.
[13] Obligado. *Tradiciones de Buenos Aires. El Salón de Madama Mendeville, op. cit.*, p. 68.

18

CAPÍTULO DE AMOR

1847

Entre marzo y noviembre de 1847, Mariquita vivió nuevamente en Montevideo, tan libre como podía serlo una mujer sola y bien relacionada. Se había embarcado de regreso en un buque de guerra inglés, y en diez días de navegación llegó a destino. Traía sólo dos baúles de ropa; el resto quedaba por el momento en Río.

"Ya sabes lo que es llegar. No me dejan ni un momento" explicó para justificar su brevísima carta a Florencia. En otra, del mes siguiente, le recomendaba a Mariquita Nin de Estévez, una buena amiga, pero infeliz, merecedora de otra suerte y que se disponía a pasar una temporada en Buenos Aires. La de Nin había oído hablar tanto de la casa de las Thompson y de su famoso salón, que deseaba conocerla: "Ve algún ardid para que tenga ese gusto", recomendaba Mariquita, dado que la vivienda estaba alquilada.

En abril siguen los pedidos a Florencia para que mande cuanto encuentre a mano, "pero no me mandes cosa cachi, porque mi casita es muy limpita y bonita. Más me gusta no tener nada que muebles viejos, ya no me acuerdo de papel ni de cortinas".[1] La palabra cachi empezaba a ponerse de moda para descalificar al gusto pesado o antiguo y Mariquita estaba entre las primeras en incorporarse al nuevo código de la elegancia en materia de decoración de interiores, especialmente en esta nueva casa de piso de tablas, mucho sol, ambientes chicos y paredes blancas.

En junio no hay cartas. Ha sufrido más de un mes con un nacido o forúnculo en un brazo, que debió curarse, operación que la hacía desmayar de miedo y que sufría rodeada de amigas. Afortunadamente, el médico era muy amable y delicado y las amigas se turnaban para peinarla y acompañarla. Pero la herida cerró bien en ocho días, siendo como era, un agujero como una nuez. "Esto me ha consolado, pues según el médico, prueba que estoy bien humorada y constituida, cuando pensaba yo que debía tener mi sangre podrida".

La visita a Buenos Aires sigue postergada: "es inútil ir por unos días cuando tengo tanto que hacer. Esperaré un poco a ver como se presentan las cosas, y entonces me iré por más tiempo, para fijarme y no moverme más". Julio, muy cambiado, se ha vuelto trabajador y ordenado, aunque, como su padre "cambalacheando porquerías". La tertulia diaria de madre e hijo consiste en hacer algo de música. Cuando no está muy frío, va a lo de Pepita Cavaillon, "su casa es la de una hermana para mí", y Julio la busca a las once de la noche. Concurre asimismo a la tertulia del cónsul de España y a la de Zumarán:

"Te harás cargo que después de haberle hecho tantos sermones es preciso ayudarle en este momento a fin de que no se aburra". Julio se ha vuelto tan ahorrativo y ordenado, que prefiere ahora comprar artículos domésticos antes que encargar ropa nueva a Francia.

Ella está fuerte, buena salud y mejor color. Las amigas dicen que no hace sino divertirse, "pero considera que visito todo Montevideo, y no puedo dejar de atender mi casa, y los compromisos de mis tristes habilidades, que no hay un día que no tenga compromiso (...) Fui a lo de Estevez, de donde no pude salir sino a las once, vine a lo de Cavaillon hasta la una, pues estas tertulianas me pedían de no olvidarlas (...) me retiré con unos amigos que me acompañaron", y se quedó esperando a Julio hasta la una y media, contando la ropa sucia y acomodando la limpia. Vino Julio y a las siete de la mañana ya estaba peinada:

"Te escribo para que veas en qué estado está tu señora madre con biznieto. Yo me desconozco de verme en esta continua actividad. Este viaje al Janeiro no te puedo decir lo bien que me ha hecho. Tengo el proyecto de llevarme a Enrique a pasar el invierno allá, porque Pancho me ha dicho que está delicado (...) Si viaja a Buenos Aires en el mes entrante, bromea, vayan preparando las funciones y regocijos federales con que me obsequiarán en mi día".

Su buen humor es evidente. Pero resulta algo sospechoso el recuento tan minucioso de sus pasos, adónde va, a quiénes visita, hasta qué hora duran sus paseos, cuántas amigas la visitaron... Esta bisabuela saludable y animosa tiene sin duda muchos amigos. Los del tiempo viejo van desapareciendo, como el muy querido Juan Larrea, quien se ha suicidado el 29 de junio en Buenos Aires; o como don Braulio Costa, que está "como un cadáver concluido y no se curará". Su secreto para mantenerse joven, explicado por ella misma, resulta bastante contradictorio.

"Los que tenemos una mala estrella y que sabemos ocultar nuestros dolores ante los otros, labramos en nuestro interior la sepultura, destruyendo en nuestro interior la salud. Te protesto que muchas veces he pensado que son mis esfuerzos por aturdirme los que me han conservado la vida.

"Larrea ha sido perseguido por la desgracia continua, pero esas dos amigas [Larrea] me parten el corazón. Quisiera estar a su lado ¡Qué penas tenemos todos, por Dios, en esta época! (...) No te dejes abatir. Mi larga experiencia me ha enseñado que en la vida estamos para cumplir lo que Dios quiere (...) dejándose amilanar todo se pierde."

En respuesta a otra confidencia de carácter sentimental de Florencia, Mariquita reflexiona largamente sobre el amor, la libertad, el prejuicio y la condición femenina.

"Nadie sabe lo que pasa en el corazón de una mujer sencilla y sola (...) La sociedad es cruel en lo que exige de nosotras, amasadas con sensaciones y necesidades. Nada llena nuestro corazón sino otro corazón (...) pero considera si hay nada más horrible que creer uno que ha encontrado todo, sacrificar uno su libertad, para obtener la sanción de esa porción de gente que pasa por la calle, a quien llaman mundo, y que ni te conoce ni sabe valorar, que le pides licencia para querer lo que hace tu dicha, y te la da en su nombre un señor de corona. ¿Qué ese ser precioso a quien adorabas se convierte en un verdugo implacable? ¿Te viene a sacar de tus tormentos la corona y el vulgo? No. Te deja con tu cadena y tus dolores. ¿Puedes emanciparte de esta carga? No. Serías una bandolera. Aquí tienes la más horrenda tiranía, en virtud y contra la cual nadie pelea. He aquí mi suerte. Considera si te adivino y considero tu tristeza. Hay otros casos en la vida, y es pensar que no se ama sino en la juventud. ¡Quimera! Se ama más y con más vehemencia cuando se pierden los medios de agradar. El solo recurso es ocuparse sin cesar para no pegarse un tiro."

"A marido perverso nadie me gana": tiene deudas que Mendeville se había comprometido a pagar y no cumplió y proyecta solicitar directamente al gobierno francés le asigne de los sueldos de su esposo lo que sea justo. Así dejaría ella de rabiar, en ese año tan duro en que se siente descuartizada, como San Serapio: "quisiera ir a ésa, estar aquí y en Europa, y nada puedo sin plata". ¿Cómo ayudar a las Larrea, tan sin recursos? Podría darles quizás una casita o invitarlas a vivir todas juntas en la casa grande; mientras, Julio instalaría su tienda en la cochera, de concretarse su proyecto de dejar Montevideo por Buenos Aires. Ha recibido una carta conmovedora de la maestra Rosa Guerra, muy agradecida. Ella, por su parte, se siente cada vez más insegura. Espera la resolución de la crisis política, ahora que negociadores de alto copete han venido al Río de la Plata. Quiere saber si la mirarían mal si se fuera por unos días:

"Haz explorar bien el campo y dímelo. Ni yo ni Julio nos metemos en política, te lo aseguro. Ya sabes que yo tengo la suerte de no aborrecer a nadie. Deploro, pero no aborrezco". En cuanto a la necesidad de viajar en época de temporales, "aunque soy marinera, a nuestro río le temo".[2]

Mariquita, explicaciones y lamentos aparte, disfrutaba plenamente su condición de mujer sola. Al hablar del amor tardío lo hacía por su experiencia propia pues estaba enamorada de Esteban Echeverría.

Algunos historiadores se han referido discretamente a este tema. "El poeta Echeverría, oyéndola cantar al arpa sus poesías, en música de Esnaola, la denominaba La Corina del Plata", escribe Pastor Obligado en su *Tradiciones*.[3]

Las páginas que dedica Dellepiane al tema están fundadas en ciertas cartas hoy desaparecidas que formaron parte del fondo documental del Museo Histórico Nacional. Destaca dicho autor que, "para las mujeres ilustradas de esa época, poseía además, el vate del Himno al dolor, el prestigio atrayente del infortunio. Nada tiene pues de extraño que María Sánchez de Mendeville y Esteban Echeverría se vincularan con una de esas amistades fundadas en la afinidad de las almas y en la recíproca simpatía, que, cuando se forman entre un hombre y una mujer, son fuente perenne de goces delicados, floreciendo y perfumando dos existencias. Así debió de nacer y de ser la amistad de Echeverría y la señora de Mendeville, consistiendo, para la última, en una confusa amalgama de admiración por el talento del escritor y el carácter del patriota, de compasión por las desdichas del hombre y de tierna efusión maternal. ¿Mezclóse, en este comercio amistoso, algún otro sentimiento, al afecto del uno por el otro, algún pequeño grano de pasión amorosa? La conjetura puede a primera vista parecer absurda y hasta ridícula, por tratarse de una señora ya casi sexagenaria y de un hombre que sólo frisaba en la cuarentena. No lo es, sin embargo, con relación a seres que rompen el molde común, como lo fueron Echeverría y la señora de Mendeville, y para quienes la vida afectiva e intelectiva suele tener una duración mayor que la normal".[4]

Fue éste "un amor sublimado", asegura Alberto Palcos en su biografía de Echeverría: "En momentos de desmayo o de duda torturada, ella levantará el ánimo de don Esteban con dulzura femenina o fineza de madre, de hermana mayor, de amiga entrañable, invitándolo a perseverar en su obra y conquistar la gloria (...) Sobre si hubo un grano de pasión amorosa como se pregunta Dellepiane, y teniendo en cuenta que el talento, la gracia, el encanto y el poder atractivo fortísimo los corrobora Sarmiento en la imprudente carta que en 1846 escribe en Montevideo a 'algunos compatriotas de Chile', pero, de juzgar a la luz de las misivas llegadas a nuestras manos, ambos deben haber sublimado esa pasión en homenaje al hijo de la dama, discípulo y amigo de don Esteban. Sea como sea, dicho vínculo nimba la vida de los dos con un halo de luz y felicidad, a pesar de los intervalos de abatimiento que se interponen en la dura existencia del bardo".[5]

La posibilidad de este amor es la clave de una interesante pieza teatral del historiador y literato Gustavo Gabriel Levene, *El Mañana*, que escenifica el Romance de Esteban Echeverría y Mariquita Sánchez.[6] En este drama, el autor se maneja libremente en el campo de la literatura. La historia que narra es verosímil aunque no se base en documentos fehacientes; incluso podría ser más cierta que el relato rigurosamente ceñido a las fuentes, porque éstas son casi siempre incompletas y porque los mismos protagonistas de los hechos ponen cuidado en recrearlos a su gusto o necesidad. Por eso es de lamentar que hasta ahora sean muy pocos los documentos que hablan de este posible amor entre dos figuras relevantes del pasado argentino.

Clara Vilaseca, en su exhaustiva compilación de las cartas de Mariquita, no pudo dar con los originales nombrados por Dellepiane, entre ellos las ya citadas cartas de Mariquita a Echeverría del 17 de abril de 1845 y la de setiembre de 1838. "Dellepiane", escribe, "copió esos documentos entre los existentes en el Archivo del Museo Histórico Nacional. Hoy se informa allí que ellos no existen". Supone la investigadora que las otras cartas posiblemente algún día se hallarán.

De esa correspondencia, aún desaparecida, he podido rescatar, gracias a la gentileza de Juan Isidro Quesada, dos cartas de Mariquita escritas en Montevideo en 1847. La primera de ellas es del 7 de mayo y se vincula al trámite que intentó hacer ante el gobierno francés para el pago directo de su pensión:

"Mi querido amigo: bien conozco que quitarle a usted una hora de su tiempo es hacerle un mal servicio y cuando yo quisiera ayudarlo tengo que abusar de su bondad para pedirle un favor; tengo que dirigir una solicitud al ministerio de Francia sobre un asunto que no puedo confiar sino a un amigo íntimo porque soy de opinión que las cosas que no se pueden castigar es mejor callar. No veo sino usted a quien dirigirme para que la haga a mi gusto. Es una cosa para usted muy sencilla pero es preciso que yo le dé los materiales. Fui el otro día para hablarlo pero no me atreví delante de Domínguez, los menos confidentes es lo mejor en cosas de familia: no quiero que usted venga a verme, yo sé bien lo que es salir de su casa el que tiene que hacer, yo puedo ir un momento cuando esté bueno el tiempo, dígame usted solamente a qué hora es mejor, seré muy lacónica porque usted tiene antecedentes y así pronto despacho. Mi petición la debe llevar el Barón. Usted debe calcular el tiempo que tenemos. ¡Ay amigo cuando me pagará la letra! Si no me la paga el Emperador del Brasil mucho temo que me quede en blanco. Su muy amiga. María S. de Mendeville."

La otra carta, sin firma, dice: "No se ha engañado usted en creer que soy su buena amiga y como a tal puede contar con mis simpatías mucho más en las penas. Cuando recibí su carta estaba con gente sin poder contestar. Pasé por el Almacén y creí verlo a lo lejos, corrí inútilmente. Vine a escribirle, me encontré con el Señor Almirante. Así que se fue se sirvió la comida y así que me levanté de la mesa, corrí a casa de usted, me dice un viejo que se había usted salido, vuelvo al Almacén, y vuelvo a escribir a las ocho de la noche sin tener a quien mandar, vaya esta disgresión para dar principio al Romance que tendremos que hacer, porque esto de citas con un Poeta al fin de mis años es ya un romance. No sé por qué adivino sus penas... Ojalá pueda aliviarlas! Vea usted a la hora que quiere que vaya o a su casa o al Almacén, dígame si torciendo para lo de Lafont o para la Matriz. Es decir que esta carta irá por la mañana, porque si me vieran salir ahora qué dirían ¡preciosa libertad! para todo sirves y cuando nos falta todo es un tropiezo, un tormento! Si tuviera un criado, mandaría, si tuviera una casa usted vendría, ¡ah malvada tierra! Paciencia amigo, mañana lo consolará si puede. Su amiga."[7]

Sutilezas y sobrentendidos. Mariquita quiere ayudar a Esteban a salir de la depresión. Si en la carta anterior teme molestarlo en su tarea, en esta otra lamenta el desencuentro, se arriesga, reconoce que corre en busca del poeta, que todo esto resulta absurdo a sus años, pero que sucede. Así es el amor. No es fácil amar cuando se es veinte años mayor que el amado, hay de por medio un marido perverso aunque ausente, hijos, nietos y hasta biznietos. Menos aún si se ama a un melancólico poeta, enfermo de tuberculosis, pobre, orgulloso y proscripto, pero sensible al encanto de esta mujer cálida, generosa, optimista.

Echeverría no se había casado nunca; tenía una hija natural que lo acompañó en Montevideo en sus últimos años y siempre había sido enamoradizo y libertino, como se decía entonces. Tuvo una estrecha relación con su madre ya fallecida que podría esclarecer su relación amorosa con Mariquita y que relató en algunas páginas literarias en las cuales idealizaba los tiempos lejanos cuando el abrigo del cariño maternal, "mi ser en una armonía perfecta gozaba de aquel bien inefable que no tiene nombre en la tierra y que en la lengua de los ángeles se llama felicidad (...)"

"Mi madre también era feliz al ver el esmero que yo ponía en agradarle"; pero su salud empezó a desmejorarse ante la alarma del poeta: "¡Qué desdichado seré si pierdo a esta buena madre! ¿Quién será mi mentor y mi guía en el camino del mundo? Tiemblo al pensarlo solamente. Sin experiencia en la edad de las pasiones, devorado de mil deseos, ¿quién será mi consejero? ¿Quién me emulará en mis estudios y me enseñará el camino por donde se llega a la verdadera ilustración? ¿Quién será, en fin, mi verdadero amigo?"

Atormentado por la idea de que él es la causa involuntaria de la melancolía que consume a su madre, recuerda los consejos que ella le diera antes de morir: "Eres joven, no te dejes arrastrar por tus pasiones. El hombre debe abrigar aspiraciones elevadas. La patria espera de sus hijos, ella es la única madre que te queda". Solitario, indiferente a la naturaleza que antes lo recreaba, porque hay un vacío en su corazón imposible de llenar, se pregunta:

"Dónde está la que me dio el ser; la amiga de mi juventud; la mujer venerable cuyo influjo divino relevaba mi espíritu abatido, descubriéndole un mundo nuevo de ideas y pensamientos sublimes? Ninguna de mis facultades quedaba inactiva en su presencia (...) ella penetraba todos mis pensamientos porque mi alma y la suya eran como dos hermanas".

En una estancia, el poeta recupera la serenidad en compañía de gente sencilla que respeta su melancolía. De esta gente se destaca María, joven campesina que vive sola con su madre: padre y hermano están en la frontera como voluntarios en la lucha contra el indio. María será asimismo el nombre de La Cautiva, la esposa de Brian, heroína del famoso poema incluido en *Rimas*.

Estas páginas muestran a Esteban proclive al amor con una mujer que reúna los rasgos de madre y amante, característica de las relaciones amorosas entre mujeres mayores y hombres jóvenes (así como sucede a la inversa entre las mujeres jóvenes y los hombres maduros). ¿Fue el de Mariquita y Echeverría un amor completo, espiritual y carnal? Es posible y probable. Mariquita carecía de prejuicios cuando de sentimientos sinceros se trataba y tenía capacidad, según lo testimonió Sarmiento, para desplegar su atractivo sexual sin inhibiciones. Pero lo cierto es que estos amores si existieron, fueron discretos. Gracias a la libertad de acción de que ambos disponían en Montevideo, superior a la que hubiesen tenido en Buenos Aires, ella iba y venía a casa de su amigo, aun a riesgo de que la vieran salir a horas intempestivas. La clave de estas relaciones podría encontrarse en estas confidencias a Florencia citadas más arriba:

"Hay otros casos en la vida, y es pensar que no se ama sino en la juventud. ¡Quimera! Se ama más y con más vehemencia cuando se pierden los medios de agradar. El solo recurso es ocuparse sin cesar para no pegarse un tiro."

Tal vez se amaron desde 1839, cuando Mariquita le dedicó las páginas del *Diario*; o en 1843, cuando Gutiérrez y Alberdi se marcharon a Europa y ambos se quedaron en la ciudad sitiada; o quizás todo se limitó a un amor breve en el invierno del 47 cuando ella volvió de Río de Janeiro, rejuvenecida y animosa, mientras el poeta se hundía cada vez más en la enfermedad sin dejar por eso de producir su obra literaria y política. El interrogante persiste a falta de documentos más contundentes.

Significativamente en ninguna de las cartas de Mariquita a Florencia se menciona a Esteban.

Pero los amigos del exilio estaban al tanto de esta relación. "Mi querida M. Mendeville me habla de usted de una manera muy lisonjera", le escribe Gutiérrez a Echeverría el 4 de mayo de 1846. "Me alegro que haya conservado usted una amistad que proporciona tantos placeres". Y agrega en tono festivo: "Escríbame la crónica escandalosa, político-mujeril-fornicaria, déme noticias de las amigas de las sobrinas de Mariquita Nin, de las Antunas y de Bernita Andrade, hija de don Pepe. Hábleme de Varela, de V. Fidel López, de Pico, de Figueroa, de Mitre".[9]

En diciembre del año anterior (1846) Luis Domínguez le había dicho a Gutiérrez que Echeverría estaba muy enfermo, muy aprensivo, "y muy enamorado de Eloísa Martínez con quien me han dicho se casará".[10] Tal vez era éste uno de los amoríos pasajeros. Esteban se hallaba entonces tan pobre que había aceptado por primera vez un cargo oficial en el gobierno de Montevideo como miembro del Instituto de Instrucción Pública. "Estoy flaco como un esqueleto, o más bien espiritado", escribía a sus amigos.[11] Pero su clarividente preocupación por el país no tenía reposo: en setiembre de 1846, mientras Mariquita estaba en el Janeiro, le había escrito a Urquiza para presentarle a una vasta Asociación de Argentinos, ni federales ni unitarios, cuya doctrina era el pensamiento de Mayo, "la democracia y la organización federativa de las provincias y de la república", y cuya regla de criterio invariable sería la democracia. De este modo comenzaba a tejerse la alianza que derrocaría seis años más tarde a Rosas y daría al país su organización constitucional.

Eran sin duda sueños para un país mejor que el poeta no llegaría a ver. Falleció el 11 de enero de 1851, en Montevideo, rodeado por unos pocos amigos fieles. Vicente Fidel López, uno de los que lo acompañó en su última enfermedad, arregló sus papeles. Había legado a Juan Bautista Alberdi "el pensamiento, dado el caso que me falte vida para realizarlo". Sería pues el publicista tucumano el encargado de plasmar el ideario de la Joven Generación en un texto adaptable para constituir el país después de Rosas. En cuanto a Mariquita, los documentos disponibles de ese período, en que oficialmente estaba en Buenos Aires, no contienen referencia alguna a Esteban.

NOTAS

[1] *Cartas, op. cit.*, p. 153.
[2] *Ibidem,* p. 159.
[3] Obligado. *Tradiciones*, p. 63.
[4] Dellepiane, *op. cit.*, p. 92.

[5] Alberto Palcos. *Historia de Echeverría*. Buenos Aires, Emecé, 1960, p. 64.

[6] Gustavo Gabriel Levene. *El mañana*. Buenos Aires, Los libros del Mirasol, 1975.

[7] *De Mariquita a Echeverría*, documento original sin firma, en el archivo de Juan Isidro Quesada.

[8] Esteban Echeverría. *Cartas a un amigo. Prosa literaria*. Selección, prólogo y notas de Roberto F. Giusti, Buenos Aires, Estrada, 1944, p. 80 y ss.

[9] Archivo del doctor Juan María Gutiérrez, *Epistolario*, tomo 2, Buenos Aires, 1981. Biblioteca del Congreso de la Nación, p. 59.

[10] *Ibidem, De Luis Domínguez a Gutiérrez*, 18-12-1846.

[11] José Luis Lanuza. *Esteban Echeverría y sus amigos*. Buenos Aires, Raigal, p. 149.

19

"ESA TIERRA DE MIS LÁGRIMAS"

1847-1852

En el invierno de 1847 al que se ha hecho referencia en el capítulo anterior, la sociedad montevideana se vio agradablemente conmovida por la presencia de dos personajes de altísima jerarquía social: el conde Waleski y su esposa.

El conde había pasado dos meses en Buenos Aires, como representante de Francia, encargado de una misión diplomática que no llegó a resultados satisfactorios porque el bloqueo continuó. Concluida su labor ante el gobierno de Buenos Aires, Waleski pasó a Montevideo a principios de julio, acompañado por el jefe de la flota de Su Majestad Cristianísma, capitán de navío Joseph de Le Prédour. En la capital sitiada, los opositores a Rosas lo agasajaron debidamente. No era para menos: si Gran Bretaña, como era probable, restablecía su buena relación con Rosas, la única esperanza de supervivencia de la oposición radicaría en el apoyo de los franceses.

Waleski era, desde el punto de vista social, todo un noble de las cortes europeas. Hijo ilegítimo de Napoleón I y de la condesa polaca María Waleska, cuyo marido, el anciano conde Anastasio Colonna Waleski lo había reconocido como propio, sus rasgos físicos revelaban la paternidad del emperador. Luego de una vida amorosa que incluyó relaciones con mujeres célebres, como la actriz Rachel, Waleski se había casado con la joven, bella y aristocrática Ana María Ricci. En Buenos Aires, donde la pareja habitó una residencia arreglada por Rosas, la condesa dio a luz una niña que falleció pocas semanas después y fue enterrada en el cementerio de La Recoleta.[1]

"Visité a la Condesa", le escribe Mariquita a Florencia. "Tan amigas que te reirías de vernos hablar como si nos hubiéramos conocido. Le habrán hablado de mí algunos de aquí y de allí. Fue muy amable y natural". En prenda de amistad, la bella condesa le obsequió un cuadrito bordado por María Antonieta y Madame de Lamballe con sus propios cabellos, El altar de la fidelidad, sobre el cual, como ofrenda, arde un corazón. Este regalo era un vínculo más con las cosas de Francia tan amadas por Mariquita, que hasta podía sacrificar sus ideas liberales en pos de un *souvenir* de la célebre reina.

Esta amistad del gran mundo dio cierta seguridad a Mariquita en un punto que su marido le enrostraba para negarle el derecho de vivir fuera del Plata, su deficiente conocimiento del idioma francés:

"Lo que él creía era que la vida en Europa y trato no me habrían de gustar, sobre todo hablando tan mal francés. Pero después que me he encontrado tan bien en el Janeiro, ya ve que podría, sin duda, vivir entre gente decente. Estoy por escribirle que la condesa Waleska decía que no podía creer que yo no era francesa la primera vez que estuve con ella. Al irme me pidió de volver a verla pronto, y entrando un amigo mío enseguida, le dijo: —Yo me figuro que he tratado mucho a Madame Mendeville, tanta confianza me ha inspirado y tanto me gusta su modo y maneras. S.S. vino al soplo al momento y yo tan ancha. Todos sus vestidos, moldes y camarera estaban en mi casa todos los días. Considera si le escribiera todo ésto al hombre", dice volviendo a Mendeville, cuyas cartas estaban siempre llenas de "enredos, embrollos y mentiras".

"Lo gracioso es que uno que lo ha visto dice que está como un quiteño en lo antiguo; pero con un caudal de más de cien mil duros. Este es el segundo volumen de Rivadavia que hacía vivir a la infeliz de su mujer lavando y planchando, y él comía y bebía en grande y ¿sabes lo que ha dejado? Ochenta mil fuertes en los fondos de Río de Janeiro, sin contar las alhajas y otras cosas, y todo lo deja a sus amigos y no a sus hijos ¿qué tal? Así hará mi alhaja, no lo dudes. ¡Qué hombre tan malo!"[2]

Las pequeñeces de los grandes hombres de la historia argentina aparecen en este breve párrafo en su crudeza: Rivadavia no se apiadaba de su aristocrática esposa, Juana del Pino, y durante los años que vivieron exiliados en Río de Janeiro la hacía trabajar en las tareas domésticas.

Cada vida individual lleva su carga de penas. Cuando la actividad social no alcanza a mitigar la tristeza, Mariquita recurre a su libro de cabecera. *Dios es el amor más puro, o mi oración y mi contemplación*, de Eckartshausen, cuya tendencia deísta concuerda con su sensibilidad religiosa:

"Señor, las nubes de la desgracia se aglomeran sobre mi cabeza y los devoradores pesares están para caer de golpe sobre mí. A pesar de esto no murmuro contra tí, Señor, pues no cesas de ser para mí el Dios de Amor... La adversidad no me vencerá, antes bien, yo venceré la adversidad".[3]

Goza de buena salud y de buena conciencia, dos puntales, pero quiere irse a Buenos Aires. "Aquí dejaré todo. Sólo llevaré ropa y mi cuerpito y tu me darás posada o Prelig que me puede alquilar los cuartos de Malena". Precisa con urgencia 200 pesos plata y no puede cobrar las rentas de una de sus casas, alquilada, paradójicamente, a

231

Cuitiño, jefe de la Mazorca. Ni siquiera Gervasio Rozas se atreve a reclamar ese pago. Proyecta, como siempre, hacer mejoras en la casa, venderla bien e irse a Francia.[4]

Tal vez, aunque no lo diga, quiere poner distancia con Esteban, ese amor sin salida posible que debe necesariamente ocultar. Pero pasará el resto del invierno y de la primavera de 1847 en Montevideo.

Lee mucho. Su lectura favorita son las entregas de la *América Poética* que Gutiérrez edita en Chile y los muy recientes informes de los negociadores británicos en Buenos Aires:

"Mi amigo", le escribe a Florencio Varela, "tenga la bondad de hacer dar al portador los tres cuadernos escritos en Valparaíso, de Frías, Alberdi y Gutiérrez; las cartas de Lord Howden (en inglés y español) y si tiene usted un escrito que publicó O'Brien en Inglaterra.

"Si usted no me dice lo que vale todo, no mando más allá; sobre que los medios andan escasos, sería una locura perder los que se presenten. Así haga la cuenta seca y llana. Esta tarde pensé ir allá y en el camino tuve que volver. Pronto iré porque deseo mucho un ratito de los nuestros. Su mejor amiga"...

Varela contesta: "No estaba en casa el otro día cuando llegó el billete de usted, mi buena amiga, y después no he tenido yo con quien mandar los cuadernos por la sencilla razón de que esta casa y la de mi madre, son dos hospitalitos en miniatura, pero llenitos. Aquí tenemos una casa de Maternidad en forma, las dos señoras tuvieron el gusto de hacerse madres de dos hermosas niñas, pero después han tenido la detestable ocurrencia de enfermarse y ambas están postradas, sin más asistencia que la nuestra.

"Va la *América*, entregas 11 y 12 y va también otro cuadernito para que no se demore el placer que causaría a usted su lectura.

"Y qué tiempo ¡Eh! No necesitamos buscar en qué apoyar las penas. Deseo a usted más salud y más motivos de buen humor de lo que por acá tenemos y me repito su muy seguro servidor."

En estos días lluviosos en que era imposible visitarse, Mariquita volvió a escribirle a Florencio: "Sin duda que éste es otro diluvio. ¡Qué trabajo para el que tenga que recoger los animales! En mi casa, ¡ni ratones! Hoy pienso comer las dos entregas de la *América Poética* que me mandara, y usted haga los mismo; muchacho que pida de comer, tápele la boca con un cuaderno, con generosidad. El otro cuaderno ya me lo han anunciado que me lo deben mandar, así no se toma usted el trabajo de buscarlo".[5]

La composición de poemas sencillos y burlescos contribuía a distraer el ocio forzado del exilio. Mariquita versificaba con facilidad aunque sin pretensión literaria, para entretener a los amigos. En sus papeles, entre otros versos, se guarda una larga sátira escrita con motivo de la contribución que Rosas había puesto a la tenencia de perros.[6]

Las historias de criados ocupan lugar en las cartas a Florencia: tenía Mariquita un cocinero español al que había adiestrado bien y una bonita mucama que tomó en Río: "Nunca pensé que sería tan sonsa para caer en tales manos, pero cayó y fue preciso que se casaran. Tuve las incomodidades de la boda y me dispuse a ver al muchacho y demás infierno; pues en un día me han dejado los dos, y con tal ordinariez y bajeza, que otra en mi lugar, creo que les habría dado de palos (...) ¡Qué desgracia de países, no se puede pensar lo que nos dan que hacer estas gentes!"

La violencia de patrones contra sirvientes es un código socialmente aceptado que ella rechaza, sin dejar por eso de adoptar una postura clasista de superioridad. En una oportunidad anterior había pedido a Juan, cuando éste se hallaba en Corrientes, le enviara un criadito, no para "aperrearlo", sino para educarlo. Esta clase de comisiones era frecuente en la correspondencia femenina de la época, sobre todo la que está dirigida a lugares de la frontera donde hay niños y mujeres desarraigados que pueden servir por nada en las casas acomodadas de la ciudad y de la campaña.

En la primavera de 1847, Mariquita, con dolor de estómago, sin buenos criados y sin plata —al menos la que ella estima necesaria a su condición social—, extraña a José y a Mamá Luisa, los servidores tan queridos de su casa de Buenos Aires. Pero tiene ánimo suficiente para dar alegría a las tertulias donde toca valsas y hace reír a todos. Añora la tranquilidad de Río de Janeiro; la política oriental la aburre y la cansa; se dice que el ministro de guerra ha salido para ponerlo preso a Rivera que estaba tratando con Oribe: "Anoche hubo un tiroteo terrible, y aunque te pones en un buque en cinco minutos, es penoso estar siempre así y no saber cuándo se acaba esta farsa". Sólo ve intrigas, mala fe y gestos teatrales.

En su día, el 1° de noviembre, al cumplir 61 años, lloró por todos a pesar de los muchos regalos y visitas.

Su vida familiar parece bien organizada; come liviano cuando está enferma o recibe carta de Mendeville que siempre equivale a un disgusto. Julio se ha acreditado como comerciante y la salva de apuros económicos; no va a tertulias y se pasa el día en la tienda desde la siete de la mañana, pero vuelve a comer y almorzar "a nuestra manera, que sabes que somos gente aparte". Los hábitos alimentarios de ambos son más sobrios que los del común, y esto forma parte de un estilo familiar que es preciso valorar y conservar.

Quiere partir pero no lo hará hasta dejar a Julio bien instalado en una nueva casa: "Ya ves, hija, que yo soy para todos; pero es preciso que me ayuden porque no soy Dios. Y, ¿cómo impones a los extraños de nuestras pobrezas? He cavilado y rabiado este año por diez. Hace pocos días que estoy mudada, sin un criado en que poder confiar para decir hazme un atado. Gente nueva y torpe. Y así voy a dejar todo, como la Loca del Río, en manos de la providencia, y allá voy en el Argos,que me dan pasaje".[7]

En diciembre de 1847 estaba otra vez en Buenos Aires, donde permaneció hasta setiembre de 1851. Como tantos otros emigrados políticos, volvía a su tierra cansada de deambular y tal vez íntimamente convencida de que el gobernador Rosas se quedaría para siempre. Quizás hizo alguna rápida visita a Montevideo, para ver a Julio, o para estar con Echeverría cuando su salud empeoró. Pero como para cualquier traslado era necesario gestionar el pasaporte, es posible que no haya viajado ni siquiera en esas circunstancias.

Los opositores al régimen rosista, si querían vivir en Buenos Aires, debían guardar perfil bajo en lo político y social. Algunos, como Vélez Sársfield, no trepidaban en acudir a Palermo y hacerle la corte a Manuelita Rosas para conseguir favores. Pero ni Mariquita ni Florencia figuran en esas crónicas cortesanas de Palermo, a pesar de que en el archivo Lezica se guarda una esquela de la hija Rosas, sin especificar si es para la madre o la hija:

"Amiga querida. Envío a usted el retrato que desea; y dejo a la elección de usted el día en que presentándome una visita tan apreciable, tengamos el placer de ver a usted".

La vida continuaba en tonos grises. Mariquita se escribía con las amistades de siempre. Con motivo de la muerte de Daniel Guido, ocurrida en Río de Janeiro, envió su pésame al general. Éste respondió que la carta, "tan dulce como su carácter, tan afectuosa como su corazón, vino a mitigar mis penas". Guido se había sentido con temple para sobreponerse a las vicisitudes de la vida, pero "la pérdida de mi Daniel me reveló la inferioridad de mi filosofía". Le era difícil ostentar ante su familia un estoicismo que le faltaba: "Usted que me conoce puede calcular mi sufrimiento".[8]

La Revolución Francesa de 1848, que envió al exilio a Luis Felipe, proclamó la República y el sufragio universal y cuya política exterior era al principio un enigma, preocupa a Mariquita, ya indisolublemente unida a la suerte de los franceses del Río de la Plata.

"Lo que también creo prudente es esperar qué cara hace la república, porque si por desgracia hiciera —lo que no creo— expedición, esto se pondría muy mal y entonces tendríamos que salir volando", escribe a Julio Mendeville. Proyecta arreglar las cosas de algún modo para que este hijo pueda instalarse en Buenos Aires, sea subalquilándole a Prelig algunas piezas de su propia mansión o en alguna otra casita en un barrio más lejano. Como se aguarda en breve la venida de Carlos, después de ocho años de ausencia, podrá reunirse con sus dos hijos Mendeville.

En las cartas a Julio, Mariquita, se refiere con frecuencia a las personas "de rompe y rasga", sin método ni educación. "¡Ah, Julio, nosotros somos gente aparte en nuestra familia". Éste es su *leit motiv*: somos distintos, gente aparte, sensibilidad diferente; hoy diríamos que Mariquita enfatizaba su pertenencia a la sensibilidad civilizada por oposición a la bárbara, tema estudiado por José Pedro Barrán en *Historia de la sensibilidad en el Uruguay*, pero aún no tratado en el caso argentino.[9]

Entre los pocos que compartían sus gustos figuraba, desde hacía más de veinte años, el Barón Picolet, cónsul del Reino de Cerdeña en la Confederación Argentina y contertulio fidelísimo de las Thompson. Picolet en su nuevo destino diplomático en Río de Janeiro, sufría de *spleen*. Extrañaba Buenos Aires y esas amables reuniones de música y mate, bromas sencillas y mucha conversación que tenían asimismo un costado galante bien explicitado en esta carta que le envió a Mariquita:

"Sé bien que usted no piensa jamás en mí. Sé incluso que si a veces mi recuerdo atraviesa vuestra memoria, usted se enoja. Yo no me parezco a usted. Os estoy siempre *attaché*, os estaré siempre *attaché*, aunque no sea más que para enfureceros.

"Héme aquí en sitios donde usted ha respirado, lo que sería una razón, para mí, de respirar mejor, si me fuera posible ser feliz lejos de mis amigos.

"Usted no tiene más que una cosa que hacer y es la de venir a dejar pasar tranquilamente sus días en una encantadora casita que voy a arreglar en Botafogo.

"Si tanta felicidad no me es prometida, espero, por lo menos, que usted contará seriamente conmigo como sobre un verdadero amigo, y que usted estará bien persuadida de la felicidad que siento al volverla a ver.

"Adiós, no me olvide, no soy feliz y tengo necesidad de creer que quedan sobre esta tierra algunas personas que todavía se interesan por mí".

A los 63 años cumplidos, Mariquita recibía con naturalidad este homenaje de su amigo el cónsul, dispuesto a compartir su vida con la gran dama porteña en una casita en el barrio carioca de Botafogo. Al año siguiente y luego de haber padecido la fiebre amarilla, que por vez primera se presentó en el Brasil, para convertirse en mal endémico, Picolet reiteró su invitación. Pero tampoco obtuvo respuesta favorable.[10]

Desde el sólido anclaje de la calle Florida, Mariquita también se sentía embargada por la nostalgia, pero más que del galante Barón, de aquel inolvidable grupo de jóvenes amigos intelectuales dispersos por el mundo: Gutiérrez y Alberdi se hallaban en Chile, donde trabajaban bien y hasta concurrían a la quinta de una prestigiosa dama chilena, Emilia Herrera de Toro, centro de la vida culta.

Por un amigo común, Mariquita tuvo oportunidad de tener noticias de Alberdi y se apresuró a escribirle (abril de 1849):

"Cuantas preguntas hace la amistad a la distancia. Pero todas las respuestas han sido lisonjeras. Sé que usted goza de consideración, que vive con su talento y que tiene una excelente reputación en todo sentido. Lo felicito y me alegro de todo corazón. ¡Cuántas cosas le quisiera escribir! Pero estoy un poco enferma de los ojos; y así no extrañe si los renglones no están derechos y la carta corta (...) Julio está en Montevideo y yo vagando sin encontrarme bien en ninguna parte. Hago la experiencia de que, cuando uno es desgraciado, quisiera estar viajando siempre, ilusionándose con la idea de encontrar lo que uno ha perdido."

Vagar, no hallarse bien en ninguna parte, querer viajar constantemente forman parte de los males del exilio interior, de quien es extranjero en su propia patria y se siente ajeno a la sensibilidad común.

Mariquita volvió a escribir el 16 de enero de 1851 en respuesta a una carta de Alberdi, cuando sólo había pasado una semana de la muerte de Echeverría en Montevideo. Quizás por prudencia no lo mencionó, pero su ánimo estaba muy claramente embargado por la tristeza:

"¡Si nos volveremos a ver un día! ¡Quién nos hubiera dicho cuantos acontecimientos debían pasar para dispersar a todo nuestro círculo!

"Esta consideración me entristece mucho y solo suaviza este amargo recuerdo el pensar que nadie es profeta en su país y que algunos de mis amigos han hecho mejor suerte con salir de aquí. En mis sueños pienso, no sé por qué, que he de ir a Chile. Ahora está Mendeville en disponibilidad. ¡Qué suerte sería para mí que lo nombraran ahí! Al momento volaba. Tengo la suerte que mi corazón y mi cabeza no envejecen. Me parece algunas veces que soy joven. Es sólo cuando veo mis nietos que saco la cuenta. Mariano (Sarratea) le dirá cómo estoy fuerte y cómo estoy siempre rodeada de juventud. Voy al corriente del mundo y me alucino.

"Al recordar a usted —mientras hacían música en lo de la familia de Gutiérrez— todas convenían que yo tocaba del mismo modo que usted; pero lo gracioso era que hacía pocos días Luis Méndez me había hecho el mismo cumplimiento. Creo que tengo muchas simpatías por usted y no es extraño que exprese la música medio parecido a usted. En mis pesares, he tenido días de desesperación; mi corazón como en una prisión y mi espíritu en completa soledad. Buscando cómo obligarme yo misma a encontrar algún lenitivo, alguna distracción, me he reducido al piano y a otros trabajos mujeriles, para los que no tenía simpatías, pero como el despotismo está a la moda, me he despotizado yo misma bordando, haciendo sonceras como las colegialas. Y así vamos viviendo, unos

236

ratos como idiotas, otros volando a las altas regiones del pensamiento, corriendo los espacios, viendo que todo el mundo se afana para mejorar, y cada día peor. ¡Quién verá el fin de esta lucha universal! ¡Qué se hará después de destruir tanto!"[11]

Cuando una férrea dictadura impone el gusto y el estilo a la sociedad, más vale no pensar, ni intentar otra cosa que labores inocuas, sugiere Mariquita, a quien el paso del tiempo y las duras experiencias vividas han vuelto más cauta. 1850 fue el año en que el tratado Arana Lépredour puso fin a la intervención de Francia en el Río de la Plata. Era cuestión de meses que concluyera el sitio de Montevideo. Triunfaban Rosas y Oribe. Habría entonces nuevos exilios y renovadas venganzas.

¿Era acaso el momento de buscar refugio junto a Mendeville en Chile? La confirmación de Jean-Baptiste en la siempre inaccesible Quito y su ascenso a la jerarquía de Cónsul General harían que esta ilusión se desvaneciera como tantas otras.

Marido y mujer habían retomado su relación epistolar, quizás porque el flamante Cónsul General había aumentado la pensión que recibía su esposa. Lo cierto es que la correspondencia entre ambos revestía ahora un tono moderado, ajeno a las pasiones que los enfrentaron cuando apenas habían franqueado la distancia que separa al amor del odio. Y como cada cual había alcanzado a su modo la edad de la razón, en lugar de disputar por temas urticantes se volcaban sobre cuestiones históricas. A Mendeville le interesaba, por ejemplo, dilucidar ciertos episodios ocurridos en el Río de la Plata de los que se sentía protagonista. Recordaba que cuando vino de Francia, en calidad de agente consular (1825), comisionado asimismo por el Papa para presentar obispos en las sedes vacantes del Río de la Plata, se encontró con que la misión pontificia de monseñor Muzzi (1824), había nombrado secretamente obispo de Buenos Aires a monseñor Medrano (que no era del agrado de Rivadavia).

"Ahora ha venido otro enviado de la corte de Roma sin saberse su carácter", respondió Mariquita, con relación al arribo a Buenos Aires en 1851 del delegado apostólico Ludovico Besi, enviado por el papa Pío IX. "Fue recibido y obsequiado, como hace Rosas, en grande, pero parece traía unas excomuniones del Papa, una para el Obispo, por varios cargos que le hacía el Papa, de haber dejado fusilar varios sacerdotes y de haber dejado quitar los días festivos (que todos los ha quitado Rosas). Dicen que esta pesadumbre aceleró la muerte de Medrano, que ya estaba muy viejo. Lo cierto es que este nuevo personaje de Corona ha salido mal. Le hicieron algunas indicaciones, de modo que tuvo miedo, y se fue."[12]

Como siempre, tanto en Buenos Aires como en Montevideo, en el poder o en el llano, Mariquita contaba con información de primera mano, en este caso para describir el clima religioso que se vivía a principios de 1851: el gobierno de Rosas parecía destinado a eternizarse en el poder y hasta sus más constantes enemigos habían bajado los brazos y regresaban al país.

Juan Thompson estaba entre los que se negaban a volver mientras Rosas fuera gobierno. Residía en Barcelona, a la vera de su hermana Albina y su cuñado Tresserra, cuya posición social era elevada. Juan, falto de recursos, debió emplearse en la dirección del ferrocarril a Mataró. Trabajaba por 40 pesos mensuales, de 9 de la mañana a 4 de la tarde, como cualquier persona de clase media; pero se hallaba bien vinculado en los medios intelectuales católicos de la Península y de Francia y colaboraba en algunos periódicos. Por las cartas de su madre estaba enterado de cuanto ocurría en el Río de la Plata en ese dramático 1851.

El 1º de mayo de ese año decisivo, el gobernador de Entre Ríos se pronunció contra Rosas. Este Pronunciamiento que reclamaba que se dictara una Constitución, se fortaleció el 29 del mismo mes con la firma de la alianza defensiva y ofensiva entre el imperio del Brasil, el gobierno de Montevideo y la provincia de Entre Ríos, que había recuperado su autonomía en el manejo de las relaciones exteriores. Una actitud similar a la de Urquiza llevó a Corrientes a integrar la alianza.

Así, mientras la Confederación declaraba la guerra al Brasil en agosto, el ejército de Urquiza iniciaba las operaciones sobre la costa oriental del río Uruguay. Su primer objetivo era levantar el sitio de Montevideo para volcar después toda su fuerza sobre Rosas.

Juan Thompson tuvo noticia de estos sucesos por Mariquita: "Veo que Urquiza se está portando bien. Mi madre me dice con fecha 14 de septiembre que habiendo ido Mármol a dicho jefe, éste le dijo: por Dios, no me alaben, basta de elogios hijos de la adulación o del miedo. Trabajemos todos para vivir unidos".[13]

La carta mencionada por Juan, estaba fechada en Montevideo, adonde Mariquita se había trasladado en setiembre, cuando las tropas imperiales al mando del duque de Caxias se sumaban a las operaciones. El 8 de octubre de 1851 capitulaba Oribe, con plenas garantías y al amparo de la promesa de Urquiza: "no hay vencedores ni vencidos".

Mariquita había querido evitarse disgustos en Buenos Aires. De nuevo el traslado, los baúles acomodados por la mano maestra del mayordomo don Manuel, con los floreros de Luis Felipe, la toaleta, la tina de baño y los retratos de familia. Viviría en lo de Julio, sujeta a las incertidumbres y angustias de ese tiempo de guerra:

"Nada temas por mí", escribía a Florencia. "Primero ni uno de los hombres de política veo. Enteramente en mi casa, a vivir quieta y nada más. Pero lo que te parecerá gracioso es que no falta quien me crea rosista y quien diga que Rosas le dio a Carlos (Mendeville) una gran suma para su viaje. De modo que sustos allá y mentiras acá.

Nada me importa, vivo muy sosegada, lejos del ruido, Julio a su negocio y a sus Amores. No se cómo acabará esto. Hoy estoy mudándome (...) ¿Te acuerdas lo que me dijo el Enano de Víctor cuando me llevó la carta, que Julio andaba del brazo del hijo de Urquiza. ¿Pues qué dirás cuando te diga que no lo ha visto sino una vez? Ni lo vemos ni lo oímos".[14]

El comentario era prudente. Buenos Aires estaba silenciosa en estos últimos meses de 1851 en que hasta las funciones públicas en honor del "magnánimo Rosas" habían cesado:

"Tiemblo de la política, y al mismo tiempo quisiera que supieras la verdad para tus intereses. Mucho pienso en Enrique (Lezica), si lo puedes mandar, hazlo. Mucho temo el porvenir de eso. Aquí parece un sueño, hija, esto. 8.500 hombres tenía Oribe y pensábamos que iba a darse una batalla y sólo se han dado abrazos. Lo vemos y aún no lo creemos. Lo gracioso es que los de afuera vienen tan pobres, más que los de adentro. Yo no tengo gusto para nada pensando en tí y tus hijos y en las cosas que sucederán."

"Ayer fue mi día", escribe el 1º de noviembre. "Tenía el corazón en mil partes pero han hecho tantos esfuerzos mis amigos que pasé un buen día". Ha cumplido 65 años. Su nieto Enrique, de 17 años, al que quiere preservar de una posible incorporación al Ejercito, está con ella.

En lo de Julio se trabaja mucho, se almuerza a las ocho y media y se come a las cuatro. Julio se esfuerza y mejoran día a día sus relaciones. Ha recibido un cargamento entero de muebles y el golpe de martillo de los remates se escucha todo el día. En el almacén hay camas de hierro con el colchón elástico, muy ligeritas. Como está sin criada, Mariquita tiene mucho que hacer.

Nada sabe de Mendeville, pero Carlos, su hijo menor, que se encuentra ahora en Chile, dice que está todo paralizado y desea venirse si le mandan dinero. Su yerno, Loreilhe, le ha escrito de Burdeos que Clementina siempre es la misma: "unos días triste y llorosa, sin que nadie sepa por qué; otros, muy contenta; pero lo cierto es que nada le falta, que tiene cuanta comodidad es posible, que no me aflija jamás por ella (...) Por lo que me dice sobre separación no hay nada pero pienso mucho en C. creo que es muy infeliz, tanto más cuanto que no hay una cosa que reprochar: si cuando yo daba bailes y comidas, tenía mi casa como un palacio y mi gran coche y libreas, me hubiera quejado yo de infelicidad... ¿qué habrían dicho? Que yo no sabía reconocer mi dicha, que era loca, y así, estas cosas no me seducen a mí".

El 26 de diciembre parece muy alarmada. No es para menos, el Ejército Grande se encamina a Buenos Aires siguiendo un riguroso plan. Pero además de las preocupaciones políticas está inquieta por los amores de su nieto Enrique y de su hijo Julio.

Enrique se ha apasionado de una de las Llambí, hija del inqui-

lino de la casa grande de Florida, con la que tiene una correspondencia oculta. Ella advirtió que estaba enamoradísimo porque cuando
vino lloraba al solo nombre de esa familia. Juan, uno de sus hermanos menores, es el encargado de dar las cartas, como se le ordena,
cuando nadie lo ve, y sospecha que otra de las niñas, Florencita,
también está en la cosa. "Ya no hay inocentes, hija, nosotras somos a
las que nos hacen". Risa y pena le da el considerar esto, pero
imagina todo el disgusto que las dos familias pueden tener. "En tu
pesquisa no me comprometas, porque me aborrecerían y no hay
nada más preciso de evitar que la mala voluntad entre personas que
tienen que vivir juntas".

De Julio, que ya había empezado una relación amorosa con
Carolina Trápani, dice: "Cuanto gana será como echado en un baúl
sin fondo. La niña será el ser más infeliz porque no tienes una idea
lo que es esa cabeza. Lo que tiene comprometida a esta pobre niña es
muy serio. Creo que romper esto ni será decente ni posible, porque
toda su conducta es la de un marido". No sabe qué actitud tomar,
irse, quedarse: "todos los momentos tengo la idea de este casamiento, y sin atreverme a mezclarme ni a dar un consejo. Mi larga
experiencia me ha hecho observar la cadena de desgracias, y aún de
crímenes, que atrae a una mujer 'su primera falta'. Pienso lo difícil
que es resistir largo tiempo a las persecusiones de un astuto, que
sabe emplear todos los medios para atacar el corazón y los sentidos,
y la infelicidad eterna que cae sobre una mujer que pierde la inocencia por un ser corrompido. Los hombres miran como un juego inspirar sentimientos que no tienen". Julio había hecho lo posible por
enamorar a una amiga de la familia que pasó unos días allí. Y
si hubiera permanecido un mes ¿qué hubiera sido? "¡Qué juventud,
Dios mío! ¡Qué hombres! Me cansa el mundo, Florencia y te aseguro
que el que yo vaya a sociedad, es para conservar el lugar que
siempre he tenido, y que no tengo otra cosa que dejar a mis hijos".

Las cartas de Mariquita se cargan de emoción en las vísperas
de Caseros: "En estos momentos estoy con tal disgusto de pensar en
esas desgracias y tantas como habré de llorar. Ni un momento dejo
de pensar en tanta víctima (...) Tus hijos me tienen afligida, ellos,
que empiezan a vivir. En fin, puede ser que todo salga como aquí,
que te aseguro que sólo viéndolo no se podía creer. Cañones y tropas
de los dos lados a la vista de aquí, todo el mundo en las azoteas
esperando el combate. Así pasamos un día, y por la noche se empiezan a pasar, empiezan los pasteles y al otro día, cuetes y repiques. Yo
espero que se amase en grande, a pesar de todas esas apariencias
hostiles. La empanada ha de ser grande, ya verás".

Preocupada por sus amigos del bando rosista, dice:

"Dime, ¿qué es de Guido? y ¿cómo se ha quedado Agustina
(Rozas) con la llegada de Lucio (Mansilla)? ¡Qué mundo! ¡Pobres
madres! ¿Qué es de Manuelita?, ¿creerás que pienso mucho en ella?,

¿creerás que la quiero? ¡Pobre joven, que ha pasado por tantas penas! ¿Cómo está Mercedes (Rosas) con la viudez? Todas las desgracias vienen juntas!"

"Pareces zonza que no me dices nada", insiste. Quiere saber el destino de don Gervasio y si el hijo del criado José ha sido incorporado al ejército, si Peña anda de sereno, como se comenta andan los jóvenes decentes, y en ese caso, si anda de ronda, cuidado con las muchachas.[15]

Por fin llega la nueva de la derrota de Rosas en Caseros, traída por el vapor *Manuelita* que hace el servicio entre las dos orillas. Enrique viene corriendo desde el puerto a informarla.

Es el fin de una época. Mariquita se entusiasma otra vez, como en los viejos tiempos de Mayo, como si la patria volviera a nacer; escribe a todos los suyos: a Burdeos, a Lorient, a Barcelona:

"Juan, qué sorpresa te voy a dar! Rosas ha caído! ¿lo creerás? Yo tengo el pulso que me late como el corazón... Se han batido, Rosas a la cabeza, han peleado, gran mortandad. En la ciudad se promovía un arreglo porque se hacían barricadas y zanjas. Se ignora la suerte de Rosas. Lo cierto es que ha sido una batalla formal sostenida por nuestros desgraciados argentinos hasta sacrificarse más de 4000 hombres que ha perdido Rosas. Pacheco prisionero. La batalla ha sido entre San Isidro y los Santos Lugares." En Montevideo, "repiques y cuetes que se viene abajo todo... Si un día veo esta tierra de mis lágrimas constituida de un modo que su libertad quede asegurada ¡qué contento será el mío!"

Juan le dijo a Félix Frías que había llorado de gozo y de pesar con él "acontecimiento más grande de nuestra revolución y que había recordado a las víctimas de Rosas: los Maza, Varela y la infortunada hija del desgraciado O'Gorman (Camila): todos han suplicado a Dios libertase a nuestra patria". Pero no se preparó a volver: "Viviré oscuro y tranquilo".[16]

Al día siguiente de Caseros Mariquita le escribió tres cartas seguidas a Florencia, aterrada al saber que una ola de saqueos y de incendios castigaba Buenos Aires horas después de la batalla:

"Considera mi agitación al no saber de ti, al oír que hay 4000 muertos, 300 fusilados y saqueos... ¡Considera cómo estaré! Jamás hemos carecido tanto de noticias como ahora que hay tantos motivos para desearlas. Una noticia prolija y cierta no hay. Dime como está la familia. ¡Cómo se habrán asustado!"

Escribía esta esquela por intermedio del ministro de España; quería saber si la tropa brasileña que mandaba el general Márquez estaba en Buenos Aires, para enviarle una tarjeta suya a "este lindo y galante brasilero que te gustará mucho".

La segunda carta a Florencia también mostraba temor: "Puedes pensar como está mi pulso, mi cabeza y mi corazón! Si veo la Libertad en mi país y que Dios me haya conservado los míos, cuanto se lo agradezco! Si no escuchara sino mi cabeza y mi entusiasmo ya me iba esta tarde a ver si era verdad (...) Cómo estarán los patriotas de mi país! ¡Si será verdad! Cada momento estoy llorando, no puedo hacer nada, ando de un lado a otro como zonza, deseando buques de esa tierra de mis lágrimas. Yo nací para ser hombre. ¡Cómo me acuerdo de doña Lucía, de la negra Gerónima! Diles mil cosas. Y Jenara, ¿cómo está? A todas quisiera escribir, pero mi pulso está tan agitado que no me deja sino abrazarte con tus hijos."

Tranquilizada porque los Lezica estaban sanos y salvos, encabeza la tercera carta con esta leyenda: "¡Viva Urquiza y los bravos como él! Todo el gusto se me acibaró y ni he concurrido al teatro porque me parecía un crimen el alegrarme sin saber si estabas buena o enferma con los sustos de los saqueos... Gracias a Dios están buenos y, con moños celestes, ¡qué lindas estarán las muchachitas! Si tu estás contenta, ¡qué diré yo que soy tan entusiasta de la libertad, que he pasado tantos malos ratos por no someterse a ciertas miserias, que sólo por tí me quedo ahí (sic), no pudiendo en mi interior dejar de sentir la humillación y el envilecimiento de mi país, yo que vi nacer su libertad y pasé por tanto susto con tu pobre padre. ¡Ah, qué deseo tengo que ver a don Vicente López, tanto que nos hemos los dos comprendido (...)

"¡Qué quieres que te diga! Estoy loca por Urquiza. ¡Qué lenguaje! ¡Qué moderación! ¡Qué a mi gusto todo! Me parece que estoy en el año diez. Nada celeste hay aquí lindo. Estoy deseando algo, nada tengo aún (...) ¿Cómo estará Carmen Belgrano? ¡Qué loca estoy por ir a ver todas mis patriotas. Voy a escribir la historia de las mujeres de mi país. Ellas son gente".[17]

La siguiente etapa de la vida de Mariquita tendría como eje esa "tierra de mis lágrimas" donde el cambio político le abría la posibilidad de participar en la vida pública lo mismo que en su ya lejana juventud, pero con la sabiduría que le había dado el paso del tiempo.

NOTAS

[1] Zavalía Lagos. *Mariquita Sánchez y su tiempo*, op. cit., p. 202.
[2] *Cartas*, op. cit., p. 160.
[3] *Ibidem*, p. 162/3.
[4] *Ibidem*.
[5] Citadas por Zavalía Lagos, op. cit., p. 174/5.
[6] Poemas originales en los archivos Lezica y Zavalía Lagos.
[7] *Cartas*, op. cit., p. 170.
[8] *De Tomás Guido a Mariquita*, Río de Janeiro, fotocopia en AZL.
[9] *Cartas*, op. cit., p. 268; véase también José Pedro Barrán. *Historia de la sensibilidad en el Uruguay*. Montevideo, Ediciones de la Banda Oriental, 1990, 2 vols.

[10] *Del Barón Picolet a Mariquita*, Río de Janeiro, 18 de abril de 1849, transcripta por Dellepiane, *op. cit.*, p. 94; la segunda carta, del 19-6-1850, en AL.

[11] *Cartas, op. cit.*, p. 345.

[12] *Ibidem*, p. 309.

[13] Citado por Piccirilli, *op. cit.*, p. 52.

[14] *De Mariquita a Florencia*, Montevideo, 19 de setiembre de 1851. Original inédito en el AZL o L.

[15] *Cartas, op. cit.*, p. 183/85.

[16] Piccirilli, *op. cit.*, p. 54.

[17] *Cartas, op. cit.*, p. 186 y ss.

20

POR EL PROGRESO DE NUESTRA TIERRA

1852-1853

A pesar del entusiasmo y de la confianza en el nuevo orden de cosas, Mariquita demoró un par de meses más su regreso a Buenos Aires. Esto le impidió presenciar la entrada triunfal de Urquiza y de las fuerzas del Ejército Grande en la capital porteña el 19 de febrero de 1852. Curiosamente, una de las *Tradiciones* de Pastor Obligado, consigna la presencia de la "espiritual señora" y de otras damas fundadoras de la Beneficencia en el palco oficial y señala que Mariquita, "acercándose al estribo del general Urquiza," alzó a una niñita de las de la Casa Cuna para que obsequiara al caudillo entrerriano una corona de laurel y lo invitara a tomar un refresco en el Coliseo.[1]

De hecho ella se encontraba en Montevideo cuando tuvo lugar este acontecimiento tantas veces narrado, pero recibió una versión inmediata de su desarrollo en carta de Tomás Guido, fechada el 20 de febrero en Buenos Aires y que empieza diciendo: "Ayer fue el desfile"...

"Si usted ha visto representar alguna vez el *vaudeville* francés titulado las Píldoras del Diablo, hallaría mucho de semejante en la mudanza rápida de la decoración. Ayer fue el día triunfal. La hermosa calle de la Florida fue la escogida para la entrada del ejército. El día que empezó lluvioso se serenó como por encanto, siendo propicio a esta gran fiesta de las armas. Este es el siglo de las peripecias. La que ha pasado a orillas del Plata no es la menos sorprendente, por la calidad de los actores y la inmensidad de las consecuencias. En fin, es un mentecato quien no vea en todo esto profundamente un dedo providencial. Agradable sería que usted viniera a contemplar de cerca el espectáculo. ¡Cuántas observaciones, cuántas anécdotas! Pero sobre todo ello, es necesario deslizarse con la ligereza espirituosa con que usted sabe tratar los asuntos áridos y los amenos..."[2]

Guido era precisamente un ejemplo de ese *vaudeville*, porque de mano derecha de la diplomacia de Rosas había pasado a comandante de armas de la provincia porteña en el gobierno designado por el dedo de Urquiza. A Mariquita le hacían gracia esos contrastes políticos y cuando, poco después, Guido fue nombrado en la corte del Brasil, en el mismo cargo que había ocupado en tiempos de Rosas, observó muy filosóficamente: "me río al pensar que tendrán que hablar del tirano. Esto sí que es comedia".

Era sin duda la comedia humana. Pero en el caso de Mariquita sus simpatías políticas habían sido invariables, de modo que no debía fingir adhesiones que no sentía. Y como ella era una figura paradigmática de la "feliz experiencia rivadaviana", su nombre figuró en segundo lugar en la nómina de miembros de la Sociedad de Beneficencia propuesta por el gobernador López y Planes en marzo de 1852. Mariquita se sintió muy gratificada porque el gobernador, que era íntimo amigo suyo, y el ministro, Valentín Alsina, otro gran amigo, la hubieran recordado a pesar de que se encontraba fuera del país. En realidad era difícil olvidarla, sobre todo cuando no abundaban las damas de alto copete que hubiesen demostrado fehacientemente su oposición a Rosas.

Por lo pronto la señora que encabezaba la nómina, Crescencia Boado de Garrigós, había presidido la Sociedad de Beneficencia de 1840 a 1845. Pero, aunque su esposo fuera un rosista cabal, todo el mundo reconocía que a la perseverancia y caridad de misia Crescencia se debía la subsistencia del Colegio de Huérfanas, luego del recorte del presupuesto de obras sociales ocurrido en 1838.

Una Mariquita devuelta a la actividad pública, y por consiguiente más alegre y animosa, escribe a su nieto Enrique la siguiente carta encabezada por la leyenda "¡Gloria al sol de Mayo, gloria al naciente sol!":

"Considero tu entusiasmo al verme en campaña, y aunque no haya muertos y heridos en los combates que me esperan, hay peligros y malos ratos. Al recibir el nombramiento y ver que era la primera de quien se había acordado el gobierno aún estando aquí, me lisonjeo, esto te lo protesto; pero todo el día estuve triste y llorando sin saber por qué. Me acordaba de mi casa, de mis hijas y de todos los medios que ahora no tengo para poder servir. Nada sino mi corazón ha quedado el mismo. Allá voy volando."

Estaba decidida a volver a vivir en su casa grande de la calle Florida, previo arreglo con el inquilino Llambí:

"Por mucho que tenga que vivir no será diez años. ¿Será posible que no los pueda pasar en la casa en que nací y donde he vivido la mayor parte de mi vida? Venga o no venga Carlos quiero vivir en mi casa, porque además de mi comodidad tengo obras que hacer que sólo viviéndola pueden hacerse (...) Cuando yo me muera, harán lo que sea mejor, y los terrenos cada día se valoran más".

Conocía las novedades que ocurrían en materia edilicia en Buenos Aires. Se construían casas nuevas y costosas, como la mansión de dos pisos inaugurada por el general Pacheco (1848), uno de los nuevos ricos de la era rosista, o el palacio del comerciante español Muñoa, en la esquina de Perú y Victoria, que era ejemplo del gusto italianizante en la arquitectura. Mariquita, en cambio, vivía del pasado esplendor, pero quería hacer mejoras en su vivienda, sobre todo la incorporación del sistema de agua corriente que había disfrutado en Río de Janeiro:

"Mi primer deseo es mi casa. Estoy cansada de todas, de pasar trabajos. Quiero descansar alguna vez. Por ningún precio dejaré mi casa (...) Sueño por verme en mi tierra libre."

Pero el traslado se demora algunas semanas más. Se le hacía cuesta arriba dejar a Julio solo y en amores comprometedores; le era difícil asimismo arrancar de nuevo a una edad en que la mayoría de sus contemporáneas se retiraba a cuarteles de invierno y no salía ni para ir a misa. Mientras le pone fecha al regreso, Mariquita, "tolerante en política como en religión", visita a los amigos que pasan por Montevideo rumbo al exilio, como era el caso del general Mansilla, cuñado y colaborador de Rosas, quien viajó a París a esperar se aclarara la situación política acompañado por Eduarda, su inteligente hija a quien Mariquita distinguía mucho.[3]

En Montevideo, los militares que volvían de la campaña del Ejército Grande fueron muy agasajados. En el gran baile dado por el ministro del Brasil, que duró hasta las cinco de la mañana, Mariquita tuvo oportunidad de saludar al brigadier Márquez: "está encantado de nuestra tierra y todos los que han venido no puedo decirte, están locos con Buenos Aires", le escribió a Florencia.

Su círculo se había movilizado de un lado y del otro del Atlántico, al conocerse la caída de Rosas. Al fiel Prelig, instalado en París desde 1851, correspondió la misión de enviar vestidos y cintas celestes y verdes para ataviar con el color de moda a Florencia, Magdalena y Florencita Lezica, "color que es tòda una novedad para las menores de 15 años", reflexionaba el comerciante. Además de contarles sus idas al teatro y sus paseos por las Tullerías, tenía al tanto a sus amigas argentinas de los últimos rumores acerca del desplazamiento del ex dictador:

"Rosas después de un viaje largo en que reventó una de las calderas del buque y mató cuatro marineros, llegó a Inglaterra y se quedó en el puerto de Plymouth. Lo han recibido con muchos honores y la Aduana no ha querido registrar sus baúles, ni hacerle pagar ningún derecho, lo que ha motivado varias interpelaciones del ministerio en la cámara de los Lores y la de los Comunes. El Ministro ha contestado con mentiras, entre otras cosas, que Rosas era muy pobre. Yo creo que la verdad es que ese hombre posee muchos secretos diplomáticos, y que el ministerio, por este motivo, ha querido adularle para que no los divulgue y acaso para saber los de otras naciones."[4]

Pero la caída de Rosas no había hecho sino dar principio a una nueva etapa de conmociones políticas. Como Alsina había renunciado al Ministerio de Gobierno, disconforme con actitudes de Urquiza, Mariquita se alarmó y le escribió a su nieto: "Los que vienen de ésa nos dan una idea un poco oscura del horizonte, de modo que si después de levantar mi casa, me encuentro en ésa sin tranquilidad, ¿qué hago? Aquí tenemos 5000 brasileños que son una garantía. Tú que estás al corriente oye las opiniones y dime que me aconsejaría la gente de juicio". Sobre otro motivo de intranquilidad, la cuestión entre Brasil y Paraguay, opina: "Somos muy desgraciados de no habernos arreglado entre nosotros bien. Ahora seríamos fuertes y unidos".[5]

Como ella se había llevado a su casa el libro de actas de la fundación de la Sociedad de Beneficencia, para preservarlo de algún agravio, se empeñó en devolverlo. Le indicó a Enrique que estaba guardado en la habitación del mayordomo. "Tómalo hijito pero sahúmalo un poco con pastilla porque ya sabes el olor que hay en el cuarto de don Manuel. Después lo envuelves en un papel blanco y una cinta celeste y lo llevas a la señora de Garrigós, diciéndole que lo he guardado porque las primeras hojas tienen la firma del fundador y porque no lo mancharan con los Muera de estilo".[6]

Su interés por el mejoramiento de la enseñanza femenina, tendría oportunidad de desplegarse en esta nueva etapa. La iniciativa del flamante ministro de Instrucción Pública de Buenos Aires, Vicente Fidel López, de crear una escuela normal de varones, y dar impulso a la de niñas, la lleva a escribirle confidencialmente. Sus ideas, largamente meditadas, incluían lo religioso desde una perspectiva no convencional:

"Dígame usted que es de su colegio, si tiene ya reglamento, que quiere usted que se enseñe, en suma, no tema ser difuso. Yo lo he de ayudar con todo mi corazón. Hace cuarenta y tres años que me he ocupado sin descanso de propender a la educación. Pero a mi modo de ver en esto, voy a explicárselo para saber si estamos de acuerdo. Yo pienso que lo que necesitamos son madres de familia que sean industriosas, que crien a sus hijos cristianos, pero activos. Se puede orar lavando, planchando, cuidando sus hijos. En suma, yo quiero la religión en acción, no quiero esas mujeres que hacen consistir la religión en estar haraganas rezando 'todo el día'. ¿Qué sería del mundo si no hiciéramos sino meditar? Yo veo que Dios no descansa en sus obras; desde el más pequeño insecto hasta el más grande no están durmiendo; la semilla se siembra y crece y da fruto. ¿No es ésta la escuela de la sabiduría? ¿No es una lección permanente que debemos imitar?

"Dígame su opinión. No crea que no elevo mi alma a Dios sin cesar, pero las madres de familia tienen grandes deberes; es preciso llenarlos con prudencia y no confundir las cosas. Yo he formado una Escuela Normal en la que se enseña con perfección a leer, escribir, la aritmética, la gramática, y sus análisis, la geografía, la historia, el dibujo, y un idioma, el francés, por ser más simpático a nuestra lengua. No pongo religión porque se comprende que es la base de toda educación. Además, bordados y obras de labor preciosas. Esta carta es para usted solo, confiada a su discreción y prudencia que le hablo así..."

La respuesta del ministro es elocuente: "Me ha llenado usted de satisfacción y casi debo decir que me ha engreído con tener el buen impulso de escribirme una carta amistosa y tan culta como la que recibía de usted con fecha 22 del corriente. El notorio talento y destreza con que usted se ha expedido en este país en materia de educación, las bellas tradiciones que a usted debe la Sociedad de Beneficencia en ese establecimiento precioso que parece encarnado con el nombre de la señora de Mendeville, son circunstancias relevantes que han dado para mí un gran valor a la carta que usted se ha dignado dirigirme.

"Coincido de tal modo con las ideas que usted me trasmite acerca de lo que es preciso que hagamos del maestro de escuela, que pronto, dentro de pocos días, verá usted un decreto sobre la organización de la escuela normal, donde hago del maestro de escuela algo más de lo que es y puede ser el abogado y el médico.

"Igual cosa pienso que debemos hacer con las niñas; es decir, débese fundar una escuela normal y no admitir en ella sino señoritas de diez y seis años para arriba; y hacerles el curso de cuatro años para formar las maestras perfectas en los diversos ramos de la instrucción primaria. Para esto cuento con usted además de estar de acuerdo en todo". López agradecía los consejos de Mariquita: "sé cual es el mérito y la competencia de la Pitonisa que los envía y deseo que no abandone su trípode para conmigo. Me lisonjeo con que muy pronto nos veremos y trataremos de hacer bienes prácticos y duraderos, de aquellos que como las tradiciones de la Sociedad de Beneficencia, echan raíces y renacen después del huracán". En lo personal, decía el ministro que sus padres deseaban vivamente la llegada de Mariquita para gozar de la amenísima sociedad que ella sabía sostener.[7]

Vicente Fidel creyó interpretar las ideas de su amiga en el discurso que pronunció en el acto de reinstalación de la Sociedad, el 19 de abril de 1852, en el Coliseo: "(...) en la educación que vais a difundir, pensad en formar la madre de familia más que en formar la mujer instruida. Pensad en hacer que todas las tareas de vuestra escuela, tiendan a poner en acción las virtudes domésticas (...) "Sólo así, con tales limitaciones, le parecía justificada a López la educación de las mujeres.

Urquiza no pudo asistir al solemne evento. Dadivoso como siempre, envió 60 onzas de oro para la Casa de Expósitos, "en obsequio de esa parte desvalida de nuestra especie a la que el tirano de la república negó el mejor amparo que la misericordia pública jamás niega a la inocencia".

Mariquita tampoco pudo asistir, pero tres días más tarde, ya instalada en Buenos Aires, redactó y firmó el acta nº 1 de esta segunda época de la entidad fundada en 1823: "A 21 de Abril de mil ochocientos cincuenta y dos se reunió la Sociedad de Beneficencia"... En dicha sesión había sido electa por sus pares como primera secretaria, mientras sus amigas de siempre, Justa Foguet de Sánchez e Isabel Casamayor de de Luca, ocupaban asimismo cargos directivos. En tal carácter, formó parte de la comisión de señoras que visitó al general Urquiza para agradecerle la donación: huérfanos, enfermas y educación eran las prioridades de las socias.

Ellas estaban dispuestas a demostrarle rápidamente al gobierno su voluntad de participar de la cosa pública. Con respecto a la educación, se preguntaban en qué puntos de la ciudad debían fundarse nuevas escuelas, cuáles serían los sueldos de maestras y monitoras y si debería o no mantenerse el sistema de enseñanza mutua o lancasteriano, implantado por Rivadavia.[8] Relata Carlos Correa Luna en la *Historia de la Sociedad de Beneficencia,* que en el hospital —que había subsistido gracias a donaciones de particulares— pasaban cosas graves; era mala la atención de las enfermas y pésima la fama del ecónomo de la entidad. Las señoras venían dispuestas a tomar medidas drásticas, porque ya no tenían la timidez de los tiempos fundacionales y estaban decididas a ganarse un espacio permanente en el presupuesto provincial.

Decisión práctica fue, entre otras, la de destinar a vestimenta de los enfermos del hospital público el remanente de ropa proveniente del saqueo de Buenos Aires del 3 y 4 de febrero de 1852. Una comisión de socias recibió la dádiva de manos de la policía. También se reorganizó la escuela del Colegio de Huérfanas que servía a las veces de Normal. Para dar solución parcial al problema de la enseñanza, se impuso a las tres escuelas existentes, que atendían a alumnas pagas, la admisión de un cupo de niñas pobres. Éstas últimas debían asistir, "unidas a las demás, sin distinción de ricas y pobres", obligación que a las directoras de escuela se les hizo cuesta arriba cumplir.[9]

En cuanto a la Casa Cuna, el espíritu práctico de Mariquita se manifestó con la propuesta de que las socias hicieran el proyecto de la refacción del vetusto edificio y encomendasen su dirección a alguien idóneo, mientras el gobierno se comprometía a pagar el importe. Ella adelantó de su peculio los fondos necesarios para las refacciones, escribe Correa Luna, y lo notable, observa este historiador, es que el gasto se autorizó en pleno conflicto político entre porteñistas y urquicistas. Esto se debía a la excelente relación entre las socias y los poderes provinciales.

En efecto, mientras se llevaban a cabo las gestiones, Juan

María Gutiérrez se desempeñaba como ministro de gobierno. Era uno de los miembros del partido liberal porteño que se quedó al lado de Urquiza cuando la Legislatura de Buenos Aires rechazó el Acuerdo de San Nicolás en junio de 1852. De ahí que en el breve lapso en que Urquiza gobernó dictatorialmente Buenos Aires, Juan María pudiera atender los reclamos de la Beneficencia.

Éste fue el caso de la solicitud de encarar de algún modo humanitario el problema de las mujeres locas: si eran furiosas, las maltrataba la policía, si pacíficas, se las abandonaba en el hospital sin tratamiento especializado.[10]

Mariquita impulsaba el proyecto. Se preguntaba dónde estarían mejor alojadas, ¿en el convento de la Recoleta, en la Convalescencia, en la Casa de Ejercicios, o en una quinta alquilada a ese efecto? En cuanto a los huérfanos, narra Correa Luna que "la animosa secretaria, en sus múltiples andanzas, obtuvo superior permiso para extraer del Parque (de artillería) los materiales que necesitaran en la obra"; recurrió asimismo a expedientes ingeniosos para obtener el resto a precios moderados, además de vender algunas onzas de las regaladas por Urquiza para comprarle ropa a los internos.[11]

¡Qué bien funcionaba, en beneficio de todos, la antigua y romántica amistad entre Mariquita y Gutiérrez! El paso de la oposición al gobierno, permitía a aquellos contertulios de antaño la posibilidad de contribuir a la construcción de un nuevo país y de una sociedad a la medida de sus sueños. El reencuentro, a nueve años de la separación en Montevideo, les había permitido comprobar que su identificación espiritual era indiferente al tiempo transcurrido, el cual, por otra parte, no los había respetado en todo. Mariquita comunicó sus impresiones a Alberdi quien aún estaba fuera del país:

"¡Cuánto gusto he tenido en hablar de usted con Gutiérrez! ¡Pobre Gutiérrez, que tantos disgustos tiene en su posición le he encontrado muy envejecido, su salud también es débil me ha dicho que usted vive como es mi ambición de vivir en una casita con unos árboles y unos libros! Pero mi destino me ha sido ingrato siempre. He tenido que andar errante sin sacar ventaja de mis viajes, sino gastos e incomodidades. ¡Cuánto gusto tendría de verlo! Al menos me propongo de escribirle algunas veces, ahora que tenemos seguridad de correos y respeto al sello."

La carta, del 24 de julio de 1852, agradecía el envío de un ejemplar de las *Bases*, el libro en que Alberdi había procurado plasmar el ideario político de su generación: "¡Con qué gusto he leido su librito y la linda carta del señor Urquiza! Mucho me complazco en pensar que tendrá usted una página en nuestra historia muy hermosa, porque ha trabajado siempre en consonancia con la dulzura de su carácter, con ese buen sentido que sabe unir la razón con el entendimiento y explicarse el modo que conviene a las necesidades de la época".[12]

En Europa, el círculo de las Thompson se había commovido con estas novedades. "Doña Mariquita ocupadísima con la Beneficencia y acaso también un poco con la política y usted haciendo los honores de su casa de ella", le decía Prelig a Florencia en la carta que le enviaba puntualmente cada mes por el Paquete. "Me parece que doña Mariquita debe estar toda otra con estas ocupaciones que son tanto de su gusto. ¡Y don Juan María Gutiérrez de Ministro!"[13] Pasaba luego a ocuparse de la boda de Manuelita y Terrero que había sido postergada mientras Máximo pedía autorización para casarse a su padre, en Buenos Aires; Prelig veía en esto una maniobra del ex gobernador para demorar el enlace de su hija predilecta.

Por su parte, Magdalena escribía desde Lorient (4-9-52): "Mucho he sentido las agitaciones ministeriales que han ocurrido en ésa, veo que ciertos hombres de nuestro país no aprovechan de las lecciones pasadas. ¡Ojalá sea ésta la última crisis que tengamos y el orden se restablezca debidamente. Dios le de tino y acierto a nuestro amigo Gutiérrez y que Urquiza no abuse de las facultades que le han dado los últimos acontecimientos. Supongo que habrá usted visto a todos nuestros recomendados".[14]

La carta revela que Madame Chiron, aunque alejada desde hacía nueve años de su patria, seguía atentamente su evolución política; confiaba en la fineza intelectual de Gutiérrez, pero temía que fuese cierta la acusación de que Urquiza podía convertirse en dictador.

Mientras las cartas iban y venían, el conflicto entre Buenos Aires y Urquiza se había definido en la revolución del 11 de setiembre que separó al estado porteño de la Confederación Argentina. Esta división política que se prolongó hasta 1861, repercutió en el círculo de amistades de Mariquita, aunque sin la misma intensidad de la lucha partidaria en tiempos de Rosas. Se trataba ahora de calumniar y herir la sensibilidad de un enemigo que había sido, durante años quizás, un correligionario y amigo. Así, Gutiérrez, Alberdi, López (hijo), Pico y Frías fueron urquicistas; Alsina, Sarmiento, Mármol y los hijos de Florencio Varela, entre otros proscriptos destacados, tomaron el partido de Buenos Aires, al que se incorporarían ex rosistas conspicuos, por ejemplo, don Juan Bautista Peña, sobrino político de Florencia.

Esta nueva confrontación dividió a la familia Thompson, pues mientras Mariquita se alineó con el caudillo entrerriano, aunque de manera discreta, su hijo Juan ocuparía funciones diplomáticas en el Estado de Buenos Aires.

La Secesión significó un rudo golpe para la confianza de Mariquita en la posibilidad de construir un país diferente. Dicho estado de ánimo se pone de manifiesto en la carta dirigida a Alberdi en noviembre de 1852, premonitoria y nostálgica, en la que desaconseja al amigo volver a la patria donde "nadie es profeta":

"¡Ah, mi amigo, cuánto daría por una hora muy larga de conversación! Cuando me transporto a aquellos tiempos en que con tanto entusiasmo nos ocupamos de esta infeliz patria destinada... será mejor que no diga lo que siento y quisiera pasar de mi cabeza a la suya. ¡Cuán sorprendido será usted cada correo! ¡Qué porvenir! ¡Qué presente! Si tuviera la fe de que esta carta llegaría a sus manos sin tropiezo, le diría muchas cosas, pero cuando no hay seguridad, ni el pensamiento ni la pluma corren. Empezamos, mi amigo, un camino lleno de peligros, de espinas, y mucho me temo que sea regado de sangre. ¡Ah, mi amigo, qué infelicidad, qué triste estoy, y cómo me acuerdo de aquellos tiempos! Nuestro Gutiérrez parece que sólo vino para experimentar disgustos. Ha pasado por duras pruebas. Apenas he gozado de su sociedad. Todas las furias se han venido a este pobre suelo. El otro día le han hecho duros ataques. Usted verá los papeles. Nuestra sociedad es aquella misma."

Mariquita continúa escribiendo: "Mi vida es algo parecida a la suya, según Gutiérrez. Trabajos, libros y música; mi pobre piano recoge mis lágrimas muchas veces, divago en él muchas horas como una mecánica, sin saber lo que hago (...) Mi vida es la de un hombre filósofo por fuerza más bien que la de una mujer, con la desgracia de tener corazón de mujer, cabeza de volcán, y no tener esa frivolidad del sexo para distraerme. Mis afecciones dispersas por el mundo y en una profunda soledad en medio de la más numerosa sociedad".[15]

Por esa fecha, noviembre de 1852, Gutiérrez iniciaba su relevante tarea como diputado constituyente en el Congreso de Santa Fe. Dicha actuación resultó también decisiva en su vida privada: en la reunión ofrecida el 13 de setiembre por la sociedad santafesina a Urquiza, el mismo día de la rebelión porteña, había conocido a la que sería su esposa, Jerónima Cullen, una jovencita cuya belleza y dulzura admiró, hija de Domingo Cullen, fusilado por orden de Rosas.

En el Estado rebelde de Buenos Aires, Valentín Alsina era el nuevo gobernador designado por la legislatura rebelde, mientras Mitre ocupaba el Ministerio de Gobierno. Ambos mandatarios acudieron a la solemne reapertura de la Casa Cuna.

Mariquita había dispuesto lo necesario: el edificio habitable, el almacén provisto, las nodrizas pagas y hasta tres huerfanitos llegados anticipadamente. El acta del 20 de noviembre, redactada por su mano, narra que la Sociedad de Beneficencia se reunió en la Casa de Expósitos. Presentes, las señoras Crescencia Boado de Garrigós, Cipriana Obes de Bonavía, Isabel Casamayor de de Luca, Manuela Villarino de Insiarte, Tomasa Vélez, Dorotea Yáñez de Nazar, Manuela Gómez de Calzadilla, Magdalena Hurtado de Fonseca,

Pilar Spano de Guido, Pastora Soca de Cárdenas, Rufina Herrero de Ramírez, Ignacia Beláustegui de Zelis, Pastora Botet de Senillosa, "y la infrascripta."

Ella se dio el gusto de dar comienzo al acto con la lectura de la nota del gobernador Rosas en que éste, debido a la falta de recursos para mantener el establecimiento, había ordenado al deán Saturnino Segurola cerrar la Casa de Expósitos y repartir a los niños entre quienes los solicitasen. Hablaron a su turno Alsina y Mitre y hubo una mención elogiosa del obispo de Aulón, monseñor Escalada, que en aquella oportunidad había recibido a 15 inclusos en su residencia.

"Concluido aquel discurso la Secretaria que firma, encargada de la preparación de la Casa, hizo una reseña histórica de la misma, notando que fue fundada en 1779, había albergado, hasta 1838, en que se cerró, 6682 huérfanos y que era ésta la mejor prueba de la necesidad de su restablecimiento".[16]

Todo esto representaba para Mariquita la mejor oportunidad de tomarse una revancha positiva y concreta del largo ostracismo padecido en la época de Rosas, no aquel ostracismo que se refiere estrictamente al lugar físico en que se vive, sino al más profundo que implica sentirse excluido de un proyecto de país. Porque con los porteños segregados, existía un fondo ideológico común que ese día se puso de manifiesto en lecturas y discursos.

El 1 de noviembre de 1852 Mariquita festejó sus 66 años junto a su hija y a las nietas que tocaron el piano en su homenaje. Sus hijas eran las primeras en admirar su sorprendente vitalidad. En carta a Florencia, decía Magdalena: "los años los conoces en la vista, ya no puedes leer, escribir ni coser sin un par de anteojos, y a pesar de ello se me cansa muchísimo, sobre todo al escribir. He perdido casi todo mi pelo, así, hija, no tengo la felicidad de Mamita".

A los 40 años, Madame Chiron se encontraba más avejentada que su madre. Tampoco Albina, la menor de las Thompson, estaba saludable; debilitada luego de su último parto, se reponía tomando aguas en los Pirineos. Vivía en Barcelona, muy retirada, en casa linda y lujosa, pero la ciudad condal no le gustaba: "y así toda la felicidad de que está rodeada no tiene ningún atractivo para ella. Tresserra en cambio no ve nada sino su país, va a edificar otra casa, tiene empleo que lo lisonjea, y ocupar el consulado argentino no hará sino fijarle del todo en Barcelona".[17]

Gracias a Prelig, las Thompson estaban al tanto de las novedades de Europa, sobre todo de las que interesaban a los argentinos, por ejemplo, el casamiento de doña Manuelita Rosas que puso fin a su largo noviazgo con Terrero. Las cartas de dar parte habían llegado a París y la novel pareja hacía lo imposible para persuadir a Rosas de acompañarlos al continente.

Se comentaba en París otra boda, la del emperador Napoleón

253

III y la bella Eugenia de Montijo, tres veces grande de España. "Mucho ha hecho hablar este casamiento", informaba Prelig. "Lo que hay de cierto es que ninguna princesa quiso ser emperatriz de los franceses; desde María Antonieta, mujer de Luis XVI, ninguna princesa de Francia ha sido feliz. Esta tiene mucho coraje, mucha fiebre y acaso alucinada por una corona aceptó, tanto más acaso que el señor emperador estaba medio enamorado de ella, y dicen que antes de hacerla emperatriz, pensaba hacer de ella su *maîtresse*. Pero ella que no es zonza no quiso oir tal refrán e hizo bien como usted ve. No la he visto todavía pero dicen que es muy buena moza, muy jinete", etc., etc.

También comentaba el casamiento que había unido en octubre de 1852, en Buenos Aires, a Luisa Sánchez Foguet con el uruguayo Carlos de Arteaga. La culta misia Justa había fallecido ese mismo invierno con la satisfacción de dejar bien establecida a su hija. "Siempre me ha parecido que la idea que su hija quedaba sin apoyo después de su muerte, era como dicen los franceses su 'ver rongeur', opinaba Prelig, porque lo que es del pobre padre, poco puede servir a su hija. Mucho me alegro que Luisa haya encontrado un buen marido".

El comerciante francés aconsejaba a Florencia respecto del hecho de que Enrique Lezica estuviera alistado en la guardia nacional: "pero, amiga, esto es indispensable para un hombre en el país de ustedes y en las circunstancias en que se encontraba. Un joven no podía quedarse con los brazos cruzados mientras todos los conocidos se alistaban. Ahora, lo que si puede, es hacer de modo que sin que parezca una cosa hecha a propósito, evite las ocasiones donde pueda haber compromisos de salud o peor todavía".

"Mendeville llegó de Quito hacen tres semanas", escribía Prelig el 7 de febrero de 1853; "más gordo que lo que era en Buenos Aires, tiene algunas canas, ve muy poco, pero me ha parecido que su cabeza ha declinado muchísimo". Se habían encontrado a comer en casa de Luisa Petitjean, una antigua amiga de Buenos Aires.

"Me olvidaba decirle a usted que M. Mendeville vio en Southampton a Rosas, que le abrazó y le hizo mil festejos. Dice este último que no quiere venir a París, ni a ninguna otra capital, ¡para que no digan que está intrigando! Su intención es acaso de ir a vivir a Burdeos."[18]

Mariquita, siempre interesada en tener noticias del marido ausente, acribilló a preguntas a Magdalena. "Nada he sabido aún de papá", replicó ésta; "me ha hecho usted reír con sus especulaciones de minas, le digo a usted que el hombre está como Bonpland con sus copias, así que sepa algo de él se lo escribiré a usted". Madame Chiron se alegraba de que su medio hermano, Carlitos Mendevillle, "se hubiese radicado en Valparaíso, pues me temo que cerca de usted o Julio no ha de hacer gran cosa".[19]

254

Entre tanto Mariquita, luego de la reapertura de la Casa Cuna, compadecida de la tragedia de la locura, de la que su primer marido había sido víctima, se estaba ocupando del problema de las mujeres dementes. Enterada de que en Europa existían métodos modernos para el tratamiento del mal, le escribió a Mendeville: "Ya que estás en París, hazme un servicio: escribí a Balcarce para pedirle el favor de hacerme una silla y una cama de fuerza para sujetar a las locas furiosas. Tengo en miras un lugar para estas miserables, cuadro que no te quiero hacer por no afligirte. Esos medios ingeniosos que se emplean en los buenos hospitales para los locos no se conocen aquí, ni puedes dar idea. Así, pedí una silla y una cama que vengan a mi dirección y pagaré su importe aquí o allá, como quieran. No sé si ha recibido [Balcarce] esta carta mía. Si no la ha recibido, ten la bondad de verlo para esto o bien a alguna otra persona. Yo pensé en él por el interés que tomaría en su país y porque pensé que este desembolso no sería tanto para él y yo lo pagaría aquí al momento. Tenía entre manos un gran plan para un hospital de locas y algunos me habían prometido ayudar, pero estos trastornos políticos lo han trastornado todo, pero confío que la providencia me protegerá y que he de poder hacer esta obra de caridad, la más grande que puedes pensar en estos países, en que todos debíamos estar locos con tantas penas".

Pasa luego a comentar la situación política. Son momentos críticos. Las fuerzas del general Lagos (urquicista) han puesto sitio a Buenos Aires. Pero ella no corre peligro:

"Te diré que en cuanto al general Urquiza, estoy bien en su ánimo. Si él triunfa, no tengo nada que temer; yo no choco a nadie, mi boca cerrada y a mis huérfanos; pero no vivo de tristeza. No soy mujer de guerra y si pudiera no estaría aquí; pero Florencia está muy destruida y esta familia me ata aquí en este momento. No podrías pensar cómo se ha envejecido Florencia. Solo podrás creerlo si ves a Clementina que lloró al ver su retrato. Por más que le habían dicho su cambio no lo creía. ¡Cuánto daría por ver antes de morir a mis hijas de Europa y a Clementina la primera!"

Apenas concluye el asedio de la ciudad, el 1º de agosto de 1853, Mariquita informa a su marido: "Se acabó el sitio, se fue el ejército, se embarcó Urquiza, y todo es un misterio. Si es intriga o arreglo primero lo sabrás tu que yo (...) Aquí lo han festejado como un triunfo, así lo hacen valer, pero salen fuerzas para la campaña. Mi opinión es que van a caer sobre Santa Fe y anular la Constitución que las provincias han jurado ya muy contentas. Yo no veo claro esto."

En lo personal, le ofrecía sus servicios de "hermana de caridad" y ponía cuidado en escribirle en letras grandes, "como planas", para que la maltrecha vista de Mendeville pudiera descifrarlas. Le advierte: "No creas que estoy vieja, Florencia tiene más canas que yo, y como soy la actividad misma, ando entre las jóvenes mejor que entre las viejas (...) Todo lo que puedo decir es que me conduzco como una señora en todo". Le encarga alguna chuchería porque "si una mujer no le pide a su marido, ¿a quién le pedirá?" y se despide, irónica: "Te deseo salud y te envidio tu suerte, que irás a la ópera y comerás bien, etc., etc., y nosotros, carbonada y música de fastidio y penas".

En párrafos contundentes resumía para Mendeville la situación política al 1º de octubre de 1852: "La turbulencias que hemos pasado nos han arruinado a todos para sólo vivir mal: quiera Dios sean las últimas que tengamos que sufrir, pero creo que estos países serán siempre el caos. Dicen que hay grandes proyectos; veremos. En Montevideo todo se ha cambiado, como aquí, es decir que en los dos países domina la facción contraria a Rosas, empiezan los juicios de algunos presos, de los que fueron verdugos, causas que estremece oirlas. Creo que algunos serán fusilados. No puedo decirte el odio del pueblo contra Rosas, su familia y partidarios. El miedo los había hecho callar; pero ya se creen seguros y no puedo decirte lo que detestan estas gentes a Mansilla. No podrá venir nunca aquí Agustina, la aborrecen. Me dan lástima a mí que no sé aborrecer; pero veo muy mal parados esos hombres".[20]

La carta daba noticias de Montevideo: Lavalleja presidía la República Oriental y había amigos en el ministerio. Ella soñaba, como siempre, con irse a Francia. Pero como no le alcanzaba el dinero y Julio acababa de casarse, optó por trasladarse a la otra orilla. Pese a sus quejas reiteradas y a su supuesta búsqueda de sosiego, ese ir y venir sobre las aguas del Plata satisfacía su temperamento inquieto. Por otra parte, la política del Estado de Buenos Aires le resultaba cada vez más odiosa. El sueño de trabajar por un país mejor, parecía volver a fojas cero.

NOTAS

[1] Citado por Carlos Correa Luna. *Historia de la Sociedad de Beneficencia*, tomo II, 1852-1923, p. 18.

[2] Citado por Picirilli. *Juan Thompson*, op. cit., p.14.

[3] *Cartas*, op. cit., p. 276/7.

[4] *De Prelig a Florencia Th.*, París, 7 de mayo de 1852, AL.

[5] *Cartas*, p. 280.

[6] *Ibidem,* p. 279.

[7] Citado por Zavalía Lagos. *Mariquita Sánchez*, p. 238.

[8] Notas del *Libro de escuelas de la Ciudad.* 1825 a 1872, nota de abril 22 de 1852, citada por Correa Luna, *op. cit.*, t. 2, p. 49.

[9] *Ibidem*, p. 49 y ss.

[10] *Ibidem,* p. 55.

[11] *Ibidem,* p. 59-60.

[12] *Cartas, op. cit.,* p. 346.

[13] *De Prelig a Florencia*, París, 7 de agosto de 1852; AL; vivía Prelig en la calle Hauteville 13, París.

[14] *De Magdalena Th. a Florencia Th.*, Lorient, 4-9-52, AL.

[15] *Cartas, op. cit.,* p. 347.

[16] Correa Luna, *op. cit.*, p. 64 y ss.

[17] *De Magdalena Th. a Florencia Th.,*Lorient, 4-9-1852, AL.

[18] *De Prelig a Florencia Th.*, París, 7-2-1853, AL.

[19] *De Magdalena Th. a Mariquita*, Lorient, 4-9-1852, AL.

[20] *Cartas, op. cit.,* p. 310 y ss.

21

LA MALA RAZA PORTEÑA

1854

Mariquita volvió a Montevideo en noviembre de 1853, dispuesta a colaborar en la instalación del hogar de su hijo, Julio Mendeville, que se había casado en julio de 1853 con Carolina Trápani, hija de Juan Bautista Pedro Trápani y de Catalina Benavídez, la ex esposa de Francisco de Álzaga, uno de los responsables del "crimen de la Noria".

A Mariquita no le gustaba su flamante nuera, pero no se había opuesto a la boda porque la muchacha estaba muy comprometida en su relación con Julio desde hacía no menos de dos años. En esa sociedad en que cuando dos jóvenes bailaban unas cuantas piezas juntos se decía que estaban "de temporada", también existían las relaciones prematrimoniales: a juzgar por las cartas de Mariquita a Florencia, éste era el caso de Carolina y Julio.

Ella no se proponía ser una suegra molesta pero no congeniaba con Carolina, la cual, a pesar de su embarazo y de que tosía sin cesar, jugaba al carnaval, se atiborraba de fruta, montaba y galopaba a caballo entre otros desarreglos. Para colmo, carecía del don de la sociabilidad del cual las Thompson habían hecho un verdadero culto. "No sé como ha de hacer esta muchacha," suspiraba la suegra, al imaginar la hora en que la joven tomase por sí las riendas del hogar.

Mientras veían la posibilidad de alquilar una gran casa en Montevideo, iban seguido al campo en calesa. Los bonitos alrededores de la ciudad atraían a Mariquita que apreciaba asimismo, aunque no los practicase, los baños de mar, otro hábito saludable de los montevideanos. La vivienda alquilada finalmente disponía de una vista espléndida sobre la bahía, los buques y la campaña arbolada: "Tenemos once balcones que dan a una calle a la entrada del mercado, y dos a las esquinas que dan a otras calles, es una casa hermosísima con una vista divina", escribe. Pero la convivencia con el joven matrimonio la aburre: "a la oración Julio se duerme en el sofá, Carolina en la silla. No quisiera salir de noche porque ya sabes, donde salen los amos lo que sigue, pero no se puede entretener con nada estas dos criaturas. No sé cómo irá esta casa con un niño, no sé. Algunas veces me asombro que se haya criado Julio en casa. Ahora tiene tanto de su padre... Dice unas patochadas de esas que sacan el pedazo, me quedo fría y lo siento."[1]

Pero como sucede en todas las familias, Julio tenía sus quejas —que relató a Florencia— respecto de ciertas actitudes de su madre y de la tolerancia que demostraba hacia sus criadas de confianza, Gregoria y Catalina, a quienes él consideraba   meramente como a dos prostitutas:

"Esta va para tí, no quiero confiarla a las dos alhajas que me trajo mamá y que gracias a mi genio firme logré no solo deshacerme de ellas sino alejarlas a ambas. Mamá ha estado muchos días un poco fría conmigo pero yo no aflojé. No puedo tolerar en mi casa ciertas cosas que no debo y una noche poco ha faltado para que a Gregoria la echara, ¿o a las dos? En fin, ya lo haré (...) Dice Mamá que quizás vengas. Cuanto me alegrará para ver como se podrían moderar los gastos. Mamá no oye. Se pone como una furia. Yo sufro (...) Pobre Mamá, qué vieja está, ¿de donde sacó éstas? Creo que te manda a Gregoria para que la tengas en tu casa."[3]

Mariquita envejecía; su hijo la describía en sus aspectos negativos, gastadora como siempre y tolerante con aquellas personas, como era el caso de estas dos sirvientas, cuyo buen modo y simpatía compensaban otras defectillos. Ella relató la misma historia a Florencia, pero sin mencionar el conflicto por el dinero, que debía ser asunto cotidiano:

"Voy a explicarte algo sobre Gregoria, por lo que puede ocurrir, o decir Catalina, que se me figura aquella comedia de Moratín de la niña que está siempre escandalizada de lo que hacen los otros. Vamos al caso. Estaba con Gregoria a partir de un piñón y su buen genio que era muy buena. Cansada de ladronas, pensé que ésta no lo sería y nada más: "esperé", ni pensé sino en una obra de caridad para con esta joven. Francamente a mí no me ha dado el menor motivo. Humilde como el suelo, si no había quien fuera a la plaza se ofrecía, a la pulpería —que ella llama el comercio— iba muy suelta de cuerpo a comprar. Sacaba las bacinicas como floreros. Jamás un mal modo ni una respuesta, jamás salía si no la mandaba yo. Enfrente de casa está la fonda y vive Arredondo. Catalina empezó a decir a Carolina que salía a la puerta para verlo y que le iba a poner cuarto. Carolina y Julio se empezaron a montar sobre esos cuentos. Una tarde que había máscaras, estaba yo en casa de Mariquita (Nin) solitas las dos conversando, y al volver a mi casa encuentro que había habido una historia, que Carolina había visto a la puerta de calle a Gregoria, hablando con una máscara —que dice era Arredondo— y en lugar de decir a Gregoria que se metiera adentro, se asustó de este desacato y fue a llamar a Julio, que estaba medio dormido. Bajó, puso de pluma a G. y que él no quería plumas en su casa: una historia. Vengo yo y me encuentro con este terremoto."

259

Mariquita protegía a Gregoria, pero su juicio global respecto de sus servidores era lapidario: "Ya sabes que son todas lo mismo. Castidad y fidelidad, negocio perdido. Varían los nombres, enseñas otro potro y la misma cosa (...) Es una lástima tener criados y no poder tener monos".[4]

Sin duda la cuestión del servicio doméstico era un tema de interés en el Buenos Aires posterior a Rosas. Los diarios porteños achacaban al rosismo la insolencia de los criados, su libertad para cambiar de patrón y de casa, sus salidas nocturnas con abandono de sus obligaciones. También en Montevideo durante el Sitio y a medida que la sociedad se volvía más cosmopolita, los criados eran más independientes. Y a las clases dominantes, de las que Mariquita era parte, la independencia de ese sector social les parecía un corolario no deseado de la modernización que en otros aspectos defendían. Por entonces, cuando las escupideras iban y venían por las habitaciones antes de que el agua corriente facilitara la higiene doméstica, la criada personal era un requisito de confort; de ahí la ventaja de una servidora como Gregoria que cumplía el obligado ritual con elegancia y buen modo.

El nacimiento de Julio Ernesto Mendeville, el 13 de abril de 1854, no arregló las diferencias de gusto, sensibilidad y estilo que separaban a Mariquita de su nuera: "se fueron al campo y allí parió", escribe drástica. En realidad Julio y Carolina se habían ido a pasar Semana Santa fuera de la ciudad, a pesar de que el parto era inminente. Como ella se había opuesto a esta salida, no le comunicaron la noticia. Se enteró por otros al ir a las ceremonias de la Iglesia. Pero no pudo ver al nieto. Cuando llegó, en coche alquilado, se habían llevado al niño a lo de una nodriza. "Dejo a tu cabeza lo que pasa en la mía. ¿Hasta cuándo la suerte me dará pesares?", comentó afligida a Florencia.

Sólo conocería al primero de sus nietos Mendeville a fines de ese año, porque los padres se empeñaron en dejarlo con la nodriza mientras corrían toda suerte de rumores extravagantes acerca del bebé. Como el misterio del nieto era la comidilla del día, Mariquita no salía ni a los bailes ni al teatro. Así evitaba preguntas y habladurías.

Mariquita no aprobaba la costumbre colonial de entregar el bebé a una nodriza. Julio, en cambio, insistía en criar a sus hijos como le diera la gana. Carolina, muy contenta, ni hablaba del niño. Pasaban los meses, la casa de tan aburrida parecía un panteón y la abuela seguía sin conocer al nieto. Carolina, nuevamente embarazada, estaba insufrible: "todos los días vómitos y antojos (...) Estos Mendeville dan trabajo desde el vientre. Encargaré a mi generación que huyan de este nombre".[5]

"Este matrimonio me tiene afligida más de lo que parece y tu que me conoces podrás juzgarlo. La niña es una cosa increíble. No es para nada, comer, dormir, y el balcón, a fuerza de delicadeza se pone un cuello, una cofia y sale para ver alguna persona, ¿salió ésta? El cuello y la gorra no sabes donde está, desgreñada y el pañuelo cualquiera y a la azotea, si dices algo, el mal estómago, y para no sentirlo, a dormir. Julio devora sus rabias (*sic*) pero al momento menos pensado llueven bofetones y tirones que me dan unos sustos que me muero. Ayer fueron a un baile, tuvimos mil apuros para arreglarlo todo (me hizo desesperar), en fin salió perfectamente a su gusto con un ramo de flores en el pecho de trapo, y otro ramo prendido en una cadera, sin que se supiera para qué, una corona llena de flores artificiales a su gusto charro, sin que nadie la contrariase. Bailó sin cesar y cenó como cuatro, el estómago bueno: a la una, después que habíamos almorzado, escribía yo tu carta cuando oigo una gritería espantosa. Fui a decirles que en el barrio se debía oir pero no tuve tiempo de hablar: Julio le largó un bofetón tremendo y le tiró por la cabeza dos cajas con dos pañuelos de la India que estaban sobre la mesa. Es la primera vez de mi vida que veo tirar así. ¡Julio! ¡Julio! ¡Esto no es digno de ti! La aparté, la eché para su cuarto, doblé los pañuelos y traté de armar las cajas para ver como se mandaban a la tienda, en esto (entra) Mme. Geoffroy. El corazón me saltaba como para ahogarme, ni sabía lo que decía. Al rato la veo salir a la sala muy tranquila. Tenía el compromiso yo de ir a presentar a Vernet en casa de Manuel de Zumarán, salí como máquina, volví al momento. Se había desnudado y metido en cama, estaba roncando, se despertó para tomar algo, dijo le dolía la cabeza, y se volvió a dormir hasta las diez (...). Ahora noches salí a una reunión de música, ellos ni fueron; sin saber por qué estaba tan triste que todos me preguntaban qué tenía, porque desde el parto yo no he concurrido a la sociedad por evitar me pregunten por el niño, pues cuando vuelvo me dice la criada había historia. La encuentro desgreñada, llorando, me dice la había estropeado Julio y la había echado a la calle. Voy a ver a Julio y le hablo como puedes pensar, me contestó que haría de su mujer lo que le diera la gana y que si quería la mataría. Te puedes hacer cargo mi situación. Se hizo una cama para la niña, yo no dormí un minuto pensando oir golpes (...) esta casa es un caos, un balde sin fondo, quiere vivir sin gastar, cada cuenta que viene es una pelea. Veo que no tiene con qué vivir, ya ves lo que me has mandado todo lo he gastado sin poder comprarme ni un vestido ni un mueble, compran cosas viejas, esto es un dolor y no creo que hubiera encontrado una mujer peor, y para colmo enferma y gorda que revienta. Esta niña no podrá jamás ser otra cosa porque es como todo el que no ha visto el mundo, porfiada sin igual. Jamás parece peinada, pues no quiere atarse el pelo porque es antiguo, envuelto y tomado con una peineta. Se acuesta a cada rato, pelo y bandó todo se enreda. En la cama parece una pampa por la almohada (...) se acaba de poner un vestido se acuesta con él, pasa sobre una vereda sucia sin levantarlo (...) así no puede quedar bien con las gentes ni tener un buen criado por supuesto esto es solo para ti porque es un consuelo tener esta confianza".[6]

Carolina reunía todos los rasgos que Mariquita y sus hijas descalificaban, desde el gusto charro (recargado) para vestir, a la gula y la pereza. Julio, por su parte, desplegaba junto a esta esposa sus tendencias violentas, muy escandalosas en una familia donde los golpes no se admitían como parte de las relaciones de pareja. Magdalena Thompson, enterada por Florencia de estas intimidades, opinó contristada:

"Nada me había dicho Mamá de su nueva hija, pobre Julio, siento en el alma lo que me dices, le quiero mucho y siento que su suerte no haya sido digna de él. Pobre Mamá, sobrepasa mi admiración ver como soporta tantos reveses. Lo que de su hija es, que no haga la l... (sic) de venirse a Europa. (...) Su fortuna no le permite vivir en Francia con los gustos, sociedad y (?) que en nuestra tierra. Yo hija, te diré que me ha costado irme acostumbrando a vivir sin tentaciones (...) mas la pobre Mamá que tendría sus recuerdos de lo pasado..."[6]

Ese año Chiron de Brossay partió a la guerra de Crimea (1854) al mando de un navío y Mariquita compartió la pena de su hija: "Todos están llorando, yo también. Separarse así de un objeto querido son los dolores de la muerte, sin dejar la vida." La familia de Burdeos, en cambio, festejaba la reciente designación de Edouard Loreilhe como cónsul argentino. ¡Hasta el biznieto escribió a Mariquita para agradecer la gestión! En cuanto a Florencia, tras su mala salud la madre percibía penas ocultas cuya índole adivinaba:

"Estoy deseando saber de tu salud, que aunque me dicen que no es cosa de cuidado, yo pienso que tu espíritu no ha de estar bueno, y estas penas del alma las conozco por experiencia". Comenta las penurias a que se exponen las viudas vueltas a casar y quiere averiguar si es cierto que los hijos de Florencio Varela han apaleado a su padrastro, Andrés Somellera, el segundo esposo de Justa Cané:

"Que te digo Florencia, las viudas estamos mejor. Mira qué auxilio y qué colocación, si no son más felices en la pobreza las otras. La ventaja es tener hijo de semejante tormento y un mangangá a toda hora. Esto me quita la gana de ir a buscar yo también dolores."

Relata a su hija las desventuras de su íntima amiga montevideana, Mariquita Nin de Estévez, cuyo marido, además de serle infiel, ha quebrado estrepitosamente: tenía "una procesión de hijos y tres casas de plumas mantenidas con lujo. Ha quebrado del modo más vergonzoso en cien mil patacones, sin tener nada que dar. Lo querían meter en la cárcel y juzgar como ladrón, Mariquita no sabía nada, ni tiene una alhaja, solo trapos. Nosotras que hemos comido esta fruta, sabemos lo que es, pero éste es el mundo".

"Qué desgracia Florencia, y qué felices somos las dos. ¿Quién diablos inventó el matrimonio indisoluble? No creo esto cosa de Dios. Es una barbaridad atarlo a uno a un martirio permanente."[7]

A pesar de sus tristezas Florencia no visitó a su madre en Montevideo. Uno de sus admiradores uruguayos, Juan Carlos Gómez, conocido político y mujeriego incorregible, haría esta semblanza de la bonita viuda de Lezica en una carta que le escribió entonces:

"Atada a sus hábitos, no abandonará la tertulia nocturna de sus ancianos, casta Susana, que me ha hecho sentir no ser pintor para legar a la posteridad un precioso cuadro flamenco de la vida íntima americana (...) Facinerosa, ¿no le basta a usted asesinar a fuego lento a don Gervasio? (...) Sabe usted que no he podido olvidar aquel delicioso mate que tomábamos a la vuelta de la calle del Perú, en aquella sala siempre con flores frescas y ese no sé qué distinguido que lleva cuanto la rodea el sello de la amable dueña."[8]

Más libertad que las damas de la clase decente tenían las sirvientas de aquella época: "Allá van a sorprenderte dos viajeras viviendo de sus rentas y gozando la preciosa libertad de casarse por temporadas como palcos", dice Mariquita con referencia a dos atractivas servidoras de la casa. Como una de ellas se complica en amores con alguien que no es su marido, Mariquita reflexiona acerca de las pasiones:

"Mujer que tiene pasiones tiene mérito, y sea en la clase que sea, tiene corazón y es lo que yo aprecio. De las mujeres impecables, tiemblo: son perversas; pero no digas esto, hija, porque me tendrán por una bandolera; pero es que yo entiendo la virtud por otra cosa. La que puede reunirlo todo es un prodigio raro; pero he notado en mi larga peregrinación que las castas Susanas son un saco de envidias, las más veces porque nadie las persigue y por vanidad. En fin, siempre he visto que las pecadoras tienen cosas buenas y las compadezco. Dale cien pesos de mi parte mientras vaya el consuelo de Prosper que ahora voy a hacerlo buscar: un clavo saca a otro clavo".

Entre tanto esta bisabuela comprensiva y coqueta mantiene una intensa actividad social: "Para ser gente es preciso ir adonde va la gente decente", observa. En ese invierno montevideano de 1854, pródigo en grandes bailes, e importantes entierros, ella recibe visitas ilustres como la de Aimé Bonpland, el sabio naturalista que había sido tiempo atrás profesor de dibujo de sus hijas.

Al baile dado por Amaral, el ministro de Brasil, acude vestida con un modelo llevado por la emperatriz Eugenia, de encaje negro sobre raso rosa, "guarnición de blonda en el descote, de arriba abajo, una camisita con unas valencianas, en la cabeza peinado de encaje rico con dos marabú y el rico alfiler en la punta (...) Decirte que el cuerpo es como emperatriz, y la cabeza, reina, ¿qué más puedo pedir cuando hay biznietos? Lo que hay de cierto es que en el baile anterior, y en todos los que voy, tengo un círculo de lo mejor y ni un momento sola. Pero estoy cansada del mundo, quisiera un jardincito, una casita limpia y soledad. Pero otros son más desgraciados, y así, paciencia, no se enoje Dios y me quite esta actividad que tanto me envidian.

"Esta semana hemos tenido parranda en grande, una tertulia en casa del cónsul francés con quien estoy en simpatía, hubo despedida del almirante, comida en lo de Zumarán, té en casa del ministro del Brasil". La convidan a todas partes y la obsequian de un modo que le da vergüenza a veces.

"En estas tierras, que estoy pensando que al fin, han de matar a las viejas como a los perros. Y como me considero tan sola en el mundo me hacía en aquel momento tristes reflexiones. El domingo tenia dos convites para comer en dos casas. Esto me distrae y me consuela en mi pobreza, que ocupe en la sociedad tan buen lugar debido solo a mi inteligencia (esto para ti, por supuesto)"

A juzgar por sus cartas, Emilio Vernet era su *cavalier servant* esa temporada en Montevideo. Proyectaba irse a Europa con él en el verano siguiente: "Sería para mí un apoyo porque este amigo es muy bueno —y nada de otro sentimiento— que es una ventaja. Es como una mujer para mí, pero sería una protección", dice para tranquilizar a Florencia dado que Emilio era un solterón, hermano de Luis Vernet, el ex gobernador de las Malvinas. Quiere irse antes de arrugarse más. La vida sentimental no ha concluido para ella aunque no sepamos mucho más a cerca de éste o de otro posible galán. Pero el tema del paso del tiempo y del deterioro físico aparece en forma constante en las cartas de este período.

"Dile a Agustina que se empiece a consolar, que con el nieto se ha de empezar a sosegar la marea, que yo he empezado a ser amable y buena conforme me he ido arrugando",[9] recomienda a su gran amiga, la señora de Mansilla, quien por otra parte tenía fama de ser muy libre en sus relaciones amorosas.

Los asuntos domésticos cada vez más complejos no alejaron a Mariquita del interés por la política. Alineada en el bando urquicista, estaba al tanto de todo cuanto ocurría en "las 13", como denomina a la provincias de la Confederación Argentina, gracias a Gutiérrez que era el ministro de Relaciones Exteriores de Urquiza. Se escribían por intermedio de conocidos: "Estamos incomunicados por falta de líneas regulares de vapores en estos países bellos y fértiles pero de gentes perezosas y pobres", decía el ministro.

Hablaban de su común amigo, Alberdi, y de la misión que el gobierno de Paraná le había encomendado en Europa: "Las ideas de él son las nuestras", afirma Gutiérrez. "Del otro lado del Océano debe venirnos cuanto nos falta, porque con nuestros pobres y pervertidos elementos nada podemos hacer". Con respecto a la intransigencia de los ultraporteños se pregunta el ministro: "¿qué sería de este país, qué sería de Buenos Aires mismo, al que le estamos formando una barrera contra los males que han podido caer sobre él, si no hubiésemos unos cuantos tenido la virtud de soportar en Santa Fe todo género de privaciones? ¿si después de la disolución de la línea frente a Buenos Aires no hubiésemos seguido la empresa con fe y actividad, no estaría el país entregado a los gobiernos irresponsables, a las matanzas y al desorden?"

Traza luego un cuadro de la situación:

"Actualmente reina una completa paz en las trece provincias confederadas. Ya no existen aquellas aduanas interiores que hacían imposible todo comercio, porque la ganancia del especulador quedaba en el bolsillo de los gobiernos de tránsito. No se mata a nadie, ni se destierra, ni se imponen contribuciones y por convencimiento y sin esfuerzo alguno son obedecidas las disposiciones del gobierno nacional en todas partes. Esta situación mejorará así que entren en ejercicio las Cámaras, cuyos miembros van llegando ya. El Rosario es una ciudad cuando ayer nomás era una aldea (...) El orden ha dado lugar a que los habitantes del interior empiecen a pensar en sus riquezas, y se han hecho famosos descubrimientos minerales de plata en Catamarca, La Rioja, Córdoba y Tucumán que prometen un intenso provecho (...) ¿Y Buenos Aires no quiere ser cabeza de este valioso país? ¡Qué ceguera de tenderos!"

Dice con respecto a Urquiza:

"Cada día es más hombre el general y ha de acabar por imponer serio silencio con sus hechos a sus encarnizados detractores. Mi amigo el senador José Mármol ha dicho en la sesión del 8 de junio que el general Urquiza maneja los asuntos públicos como los de una estancia, ni entenderá que el general gobierna con personas a su lado que nunca han manejado el lazo y que éstas no merecen los insultos de nadie."

En lo personal, Gutiérrez cuenta a su amiga que ha sido padre de un varoncito de nariz respingada y ojos muy hermosos que lo entretiene mucho: "Considere usted cómo estaré de viejo y cansado con tanto usar la vida, en el trabajo, en las inquietudes, en el amor a mi hijo, en los deseos no cumplidos de ver a los amigos ausentes, a quienes tiendo los brazos con toda la efusión del corazón. Usted es la primera a quien los dirijo y con quien por conversar un cuarto de hora daría un dedo". No es una galantería, sino un deseo sincero. Juan María aclara que la carta es para ella sola, no de esas que se leen en *petit comité*. "Me habla usted de amabilidades y no sé que otras lisonjas. La culpa es de usted que me dio algunas lecciones que guardé para el caso que se realizase la buena ventura que usted me predijo. Luego, pues, puedo decir como la canción bufa de los france-ses: *Si je suis aimable, ce n'est pas ma faute, c'est la faute de Madame de Mendeville*". Es ésta una posdata íntima, mitad en francés, mitad en español, como debieron ser sus conversaciones, medio en broma, medio en serio, mezclando lo cotidiano con las grandes reflexiones.[10]

Estas cartas que llegaban acompañadas de periódicos de Paraná, daban a Mariquita un panorama exacto de la política nacional que ella retrasmitía con fidelidad a sus corresponsales en Buenos Aires y especialmente a su nieto, Enrique Lezica:

"¿Sabes que hay tres propuestas de caminos de fierro hasta Chile, a cada cual mejor?; ¿qué te parece? Muy pronto verás ya uno del Rosario a Córdoba. Esto consuela y esto es real y positivo. Hace pocos días ha pasado el encargado de una colonia que debe llegar el mes que viene a Corrientes. Dos más se esperan pero ésta está ya en la puerta. Vino el encargado por delante para preparar todo a fin que cuando lleguen encuentren todo listo. Ya ves que algo se hace de bueno. Paciencia y trabajar, hijito (...) No por espíritu de partido te mando estos papeles, sino para que veas si no es un gusto el progreso de nuestra tierra. Mira: imprenta por todo, lindo tipo, buen papel, lindos artículos, moderación, empresas que se realizan y riquezas que se descubren. Fíjate en las minas que se trabajan; las majaderías de pocos hombres dejarlas a un lado y aprovechar lo que dan. No te deslumbres, medita en silencio y, si alguna vez te fijas en algunos prodigios y te acuerdas lo que te he dicho, verás que no te exageré(...)Yo no me acaloro ni por un lado ni por el otro, pero veo con gusto el adelanto. Quisiera que Buenos Aires no llevara la guerra a ninguna parte, que todos vivan y trabajen".[11]

En la medida de sus posibilidades, respalda Mariquita todos los pasos dados en favor de una convivencia pacífica entre el gobierno de Paraná y el de Buenos Aires. Por eso se alegró mucho cuando Juan Bautista Peña, financista, gran hacendado y contertulio fiel de Florencia Lezica, fue designado ministro de Gobierno del Estado porteño y se hizo cargo de las negociaciones de paz.

Para contribuir al acercamiento entre los dos gobiernos, Mariquita le escribió a Gutiérrez que Peña lo tenía en buen concepto: Juan María respondió que no guardaba resentimiento con nadie en Buenos Aires, aún ni con los que lo habían calumniado. "El tiempo dirá de parte de quien está la cordura y el patriotismo bien entendido", afirmó el ministro.

En carta a Florencia, destinada también a los amigos de siempre, Mariquita despliega una aguda percepción de la política y de la historia de "esta pobre patria":

"Yo, en mi humilde entender, pienso que el solo modo de seguir nuestros países el progreso sería: Buenos Aires, con sus leyes, y cada una con las suyas. Y cada uno así, se engrandecería, y con el tiempo, harían lo que mejor fuera. Pero si siguen las intrigas y las ambiciones, todo se perderá. Ojalá piensen así tus amigos. Yo he conocido a estas pobres provincias ricas, más industriosas que Buenos Aires. La Independencia ha sido para ellas la ruina, y justo es que algún día sean gente. Buenos Aires hará mejor en contraerse a lo suyo y dejar a los otros que vivan como puedan. Somos malos de raza nosotros los porteños. Ni entre nosotros ni con los otros hemos de vivir en paz."

44 años después, una de las protagonistas de Mayo hace este triste balance del proceso vivido luego de la emancipación: empobrecimiento de regiones enteras, guerra endémica, incapacidad de organizarse tras objetivos comunes. Culpaba de todo a la guerra civil, pero no relacionaba la decadencia económica del interior, que en la época colonial producía para un mercado protegido, con la irrupción del comercio extranjero a partir de 1809. Se indignaba al comprobar que la desunión persistía:

"¡Qué tierra! ¿Para qué sirve la fama? Para desacreditarlo a uno (...) ¡Pobre tierra! Ha de suceder lo que yo digo: que han de ir a la cárcel a buscar gobernador, porque nadie que esté en su casa querrá ponerse en empleos (...) No le envidio el rebaño porque es majada dañina", opina con gracejo, al enterarse de que Pastor Obligado ha sido electo gobernador constitucional. "En cuanto a Peña. Dile que me complazco en saber que es muy popular; pero que le compadezco, que tenga en su ministerio una tinaja de horchata ¡pobre el hombre de bien que tiene su destino en esta tierra! (...) Como amiga —porque lo soy por gratitud de Peña— lo quisiera ver en su casa y como patriota, lo quisiera ver mandar. Compadezco a los hombres de buen fondo y honradez".[12]

Pero la incertidumbre política no era patrimonio exclusivo de los argentinos. La guerra entre los rusos y los turcos ardía en la Península de Crimea; una epidemia de cólera amenazaba a Francia y en Cataluña había revolución. Mariquita temía por su hijo Juan residente en Barcelona "con esos catalanes que yo conozco, y en tales casos son furias". El panorama en el Plata no mejoraba por el hecho de cruzar el río: el Imperio del Brasil intervenía a su gusto en la política oriental y las legiones que antaño habían defendido Montevideo estaban convertidas en grupos revoltosos.

Como le sucede siempre que los acontecimientos escapan a toda posibilidad de análisis racional, Mariquita empieza a aburrirse de la política, lee menos los periódicos y se conforma con sonreír ante el espectáculo de las vanidades humanas. En ese estado de ánimo registra los honores de prócer con que fue enterrado el general Carlos María de Alvear en Montevideo: tres cuadras de cortejo fúnebre y toda la emigración argentina detrás. El polémico ex logista, ex director supremo y ex contertulio suyo en la calle del Empedrado, acababa de ingresar en la historia.

Mariquita, aunque alejada de las tareas de la Sociedad de Beneficencia, no se olvidaba de los huérfanos de la Casa Cuna, especialmente al enterarse de que sus colegas seguían la política de entregar a los niños a particulares. ¿Qué era esa ocurrencia "de dar a los niños como perros"? ¿Por qué ese afán de economizar para el gobierno lo que "si mañana les pasa por la cabeza se gastará como tierra en cualquier locura?".

En setiembre estalló en Buenos Aires un escándalo que involucró a la comisión directiva de la Beneficencia, al diario *La Tribuna*, de los hijos de Florencio Varela, y al ministro de Gobierno, Ireneo Portela. El conflicto se originó alrededor de la Casa Cuna, la institución que desde el Virreinato de Vértiz protegía a los hijos naturales o ilegítimos que nacían en la ciudad y que los párrocos registraban en los libros de Bautismo agregando a sus nombres la palabra Cuna.

Doña María de las Carreras, hermana de un destacado político del Estado rebelde, era en 1854 la inspectora del establecimiento, al cual fue entregado un bebé hallado en el zaguán de la casa de doña Bernabela Andrade, abuela de los Varela. Poco después se presentó el joven Mariano Varela (20 años) sin ocultar su condición de padre de la criatura, con la pretensión de que lo cuidaran en la Casa de Expósitos; él pagaría por los gastos y al tiempo lo retiraría. Doña María se negó por considerar inconveniente el uso de la beneficencia pública para solucionar problemas privados. *La Tribuna* vengó el agravio con la publicación de una nota titulada "El Club de las solteronas", firmada por un tal Mogollones, que ridiculizaba a doña María y a sus hermanas y revelaba que en la cazuela del teatro, adonde sólo iban mujeres, estas damas se burlaban de todo el mundo con motes como Caballito Brioso, Ternero Mamón, Rabanito... Ahora les tocaba a ellas el turno de ser motivo de burlas.

Mientras los lectores se reían a gritos, el gobierno intervino. Una segunda crónica no llegó a publicarse por influjo del ministro Portela, presionado a su vez por doña María. Ésta suponía que el firmante de la nota era Mariano Varela, un joven talentoso de grandes ojos oscuros, alborotador como todos los Varela, el culpable, en fin, de abandonar a su hijo en la Cuna.

"Qué desgracia de sociedad! ¡Cuánto me alegro de estar lejos! ¡Pobre la madre del niño que ya habrá salido a luz! ¿Qué me dices de esa cazuela? ¿Y del ternero mamón? ¡Cómo te reirás de algunas cosas! Pero qué miseria de sociedad. Siento ver la tierra tan miserable. ¿Qué Constitución sirve para gentes de ese modo de pensar? Hombres y mujeres, es una miseria. Eso sirve hijo mío", escribe Mariquita a Enrique, su nieto, "para elevarte más y ser hombre fino, culto, formal, caballero. En cada miseria que veas, medita; trabaja para no contaminarte. No te hagas pandillero, sí patriota. (...) ¡Dios te cuide! No veo un hombre que puedas tomar por modelo, ni uno."

¿No era acaso mejor tapar en silencio el escándalo, mientras se buscaba otro camino, llamar al padre y decirle que no se podría tener allí al bebé, sin dar publicidad a cosas de tanta trascendencia? Piensa que sus consocias se han manejado sin caridad ni prudencia. "Alguien se debe haber acordado de mí. Igual caso tuve. Lo remedié en silencio."

Mariquita procuraba aconsejar a su nieto sin aburrirlo; para ello mezclaba chismes y noticias de sociedad con reflexiones y recomendaciones morales:

"Ya sabes que [a] nosotros los jóvenes nos gusta saber lo que pasa en el mundo y ¿cómo vamos de amores?, ¿quién está de semana?, ¿sigue el entusiasmo por las quintas o por la ciudad? Y como Enrique, emancipado por su madre antes de cumplir la mayoría de edad, trabaja ya por cuenta propia, se enorgullece al ver el nombre de este nieto en letra de molde, haciendo negocios bajo su responsabilidad:

"Dime qué es eso de corredor, con quién estás ligado, y si has dejado tus patrones. ¡Ah, hijo, si vas a empezar a girar tú solo, Dios nos proteja! Mira bien con quien te asocias, y después, un gran tino y prudencia sobre todo para formarte opinión. Mucho cuidado con los negocios en que te mezcles, que otros pillos no traten de especular con tu candor. Mira bien lo que haces, hijo mío. Hasta aquí todos te quieren y te aprecian y no pierdas esto.

"(...) ¡Un juramento! ¡Poner a Dios por testigo y garante de tu buena fe! ¡Qué pocos son los que saben guardar y respetar un juramento. Hasta en el modo de prestarlo conocería yo el hombre honrado y caballero. Hay necios que creen que es un mundo hacer un juramento mirando para todos lados, haciendo piruetas, etc. etc.! Tú me comprendes. Pero ser y tener buen tono es darle a las cosas su lugar. ¿Se embroma?, jovialidad, alegría, sin grosería. ¿Se habla de cosas formales? ¡Dignidad, elevación, formalidad, circunspección! ¿Se trata en público? Moderación, respeto en las posturas y en las palabras. Nada de escarbarse el pelo, las orejas, mover las piernas. Nada, ponerse sin estudio, en posición decente. Cuando no se acostumbra el cuerpo a malas posturas, sin estudio se tiene siempre una actitud modesta y en todo caso, mejor es pecar de moderación que de guaranguería, que no sé si ésta palabra está en el diccionario, pero es la más comprensible. Así, hijo mío, tú eres mi orgullo, mira lo que haces, ya que los hijos no me hacen caso, a ver los nietos."[13]

Procuraba evitar que la generación de los nietos fuera tan díscola como la de sus hijos, y ponía el ejemplo de dos señoras "de nacimiento" que se habían mordido. "¡Qué escuela para la juventud!

Pobres, expuestas a las pasiones y sin educación para sujetarlas o suavizarlas. Piensa, mi Enrique, en esto. Las pasiones vienen, hijo. Son nuestros más crueles enemigos. Es preciso prepararnos para luchar con ellas, no a puñetazos y revolcándose por el suelo. Esto no es modo de pelear de gente fina. El florete es la arma noble, defenderse con caballería, trabajar contra esas tempestades del corazón sin dejarnos derrotar."

En tono jocoso comparaba sus propias cartas con las de Lord Chesterfield a su hijo, que eran tan leídas y admiradas por el público culto a mediados del siglo XIX. "Así te digo, si yo te escribiera como aquel Lord inglés, ganaría plata. Pero ¿quién lo leería? Porque tal vez escribiendo disparates los vendería mejor."

"Lo que hay de cierto en octubre de 1854 es que los papeles públicos de todas las provincias tienen una gran circunspección y que se ve el adelanto sin insultar en nada a Buenos Aires, ¿por qué no hacer lo mismo? Cada uno en su casa y Dios en la de todos. Esto quisiera yo y que no se encendiese la guerra civil. Dale con traer inmigración y matar lo nuestro. ¿Sabes que esto es lindo? Sembrando siempre la cizaña, llevando siempre la guerra a las pobres provincias que han sido verdaderas esclavas de Rosas. Dejen pues a esos pobres pueblos vivir y trabajar. Pero esto es ser urquicista. Dejemos al tiempo hacer conocer los hombres."

La comidilla social era en Buenos Aires el compromiso de Eduarda Mansilla con Manuel García. Mariquita distinguía con su particular afecto a estos jóvenes cultos y brillantes de cuyos padres y abuelos había sido amiga:

"¿Cuándo se casa Eduarda? Cómo hablarán sobre esto! ¿Y Manuel parece dichoso? No lo creo. Temo que cada uno pierda la ilusión mientras más tarden los preparativos. No tengo fe en esa dicha. A los dos los compadezco, porque las habladurías pasadas los han de mortificar(...) Qué misterio es la tristeza de Eduarda! Mucho me temo que sean infelices. La vida de representación continua a que está acostumbrada, la ha de extrañar y cuando haya vivido seis meses con la suegra, tan diferente, muy pronto se desilusionará. Ni uno ni otra serán felices, a mi modo de juzgar, pero en nuestro país hay muy poco en que escoger."[13]

El 1 de noviembre Mariquita, que cumplía 68 años, con buena salud y en una hermosa casa, fue a la iglesia a agradecer por su vida y la de sus hijos. Era su "día de agua" y estaba de vuelta en casa, a punto de llorar, cuando recibió una bandeja llena de regalos con que hijos y amigos la agasajaban: Clementina, un vestido; Juan, un cuello; Carlos, un pañuelo; Albina una cajita con pomada; Carolina, una almohadilla bordada; Julio, el nieto, al que por fin había conocido, un alfiler. Lo mejor era una graciosa cajita de un huérfano de la Cuna que la sacó de sus lágrimas y la hizo reír.

"Mientras, yo voy para atrás, que ni una valsita nueva toco", meditaba Mariquita, las nietas la sorprendían con sus adelantos al piano. Sí, el tiempo había pasado desde aquel lejano día de Todos los Santos de 1786 en que don Cecilio Sánchez de Velazco plantó un naranjo en el patio para celebrar el nacimiento de su hija. Los años habían trascurrido inexorables pero el dolor por la muerte de Enrique, el menor de sus hijos Mendeville, estaba vivo: "Todas mis penas son menos que las de Enrique. Lo siento como el primer día y no puedo olvidarlo ni en los momentos en que parezco más distraída".

El tiempo había trascurrido sin duda pero las costumbres iban y venían: Mariquita recordaba que en su lejana infancia las niñas se disfrazaban de ángeles para las procesiones y precisamente en la festividad del Corpus de 1854, "han sacado aquí una viejísima moda que se usaba cuando yo era muy chiquita, de unas niñitas vestidas de ángeles con alas y tontiles como San Miguel".

Poco después la relativa paz que disfruta en este cumpleaños se desvanece al conocerse la noticia de que Jerónimo Costa, ex rosista al servicio de Urquiza, ha invadido la provincia de Buenos Aires. Costa es derrotado en el Tala (noviembre de 1854). Se teme que lo ocurrido haga fracasar los planes de convivencia pacífica entre Paraná y Buenos Aires.

Con motivo de estos sucesos, Mariquita escribe reiteradamente a Enrique Lezica, para desmitificar la guerra y a los nuevos caudillos urbanos, tan criticables como los caudillos rurales de antaño. Sabe, por cartas de Gutiérrez, que el gobierno de Urquiza quiere la paz:

"Yo no soy exaltada de ningún lado. Lo que deseo es que sea lo que fuese no te exaltes con las proclamas de los Napoleones. Zafa tu cuerpo lo mejor que puedas y prudencia."

Para que este nieto tan querido no se ilusione con promesas vanas, le recuerda el escandaloso caso del almirante Coe, jefe de la Escuadra de la Confederación que sitiaba a Buenos Aires y que se vendió al oro porteño en julio de 1853; ahora "está en París, pasando una gran vida con los trescientos mil pesos fuertes que le dieron ¡cuánto mejor hubiera sido una obra pública con ellos!". En opinión de Mariquita ese dinero se malgastó, pues los ministros extranjeros habrían podido arreglar todo con más ventaja: "era venganza y triunfo lo que querían para que los odios se sostengan y no acabemos más. ¡Qué miseria de países! ¡Jamás seremos nada así! Los ejemplos ajenos no sirven para nada.

"(...) Varían las causas, deben o pueden variar los efectos y no ser necios ni tercos, porque entonces la muerte es el tercer indiscorde que termina la pelea, y cuesta tanto criar un hombre, que da pena el esfuerzo de matarse que se pone aquí, y luego gritar emigración (...) ¡Matemos lo nuestro y traigamos extraños! Tierras de pícaros, hijo mío."

En la perspectiva femenina de Mariquita, cuesta demasiado criar un hombre para exponerlo a la muerte en el campo de batalla. Y este punto de vista se hace extensivo a la Argentina, donde hay riquezas naturales pero falta la población necesaria para explotarlas. Si los extranjeros vieran seguridad, vendrían, ya que "el mundo entero está conmovido y que por esta causa podríamos tener una emigración rica, industriosa y lo mejor que se podría esperar". Pero sospecha que la guerra civil continuará a costa de la población nativa: "la migración federal no es como la unitaria. Esta emigración es rica, es acostumbrada a la pelea, y ha de trabajar por volver a su puesto. Y al fin, ¿qué es lo que gana el país? (...) Setenta u ochenta millones en barricadas, ¿no habría sido mejor un lindo Liceo, un paseo público, un buen colegio? Las venganzas de unos hombres se hacen causas patrióticas y así vamos siempre para atrás".

Cansada de la política estéril y de los héroes militares de cada nueva cruzada, no puede pensar "sino en la juventud de esta pobre patria! ¡Qué fatalidad persigue a nuestra raza! ¡Otra vez la guerra! ¡Y otra vez sacrificios sin resultado! Estoy tristísima, sin fe, sin entusiasmo, aburrida de la desmoralización y falta de patriotismo; sin brazos para explotar las riquezas que a manos llenas nos dio el cielo y juntando estos pocos brazos para que se maten, promoviendo emigración extranjera y armando la del país unos contra otros, nuevas cruzada de odios y venganzas, y ésta es la vida de estos pueblos, despotizados por la tiranía. No se creerá que en el siglo presente desconozca un pueblo culto sus intereses así. Todo lo que no es paz, me indigna. Me da envidia Chile. Me abato solo de pensar en las maldades que veo y oigo. Dios te ilumine, hijo mío, porque ya sabemos por experiencia lo que hacen las palabras en estos casos y cómo visten la patria, según conviene, a los mezquinos intereses de pasiones y bolsillo. Dios toque el corazón y la cabeza de los hombres de bien para que no demos más escándalo al mundo y no nos desacreditemos más".

Alecciona a Enrique con referencia al respeto que deberían guardarse entre sí las provincias argentinas: "Hay un diputado que ha dicho que Santa Fe debería volver a ser un corral de vacas. Ahí tienes una palabra que hará mucho mal. La población española primitiva de Santa Fe y el Paraguay fue de la nobleza española que la reina Isabel sacó de su corte. Las costumbres en cada pueblo no deben ser un objeto de vituperio. Nuestro mate, por ejemplo, ¿no es puerco?, ¿pasar la misma bombilla?, ¿y cómo se recibe al extranjero que lo critica? Si Buenos Aires se ha engrandecido es por la misma razón que no debe insultar a sus víctimas".

Paulatinamente, a medida que el peligro de guerra se diluye, mejora el ánimo de Mariquita, sobre todo al enterarse del tratado de paz del 20 de noviembre entre la Confederación y Buenos Aires:

"¡Cuántas buenas noticias juntas! ¡Paz! ¡Y la venida de Carlos! Estoy con el corazón ancho y no pienso en otra cosa que el gusto de vernos bajo del naranjo."[14]

Era hora de pensar en el regreso a Buenos Aires, forjar planes, ahorrar dinero. Antes de marcharse de Montevideo, Mariquita tuvo el gusto de ser madrina del nieto, Julio Ernesto Mendeville, bautizado el 9 de enero de 1855. La mala raza porteña la hacía rabiar, pero en definitiva Buenos Aires seguía siendo su hogar.

NOTAS

[1] *Cartas, op. cit.*, p. 203 y ss.
[2] *De Mariquita a Florencia Th.*, Montevideo, original inédito, AL.
[3] *De Julio Mendeville a Florencia Th.*, s/f, inédita, original en AL.
[4] *Cartas, op. cit.*, p. 201.
[5] *Ibidem*, p. 210.
[6] *De Magdalena Th. a Florencia Th.*, Lorient, 3 de setiembre (¿1854?) original (AL).
[7] *Cartas, op. cit.*, p. 210 y ss.
[8] *De Juan Carlos Gómez a Florencia Th.*, Montevideo... original inédito, AL.
[9] *Cartas, op. cit.*; agradezco al doctor Luis Gustavo Vernet la referencia a Emilio Vernet.
[10] *Ibidem*, p. 33 y ss.
[11] *Ibidem*, p. 287 y ss.
[12] *Ibidem*, p. 219.
[13] *Ibidem*, p. 288 y ss.
[14] *Ibidem*, p. 297 y ss.

22

LA EDAD DE LA RAZÓN

1855-1859

A su regreso de Montevideo, Mariquita se instala provisoriamente en lo de Florencia, mientras la gran casa de Florida permanece alquilada; retomaba su puesto en el sector de la ciudad en donde había nacido y se aprestaba a ocupar su lugar en la vida social y cultural porteña.

Seguramente no escaparían a su percepción de la realidad los cambios que se estaban produciendo en la capital del Estado rebelde de Buenos Aires. Hacia 1855 se vivía una verdadera euforia constructiva liderada por arquitectos extranjeros. Centenares de casas se estaban edificando en el centro y en los suburbios. Los grandes proyectos públicos y privados abarcaban desde un muelle de pasajeros y una aduana gigantesca, a un moderno teatro, el ferrocarril del Oeste y el alumbrado a gas. En lo político, la Legislatura estaba revitalizada y el periodismo vivía su hora más gloriosa con publicaciones dirigidas por Vélez Sársfield, Palemón Huergo, Mitre y los jóvenes Varela.

Todo esto resultaba muy del gusto de Mariquita, pero su influencia era relativa pues estaba catalogada de urquicista por no compartir el concepto ultraporteño de que el gobierno de Paraná constituía el paradigma del atraso y del caudillismo, los males argentinos crónicos.

Por otra parte las tertulias, ese género de reuniones domésticas donde antaño se decidían las grandes cuestiones del Estado, ya no estaban de moda, lo cual no significaba que hubiesen desaparecido; la de Manuel Guerrico, por ejemplo, gozaba de mucho prestigio. En casa de este rico hacendado comerciante y coleccionista de pintura europea, se gestaron los grandes emprendimientos de la década, ferrocarril, gas y teatro, entre otros. Y si bien la señora de Guerrico era una excelente anfitriona, el rol de las mujeres de sociedad distaba mucho de aquella gloriosa década de 1810 en que varias señoras rivalizaban para marcar el buen gusto y las nuevas ideas en Buenos Aires. Más aún: los varones de la clase decente desertaban en masa de las tertulias en beneficio de los clubs (el de Residentes Extranjeros, el del Progreso, el de Mayo), donde se jugaba al billar, se cenaba y se podía charlar entre hombres y en sitio de buen tono.

Pero aunque este aspecto de la modernización de las costumbres resultara adverso para las posibilidades de una dama sola, opositora y cuya fortuna era casi un recuerdo, Mariquita no se amilanó. Le sobraban recursos intelectuales para conservar el sitio de privilegio de siempre e ingenio para tener un círculo de su gusto.

Había alcanzado plenamente lo que alguna vez J. P. Sartre denominó "la edad de la razón", y estaba en condiciones de ejercitar su dulzura, experiencia y sentido común sin molestar a nadie. Seguía siendo tan elegante y erguida como siempre, se las arreglaba para estar bien vestida con el amplio miriñaque y los volados y encajes de rigor y combatía las arrugas dentro de los recursos disponibles, que entonces eran muy pocos, alguna crema encargada a París y las recetas domésticas que guardaba entre sus papeles. Su sonrisa era más espléndida que nunca, su ingenio se había agudizado y su talento singular para la amistad se conservaba intacto a juzgar por las cartas que recibió de Montevideo poco después de su partida.

"Mi mala estrella me había llevado lejos de esta ciudad, cuando usted se decidió a embarcarse", se lamentó Guido; "mucho he sentido este inconveniente, porque deseaba una larga plática con usted antes de su salida." Estaba preocupado por el giro que tomaba la expedición brasileña al Paraguay, país cuya independencia acababa de reconocer la Confederación Argentina: "El silencio del gobierno imperial, acerca de la causa y fines de esa demostración guerrera, le ha dañado mucho. Sirve aquí de pretexto, o de motivo para prevenciones odiosas contra la intervención". Haría falta un manifiesto franco y sincero para tranquilizar a los gobiernos de las miras del Brasil en esa jornada: "Pasó ya el tiempo en que podía tratarse impunemente y a puertas cerradas sobre el destino de las naciones. Todos quieren saber lo que se pasa, y con harta razón".

El general confiaba a su entrañable amiga sus sentimientos: "La inteligencia es a veces espada de dos filos, con que uno es herido, a pesar de la más prolija precaución, y entonces la ausencia de todo pensamiento, la inmensidad misma llega a ser un título envidiable (...) Mucho bien espero hará a la salud de usted su regreso a Buenos Aires para la sociedad de la interesantísima Florencita; es un bálsamo que usted necesitaba; y Buenos Aires ofrece en la actualidad objetos de distracción agradables para todas las inclinaciones.

"Nos ve frecuentemente Julio y su señora. El buen humor y gracia natural de aquel joven es una recomendación envidiable. Las Pilares se acuerdan de usted con especial cariño. Sírvase usted ponerme a los pies de mi señora Florencia; y acuérdese usted de cuando en cuando, de que existe en este retiro, su amigo afectísimo."[1]

Decía bien Guido, en Buenos Aires la oferta cultural era cada vez más sofisticada: teatros bien abastecidos por compañías extranjeras, restaurantes, bailes de gala en el Club del Progreso. Pero para mantener en alto la categoría de sus recibos, Mariquita se empeñaba en convidar a cuanta persona de talento pasara por la ciudad, aun a aquellas capaces de uno que otro exabrupto como era el caso de Sarmiento, su impetuoso admirador del verano montevideano de 1846.

Apenas supo la presencia del sanjuanino en Buenos Aires, Mariquita le envió una esquela: "Mi estimado Sarmiento. No he podido saber sino anoche donde estaba usted alojado, es por eso que no me contento con mandarle una tarjeta sin explicarle el motivo porque no he mandado antes a ofrecerle mi casa calle Cuyo 78 donde podrá encontrarme de noche, porque de día estoy preparando una casa calle de la Merced nº 162 donde voy a mudarme. Verá usted por esto que no mando para llenar un deber de sociedad, sino por tener el gusto de verlo. Su afecta servidora".[2]

Si bien no compartía el antiurquicismo rabioso de Sarmiento, ella respetaba la regla de oro de la buena sociabilidad: no dejar de lado a ninguna persona ingeniosa y creativa. Y como el autor de *Facundo* había llegado en compañía de Vicente Pérez Rosales (1807-1886), destacado hombre de letras, viajero y colonizador chileno, éste fue invitado asimismo a la tertulia. Pérez Rosales era un conversador incansable: le gustaba evocar su vida en París cuando la batalla literaria del estreno de *Hernani* (1830), y las peripecias vividas en compañía de varios hermanos suyos durante "la fiebre del oro" en California. Pasaba por Buenos Aires de camino a Europa y tenía la pretensión de visitar a Rosas en Southampton, dado que, como buen conservador, respetaba mucho al ex dictador argentino.

"(...) movido por la curiosidad", relata Pérez Rosales en sus *Recuerdos*, "pregunté a la señora de Mendeville, matrona respetable y respetada de la alta sociedad bonaerense, en cuya casa se me dispensaba la más cordial y franca hospitalidad, si después de la salida de Rosas quedaban aún en la ciudad algunos miembros de su familia porque deseaba conocerles, y por toda contestación mandó un recado a... pariente inmediata del dictador diciéndole que la esperaba.

"No tardó en llegar a la casa, con los atavíos de la más sencilla elegancia, una de las más hermosas mujeres que he tratado en el curso de mi vida. Juventud, atractivos, franqueza, educación y fino trato, adornaban a ese ser privilegiado, la cual, oyéndome decir que deseaba saludar al señor don Juan Manuel a mi pasada por Southampton, tuvo la bondad de entregarme una tarjeta suya, en cuyo respaldo escribió con lápiz una sola palabra. Tuve después ocasión, de ver dos veces en el teatro a esta señora, y la de observar los cordiales saludos que le dirigían los concurrentes desde sus palcos."[3]

Agustina Rozas, entonces de 40 años de edad y en la plenitud de su belleza, había regresado a Buenos Aires y gozaba de la amistad de Mariquita que de este modo retribuía las gentilezas de los Mansilla cuando ella era mal vista por el gobierno de Rosas. En cuanto a Pérez Rosales, partió a Montevideo provisto de cartas de recomendación para el general Guido y para Julio Mendeville, en cuya casa se alojó. Antes de marcharse a Europa, el chileno escribió una emotiva carta de despedida a Mariquita:

"Pensé estrecharlos muy fuerte contra este viejo corazón, ¡llorar tal vez!.. pero ni este consuelo me fue dado. El genio festivo que usted ha notado en mí no es mi estado habitual, cuando estoy solo cuasi siempre lloro, desde el día que perdí a mi pobre madre, único ser que engalanaba mi pobre existencia; cada cariño que se me hace por personas extrañas, pienso que ella me lo manda desde el cielo, y al separarse de quien me lo dispensa, quién sabe si para siempre, pienso que le digo de nuevo Adiós (...) Mi amiga, mi compañera, mi todo, disponga como suyo, como exclusivamente suyo, de su admirador y amigo."[4]

Guido le contó a Mariquita que había dado cartas de presentación a Pérez Rosales para el Janeiro y que ambos pudieron charlar largo y tendido de sus antiguas relaciones en Chile. Además de estas noticias sociales, el general se refería a una nueva publicación cultural, *El Plata científico y literario,* que dirigía Navarro Viola en Buenos Aires, y se indignaba, como siempre, con la política porteña:

"¿Ha leído usted el proyecto de ley propuesto por Irineo Portela, para que se pueda fusilar al que se le encuentre invadiendo? Dios libre a un pobre gaucho de venir para alguna botica en una noche oscura, porque si al alcalde se le antoje que viene invadiendo, aunque no cargue un (?) lo mandan a la eternidad sin misericordia. (...) ¡Cuánta barbaridad! ¡Dios mío!" Además de criticar a Buenos Aires, el general elogiaba a Alberdi: "Cuanto escribe este mozo está lleno de vida".[5]

Por su parte Mariquita, además de mantener su correspondencia, se hallaba muy atareada con los interminables arreglos del caserón de la calle Florida. Gracias a una nueva hipoteca de 14.000 pesos, pudo hacer varias reformas previas a su reinstalación. Entre las mejoras figuraba un sistema de agua corriente en los baños, nuevas alfombras para reemplazar a las que venían del siglo XVIII, ya muy estropeadas, y el retapizado del gran salón.

Ese año de 1855 Carlos Mendeville vino de Chile a vivir a Buenos Aires. Acababa de casarse con Elisa Alessandri, una rica heredera que colmaba en cierto sentido las expectativas familiares, más que de ascenso social, de recuperación del nivel económico perdido. Magdalena Chiron opinó que la muchacha era lo suficientemente rica como para que el matrimonio pudiera vivir tranquilo el resto de sus días y Juan Thompson también comentó elogiosamente la boda: "Felicito a Mamita por el gran casamiento de Carlos. ¡Haga Dios sea un buen esposo y que la fortuna le proporcione los gustos que apetezca".[6]

A su regreso, Mariquita había reocupado su espacio en la Sociedad de Beneficencia, la inspección del Colegio de Huérfanas y las actividades caritativas al modo tradicional, iniciativas conversadas por lo bajo, esquelas y visitas privadas, delicadeza y buena voluntad para resolver casos particulares "con toda la reserva que debe mediar entre señoras", según decía Manuela Gómez de Calzadilla, quien en 1855 presidía la entidad.[7]

Concurría con bastante regularidad a las sesiones quincenales donde se trataban temas como las obras del hospicio de la Convalescencia y el reglamento de la Escuela Normal, cuya dirección ejercía el educador Germán Frers. Mariquita asistió a la solemne inauguración de la Normal, realizada el 16 de abril en el Colegio de Huérfanas, y a la entrega de premios a la moral en el Teatro Argentino con la asistencia del gobierno en pleno y el coro de la Sociedad Filarmónica de Buenos Aires, que era una de las novedades de la ciudad en materia musical. Pero a la hora de elegir una nueva presidenta, sus consocias prefirieron a doña María de las Carreras y ni siquiera la designaron secretaria.[8]

En lo intelectual, su círculo se renovaba con extranjeros, hombres de ciencia y de letras, artistas o diplomáticos que residían en Buenos Aires o venían de paso. Uno de estos extranjeros era el pintor costumbrista francés León Pallière, llegado en 1856. Otro, M. A. Belmar, encargado de un trabajo descriptivo de la Confederación y Buenos Aires, le fue recomendado por Gutiérrez: "Usted tiene muchas pruebas del afecto que esta señora dispensa a usted para poner en duda la afable recepción con que me había de acoger", le escribía Belmar al ministro.

· "Veo de vez en cuando a la señora de Mendeville y siempre hablamos con placer de usted y recordamos nuestra vida en Montevideo. ¡Han trascurrido ya trece o catorce años!", le decía a Gutiérrez el cónsul general del Uruguay, Alejandro Magariños Cervantes, quien había sido uno de los protagonistas de las justas poéticas durante el sitio de Montevideo.[9]

En política Mariquita mantenía su actitud crítica al Estado rebelde. Miraba a distancia los acontecimientos, sin comprometerse emotivamente, y esto le deparaba una gran lucidez para comprender el cambiante escenario de la provincia que describe a Alberdi luego de los comicios para renovar la Legislatura porteña (abril de 1856):

"Los grandes escritores que arrastran popularidad son Sarmiento, Juan Carlos Gómez, y lo que a usted le sorprenderá, Héctor

Varela, que quiere especular siempre con la memoria y el cadáver de su padre. Se ha puesto a hacer una oposición desenfrenada a la Confederación. Se llama progreso el desunir los espíritus y los pueblos. Se atizan los odios de partido y se cierra la puerta a toda conciliación. Siempre con el mazorquero y las mismas majaderías. Estos individuos quieren vivir a lo grande sin más renta que su pluma. Desgraciadamente su diario [*La Tribuna*] tiene popularidad porque lo llena de cuentos, de bromas, de mentiras y tan grandes que al día siguiente se desdicen ellos mismos. Su corresponsal en Corrientes les anuncia una revolución (siempre mandada en secreto por Urquiza) los Virasoro a la cabeza, etc., etc. A los tres días llega el correo: no hay nada, ha sido una noticia falsa. Así las desmienten con la mayor frescura mientras han hecho el mal. Urquiza, el obstáculo de la grandeza y prosperidad, es preciso echarlo abajo, anularlo. Este es el objeto de estos señores. Hay voces que entran en moda. Ahora es los caudillos. Estoy aburrida de oir esta majadería. ¡Qué sería la Francia si no tuviera el caudillo Napoleón! Lo divertido es ver que no tienen un jefe de bravura, de inteligencia, que vaya a echar los indios que arruinan el país. Y gritar caudillos [a los] que [como Urquiza] quieren formar colonias y quieren gastar la mitad para mantener en paz a los infelices indios, civilizar y atraer a estos desgraciados salvajes, a quienes se reduce a la desesperación, quitándoles los terrenos y los auxilios de yeguas que les daba Rosas. Se habla de inmigración como el sólo remedio de nuestros males, pero inmigración sin cuidado, sin planes, sin costumbres, sin respeto a la ley, es un arma más y no un remedio".[10]

Mariquita advierte el inocultable fracaso de la política porteña en materia de fronteras: la derrota de Mitre a manos de Calfucurá en la Sierra de Olavarría (1856) y la incompetencia de los jefes designados en la campaña la llevan a revalorizar a Rosas en relación con el indígena.

"Madame Mendeville me ha escrito una carta deliciosa", le contó Alberdi a Gutiérrez; "¡qué alma la de esa mujer! En Buenos Aires es un alma del Purgatorio; tal es lo que predica por esa sociedad tan inferior a ella."[11]

Mariquita le escribió a Félix Frías, cuya postura moderada en política y su religiosidad le valían toda suerte de burlas, para deplorar la guerra periodística de que era objeto en ese belicoso clima electoral y, de paso, recomendarle a una joven muy capaz y sin recursos:

"Muy triste estoy, amigo mío, al ver y leer ciertas ocurrencias. En mi rincón simpatizo con usted y me aflijo al pensar las tendencias de ciertas doctrinas. En fin, el que obra bien tiene la recompensa en su propia conciencia y corazón. Hagamos pues el bien."

Frías y Thompson eran discípulos de Henri de Lacordaire

(1802-1861), el sacerdote francés que había colaborado con Lamennais en la revista *L'Avenir* y era exponente del pensamiento liberal católico y romántico. Lacordaire había fundado un Colegio en Sorèze (Languedoc), donde estaban internos los niños Tresserra. Juan, quien visitaba a sus sobrinos con frecuencia, envió a su madre unos discursos pronunciados en el Colegio para que los hiciese publicar. Pero a Mariquita no le interesaron mayormente:

"Nosotros aquí se nos ha puesto el gusto tan delicado que yo esperaba otra cosa (...) Puede ser que concluyan ustedes dos por formar un convento, no cuenten conmigo para esta santa obra, sino ponen en la regla café bueno y huevos quimbos. Ustedes para penitentes, ya tengo bastante", bromeaba en carta a Frías.[12]

Thompson, en colaboración con Mariano Balcarce, había iniciado por entonces su labor de agente diplomático confidencial del gobierno de Buenos Aires en Madrid, con la misión secreta de obtener el reconocimiento de España. Consideraba a ese respecto que la Reina Isabel II abrigaba sentimientos diametralmente opuestos a los de su padre, Fernando VII, en relación con las ex colonias americanas. Por tanto debían tenerse presentes los recursos y tradiciones respetabilísimos que nos ligaban a España y dejar de lado una lucha librada 45 años atrás.[13]

Su rival en esta cuestión del reconocimiento era su antiguo amigo, Alberdi, a cargo de la misma misión, pero por parte de la Confederación Argentina. En Madrid, en 1857, los dos diplomáticos se desairaron mutuamente:

"Thompson que no me ha visitado, Balcarce, hijos de los hombres de Mayo, han trabajado todo lo posible a fin de que España no reconozca la justicia con que San Martín y Balcarce vencieron en Chacabuco y Mayo", escribía Alberdi a Gutiérrez. "La providencia ha puesto orejas de asno en estos benditos compatriotas en castigo de su debilidad de espíritu y voluntad. Tenían la ayuda de Ventura de la Vega, de Ochoa, etc., etc., todo les ha sido inútil (...) Thompson y Balcarce tienen hambre de promociones y con tal de ser ministros, consentirían gustosos en que Buenos Aires se declarase independiente, no digo de la República Argentina, sino de la mano de Dios." Luego de formular esas ácidas críticas, pedía a Gutiérrez visitara y diera sus finos recuerdos a "mi inolvidable amiga y comadre, madama Mendeville".[14]

Porque Mariquita no compartía, como se ha visto, la conducta política de su hijo. Tampoco coincidía con Mariano Balcarce, el yerno de San Martín, quien continuaba en París, a cargo de los intereses de Buenos Aires, el cual en sus cartas le dice afectuosamente "amada Mamá".[15]

Sin embargo, pese a las diferencias políticas que la separaban de las autoridades de la provincia rebelde, en 1857 Mariquita ocupó la secretaría de la Sociedad de Beneficencia. Como el gran tema que habían encarado las socias ese año era el retorno de los restos de Rivadavia, Mariquita, su colaboradora dilecta de aquel tiempo, no podía permanecer al margen de los preparativos.

Redacta entonces, de su puño y letra, los borradores de las actas. Infatigable con sus setenta años cumplidos, se entusiasma con la idea de preparar el mausoleo del señor Rivadavia cuyo traslado debe ser gestionado en Cádiz, debido a la cláusula testamentaria que impedía su entierro en Buenos Aires. Don Bernardino no había perdonado a la provincia el exilio a que lo había condenado. Ahora se lo reconocía como a un prócer, fundador de las instituciones libres de Buenos Aires. Y así, mientras las damas de la Beneficencia reclamaban su derecho de iniciadoras del proyecto, la Municipalidad pretendía acapararlo todo.

Correspondió a las tres socias fundadoras, Isabel Casamayor, Estanislada de Cossio y Mariquita, un sitio relevante en el acompañamiento de la ceremonia fúnebre que tuvo lugar en agosto de 1857 en el muelle de pasajeros de la ciudad y en el cementerio de la Recoleta. Allí estuvieron las autoridades del Estado, la comisión de socias, las niñas de las escuelas públicas con sus distintivos de luto y numeroso público. Mitre, Sarmiento y Mármol fueron los oradores en esa jornada inolvidable. Pero ninguna mujer habló en público. Ni siquiera la ya legendaria Mariquita, a pesar de que había preparado unas palabras.

La gran obra que por entonces trataba la Sociedad de Beneficencia era, como se dijo más arriba, la fundación de escuelas de niñas en el interior de la provincia. Esto representaba muchos dolores de cabeza por la dificultad de conseguir buenas maestras para los distritos alejados, por ejemplo, el de Carmen de Patagones. Tampoco era fácil resolver las cuestiones relacionadas con el Hospicio de Mujeres Dementes por falta de mujeres capacitadas para dirigirlo. De todos modos, atender estos y otros problemas sociales, daba oportunidad a Mariquita de ampliar su visión de la realidad, demasiado circunscripta al medio social en el que había nacido.

Esta limitación se advierte cuando María de las Carreras propone debatir el problema de la discriminación en las escuelas de niñas, donde existían aulas separadas para niñas blancas y para niñas pardas o de castas. Se preguntaba doña María de las Carreras si era conveniente premiar a las alumnas de color el día 26 de mayo, junto con las blancas, o dedicarles una función separada como se venía haciendo hasta entonces. Hubo once votos a favor de la moción de premiar a todas las alumnas en la misma ceremonia y diez en contra. Entre éstos últimos estaba el de Mariquita, la cual se apresuró a aclarar, para que no se la tildara de retrógrada:

"La que firma, deseosa que no equivoquen sus ideas sobre este punto, quiere consignar aquí que no ha sido mi intención defraudar la educación de las clases de color, sino poner una prudente separación en las dos clases para evitar en adelante compromisos y disgustos."[16] Esta "prudencia" de Mariquita, era un tributo que prestaba a los prejuicios del tiempo colonial, de los que había renegado sólo en parte y que en cierto modo revelaban su edad cronológica, más allá del ánimo juvenil que ponderaban sus amigos y parientes.

"Dale un abrazo a Mamita y dile que sé que se conserva siempre en los 20 y que no crea que su yerno no sea todavía buen mozo", decía con galantería Tresserra en carta a Florencia. El esposo de Albina Thompson agradecía a Dios no haber perdido a ninguno de los suyos y no dejaba de sentir a veces la nostalgia de Buenos Aires y ganas de embarcarse en uno de los vapores de la línea sarda que veía partir desde su casa de la Rambla en Barcelona.[17]

También Magdalena Chiron se sentía embargada por la nostalgia de la ciudad donde había nacido y a la que su memoria volvía con frecuencia: "En este mundo civilizado hasta de las malas veredas me acuerdo. Ya no existen el Tío de los Alfajores de la esquina de Cueto y la Tía de las rosquitas. No importa vivir de recuerdos. Consuela y si yo no me olvido ustedes también pensarán en mí." Madame Chiron aprobaba que Mamita estuviera con Florencia y que Carlos Mendeville se volviera a Chile, "pues su carácter y esposa no es para vivir con ustedes".[18]

Todos los Thompson se regocijaron cuando en 1858 Albinita, la mayor de las niñas Tresserra, se casó con el general Dulce, capitán general de Barcelona, quien era viudo. Los detalles de la boda se conocieron por una carta de Juan a Florencia.

La novia se casó de blanco y sin joyas en un oratorio improvisado en la habitación de Thompson, frente a la sala principal de la casa. Allí se colocó el altar para que todos pudieran verlo. "Suponte que aquella hubiera tenido lugar en nuestra casa antigua, calle de la Florida 85. El altar en el comedor (que es aquí mi cuarto), los convidados en la sala y en el gabinete de la calle y tendrás una idea de lo que ha habido." Albina de negro y con alfiler de brillantes; Mariquita, la otra niña, en traje de chiné claro; Juancito quien junto con su hermano vino del colegio para la ceremonia, compuso una brillante sinfonía para la ocasión. Hasta el abuelastro Mendeville se había hecho presente, a pesar del mal estado de sus ojos, enfermos de cataratas.

"Ojalá Albinita esté a la altura de sus funciones!", decía Juan, orgulloso de que su sobrina residiese ahora en el palacio de los capitanes generales, el imponente edificio medieval que correspondía a la alta jerarquía de su esposo y donde estaba obligada a recibir constantemente. Destacaba el mérito del general Dulce por no haber buscado fortuna en este casamiento como se estilaba en Europa, y movido quizás por la ocasión, hacía referencia a su propio noviazgo con Carmen Belgrano:

"Mucha lástima me ha causado la relación que me haces de las B. Dios te premiará tus buenas obras. Si yo tuviera una fortuna con mucho gusto les enviaría un (?). Pero bien sabes, hija mía, que el sueldo de un confidencial no es cosa. Supe por mamita que esas personas te habían dado algunos ratos desagradables tiempo atrás. Te diré, para ti únicamente, que el genio de Carmen no me gustaba y si a esto añades ciertos parientes, corresponderás fácilmente que nunca hubiera podido resolverme a pasar el arroyo (...) Doy gracias a Dios de que las cosas hayan quedado como están."[19]

Mariquita recibió el año 1859 con la vitalidad y el buen ánimo que admiraban sus amigos: "Nuestra amable amiga Mme. de Mendeville, a quien buen cuidado tuve de remitir su carta, ha dado principio al 59 regalándose el paladar y tocando en el piano los lanceros para los amigos que había reunido en su casa el marqués y la marquesa de Forbin Janson. Bailábamos bajo la presión del calor de infierno de ese día, que ni los abanicos de China, ni los helados y sorbetes a la Tortoni, podían mitigar. Es verdaderamente admirable nuestra amiga", escribía Gervasio de Posadas a Gutiérrez.[20]

Sin embargo, a pesar de este amable comienzo, 1859 trajo nuevamente la guerra a las provincias argentinas, para desesperación de Mariquita y de cuantos apoyaban la resolución pacífica de las controversias. Como en otros momentos de angustia y preocupación cívica, ella buscó el modo de comunicarse con Alberdi, a quien no veía desde la época del círculo romántico de Montevideo. Quería de paso invitarlo a reconciliarse con Juan Thompson:

"Aunque usted me ha olvidado, yo quiero probarle mi constante amistad, porque me lisonjeo que su olvido no nace del corazón, y así aprovecho la buena voluntad de nuestro amigo Barros (...) Yo me alegraré se vea usted con Juan, pues cada uno puede seguir su camino y conservar la amistad, pero esto no lo pueden practicar todos.

"Yo deploro, amigo mío, los sucesos que tienen divididas las capacidades de nuestro país, en que era precisa la unión. No puedo conformarme con esta guerra. Pedir a los presidios de Europa emigración, pues no es fácil vengan muchos buenos, y matarse la poca población del país y vivir aborreciéndose, inventando palabras de partido en lugar de inventar cosas útiles. Mi vida ha sido siempre un tejido de penas y males por esta política, y a mi vejez, veo mis nietos con el fusil en lo más encarnizado de la guerra ¡Cuánto daría por irme a Europa! Más que nunca deseo alejarme de mi pobre patria, porque preveo una terrible y prolongada lucha, cualquiera que sea el triunfo! ¡Y qué triunfo! ¡Tan triste y por unos pocos. Pero es inútil hablar de eso. Esta pobre América tiene la maldición del eterno, a mi modo de ver, y nosotros nos moriremos envueltos en esa misma maldición. Y ni fama póstuma hay aquí, porque los más nobles hechos se desfiguran, según el que los escribe. Así mi amigo, la hemos hecho buena de querer ser ilustrados: estos son los verdaderos mártires."[21]

Pero con motivo del Pacto de San José de Flores (11-11-1859), por el que Buenos Aires se reincorporó a la Confederación, Mariquita recuperó el optimismo. Escribió una carta exultante a Guido, en la que demostró una vez más su sincera admiración por Urquiza y por su actitud generosa después de vencer a los porteños en el campo de Cepeda:

"Mi querido amigo: qué grande, qué magnánimo triunfo! Quisiera ser alguna vez más de lo que soy para manifestar al general Urquiza mi gratitud como hija de esta ingrata tierra! ¡Qué vergüenza tengo que no sea más reconocido a tanta generosidad!; ¡a tanta altura! ¡qué bien se ha vengado de tanta miseria!; ¡qué bien ha castigado tanta infamia con su dignidad y clemencia!; antes de ahora he dicho que desde 1810 no he visto un hombre que haya hecho más, y perdonado más. Y aunque rabien sus enemigos tendrá una página en la historia muy brillante. Ojalá le fueran tan agradecidos los corazones como el mío: muchos malos ratos he pasado por urquicista, pero el bueno que hoy tengo me paga: quisiera tener bastante confianza para mandarle un abrazo: se lo doy a usted con mi pensamiento y con mi corazón."[22]

Guido era uno de los pocos viejos amigos que estaban sanos y activos como ella. Los otros se estaban yendo uno a uno, pero Mariquita seguía ducha en el arte de hacer y conservar amistades, sobre todo en el reducido grupo de jóvenes de alta cuna y cultura europea como era el caso de Manuel García y de Eduarda Mansilla. "Nuestra amiga doña María, buena y siempre agradable", comentaba Manuel a Gutiérrez. (...) "Razón tiene la pobre para quejarse de nosotros, los chacareros, que nos vemos tan de tarde en tarde (...) Le incluyo una de nuestra espirituosa amiga doña María. Mucho hemos hablado de usted con ella".

Otro de sus contertulios habituales era Gervasio de Posadas, hijo del primer Director Supremo, integrante de la generación de 1837 y organizador de la muestra agrícola-ganadera de la provincia en el caserón de Rosas en Palermo (1858). Iba asimismo a sus reuniones, José Benjamín Gorostiaga, el constitucionalista santiagueño, ahora entusiasta criador de lanares, el gran negocio rural de la década de 1850. El cónsul de Prusia, Federico von Gulich, también formaba parte de este selecto grupo de amigos.[23]

Al finalizar el año 59, el conflicto entre Buenos Aires y la Confederación parecía resuelto, los porteños volvían a la política partidista mientras en Paraná la cuestión era si Derqui sería o no el sucesor de Urquiza. A pesar de estas novedades tranquilizadoras, la tensión continuó, mientras la familia de Mariquita, que tan alegremente había celebrado la boda de uno de sus miembros, se vistió de luto.

NOTAS

[1] *De Tomás Guido a Mariquita*, Montevideo, 28 de febrero de 1855, original en AZL.

[2] *De Mariquita a Sarmiento*, Buenos Aires, 11 de mayo de 1855, original en el archivo del Museo Histórico Sarmiento, carpeta nº 7573.

[3] Vicente Pérez Rosales. *Recuerdos del pasado*, Buenos Aires, Ángel Estrada, 1944, volumen 2, p. 257/8.

[4] *De Vicente Pérez Rosales a Mariquita*, Montevideo, 4 de julio de 1855, original en AL.

[5] *De Guido a Mariquita*, Montevideo, 7 de julio de 1855; original en AL.

[6] *De Juan Th. a Florencia Th.*, Madrid, 1 de julio de 1855; original en AZL.

[7] *De Manuela Gómez de Calzadilla a Mariquita*, 16 de marzo de 1855; AZL.

[8] AGN Sociedad de Beneficencia de Buenos Aires. *Actas del Consejo*, Libro 3, año 1855.

[9] Archivo Gutiérrez, *op. cit.*, 1984, tomo IV, p. 211.

[10] *Cartas, op. cit.*, p. 349.

[11] Archivo Gutiérrez, Buenos Aires, 1984, tomo IV, p. 186.

[12] *Cartas, op. cit.*, p. 369.

[13] Piccirilli, *op. cit.*, p. 145.

[14] Archivo Gutiérrez, *op. cit.*, tomo III. *De Alberdi a Gutiérrez*, París, 3-6-1857.

[15] *De Mariano Balcarce a Mariquita*, París, 7 de febrero de 1855; original en AL.

[16] AGN, Sociedad de Beneficencia, *Actas del Consejo*. Libro 3. Año 1857, *passim*, folio 104, original de puño y letra de Mariquita, adjunto al libro de actas del día 6 de abril de 1857.

[17] *De Tresserra a Florencia Th.*, Barcelona, 3 de agosto de 1857, original en AL.

[18] *De Magdalena a Florencia Th.*, Lorient, 4 de marzo s/f, original en AL.

[19] *De Juan Th. a Florencia Th.*, Barcelona, 28 de diciembre de 1858, original en AL.

[20] Archivo Gutiérrez, vol. 5, p. 192.

[21] *Cartas*, p. 353.

[22] *De Mariquita a Tomás Guido*, 2-11-1859, original en AGN, 16-7-1-10, fo. 208, gentileza Juan Isidro Quesada.

[23] Archivo Gutiérrez, *op. cit.*, vol. 5, *passim*.

23

MAMITA MENDEVILLE

1860-1863

El año 1860 comenzó de manera dramática con la noticia del fallecimiento de Albinita Tresserra de Dulce. La nieta de Mariquita murió en España, pocos días después del nacimiento de su hija, de la fiebre que le vino por haber comido una perdiz.[1] El dolor y la fortuna habían llegado de la mano a casa de los Tressera, pues luego de largos pleitos la familia recuperó unos valiosos terrenos en la desembocadura del Ebro.

"Cada Paquete trae un luto", diría Mariquita con relación a la serie de duelos que afectó a su familia en la década de 1860. Sufrió cruelmente con el fallecimiento de la nieta de la que estaba tan orgullosa y volvió a pensar en que la mala suerte perseguía a su linaje. Se enfermó pero pronto estuvo de pie,[2] soñando otra vez con Europa y un poco también con el rico patrimonio que —suponía sin mayor fundamento— Mendeville había amasado en Quito. Desde París, Prelig desaconsejó el viaje en carta a Florencia:

"Esta señora está muy equivocada y aunque estoy cierto que nadie me ha de creer, le digo que M. de Mendeville tiene muy poco, que es preciso de usar de mucha economía, que de Quito no recibe nada, que lo que tiene allí está en pleito desde que se fue y los pocos réditos los pagan los abogados. Cada día ve menos, y las piernas empiezan a rehusar servicio (...) En fin, es un viejo y uno que se acuerde de él cuando estuvo en Buenos Aires la última vez, no creería que es la misma persona. Sería una insensatez que venga Mariquita además de muy caro el país."

Mendeville se había instalado en París, Passage Saulnier 20, a pocos minutos de marcha de lo de Prelig, quien vivía en la rue Montholon 9. Noche a noche los dos amigos seguían tertuliando en sus respectivas casas casi como única distracción. Jugaban a los naipes que Jean-Baptiste distinguía gracias a una lente muy fuerte, y su acompañante Madame Suchet le leía durante horas. El resto se lo pasaba dormitando.[3]

Una carta personal de Mendeville (mayo de 1860) tranquilizó a Mariquita respecto del estado de su salud; ella le respondió con afecto aunque sin poder evitar los alfilerazos de siempre: "Al ver tu firma y saber que puedes andar solo, es para mí un consuelo, pues te aseguro que tú mismo no sentirás más tu enfermedad que yo misma. Ya sabes que el año 1819 hice un pacto con el dolor, y este fiel compañero no me ha dejado ni en el sueño. Mi vida es llorar. La muerte de Albinita me ha sido muy sensible, no sólo por el mérito de esta hijita y su posición tan brillante, sino por sus pobres padres, tan buenos y tan afectuosos conmigo. Pero donde va mi sangre va el infortunio. Así puedes ver lo que es mi vida: penas de corazón y de bolsillo.

"Mucho me alegro que te vengas a París, donde hay gustos y consuelos para todos los pobres y los ricos, y es cuando uno tiene pesares o mala salud que conoce lo que vale algo que consuele el espíritu y el estómago. Esto, que parece ridículo, no lo es. Aunque sea un plato, cuando es bien hecho, satisface y da fuerza; pero una mala comida cuando se come por razón, es muy triste. Me alegro también tengas una persona a tu lado que te sea útil y que te cuide y te lea. Te deseo siempre toda clase de bienes."

Daba a continuación noticias de los hijos. Carlos vivía en Chile donde tenía un almacén de consignación; su mujer "es tan poco amiga de escribir que desde que se fue no hemos tenido ni una carta"; pero sabe que los dos y su hijito están buenos aunque, sospecha, padecen quebrantos de fortuna. En cuanto a Julio, es ahora su mejor sostén a pesar de que vive, como siempre, en Montevideo:

"Julio, como ha sido mi compañero de penas, no me olvida. Es el más buen hijo, siempre fino y cariñoso y trabajando mucho, que es lo que siento su pulmón con el remate continuo. Te aseguro que mi pobreza y mis privaciones no las siento, como no poder darles a mis hijos; sus dos niñas son muy lindas, pero da mucha pena verlo cojo al nieto varón, vivo y muy bueno".

A ella la preocupaba el esfuerzo de Julio, ya con la cabeza blanca de canas, para mantener a su familia en países caros y en continuas revueltas.

Mariquita se alegraba de que Mendeville hubiera dejado la muy aburrida localidad de Sos; en París podría distraerse y escuchar la buena música a la que era tan aficionado. Como una manera de aproximarse a su esposo enfermo, rezaba por su salud y socorría con afecto especial a los ciegos que le solicitaban ayuda.

"Todos nuestros viejos amigos han desaparecido. Guido y Lozano son los dos solos que quedan y Lozano muy enfermo siempre." En el nuevo gobierno de Buenos Aires, encabezado por Mitre, "a ninguno conoces (...) Estamos en paz y con grandes esperanzas del siglo de oro".[4]

Mariquita, a pesar de las penas, participó con entusiasmo de las fiestas julias de 1860, que tuvieron un relieve especial por la visita del presidente Derqui y del general Urquiza a Buenos Aires. "Nuestra amiga Mme. de Mendeville se ha portado bizarramente: en todas partes estaba", le contó Posadas a Gutiérrez en una entretenida carta en la que se extendía acerca de la serie de parrandas que culminaron con el baile dado en el Colón por el comercio extranjero y con la representación en ese mismo teatro de *El Barbero de Sevilla*: "Hasta los masones han acaparado a Urquiza y a Derqui para hacer de las suyas".[5]

Mariquita narró a Alberdi su versión de esas jornadas de emocionante unidad argentina: "Yo no quiero dejar de darle un cordial abrazo y de charlar un rato con usted pues ando en este París de función en función con los altos personajes y me falta tiempo, precisaría una semana para ponerlo al corriente de los grandes sucesos (...)".

La paz había llegado tan pronto que resultaba casi inexplicable. "Hay antecedentes delicados para exponerlos en una carta. Lo que vemos es lo que voy a contarle. Se anunció la llegada de los señores indicados a quienes se había preparado alojamiento como en París, y cada uno según su gusto. Más de seis mil almas llenaban el Bajo. Los buques de todas las naciones ofrecían sus botes; así era un cuadro lo más lindo, lo más lucido y de alta trascendencia, como usted comprende. El mayor respeto en esta concurrencia. Ni una voz impolítica. En un gran grupo de extranjeros hubo vivas a Urquiza; pero después, silencio. Siguieron en sus coches después de haberse abrazado en el muelle, al desembarcarse el señor Derqui y el señor Mitre, y después el general Urquiza con Mitre y todos en grande armonía y acompañados por inmenso concurso llegaron a sus alojamientos.

"El general Urquiza, muy conmovido, a cada momento estaba enternecido. Tiene gran corazón este hombre. Está alojado en la quinta que usted conoce, cerca de Barracas, que fue de Mr. Kinlay (Mackinlay), y que hoy es de Lezama (actual Museo Histórico Nacional). Es una casa preciosa, arreglada a la europea y ricamente adornada. Había sido ofrecida por él al señor Urquiza. Esto es una romería. No hay un momento que no esté lleno de gente rica y pobre a las que socorre con liberalidad. Yo observo hace largo tiempo a este hombre, y creo, mi amigo, que tendrá en la historia una hoja de oro para el que escriba con imparcialidad. Encuentro tanto más grande a este hombre, que, según dice, no tiene instrucción, no ha leido, todo en él es instinto, pues, y naturaleza, no imitación. Perdona con grandeza y esto a mis ojos vale mucho. ¡Cómo han insultado a este hombre esos niños Varela! Hasta el último momento lo han llenado de injurias con el tono más bajo y más miserable: el diccionario de Rosas lo habían agotado. Hasta su señora, él la ha traído, y se ha ganado los corazones, porque es muy simpática, y se conduce como la europea de más altura podría hacerlo. Créame usted; un viejo amigo me decía cuando era yo joven y lloraba las injusticias de la envidia: adelante, nadie pierde opinión; es mentira: hay un día que se reconoce y aprecia lo que cada uno vale. Veo pues esto realizado.

Cuando yo me acuerdo, mi amigo, que al señor Rivadavia aún sus amigos no se atrevían a acercarse algunas veces, y veo que todos se acercan a este hombre con tanta familiaridad, y que tiene la paciencia de escuchar ¿no es un mérito?"

A Mariquita le agradaba establecer comparaciones entre los personajes de la historia argentina que había tratado personalmente. Empezaba a considerar mejor a Mitre, por la habilidad y valentía con que se había conducido al ser elegido gobernador por el partido exaltado y hacer la paz dejando sorprendido a su propio partido. Y hablaba mal, como siempre, de los Varela, aquellos jovencitos que había visto crecer a su lado en Montevideo. Confiaba a Alberdi sus cuitas de madre:

"Vamos a mi pobre Juan, que a mis ojos le han hecho hacer un triste papel. Yo sospecho que el tratado (de San José de Flores) será ratificado, dejando a un lado esta ciudad (Buenos Aires). Pero, ¿qué cara hará Juan cuando vea que el castillo de cartas que habían hecho los muchachos, vino el viento y lo echó al suelo? No hay nada que ciegue más que el espíritu de partido. Y es raro ver a los hombres que no se ciegan. Usted ha sido por mí muy apreciado siempre, porque en aquellos tiempos de lucha hablábamos con calma, y usted excusaba a los hombres.

"El pobre Juan esta(ba) informado, de modo que mis sanos consejos debían parecerle cosas de partido. Pero yo en mi rincón, con mi experiencia de la vida entera, pasada en estas miserias, veía las cosas de otro modo; pero él creía faltar a su deber de dar un paso fuera de la línea que le trazaban y no sé cómo quedará Juan (...) Ahora creo que podrán hablarse ustedes y renovar su amistad (...)"[6]

En carta a Urquiza, Mariquita intercedió en favor de su hijo y de su yerno Tresserra, cónsul de Buenos Aires en Barcelona, y aprovechó para expresar al general su admiración y su reconocimiento sincero:

"Señor de todo mi aprecio: sin otros títulos para V. E. que el conocimiento que tengo de su benevolencia y el gusto que tiene en servir a cuantos lo importunan, me tomo esta confianza. Los misterios de nuestra política no están al alcance de los profanos. Así no sé de qué modo quedarán arregladas las relaciones con la Europa: uno de mis hijos de mi primer matrimonio, Juan Thompson, es el cónsul general de Buenos Aires en Madrid, puedo decir con confianza que tiene capacidad, y como una prueba, es que sólo debido a ella es que ha tenido la distinción de la cruz de Carlos III en España y la cruz de la Legión de Honor por el Emperador Napoleón. Ha sido educado en Europa y tiene tanto en Madrid como en París las más valiosas relaciones, a lo que se agrega una conducta intachable. Yo desearía que quedase en su puesto, o en otro mejor si hay que tener allí un agente; esto quiero deberlo solo a V.E. y así no he querido poner un intermediario, porque V. E. que es tan amante de sus hijos excusa-

rá a una madre que coopere al bienestar de los suyos; también está
en Barcelona de Cónsul de Buenos Aires, don Juan Tresserra, que
representa su consulado con mucha dignidad y los argentinos que
vienen de allí hacen de él mucho elogio. Si sólo debe quedar uno,
también pido para él el mismo favor y uno y otro los recomiendo a V.
E.; para cualquiera cosa que necesite de Europa, lo servirán con
honradez y bien. Tresserra está casado con una hija mía y tiene muy
buenas relaciones en cualquier punto de Europa.

"Permítame V. E. felicitarlo por la terminación de estas
desavenencias, me complazco que el tiempo haya dado estos resultados. Los enemigos de V. E. le han dado la ocasión de hacer conocer
su corazón y la altura de sus ideas; ya debe V. E. estar acostumbrado
a la ingratitud y a despreciarla y seguir el camino de su gloria, que
el cielo le ha de proteger para que haga mucho bien; dichoso V. E.
que tanto puede hacer en beneficio de nuestra Patria.[7]

A pesar del amable ruego, el nombramiento del sucesor de
Thompson era un hecho consumado y así se lo comunicó Urquiza a
Mariquita,[8] quien se había ido a festejar su 74º cumpleaños al
Uruguay aprovechando las comunicaciones fluviales cada vez más
accesibles:

"Ayer salió Madame Mendeville para Montevideo donde piensa
demorarse 14 días hasta tres semanas", le informó von Gulich a
Gutiérrez.[9] Antes de su partida había recibido unos bonitos regalos
de Mendeville: un vestido de seda negra adamascada; un velillo de
encajes; un pañuelo bordado; cinco metros de encaje de guipur y una
pollera de tres metros de ancho.[10] Sin duda Mendeville no había
olvidado la afición de su coqueta esposa a los trapos.

Ella se lo agradeció muy finamente: "Tu buen gusto lo he
conocido en el velo, no parece que estás ciego. Todo lo aprecio
mucho", escribía apenas desembarcada. Había encontrado a Julio
envejecido y abrumado por las preocupaciones económicas, muy
lindas a sus niñas y hasta bien parecida a Carolina, la nuera que
tanto había criticado en sus primeros tiempos de casada.[11]

La carta de Mendeville que acompañaba los regalos contenía
precisiones acerca de su enfermedad y del estado de sus negocios.
Los médicos de Quito le habían diagnosticado cataratas y recomendado esperar tres años para que fueran operables. Con tal propósito
viajó a Francia en 1854 con la intención de volver apenas se recupe-
rase, pero la dolorosa operación del ojo izquierdo no resultó. Debió
entonces solicitar su retiro, concedido a fines de 1856. Se instaló en
Sos y en 1859 vino a París, donde los médicos le dieron esperanza de
mejorar si se sometía a un tratamiento. Vivía con su ecónoma,
lectora y secretaria, y con una sirvienta; el alquiler y la comida eran
carísimos pero se las arreglaba. En lo que respecta a sus negocios en
América, su estado era desastroso: las propiedades y créditos no sólo
no le rendían nada; debía pagar, además, los procesos judiciales.

Jean-Baptiste deseaba la paz para la Argentina y pedía noticias de sus hijos.[12]

Así, apaciblemente, en familia, concluía el año 1860. "Ya tenemos aquí de vuelta de viaje a nuestra amiga madame Mendeville. Reciba usted sus cumplimientos", informó Posadas a Gutiérrez el 1º de enero de 1861. "Acabo de pasar la noche como mayormente en casa de Gorostiaga y Mariquita", escribía von Gulich a fines de ese mismo mes, mientras en París Alberdi, Manuel García y Eduarda Mansilla hablaban de cosas que les eran caras: de la patria, de Gutiérrez, de Cané, de Madame Mendeville y de tantos otros amigos.[13]

¿Cuál era la receta de Mamá Mendeville, como le decían sus nietos, para mantenerse joven? Ella misma explica en carta a su marido el trabajo que le cuesta no dejarse vencer por los años:

"Contra la vejez, amigo mío, no hay remedio. En un siglo de descubiertas tan grandiosas, no se adelanta en este punto. Canas y arrugas y adelante. Si me vieras hacer frente a este enemigo, con razón me envidiarías mi genio. Escribo sin cesar, coso, zurzo y remiendo; hasta aquí, vamos. Bordo, hago flores lindas y frescas, hago canastitas y mil graciosas obritas para las loterías de caridad, y toco algunos pedacitos de gusto, y si las nietas quieren bailar, estoy al corriente del día de polcas y demás y ¿sabes por qué hago esa vida agitada? Para no pensar y volverme loca, pues te aseguro que cuando pienso en mi casa, en mis casas de campo, en mi confortable, y veo cómo vivo, en la vejez, que más se necesita el regalo, te confieso que padezco mucho de vivir aquí, porque no sólo el amor propio está humillado, sino que veo qué rica sería si hubiera conservado algo."

Pasaba luego a reprocharle, de manera indirecta, el despilfarro de la fortuna que comenzó con las ventas de sus grandes propiedades en la década de 1820: "No quiero seguir dándote cuenta de la transformación de mi antigua fortuna, porque te asombrarías, y mi casa, la grande, desmoronándose, gastando en remiendos lo que me queda después de pagar réditos. Te aseguro soy muy pobre; pero por mí no lo siento tanto, sino por mis hijos. Dios sólo sabe mis penas". Y recordaba el día en que ambos se habían comprometido, ¿había sido en 1819, como registró Mendeville en un anillo que le obsequió, o en 1820, como sostenía Mariquita?

En cuanto a novedades de familia, tenía un nuevo biznieto, Faustino, hijo de Enrique Lezica, cuya esposa, Carmen, era hija del sabio médico y paleontólogo Muñiz. Pero el niño "precioso y muy caballero", sufría de una palpitación al corazón, "de modo que tengo penas y más penas, a lo que se agregan penas de bolsillo, y el horizonte político muy turbio, y para los intermedios la secretaría de la Sociedad de Beneficencia, que es un trabajo para hombre y no para una pobre vieja. En fin, mi estrella es siempre negra y sin esperanza".[14]

Tales lamentos no se compadecían con la intensa actividad pública de Mariquita. Tampoco su casa podía ser calificada como una ruina. Por el contrario, un testimonio de esa época habla de la imponente mansión de las Thompson en la calle Florida, reliquia del tiempo colonial, sin duda, pero remodelada y mejorada, con un sello refinado que tenía que ver con la idiosincrasia de sus moradores. Mariquita Nin, la amiga uruguaya de las Thompson, la describe así:

"Entras y tienes la vista de un patio jardín pavimentado en una fuente de plantas exóticas y plantas finas; un artístico aljibe de mármol con sombrero de fierros forjados formando glorieta; varias tinajas muy finas. Entras a una recova y subes a un espacioso corredor que abarca toda la parte principal del edificio. No se puede ver nada más lindo: su techo abovedado, cubierto de lienzo pintado; espejos de trecho en trecho y brazos de tres luces en profusión (...) Tapices, porcelanas, todo muy rico (...) Aquí dicen que Marica ha repartido o vendido mucho. Si esto es tan hermoso, no puedo concebir lo fuera más antes, mejor, más rico y suntuoso. Es una casa distinta a todas las demás en su construcción y distribución. Tiene también una curiosa distribución de aguas por tubos desde los patios, que pasan por medio de llaves a las tinas, etc. y otras maravillas. Quisiera que vieras ese corredor: una alacena con sus dos tapas lujosas de espejos y maderas blanco y oro, dentro, ganchos en profusión para los sombreros y tapados. En medio del corredor una linda escalera, de cada lado tres hermosos ventanales ovales, del suelo hasta el techo, que dan mucha luz; en las paredes de su frente, los espejos. Dobla luego y se angosta. La luz cae en rayos desde arriba. He visto este espectáculo de día y de noche, con sus bujías encendidas, todo fineza de Florencia para que yo lo viera. No me olvidaré de este espectáculo, que no sé decidirme por cual de las horas lo ví más lindo, si de día o de noche. Los otros cuerpos de la casa un laberinto de recovas, de piezas y jardines unidos por puertas; pero hay inquilinos de tiendas, tiendas y bufetes de comercio."

También lo de Florencia, en comunicación directa con la gran casa, era "una preciosidad de buen gusto, las paredes vestidas con telas livianas y cintas; te y chocolate todas las noches a las diez, y gente agradable en su tertulia, servicio muy fino de tazas y cubiertos. Aunque estas señoras no fueran como son, por el lugar donde viven la gente iría como solaz. Dijéronme que estas construcciones están intactas desde el tiempo de la pajuela, que el maestro albañil que las hizo era un académico de París. Si esto es francés, inglés o godo, lo mismo da: es asombroso de lindo".

Mariquita Nin reflexionaba acerca de la forma de vida en Europa y en América y sobre el gusto de su amiga argentina por los objetos importados: "Hija, mejor es no viajar para poder vivir en los países donde nacimos, sin sufrir y sin males de países extraños. No se lo cuentes a Marica, que hasta el jabón hace venir de Francia".[15]

Frivolidades aparte, Mariquita continuaba su labor en la Sociedad de Beneficencia. En 1861 se desempeñaba como secretaria de la entidad y en tal carácter tuvo que enfrentar a Sarmiento. El conflicto entre la Sociedad y el sanjuanino se arrastraba desde que éste había sido designado Jefe del Departamento de Escuelas del Estado de Buenos Aires (1856). Sarmiento quería ejercer su jefatura en plenitud y aplicar los criterios educativos más modernos a partir de su experiencia en Europa, Estados Unidos y Chile. Pero su autoridad chocó con la de las señoras de la Beneficencia que controlaban las escuelas de niñas. Y muy pronto empezaron las fricciones.

Sarmiento había reconocido al principio el mérito de la Sociedad en la atención de dichas escuelas; en efecto, en Buenos Aires en 1856 se daba el caso único en el mundo de que hubiese una proporción levemente mayor de alumnas que de alumnos en los establecimientos públicos de la ciudad y campaña. Pero apenas se afianzó en su gestión, comenzó a criticar a las socias y a atribuir a informes engañosos de las maestras los progresos aparentes de las niñas en historia, geografía e idioma; por ingenuidad, las señoras inspectoras aceptaban esta deformación, decía el autor de *Facundo*.

En realidad la cuestión que se planteaba era la redistribución de los fondos disponibles para la educación: Sarmiento consideraba excesivos los del Colegio de Huérfanas y quería pasarlos a la Escuela Normal para formar a las futuras maestras. Así se ahorraría mucho dinero. Cuestionaba el criterio aplicado por las damas al dotar con cátedra de piano y de dibujo a las huérfanas; en su criterio, esto sólo ayudaría a crear futuras Margarita Gautier, en otras palabras, cortesanas de lujo, mujeres que pretenderían vivir por encima de sus medios.

Un artículo del *Nacional* (octubre de 1860), donde Sarmiento era columnista habitual, se preguntaba quién era el maestro de pintura de la Escuela Normal del Colegio de Huérfanas desde octubre de 1860. Ese maestro era León Pallière. El artista francés había obtenido el nombramiento por su vinculación amistosa con Mariquita, escribe Julio Payró en una biografía del artista.[16]

Mariquita sintió en carne propia el reproche, porque desde 1823 había puesto especial empeño en la organización del Colegio. Quiso entonces mostrar a este presuntuoso amigo otra faceta de su carácter: la firmeza en la defensa de sus convicciones y la confianza en la obra realizada, a pesar de que ni ella ni sus consocias eran expertas educadoras como pretendía el sanjuanino.

"El Colegio de Huérfanas invierte la mayor parte de esos doscientos cincuenta y seis mil pesos en alimentar 90 pupilas, alumbrados, etc, servicio indispensable, rectora, celadora y portera para el gobierno y orden de la casa, y en el vestuario, libros, etc. de 24 niñas ~~de las más~~ pobres. Su escuela es también la escuela correspondiente a la parroquia de Catedral al Norte habiendo en ella más de 200 alumnas, bastante en gastos de mercería y librería, pues se dan esos artículos a las niñas cuyas familias no los pueden administrar.

"A ella está anexa una clase paga y para ésta se ha puesto el dibujo, el piano y el francés, concediéndose estos ramos a alguna que otra niña gratis que lo ha merecido por su extraordinaria aplicación y cuya inteligencia promete adelantos, sin que para esto haya aumento de gastos (...)

"La instrucción superior a los medios de existencia o a la clase social, podría ser peligrosa si no la acompañase la educación y ésta es inseparable suya en toda escuela; y he dicho podría ser, porque a mí me parece que en las personas cuyas inclinaciones no son peores de lo general, la instrucción, aún sola, puede con la edad desarrollar y enderezar el sentido moral.

"Si a Dios hubiese placido hacer de mí un genio, y fuera además un sabio, de los varios caminos que conducen al fin de la corrupción el que yo llevara fuera el de la educación e instrucción de la mujer; pues en unos tiempos en que las costumbres toleran en los hombres faltas que influyen sobre todas las cualidades (la corrupción entre una familia cuyo jefe sea de costumbres puras y otra cuyo jefe tenga las generales de los hombres, atestiguará esta verdad) ¡cuán benéfico sería el que la mayor influencia sobre los hijos estuviera de parte de la mujer a quien las costumbres, uniéndose a la educación, hacen considerar a la impureza como la mayor ignominia! Pero esta influencia ¿cómo la han de tener cuando su incompleta educación, su casi ninguna instrucción, hacen que sus hijos, llegados a hombres, no les guarden, muchas veces, ni las apariencias de sumisión? ¿Y por ventura, el ser razonable y poseer ciertos conocimientos casi indispensables, hará que dejen de ser propias las faenas y el gobierno doméstico?

"En este colegio hay cuatro niñas ya de catorce o quince años, que yo he visto formarse en él. Si se casasen con un artesano, ¿no sabrían tener limpia la habitación, preparar la comida, arreglar la ropa, gastar en todo lo menos posible? Si, por cierto ¡Y con mucho gusto lo harían no usando de la superioridad que podrían tener sobre su esposo sino para corregir sus defectos en cuanto fuera posible y sin hacerle sentir su dominio, pues podrían respetar su dignidad y además sabrían reconocer y someterse a la mayor firmeza de juicio, que todo hombre tiene...! Y todas son bien parecidas, distinguiéndose a más una por su linda voz y otra en el piano y si se casasen con un hombre cuya educación e instrucción fuese igual o superior a la suya, ¿no habría de ser una verdadera amiga, su confidente, su consuelo, su compañera, su salvadora cuando la pasión lo tuviese trastornado?(...)

"La mayor parte de las niñas de este colegio son hijas de matrimonio, huérfanas o de padres sumamente pobres y cargados de hijos o imposibilitados. Y en cuanto a las infelices expósitas ¿no será bueno dejarles creer que son hijas de la desgracia (como lo serán muchas) y no del vicio acompañado de un corazón de tigre?

"He ahí mi opinión, tal como me la pueden hacer formar mi carácter, mi educación y mis observaciones, pues mis conocimientos son poco más, no de lo que debiera exigirse, sino de lo que se puede exigir para una escuela primaria."

Firmaba la nota "Una maestra del colegio de huérfanas".

La dignidad femenina aparece en esta respuesta a Sarmiento como un reclamo y la educación como inseparable de dicha dignidad. Hay asimismo una crítica a la doble moral de la época, tolerante con el varón, exigente con la mujer, aunque al mismo tiempo reacia a darle el rol preponderante en la formación de los hijos que le correspondería por sus valores morales. Pero además de escribir en los periódicos sus reflexiones, Mariquita se desquitó con unos versos burlescos de la rabieta que le había provocado su amigo:

"Qué dices amiga mía
del triste acontecimiento
de matar a Rivadavia
los muchachos de Sarmiento (...)"[17]

En otra oportunidad, y como el conflicto había quedado latente, escribió muy ceremoniosamente al Jefe de Escuelas: "Mi estimado señor: Me han dicho que usted ha publicado un cuaderno, en el que hace un proceso a la Sociedad de Beneficencia. Mándeme usted ese cuaderno, que deseo leerlo, pero ya veo lo que le han de responder, que peor están las suyas, que desean tener un buen modelo para imitar. En fin veremos lo que Usted dice.

"Esta carta es confidencial, inspiración mía y nada más. El Gobierno nos dijo que se había decretado una suma (no tengo la nota a la mano por la cantidad) para traer libros para las Escuelas de ambos sexos los que se comunicaron a la Sociedad, etc., etc. Como usted está en guerra con esta pobre Sociedad, cosa que yo siento mucho porque no soy guerrera: nadie le hablará de esto, pero como yo lo conozco le pregunto ¿podemos pedirle libros?, ¿hay en los depósitos para nuestras escuelas?, ¿cómo nos hemos de entender?

"Nuestra Sociedad va a tomar un impulso, queremos hacer muchas cosas y a pesar de sus latigazos conozco que usted nos quiere y nos ha de ayudar, ni caso le hago a sus rabias, porque cuando en un momento de calma usted piense que usted es dueño absoluto con facilidades como Rosas para hacer lo que le de la gana, con todo un departamento a sus órdenes, edecanes y subalternos, y plata a su voluntad, y con todo esto tiene usted trabajos y sus escuelas tienen contrariedades, ¿qué serán las nuestras? En esta tierra cuesta mucho hacer algo, y le protesto que con todos los elementos que tenemos hay muy malos ratos y si usted tiene dificultades con los hombres (?) porqué de los nuestros y tenga indulgencia que al fin sirven sin sueldo y hace 38 años que esto dura en esta tierra que nada dura. Yo deseo poner en cada escuela (ojalá pudiera en cada casa) un Manual de Educación. Mándeme los que pueda. Si hay catecismos, cosa preciosa, mándeme y en suma lo que pueda. Le repito esto es confidencial, si no hay queda entre nosotros pero yo deseo que mi puesto deje alguna ventaja y quiero hacer algo, ya sabe usted que he tenido otro luto, estoy cansada de penas, así que pase un poco esta tempestad lo he de ver para tomar algunas noticias o consejos para mi plan.

"Trabajemos pues como podamos que en nuestro corazón está la recompensa. Su afecta siempre."[18]

Sarmiento le contestó en estos términos:

"Mi estimada amiga: He recibido con gusto su ofendida cartita, que me la muestra amiga regañándome por mi brusquedad. Desde luego le pido mil perdones a la dama, por el cambio de nombre, y olvido del asunto principal los globos, que no hay en depósito, pues sólo se pidieron de pizarra negros ya agotados. Pediré luego de los que usted necesita (...)

"Sobre lo áspero de mi modo de tratarla que teme la Sociedad, crea usted que hay algo de más serio que lo que el carácter o manera de un individuo puede hacer. Toda corporación irresponsable, vitalicia, el clero, la Iglesia, las noblezas, tienen siempre la pretensión de ser tratadas con la mayor deferencia. Así cuando una ley de don Valentín Alsina dispuso que la Sociedad se entendiese con la Municipalidad, la Sociedad hizo con Calvo (Nicolás) echar abajo la ley por creerse tratada duramente. Quería depender del ministro de Gobierno, pero cuando un ministro quiso hacer de un simulacro (perdone la palabra) de Escuela Normal, una verdadera Escuela Normal, la Sociedad desobedeció al ministro y lo embrolló todo, citando al gobierno el reglamento como si el gobierno no pudiese dar reglamentos nuevos; y siempre harán lo que les dé la gana pretendiendo que deben sus pobres obras guiar al gobierno mismo.

"Al aplaudir al quimagogo no he podido hacer alusiones personales ni menos a usted que sirve con sus luces de decoración de la Sociedad, que tiene buen cuidado de prescindir de la secretaria, cuando quiere hacer de las suyas, haciendo firmar las notas por la camarera de la tesorera, o la tesorera, según he sido muy bien informado.

"Pero usted me decía en su carta, su escuela modelo es mala, mientras las nuestras son buenas; y yo le he contestado ¡Viva el panquimagogo! que hace inútil la ciencia.

"No entraré con usted en polémica. La delicadeza de los senti-

mientos de una dama no debe ser puesta a esta prueba. Cuando me
haya separado del departamento por la imposibilidad de organizar
un sistema de educación, me propongo exponer por la prensa mis
ideas sobre la injerencia en la dirección (no más que en la dirección)
de una reunión de señoras, ignorantes de los fundamentos políticos
de la educación común universal. Yo quiero que la mayor parte de la
educación esté confiada a mujeres. Usted sabe que la Sociedad me
estorba realizarlo dirigiendo una Escuela Normal de mujeres, bajo
la tutela de la Sociedad, pero quiero que esté aquí como en todo el
mundo, inspeccionada y legislada por varones. Vea en los *Anales de
Educación* el Informe que pasan los lores al Parlamento sobre escuelas. La Sociedad no puede legislar, ni dirigir la enseñanza, sino
coadyuvar y prestar su auxilio. Otras pretensiones son quimagogo
puro.

"Quedo de usted amigo respetuoso y arrepentido suyo (...) Siento tener que ocuparme de estas miserias; pero usted comprenderá
que lo que menos deseo es ser ni aparecer ni el rival ni el enemigo de
la Sociedad de Beneficencia, en materia de educación. Siento de ello
el rubor que puede sentir un médico de discutir con un partidario
del quimagogo, o de la hidropatía. Doblemos pues la hoja. ¡Viva el
panquimagogo! y la Sociedad en materia de educar."

Sarmiento daba prueba de aprecio hacia Mariquita, al diferen-
ciarla de sus consocias, pero utilizaba la galantería para excluirla
junto con ellas de toda responsabilidad en la conducción educativa;
respetaba, sí, casos excepcionales, como el de Juana Manso, con la
que estableció una relación de igual a igual y a la que le encomendó
la dirección de los *Anales de la educación común*.[19]

Ese año 1861, en que se replanteó la solución por la guerra del
conflicto entre la Confederación y Buenos Aires, Mariquita retomó
su relación epistolar con Alberdi a efectos de recomendarle a su
nieto, Ricardo Lezica, quien viajaba a Europa para curarse de una
enfermedad del corazón:

"¡Cuánto tiempo que no sé de usted sino por los diarios! Mucho
he deseado escribirle, pero hace mucho tiempo que no salgo de una
pena cuando me viene otra: cada paquete un luto, y así no escribo
por no hablar de desgracias. Y para consuelo viene la política, y ya
puede usted pensar lo que será este purgatorio, o más bien infierno;
porque no tengo esperanza.

"Este niño es mi ídolo", decía con respecto a Ricardo, y cuando
usted lo conozca verá que tengo razón. Quiéramelo usted. Hágale
ver ese mundo esas bellezas en todo sentido; ese París donde se
comprende la vida y lo que vale. ¡Ah, mi amigo, qué cruel ha sido el
destino conmigo! Tan europea y no poder ver esa Europa. Cada día
me alejo más de ese centro porque he suspirado siempre. Dichoso
usted y los que pueden gozar."[20]

Fantaseaba Mariquita con que la gente envejecía menos en

París que en el Río de la Plata: "Es una dicha vivir en París donde no hay ni arrugas ni canas", escribió a Mendeville, quien le había enviado su retrato. (...) "aquí hay arrugas como alforzas y canas de todos los colores. Después de 25 años que no te veo te encuentro lo mismo (...) ¡Ah, París.! ¡Ya me moriré sin verlo! No te quejes de lo caro de esa vida, que, al fin, es vida. Pero la que hacemos aquí es un tormento: tan caro o más que eso".

Entristecida por la pérdida de Chiron, el esposo de Malena, elogia a este yerno que ha sido un esposo ejemplar: "Un buen marido es un universo para una mujer de corazón. Chiron ha sido un verdadero caballero que ha hecho feliz a mi pobre hija a quien no he podido darle nada, y esto me llena de amargura.

"Aquí vive el diablo en permanencia. Estamos esperando una batalla o un arreglo, los más tristes del mundo. Los dos hijos de Florencia, oficiales, y aunque no han salido a campaña, están en servicio activo en sus cuarteles; puedes pensar su madre y yo como estamos.

En otra de sus cartas mezcla la compasión con la ironía: "Tú, que has sido tan feliz, que tanto has gozado, era preciso que pagaras tu tributo de penas. Siquiera tienes tus bellos recuerdos; pero yo, ni recuerdos dulces tengo en mi pobreza (...) Algunas veces pienso que he naufragado y aun que estoy en tierra extraña, porque ni un amigo de nuestra época existe, y siempre en estos desagrados políticos que nos arruinan sin fruto (...) cada día son más locos nuestros paisanos, y no hay más que decir".[21]

A pesar de esta idea del naufragio, que es en parte la desaparición del mundo conocido, está fuerte y activa. Su aspecto físico es bueno. Un daguerrotipo de 1860 la muestra delgada, frágil, con el pelo peinado en *bandeaux* y elegantes encajes en las mangas y cuellos. Apoya la cabeza en la mano y el brazo sobre un sofá. Su mirada conserva toda su vivacidad e inteligencia.

El tono que adoptaba para comunicarse con su nieto Ricardo era más positivo. Había pasado días de angustia sin tener noticias del muchacho:

"Ansío por tu primera carta en la que espero me digas cómo está mi caro Marido, si está más joven que yo o como don Manuel; en cuanto a lo intelectual ya sé a que atenerme; te compadezco con esos dos amigos él y Prelig, lo que debes hacer es distraerte viendo esas maravillas, mientras aquí no tenemos más que fastidio. Esto me consuela de tenerte lejos que veas, que goces en esos países en que se sabe apreciar la vida: en este momento me vienen a avisar hay carta tuya de Lisboa, ¡qué alegría hijo de mi alma!, ¡y tu salud mejor! ya tengo otra vez gana de viajar, ¡al fin no hemos hecho más que sentir y ver uno que otro entierro y tu ya ves a Lisboa! Sigue joven guerrero y cúrate que es lo que más anhelo que cuando estés en ese paraíso de París no tendrás gana de volver tan pronto". Firmaba "Tu Mamá M."

En otras cartas a Ricardo, insiste Mariquita en saber si su esposo se parece ahora a don Manuel, el viejo mayordomo de toda la vida, o al señor Santa María, el ex esposo de una amiga de Florencia, seductor y elegante. Le encomienda mirar bien la casa porque no cree esa pobreza. "Me imagino los dúos de él y Prelig que no será lo más divertido para ti, en fin, tú como hombre de talento sabes sacar partido de todo". En cuanto a la política argentina, se encontraba en el mismo estado lamentable, pero tampoco el Viejo Mundo era feliz:

"En Europa anda el diablo suelto, esa Victoria, que yo la creía tan feliz, ya le llegó la hora, y el hígado a Napoleón, y Garibaldi al Papa, vamos bien, el Juicio Final. Te digo que hay para todos penas y nadie se escapa. Deja lo malo a un lado y toma cuanto bueno se te presente, diviértete, no hay cosa más inútil que la tristeza, a un lado con ella y pensar en el día que nos volvamos a ver". En París habrá penas, "pero ¡qué consuelos! qué agrados para el cuerpo y el alma. Yo te aseguro que soy muy francesa, me gusta todo y estoy cierta que estaría en mi elemento pero pobre no, me quedo aquí, porque para ver y suspirar bien ves aquí también".[22]

Mendeville escribió muy afectuoso a propósito de la salud de Ricardo. Se apenó mucho el primer día en que lo vio, porque el muchacho tuvo una crisis al subir al tercer piso donde él vivía. "No está habituado a nuestras escaleras de París", observó. Su médico quien sin ser una celebridad era muy serio, lo revisó y diagnosticó una dolencia leve, curable en pocos meses de tratamiento. Tanto este médico, como una eminencia consultada, se asombraron de que por ese mal un hombre de ciencia en Buenos Aires le hubiese recetado a Ricardo viajar a París. ¿No había en la capital argentina un solo establecimiento donde tratarse según lo prescripto? [23] Claro, no imaginaban estos doctores que para los porteños París era una medicina mágica, y en tiempos de guerra un refugio invalorable...

En Francia, Ricardo trató a Marie Chiron, la hija de Magdalena, bonita y de ojos soñadores; ella, según las mentas de familia; se apasionó por su primo. Pero Magdalena no quiso fomentar ese casamiento por temor de disgustar a Florencia.[24] En cuanto a las expectativas de que madre e hija se vinieran a Buenos Aires, no había novedades; ambas tenían sus obligaciones en Lorient: Marie debía casarse bien y su madre apoyarla en la consecución de ese objetivo insoslayable. Malena le contó a Florencia sus problemas con la familia de Chiron:

"(...) como por estas tierras el interés es todo, desearían nos fuésemos con ellos a vivir al campo. Te haces cargo que a 17 años esta vida sería algo egoísta y así me quedaré aquí, que les guste o no. Te diré hija, sin vanidad, pues es verdad, estoy tan considerada y querida aquí, ¡como mamá en ésa! Tengo muy buenas amigas, muy buenas relaciones y así para María más que todo deseo quedarme en Lorient hasta que se establezca y entonces sí iré a ver a ustedes y Dios dispondrá de mí como le parezca (...) Dile a mamá que se cuide."[25]

Mariquita mantenía contacto epistolar permanente con Clementina, la mayor de sus hijas, residente en Burdeos desde 1820; como esta hija era bastante perezosa para escribir, Edouard Loreilhe, su esposo, la reemplazaba ante su *très chère Mamita*. Clementina había adoptado su nacionalidad francesa sin vueltas: sus hijas no sabían hablar español aunque comprendían las cartas que les enviaba su abuelita argentina.[26]

El carácter internacional de esta familia es puesto de relieve por Gutiérrez en la felicitación que le envió a Mariquita el 1° de noviembre de 1861 con motivo de sus 75 años:

"Mi querida amiga: Hoy están pensando en usted sus hijos y sus infinitos amigos en todas partes del mundo. De Chile, de Francia, de España, le mandan a usted con el pensamiento tiernos saludos y felicitaciones. Yo me uno a todos los que la estiman y aman a usted para desearle toda la felicidad posible y para abrazarla de corazón. Le mando uno de los libros más espirituales que se conocen, aunque un poco mortificante para nuestro orgullo, pues nos muestra lo mucho que nos parecemos a los pájaros y a los cuadrúpedos".

La obra en cuestión era *Del origen de las especies por vía de selección natural*, de Charles Darwin, el científico inglés que en su juventud había recorrido el litoral, las pampas y la patagonia y saludado a Rosas en su campamento del Colorado en 1833.[27] Esta clase de libros no eran una literatura al alcance de todos, sino de los grupos más instruidos de Europa y América. Mariquita los leía y comentaba con sus amigos con la misma sencillez con que se dirigía a sus nietas.

"Veo con mucho gusto la vida de princesas que se están dando", escribía Luisa Lezica a su abuela y a su madre quienes pasaban el verano del 62 en una quinta de San Isidro. Y como la abuela le había reclamado que llevaran Leones (jóvenes a la moda), explicaba Luisa: "lo creo un poco difícil porque hay mucha escasez; anoche hemos tenido al elegante Esnaola y el amable Emilio Muñiz, otras noches a Ramón, en fin la lista ya la conocen bien. Así pueden escoger los que les gusten, para llevarles."[28]

Unida desde su niñez al pago sanisidrense, Mariquita describió a su marido los adelantos registrados en esa población suburbana que Mendeville conocía bien, pues antes de vender la finca de su esposa había disfrutado de las cacerías de patos en la costa del río y de los atardeceres en el corredor de la casa plantada en lo alto de la barranca:

"Este pueblo ha adelantado mucho. Tiene una población en todo el partido, de siete mil almas, y está empezado un ferrocarril a San Fernando que pasa por aquí, lo que le dará mucho valor. Ahora valen las casas mucho: no es nuestro tiempo. Pensé comprar otra vez mi casa, pero me reí al oir lo último doscientos mil pesos. Las barrancas son muy cultivadas. No se encuentra un pedacito que no esté cultivado. Se está haciendo un gran edificio para escuela de niños y niñas. Hay una función para poner la primera piedra. Viene el gobierno. Es un edificio, según el plano, muy lindo. No tienes idea lo que son los edificios que se hacen. Los italianos traen mármoles para cornisas, frisos, columnas. En Buenos Aires no ves sino mármol por todo. ¿Te acuerdas de Miguel Azcuénaga? Ha hecho una casa en la barranca, en el camino que viene a San Isidro, un palacito lo más bien acabado, los jardines con fuente de agua, cosa preciosa (actual quinta presidencial de Olivos). No hay ya sino jardines franceses; pero de primer orden; no te puedo decir el movimiento de estos pueblos; es cosa admirable a pesar de esta infernal política."

El 25 de febrero dice: "Bien casual es que te escriba de aquí el día de nuestro casamiento. ¡Cuantos años! ¡Me parece un sueño! Quiera el cielo que puedas leer esta carta y que hayas recobrado tu vista y tu salud. Yo estaba un poco decaída: he pasado un año de tanto trabajo en la secretaría, que no creerás que he estado enferma. En el diario que he llevado, he escrito mil ochocientas sesenta notas. Sin contar cartas particulares, te puedes imaginar si es broma a más cuarenta actas. Así he venido para descansar un poco y tomar fuerzas, pero siempre tengo la gran atención de la Escuela Normal y el Archivo (...)

"Ayer ha sido la lindísima función de la fundación de la escuela de varones y mujeres, se puso la primera piedra, vino el ministro de gobierno, hubo discursos, y se hizo un acta que firmaron los personajes, y yo como fundadora de la Sociedad de Beneficencia y vecina de aquí, también firmé. La señora del juez de paz, inspectora de esta escuela, y yo éramos las solas señoras que firmamos. Ya ves que siempre hago mi papel. Te harás cargo si me acordaría de tí, y hoy se abre, pensando en todo lo que ha pasado por esta pobre cabeza. A la noche tuvimos un baile, en la casa que fue de Nones, muy lindo para ser de campo. Toda la concurrencia era de gente distinguida: tres señoras recibíamos y todo el mundo estaba contento".

La homenajeaban como socia fundadora de la Beneficencia y la admiraban por hallarse fuerte y activa casi cuarenta años después del establecimiento de la Sociedad. Su presencia de ánimo proverbial le sirvió ese verano a Mariquita para defender su casa de un incendio, como antaño defendiera su hogar de la muchedumbre enardecida que lo amenazaba:

"Tuve muchos auxilios pues cuando me ocurre alguna desgracia es cuando conozco lo que me aprecian gentes que no sé quiénes son, se me ofrecían, pues yo era el ingeniero que mandaba y todos me

301

hacían caso. Vino la policía con una bomba y vigilantes. En estos casos todo es desorden y fue lo que traté de impedir. Bomba y policía la detuve en el primer patio. Hice cerrar la puerta y pedí retirasen un mundo de gente, mientras yo hacía apagar con mi gente y baldes de agua. Así fue menos el estrago y no hubo desorden. Esto era lo que faltaba que sufrir: aunque parecía serena, tengo un dolor en el corazón que no me gusta".[29]

El diálogo entre los esposos continuaba. Mendeville se había mudado a Nanterre, un suburbio de París, en compañía de Madame Suchet y de la madre de ésta. Su salud había empeorado por una congestión cerebral además de otros males. La nueva operación de cataratas no le produjo mejoría. Su existencia era monótona, pero se alegraba de saber que Mariquita gozaba "de una consideración por lo menos igual a la que has ocupado siempre".[30]

La vejez dulcificaba a Mariquita. Pero no la despojaba de su buen humor, visible en unos versos muy de entrecasa, dirigidos a su nieta, Luisa Lezica, que hablan de la dificultad de ser coqueta a los setenta y tantos años:

"Mándame tus lindas batas
que me puedan inspirar
una idea luminosa
con que poderte agradar
pues ya sabes que no es fácil
a una vieja vestir bien
y encontrar ese modelo
que todo vaya al revés.
Si se usa cola, rabón
si talle largo, cortito
ni el presente ni el pasado consultas
¡es un conflicto!
Y después el peinadito
de colita de ratón,
la peineta con tres dientes
y un oscuro pañuelón.
Ya ves pues si es una ganga
en esta tierra de Dios,
el ser vieja y que se rían
sin piedad ni compasión."[31]

Seguía dispuesta, como siempre lo había estado, a escuchar problemas y resolver dificultades ajenas; el costado humanitario de su personalidad parecía acentuarse con los años: la gente la consultaba en sus momentos difíciles, buscaba su solidaridad, le confiaba sus penas. En su archivo se guardan muchos de estos pedidos y agradecimientos.

De un modo o de otro se iban cerrando las páginas abiertas de su historia: a principios de 1863, Mendeville falleció en París. Ella llevó luto por ese marido que tanto la había ilusionado cuando era un joven emigrado recién llegado a Buenos Aires, y tanto la había afligido luego con sus delirios de grandeza y su frialdad. La muerte del esposo del que se había separado en 1836, sin renegar por eso del matrimonio, cerraba definitivamente un capítulo que había comenzado como una apasionada historia de amor en el Buenos Aires del Directorio, y que se deterioró, como tantas historias de amor, con el paso del tiempo.

NOTAS

[1] *Cuaderno de Florencia Lezica Thompson* en AZL.

[2] Archivo Gutiérrez, T. 6, *De Gervasio de Posadas a Gutiérrez*, 9 de abril de 1860.

[3] *De Prelig a Florencia Th.*, París 6 de marzo de 1860, original en AL

[4] *Cartas, op. cit.*, p. 313-314.

[5] Archivo Gutiérrez, *op. cit.*, tomo 6, p. 144.

[6] *Cartas* p. 353-355.

[7] *De Mariquita a Urquiza*, s/f, borrador en AL.

[8] *José Luis de la Peña a Gutiérrez*, Concepción del Uruguay, 2 de noviembre de 1860, en Archivo Gutiérrez, *op. cit.*, tomo 6.

[9] *Ibidem*, p. 212.

[10] *De Mendeville a Mariquita*, París, 29 de agosto de 1860, original inédito en AL.

[11] *Cartas, op. cit.*, p.315.

[12] *De Mendeville a Mariquita*, París, 25 de agosto de 1860, original inédito en AL.

[13] Archivo Gutiérrez, *op. cit.*, tomo 6, p. 235, p. 272 y 287.

[14] *Cartas*, p. 317.

[15] *Ibidem*, p. 151.

[16] Julio E. Payró. *Palliére*, Universidad de Buenos Aires, Facultad de Filosofía y Letras. 1961, p. 33.

[17] *Cartas*, p. 364.

[18] *De Mariquita a Sarmiento;* s/f ¿1861?, original inédito en Archivo del Museo Sarmiento, Carpeta nº 7572.

[19] *De Sarmiento a Mariquita*, s/f, original inédito, *Ibidem* carpeta nº 7574. Juana Manso y Mariquita se conocían y apreciaban desde la época en que ambas estaban exiliadas en Montevideo; pero hacia 1860, Juana representaba una corriente más moderna que la de Mariquita en materia de educación. Según relata Héctor Santomauro, *Juana Manso y las luchas por la educación pública en Argentina*, Buenos Aires, Corregidor, 1994, p. 68 y ss., Mariquita se negó a suscribirse a los *Anales de la educación común* que Juana dirigía y hasta le hizo el desaire de no saludarla cuando en julio de 1860 se inauguró solemnemente la Escuela Modelo de Catedral al Norte.

[20] *Cartas*, p. 356.

[21] *Ibidem*, 318.

[22] *De Mariquita a Ricardo Lezica*, original inédito en AZL.

[23] *De Mendeville a Mariquita*, París, 23 de agosto de 1861, original inédito en francés en AL.

[24] *Cuaderno de Florencia Lezica, op. cit.*, AZL.

[25] *De Magdalena Th. a Florencia Th.*, París, 23 de agosto de 1861, original en AL.

[26] *De Edouard Loreilhe a Mariquita*, Bordeaux, 27-3-1863, AL.

[27] *Cartas*, p. 337.

[28] *De Luisa Lezica a Mariquita*, original en AZL.

[29] *Cartas*, p. 320-322.

[30] *De Mendeville a Mariquita*, 29 de agosto de 1862, original en AL.

[31] *Versos de Mariquita*, sin fecha, AL.

24

EL FINAL DE UNA LARGA
PEREGRINACIÓN

1863-1868

Mendeville no se marchó al otro mundo discretamente. Por el contrario, su viuda y sus hijos debieron soportar una inesperada afrenta, la impugnación del testamento. Decían los interesados en gozar de su herencia que Jean-Baptiste no estaba legalmente casado en la República Argentina. Ningún registro civil contenía el acta de ese matrimonio.

Juan optó por no ocuparse de la defensa de su madre "tanto por razones de salud, como por otras muy poderosas para mí (...) estoy firmemente y irrevocablemente decidido a no encargarme de nada, ni poco, ni mucho, ni directamente, ni indirectamente. Creo haber hecho ya lo bastante (...)"[1]

En vista de esa negativa, y como precisaba de un abogado que la representara en Francia, Mariquita se dirigió a Alberdi, le envió las fes de casamiento y de bautismo y le explicó que "una tempestad" había caído sobre su corazón al enterarse de la noticia: "contando con usted como conmigo misma, sin ningún exordio voy a darle un gran petardo. He convenido con Julio que usted será su apoderado para representarlo en las gestiones que serán precisas para recobrar la herencia de su padre, y que yo nombraré a M. Prelig, amigo como usted sabe que ha representado a la familia en estas tristes circunstancias".

Temía la posible pérdida de papeles y recuerdos de su familia, dado que ya habían empezado a venderse, sin su consentimiento, los bienes del difunto. Reclamaba con especial énfasis algunos retratos y dos grandes medallas de plata: una de la batalla de Salta y otra de la de Tucumán, y una de oro de la entrada en Lima de San Martín. "Estas medallas me fueron mandadas por los dos generales, honor que pocas personas tuvieron, pero que ninguna señora de mi país tuvo, y usted comprende cuánto gusto tendría en recobrarlas", decía.

Pudo recuperar los retratos; el más importante de ellos era el cuadrito que Pellegrini le había hecho con sus tres niños Mendeville.

En cuanto a las medallas, Prelig dijo que habían sido adquiridas por un coleccionista, quien no pensaba desprenderse de ellas por tratarse de piezas muy escasas.[2] ¿Por qué razones estos recuerdos habían ido a parar a manos de Mendeville? No lo sabemos.

Los disgustos enfermaron gravemente a Mariquita. Tuvo "un derrame de bilis espantoso" y apenas recuperada le escribió a Alberdi: "creí no levantarme, y por la primera vez en vida he estado veinte días en cama. Hace tres días que estoy en convalescencia y mi pulso está muy flojo. Cuento los días para tener carta de usted, pues, cierta de su amistad, no dudo que habrá aceptado mi encargo. Lo que temo es que cuando vea usted nuestros intereses ya habrán hecho otras diabluras.

"He sido informada que una banda negra, unos individuos que han guardado el anónimo, han propuesto a mi cuñada que ellos recogerían la herencia haciendo un pleito para desheredarnos, tomando por base que mi casamiento es sólo religioso y no civil; que harían los gastos y todos, cobrando la tercera parte y hay quien sospecha que Madame Suchet está en la banda. Yo he encontrado muy extraño que no me haya escrito esta mujer un renglón para darme noticias naturales en estos casos de su enfermedad y su fin."

Con respecto a su matrimonio explicaba las diferencias con Francia, donde el registro civil —el casamiento laico— databa de la época de la Revolución: "Según las leyes de nuestro país es la curia eclesiástica la que hace el contrato que he mandado, y la fe del cura del matrimonio religioso". Pero además cuando ella se casó ni siquiera había en Buenos Aires autoridad francesa, pues fue Mendeville el primer cónsul francés. Afortunadamente la hermana de Mendeville, Madame Castagnet, no quiso entrar en los manejos de la banda y permaneció leal a esa cuñada sudamericana a quien sólo conocía por carta y que seguramente apreciaba.

Alberdi debía averiguar si existían o no ochenta mil pesos fuertes en la sucesión. "Nos habían dicho que tenía unas minas en Quito: vea usted si las descubre (...) No tengo idea de testamento que dicen es un simple papel, donde se aseguran los diez mil francos de Mme. Suchet y lo demás para mis dos hijos. No parece que estos hijos tienen madre. No quiero pensar en tal ingratitud, y si no fuera por mi conciencia, ni me ocuparía de ésto; pero mis primeros hijos serían ricos, y yo debo ver si recobran una parte de lo perdido para la masa de mi fortuna que por una razón natural pronto se repartirá entre todos. Debo decir a usted que mis dos Mendeville me han manifestado tanta ternura en esta ocasión, que me han hecho olvidar las injusticias de su padre. Los hombres, cuando dan un mal paso, para que su conciencia (si la tienen) no les atormente, se persuaden que hacen bien. Tengo experiencia de ello".

Mariquita narró entonces a su amigo aspectos íntimos de su desdichado matrimonio. "Me casé con él y mi fortuna fue suya." La trabajosa sucesión removía viejos rencores y reabría heridas nunca cerradas. ¡De no ser por Mendeville ella sería rica todavía! Pero la vida continuaba. Durante su reciente enfermedad, los médicos se habían asombrado de la fortaleza de su constitución. Aunque flaca y muy débil, volvía a ocuparse de la cosa pública:

"No quiero dejar de decirle algo sobre política: el horizonte tiene nubes en todos lados. En todas las provincias hay montoneras, y aunque hay derrotas continuas, hay la misma situación. En la Banda Oriental ha invadido Flores: segundo tomo de lo que fue Oribe. Aquéllo, que marchaba muy bien, está muy agitado. Aquí estamos en fiestas mayas muy divertidas."[3]

Fantaseaba con ir a Francia a arreglar sus asuntos, pero el fiel Prelig desaconsejó el traslado: "Lo que es del viaje a Francia, lo considero como 'castillo en el aire' y un modo de ocupar agradablemente su espíritu en ese proyecto que siempre la ha halagado tanto". Se alegraba en cambio de que la señora doña Mariquita hubiese vuelto a vivir en la casa grande: "es una felicidad que haya podido conciliar ese deseo con su interés".[4]

Pero por más afición que tuviese Mariquita hacia las gentes y las cosas de Francia, su lugar seguía siendo el de esa casa, esa calle y esa ciudad, su residencia permanente, salvo una que otra escapada a las quintas de San Isidro o a Montevideo a visitar a Julio.

El vínculo con este hijo se había vuelto cada vez más afectuoso. Julio era quien la ayudaba a administrar los restos de su patrimonio y le adelantaba dinero a medida que él mismo consolidaba su fortuna. En cuanto a Juan, en 1863 regresó a la Argentina luego de renunciar al consulado en España. A los 54 años volvía a la casa materna de la que faltaba desde 1838 cuando se había exiliado en Montevideo. Tal vez fue la muerte de Mendeville lo que lo decidió a acompañar a su madre, o la convicción de que en España no tenía futuro, mientras que en su país, donde el gobierno nacional se estaba consolidando bajo la presidencia de Mitre, contaba con influencias de familia y de amistad que le permitirían compensar su pobreza. Con Florencia y Juan a su lado y Julio en Montevideo, Mariquita había reconstruido en parte su familia.

Aunque se visitaban menos, Gutiérrez seguía siendo un amigo incomparable. Intercambiaban esquelas, cartas, libros, compartían el gozo por la vida intelectual y una visión similar de la política y del país. Gutiérrez, designado por Mitre rector de la Universidad de Buenos Aires (1861), acometió, en su doble carácter de humanista y matemático, la tarea de modernizar la enseñanza superior de la provincia, sin abandonar por eso la pasión por los libros, la investigación y la enseñanza. Se proponía establecer las bases para una historia cultural y política de la Argentina que partiera de los documentos, trabajada en ensayos biográficos sobre poetas del período colonial, hombres de estado argentinos como Rivadavia (1857),

San Martín (1863), y literatos como Rojas, Varela, Echeverría, entre otros de los que había conocido personalmente. Conversador inteligente y cáustico, encontraba en la amistad de Mariquita la memoria viva de los tiempos de la Independencia. Con ella podía hablar de aquel pasado, embellecido por la distancia; así también de los últimos libros, y de los sucesos políticos aunque éstos ocuparan cada vez menos espacio en sus diálogos:

"Mi querida amiga: no sé en qué disposición de espíritu la encontrarán a usted estos renglones. ¡Hace tanto tiempo que no nos vemos! Somos como dos viajeros cada uno de los cuales da la vuelta al mundo por su lado y de cuando en cuando se encuentran sobre el boulevard y conversan de sus excursiones como si el día antes se hubieran separado", le escribía Gutiérrez en junio de 1864.

"Mis viajes son por las regiones del papel impreso, las más severas, y en donde no tratamos sino a las personas de nuestra completa satisfacción. Allí he encontrado un retrato de Mme. Récamier, pintado con la pluma de M. Guizot: se lo mando a usted.

"Cumplo el hacer esta remisión con un mandato que me impone no sé qué voz íntima que me hablaba de usted durante la lectura atenta que he hecho dos veces de ese precioso estudio. ¡Ojalá le proporcione la distracción agradable de algunos momentos!"

"Mi querido amigo", respondió Mariquita: "Mucho agradezco su carta. Hace tiempo que estoy muy triste y sin aquel aparente valor que usted me conoce. Mi inteligencia vive en un desierto... Su carta no podía venir mejor. ¡Cuánta razón tiene usted para decir que somos dos viajeros! Pues yo ando por el polo glacial, mientras usted, según su carta, recorre países más templados...Yo tenía mil deseos de escribirle hace días para felicitarlo por la idea de su obra; pero no tenía con quien mandar la carta. ¡Qué simpatías tenemos! Yo habría pensado y deseado hacer esa obra, es decir hubiera querido saber hacerla, y, para consolarme de mi impotencia, me decía: y ¿quién la leerá?... usted hará un gran servicio, pues nuestro idioma se estropea entre nosotros de un modo deplorable. Yo conservo una traducción de Menvielle que leo cuando puedo para recoger frases y lenguaje, como quien toma un cordial.

"Vamos a nuestra Récamier, de la que tengo muchas noticias por personas que he tratado. Era muy linda, aunque no de gran inteligencia; pero en el mundo en que vivió se aprendía aún más que en los libros y con un carácter sociable como el que tenía, pudo ser todo lo que dice el artículo de Guizot. Pero yo le diré a usted un secreto: era un ser incompleto y no podía sentir las pasiones, la desesperación de una infamia o una ingratitud. Su vida era un arroyuelo suave, sin borrascas y su belleza se conservaba así mejor, porque nada podía alterarla, y como no daba preferencias a ningún adorador, todos quedaban resignados... Voy a contarle una anécdota espiritual. Mme. Récamier y Mme. de Staël estaban una vez en sociedad con M. Talleyrand, quien dirigía a las dos preciosos cumplimientos. Ellas le exigieron entonces, dijera a cual de las dos daba preferencias en su afecto. Esta broma, sostenida con gracia y talento, envolvía mil agudezas de los tres hasta que Mme. de Staël dícele de pronto que ella lo va a poner en ocasión de decidirse. Suponiendo que las dos cayeran juntas al agua, ¿a quién socorrería usted primero? A Mme. Récamier, contestó Talleyrand, porque usted nadaría sola. ¡Vea usted que gracioso modo de lisonjear a las dos! ¡Ay, amigo, qué encanto es la sociedad de gente fina! Yo he gozado mucho en ella, y así, siento más mi soledad.

"Esta carta ha sido mi misa. No he salido, por el tiempo y he aprovechado el rato. No me olvide tanto que no me queda mucho que vivir. Todo el día pienso en esto."[5]

Sin duda Mariquita revelaba a su amigo algo más que los secretos de la frígida anfitriona francesa. Le decía que estaba sintiéndose próxima al fin de su larga peregrinación por la vida. Le contaba, entre líneas, cuánto lamentaba no tener la formación intelectual y la disciplina necesaria para emprender trabajos sistemáticos. La obra que desarrollaba Gutiérrez, su paciente búsqueda en archivos, el recurso a la historia oral para reconstruir la historia patria, no estaba a su alcance. Ella no pasaría de autodidacta, dispersa en mil actividades y esfuerzos, serios o frívolos, condicionada por su medio social al papel de gran dama. Podía transgredir en parte el deber ser de su clase, pero no se atrevería a más. Menos ahora que asumía la responsabilidad de matriarca de una gran familia dispersa por el mundo. Debía conformarse entonces con seguir atentamente la obra intelectual de los otros, de ese mundo varonil que le estaba vedado y que cada día lo estaría más, porque la especialización y la sofisticación de las tareas a cumplir en la Argentina moderna relegaban a las mujeres de su clase a un dorado segundo plano. Por otra parte, ella tampoco integraría el pequeño grupo de mujeres intelectuales que vivían de su trabajo en Buenos Aires, como sus amigas Rosa Guerra y Juana Manso. La vida de estas educadoras, escritoras y periodistas a quienes Mariquita comprendía y ayudaba en lo posible, era por otra parte muy ardua, demasiado dura para quienes, como ella, habían nacido en el sector más privilegiado de la sociedad.

En otra carta de felicitación a Juan María, por el brillante discurso que éste había pronunciado en el Círculo Literario, dice del problema de las mujeres y la cultura:

"(...) Las personas que conocemos la tierra en que vivimos, sólo sabemos apreciar lo que se debe apreciar el saber cuando todo lo que lo rodea se opone al estudio cuando en el momento en que el alma se eleva a las altas regiones, la obligan a descender a las cosas más vulgares. Toda nuestra vida es un martirio y el más pequeño goce lo pagamos muy caro. Me río de los que quieren aquí mujeres literatas.

¡Pobres familias! Las mujeres argentinas estamos destinadas a la vida bruta. Muchas veces he pensado yo escribir algo como quisiera educar yo la mujer, y lo que veo y la experiencia que cada día tengo, me hace vacilar en mi sistema. Si en todas partes es difícil la educación de la mujer, entre nosotros y en la actualidad es más difícil aún y lo más triste es que nadie educa a los hombres.

"Quiera el cielo que el Círculo Literario se lleve esa gloria. Yo miro con gran bien esa asociación y hago votos para que se conserve, que es lo difícil entre nosotros".[6]

Dispuesta a ayudar a Juan Antonio Gutiérrez, hermano de Juan María, el cual había perdido, por una imprudencia política, el cargo de cónsul de Chile en Guayaquil, Mariquita se dirigió al presidente de Chile, José Joaquín Pérez. Se conocían bien: Pérez había frecuentado su casa cuando era diplomático de su país en Buenos Aires (1836-1840). Hombre de fortuna y de prestigio intelectual, permaneció al margen de la política chilena en la conflictiva década de 1850: su gestión, iniciada en 1861, se caracterizó por la tolerancia y la labor administrativa seria, dice Barros Arana en un estudio biográfico de este presidente.[7] Era, sin duda, un hombre de estado digno de toda la simpatía de Mariquita:

"¡Qué sorprendido será usted al recibir esta carta de su vieja amiga que pensará usted tal vez que estaba en el cementerio! No, mi amigo, está en este mundo y haciendo votos sinceros porque concluya usted su mando con tanto tino y acuerdo como hasta aquí. He tomado mucha parte en sus gustos y en sus penas y a la verdad que debe usted haber tenido muy malos ratos y temo que no serán los últimos; pero que usted los vencerá con su prudencia y saber.

"Esta carta, mi amigo, es interesada. Juan Antonio Gutiérrez, se encuentra en Guayaquil, de cónsul de Chile, y en aquella horrenda tempestad es el solo pararrayo que tiene esa bandera. La situación de ese país es espantosa; pero la de mi pobre amigo es más afligente: ha enviudado, su hija mayor se la había llevado una amiga, señora respetable de allí. La han desterrado a esta señora como a otra. En suma, su fortuna, que tantos pesares y peligros ha tenido para conseguirla, está expuestísima si pierde el consulado."

La carta continuaba en tono más ligero, con alusiones a la construcción del ferrocarril de los Andes, cuyo ramal Aconcagua se había empezado entonces, y la promesa de que Pilar Guido, Florencia y ella misma se proponían ser las primeras en utilizarlo.

"Cuando recibí su amable carta", respondió Pérez (19-9-64), "cediendo al fin a las reiteradas instancias del ex presidente (García) Moreno, habíamos separado ya del consulado a Don Juan Antonio Gutiérrez; pero no tenga usted por esto el menor cuidado, y esté segura de que no le vendrá ningún daño. Su amigo es, sin duda, un excelente hombre; pero creo que como Cónsul se metió muy adentro en los negocios internos de aquel país, donde la tempestad arreciaba por momentos".

El presidente de Chile no podía otorgar el pedido, pero tenía un recuerdo galante para sus amigas porteñas: "Ahora tengo otra razón poderosa para desear que se concluya cuanto antes el ferrocarril. Le prometo formalmente recibir a todas las personitas de que usted habla en su carta con todas las insignias de la presidencia y hos pedarlas en el palacio y además darle a cada una un fortísimo abrazo".[8]

Personalidades conspicuas en todo el mundo recordaban a Mariquita, su gracia de anfitriona, su cordialidad y su inteligencia chispeante. Pero eran cada vez menos las amigas del tiempo viejo en condiciones de compartir sus recuerdos. Junto a esas pocas sobrevivientes del tiempo antiguo, ella se permitía burlarse de las pretensiosas costumbres modernas. Versificaba para hacerlas reír y olvidarse de la vejez, los achaques y de ese mundo que se había marchado para siempre con sus actores, sus modas y sus tabúes:

"Tú te quejas, pobre amiga
De tu triste soledad
Y yo quiero convencerte
Que te debes consolar.
¿Has pensado que ahora existe
Nuestra antigua sociedad,
Donde todo era cariño,
Dulzura, amabilidad;
Donde todos a porfía,
Le querían tributar
Culto fino y delicado
A la divina amistad;
En donde cada señora
Era una divinidad,
Y el respeto y el cariño
Se sabían hermanar;
Donde encontrabas amigos,
Consecuencia y lealtad?
No, mi amiga, ya no existe
Esa dulce amenidad,
Y lo que ahora se encuentra
Yo te lo voy a contar.
Los hombres, muy ocupados,
No quieren ya conversar;
en vano buscar asuntos,
A nada responderán.
Un sí, un no, un por supuesto,
Es cuanto puedes sacar;

311

Y bien pronto te apercibes
De que no quieren hablar.
Y ¿qué hacen estos mudos?
Ahora preguntarás.
¡Oh! ¿Qué se hacen? Aburrirse,
Fastidiarse y bostezar.
Ya sabes que ahora es la moda
Todas las mesas llenar
De frasquitos y juguetes
Para tener que limpiar.
Pero éste es un gran recurso
Para poder arañar
Los muebles y hacerte un ruido
Que te hace desesperar.
Mirando que rompen todo,
Distraídos y sin pensar,
Para evitarte un ahogo,
Los convidas a bailar.
¡Ay, amiga! Si ahora vieras
Este combate naval
En que se ahogan las niñas
por no poder respirar.
Y se ponen tan cerquita
Que, si por causalidad,
Se rompieran sus vestidos...
No se podría mirar.
Este es un baile a lo Congo
A saltitos y a compás,
Es un candombe de blancos,
Que no puedes tú pensar.
Un baile desaforado
Sin gracia, ni dignidad,
Para darse unos abrazos
Que te harían asustar.
Los vestidos se usan largos,
y es garboso y esencial
Que se rompan a tirones
Como por casualidad.
Y que tomen los pedazos,
Los señores, con afán,
Y se los pongan al brazo
Para poder continuar.
¿Y, las niñas, me preguntas,
No se las vé sonrojar?
Tienen que cerrar los ojos
Y en el hombro descansar.

Se concluye esta fatiga
Y se pone a conversar
Cada uno con su pareja
¡Esto es el juicio final!
Todos son celos y quejas
Pelea descomunal,
Y los más lindos amores
Veo en el baile enterrar.
Ya vez, pues, amiga mía
Que no tienes que envidiar
A la bella juventud
Que nos viene a reemplazar
Y si tienes tentaciones
De volver a comenzar
La vida, piensa el trabajo
Que tendrías que arrostrar.
Nosotras sólo sabíamos
Ir a oir misa y rezar
Componer nuestros vestidos
Y zurcir y remendar.
Pero, ahora ¡si tú vieras
Lo que se debe enseñar!
Diez maestros a cada hora
Sin dejarlos descansar
Inglés, francés, italiano,
Dibujo, canto o tirar
La pistola y el florete,
Y hasta el coche manejar.
Se enseñan las matemáticas.
También hay necesidad
De historia y de geografía
Y no sé qué cosas más.
Y todos estos primores,
nadie lo sospechará
Que los saben los niñitos...
Porque no quieren hablar.
Tan mudas están como ellos.
¡Se muere la sociedad,
Se muere el amor, amiga
Y se muere la amistad."[9]

Los versos estaban dedicados a Candelaria Somellera de Espinosa, nacida, como Mariquita, cuando Buenos Aires era la capital virreinal. La poesía comparaba las costumbres antiguas, que hacían un verdadero culto de la amabilidad, con el nuevo tono displicente de moda. Esa cortesía a ultranza, elogiada por todos los viajeros que visitaron el Río de la Plata a principios del siglo XIX, oblĭgaba a una niña de sociedad a dedicar atención y simpatías a todos, fueran jóvenes o viejos, apuestos o feos, buenos bailarines o torpes. A juzgar por estos versos, ya nadie ponía empeño en conversar con los viejos; tampoco se bailaban las ceremoniosas danzas de salón, en cuadrillas, como el minué: las poleas y valses modernos tenían un ritmo vertiginoso a pesar de los vestidos de larga cola que la moda imponía; los apartes de los jóvenes eran más tolerados, tal vez porque se admitían los casamientos por amor y sin arreglo previo, siempre que fuesen dentro del mismo sector social. En cuanto a los conocimientos que se exigían a una joven elegante, eran los mismos que Mariquita hacía impartir en el Colegio de Huérfanas, razón por la cual polemizó con Sarmiento.

Pero los versos, más que al pasado colonial se referían a esa dorada década revolucionaria en que Mariquita, Candelaria, Pilar Spano e Isabel Casamayor eran jóvenes, bellas y solicitadas por los galanes más apuestos en las tertulias de baile con que se celebraban los triunfos del ejército patriota.

Mariquita continuaba siendo una crítica severa e implacable de cuanto se refiriese al tiempo de los virreyes. Pensó mucho en ese tiempo de su remota infancia, cuando un joven intelectual que la visitaba con frecuencia, Santiago de Estrada, le pidió pusiera esos recuerdos por escrito.

¿Cuáles eran los rasgos salientes de aquella época? La mezquindad, el quietismo, la anulación del individuo y la sumisión forzosa a la autoridad. Era, por otra parte, una época austera. Las grandes habitaciones en que transcurrieron los largos días de su infancia, se hallaban desprovistas casi por completo de muebles. Vestidos y adornos escaseaban.

Una casa de buen tono reunía lo mejor del mobiliario en la sala: sillas de jacarandá, damascos, ricas alfombras traídas de la Península. Pero como la sala permanecía casi siempre cerrada, porque si algo se rompía no era fácil reponerlo, la mayor parte del día trascurría en una habitación más íntima que daba al patio principal y desde la cual se podía vigilar la puerta de calle. Allí, bajo el amparo de alguna imagen colocada en el nicho, la dueña de casa tenía a mano su costurero, el porrón de agua con su vaso, y hasta la jaula de pájaros o loros. Todo era sobrio. Para calentarse en invierno sólo se disponía del sol o del brasero. Por eso ella se había atrevido a hacer colocar en su casa la primera chimenea apenas pudo disponer del dinero paterno.

La vajilla guardada en la gran alacena del comedor era de plata; la loza, cara y de reposición difícil, casi no existía. La austeridad era de rigor hasta en los hogares ricos y el mismísimo mayordomo del virrey pedía prestadas muchas cosas si convocaba a una gran comida. Mariquita recordaba claramente este rasgo de la vida colonial, tan triste y monótona.

El sistema de monopolio comercial que encarecía las manufacturas europeas, permitía a los comerciantes vender a precios fabulosos sus mercaderías. Pero como ellos tampoco gastaban, pronto tenían lo que entonces se llamaba riqueza, casa propia y unos esclavos. Éste había sido el caso del primer marido de su madre, Manuel del Arco, en cuya gran casa ella habitaba todavía y cuyos ahorros constituían el origen de la fortuna familiar.

¡Qué mal vestía la gente de antaño! Los petimetres, por la mala calidad de los sastres, las elegantes, porque hasta los zapatos de cuero eran de un cordobán durísimo, de modo que debían confeccionarse sus propios zapatitos de raso blanco bordados en casa. En cuanto a los pobres, andaban muy mal vestidos y descalzos, salvo que el patrón se comidiera a regalarles un par usado; en este caso podían andar en chancletas. Como los ricos en esta economía de subsistencia recurrían para todo a sus esclavos, a los artesanos les costaba ganarse la vida.

Cuando ella era pequeña, la ropa de las niñas imitaba la de mujeres mayores. Era de rigor la basquiña o miriñaque, de dos varas o vara y media de ancho, hasta el tobillo, sobre la cual se colocaba la falda recogida con pliegue atrás y con hilera de municiones en el ruedo, por si se levantaba, en cuyo caso se veían unas coquetas enaguas bordadas. Los brazos siempre desnudos, el descote y la mantilla de blonda sobre el pelo suelto contribuían a dar a las porteñas un aire de sencillez y naturalidad. Se usaban asimismo géneros toscos fabricados en el país, como la cálida bayeta de pellón, llamada rebozo, adornada con cinta, que en las pobres era un género ordinario cordobés, denominado picote, de color morado y que se empleaba para vestir a los criados domésticos.

El trato serio y distante entre padres e hijos comenzaba apenas los niños empezaban a crecer. Los hijos trataban a los padres de "su merced", no les tenían confianza ni los miraban a los ojos. Ocultar el cariño parecía un deber de los padres que cuando los mandaban a la escuela, daban orden de tratarlos con rigor. Su propia madre era fría, su padre más cariñoso, pero ambos sabían ponerse de acuerdo cuando se trataba de prohibir.

La enseñanza era lamentable. Todavía se estremecía al evocar el nombre de uno de los más sádicos maestros del Buenos Aires virreinal, Marcos Salcedo, quien en su escuela se complacía en azotar a diario a los alumnos. "Se le daba la lección: no la sabía, seis azotes y a estudiarla; no la sabía: doce azotes; él la ha de saber". Sólo se libraba del castigo quien seguía puntualmente su opinión y su voluntad. Salcedo era de aquellos maestros que llevaban a los alumnos a presenciar ejecuciones en la plaza pública, frente al Fuerte, por el hispánico sistema del garrote vil (apretar el pescuezo del condenado con un torniquete hasta que la lengua quedaba afuera). Después azotaba a los alumnos para que no olvidaran lo visto; los maestros más humanos se conformaban con hacerles observaciones morales luego de la ejecución.

Ella aborrecía esta educación hipócrita que fomentaba la humillación del yo. Recordaba asimismo con disgusto aquel Colegio de Niñas Huérfanas que era "medio convento, casa de reclusión o castigo, sostenido con facultades extraordinarias por un don González que pedía limosna para él, cuidaba de aumentar los intereses y lo manejaba todo". Las niñas pobres que allí vivían, vestido azul, toca amarilla, eran una suerte de propiedad del establecimiento donde se elaboraban dulces y se planchaba ropa fina para afuera. Se admitió con el tiempo a niñas de la clase "decente" para aprender labores y algo de lectura y escritura en aula externa, y sirvió de lugar de reclusión a alguna esposa descarriada o jovencita rebelde. El presbítero González Islas, hijo del fundador de la Hermandad de la Caridad, establecida con dineros privados, regenteaba el Colegio: "jefe, padre de la tribu", mezcla de piedad y de dureza, instruía a las pupilas, las casaba con quien él seleccionaba, y no rendía cuentas de sus acciones ante nadie. Más tarde la responsabilidad de las huérfanas había pasado a las manos de Mariquita y a las de sus consocias de la Beneficencia: mejorar la educación de las mujeres, seleccionar maestras, administrar el Colegio fue una tarea que le trajo muchos malos ratos, pero de la que estaba francamente orgullosa.

Se acordaba especialmente del temor de los padres a que las hijas aprendieran a escribir para comunicarse con sus enamorados y de cómo ella, al escribirse con Martín, su bello primito, había en cierto modo justificado dichos temores. Como Martín se había marchado a España, de no ser por la escritura le habría perdido el rastro...

Era curioso; a pesar de todo lo que se había dicho cuando la Independencia, ella estaba segura de que los militares se iban muy contentos a España porque "los reyes distinguían mucho a los americanos y éstos amaban en extremo a sus soberanos". ¿Era cierta o no la discriminación de que tanto habían hablado sus contertulios de la época revolucionaria? Tenía claro, en cambio, que los hijos de Buenos Aires no habían tenido nunca inclinación por la carrera militar; más bien les gustaba ser abogados, carrera costosa que exigía trasladarse al Alto Perú, a Chile o a España. ¡Cuántos abogados conoció que bien merecían el título de sabios! Leiva, Cañete, Lavardén, Castelli, Pacheco y otros de conducta intachable, probidad, gran instrucción y facilidad para expresarse. En cambio los muchachos de 14 o 15 años que iban a la tienda, además de ser humillados deliberadamente, debían barrer, fregar, tender la cama del patrón, todo esto sin sueldo alguno. Así se inició su rubicundo vecino, Juan Manuel Ortiz de Rozas...

El tema del maltrato que recibían los paisanos sujetos a la leva forzosa y al inicuo sistema del servicio en los fortines del desierto, que discutían los jóvenes intelectuales hacia 1865, y hasta inspiraba la poesía del ingenioso Estanislao del Campo, venía de lejos. Ella coincidía en que no había clase más injuriada que la del gaucho, término que en su infancia era ciertamente desconocido. De lo que estaba segura era de que vivían en la mayor miseria. Los salarios no les permitían vestirse: cuando se compraban una camisa, no tenían calzones; así lo principal era un poncho y un sombrero bajito y un pañuelo para atarse la cabeza. Y como los establecimientos de campo tenían mano de obra esclava, para poca cosa se conchababa a los peones.

¡Qué poco valían los productos rurales cuando el comercio entre España e Indias se hallaba protegido por la ley! Una vaca cuatro reales. Si se vendía ganado, los terneritos se daban de balde; las yeguas valían un real y medio; sólo servían para pisar parvas y a los paisanos les parecía ridículo domarlas.

Recordaba con precisión el número de instituciones religiosas de Buenos Aires: dos conventos de monjas, cuatro de religiosos, el Hospital a cargo de los frailes betlemitas, el Colegio de San Carlos donde se enseñaba latín, filosofía y teología y el Seminario. Las ceremonias de la Cuaresma y la Semana Santa eran seguidas por toda la población, desde las damas que se sentaban sobre sus alfombras dentro de la Iglesia, hasta los gauchos que venían de las afueras y formaban círculo en torno de los templos sin apearse.

En su lejana infancia ya no había esas bárbaras procesiones de penitentes que castigaban sus espaldas desnudas con disciplinas munidas de puntas o vidrios, sino procesiones de niñitas vestidas de ángeles, martirizadas solamente por sus vestidos. ¡Hasta el precepto del ayuno podía salvarse mediante el pago de un suma que eximía al jefe de familia y a los suyos de la abstinencia de carne! Lo más difícil era cumplir con la confesión y comunión anual que se exigía en la Cuaresma a toda la población. Correspondía al párroco entregar una cedulilla a modo de comprobante que se recogía casa por casa: los nombres de los mozos reacios a confesarse aparecían en la puerta de la Parroquia en una lista de papel, y ellos eran mal mirados y despreciados.

Ésta era una religión del temor, de la sanción y del castigo, que exigía disciplina social y era el mejor sostén del trono. La buena disposición individual para recibir los sacramentos se valorizaría después. En eso estaban empeñados Frías y Juan, entre unos pocos. Antaño la religión ocupaba un lugar tan relevante en la vida pública que las cuestiones eclesiásticas apasionaban a la gente. Ella recordaba con claridad los detalles de cierta elección del prior del convento de la Merced, vecino a su casa: la repostería de unas mujeres devotas, a la espalda del convento, se convirtió en el bastión de los partidarios del muy querido fray Gorostizio. Las viandas más exquisitas, listas para el banquete de festejo, se mantenían ocultas hasta que se recibiera una señal enviada a hurtadillas desde del convento. Cuando se supo que Gorostizio había sido el más votado, el día se pasó en otra procesión de regalos, de dulces, de frutas y de flores de todo el barrio. Eran, sin duda, demostraciones sinceras aunque difíciles de ser apreciadas por las nuevas generaciones. En materia religiosa los cambios habían sido muy drásticos de 1810 en adelante.

Sumisión y temor, ignorancia, pero también alegrías sencillas éste era a grandes rasgos el aspecto que ofrecía la sociedad virreinal anterior a la primera invasión inglesa.[10] Al cambio de mentalidad habían contribuido ante todo su núcleo de amigos de 1810, y más tarde sus contertulios del círculo romántico de Montevideo: Gutiérrez, Alberdi, Echeverría, López, Frías, Mármol y Sarmiento, entre otros. Los hombres de esta generación, que no habían muerto, eran ahora reconocidos ampliamente por sus conciudadanos: escritores, diplomáticos, legisladores, gobernantes... Podía recordarlos cuando eran jóvenes carilindos, de ojos soñadores, ilusionados con transformar el país... Ella había compartido sus sueños.

Para renovar su círculo, dado que sus amigos de entonces se hallaban demasiado ocupados y hasta achacosos, para no hablar de los de la época de Mayo, que estaban todos en el cementerio, se había vuelto a la nueva generación de intelectuales. De estos amigos, Santiago de Estrada, tal vez el más profundo, la interrogaba acerca de lo sustancial de ese tiempo antiguo. Pastor Obligado, en cambio, algo superficial, se deleitaba con aquellos relatos que mezclaban lo cierto con la fantasía. Ahora que estaba convertida en una leyenda, mil historias corrían por Buenos Aires de las que era ella la protagonista.

"De espíritu alegre, consérvanse referencias de las infinitas travesuras de misia Mariquita, destacándose especialmente la invitación a un diplomático inglés, dado a aventuras galantes iniciadas en la calle, a base de un seguimiento personal de desconocidas. El acartonado viejo le dirigió un requiebro sin saber quien era, y la graciosa porteña, semiocultando su rostro con endemoniada habilidad, dejó traslucir como un algo de posible aceptación. El diplomático vislumbró un futuro triunfo y siguió a la misteriosa durante cuadras y cuadras. Próxima a su hogar, antes de doblar la última esquina, misia Mariquita permitió mayor acercamiento acortando el paso, y ofreció algún frente al galanteador, casi derretido en un relamiento de galán triunfante. Ya en la puerta de su misma casa, le formó pareja y descubriéndose lo invitó a pasar. Nunca intentona de aventura ha sido mayormente ridiculizada, y aquella lección de prudencia dada en carne viva fue nota del día en los salones."

La historia de su casamiento se volvía en estos relatos más y más novelesca: Martín Thompson había entrado vestido de aguatero a su casa luego de que su padre prohibió el noviazgo. Cuando iba a misa a la Merced, los dos se encontraban furtivamente cerca de la pila de agua bendita: "por más que se opongan, siempre de Thompson", decía ella.[11]

Había sido de Thompson y más tarde de Mendeville; ambos maridos le habían dado hijos. Juan, el mayor, que alguna vez fue su esperanza, seguía su vacilante carrera. Jefe del departamento de escuelas de la provincia en abril de 1865, renunció de inmediato a esa importante responsabilidad para ocupar una senaduría provincial por la tercera sección de campaña; una nueva renuncia y por fin la designación de cónsul y encargado de negocios en el Uruguay lo llevaron a Montevideo, desde donde escribía cada tanto a su madre. Siempre soltero, aparentaba estar enamorado de su sobrina, Florencia Lezica. A la joven su tío la parecía viejísimo, pero Juan no lo advertía. Juan y sus amores imposibles...[12]

"Doña Mariquita está gozando de una salud muy rara a su edad", escribía Prelig, desde su observatorio parisién. "Lo que usted me dice no lo extraño, es como si la viera. Feliz el que tiene ese genio, esto es lo que da una vida larga".[13]

La actividad de Mariquita en la Sociedad de Beneficencia era intensa. Continuaba al tanto de los problemas de educación de la mujer y su interlocutora a ese respecto era Juana Manso: "Recuerdo que la última vez que le escribí fue para pedirle una entrevista que no ha tenido lugar; le diré por escrito lo que tuve en cuenta decirle entonces: Fáltale a la Escuela Normal de la Merced, un reglamento como por ejemplo el que tiene la Escuela Normal de Mujeres de Filadelfia, una de las más fáciles que conozco. Fáltales a ustedes también una clase de Pedagogía teórica que no hay en el país quien pueda darla excepto yo, por la sencilla razón que el Arte de Enseñar es desconocido entre nosotros, a la vez que es el fin y objeto primordial de las Escuelas Normales e Institutos de Maestras.

"Ofrézcome pues gratuitamente para dar este año en la Normal de Mujeres, bien lecturas, bien cursos teóricos de la ciencia pedagógica a que podrá asistir una comisión de la Sociedad de Beneficencia y como ésta será de aquellas cosas que basta el buen sentido para avalarlas cuando se oyen, a la primer sesión quedará o no comprobada la eficacia de mi proyecto y oficiosa oferta.

"Ahora por lo que respecta al informe que está usted encargada de pasar sobre mis Anales, sería dudar de usted no creerla desde ya favorable a mis intereses: usted sabe si he sufrido si he luchado y qué nobles propósitos me guían.

"Mis hijas son ya unas señoritas, eso lo dice todo; usted es madre. Estamos algo vecinas, vivo en la calle de San Martín 299, a sus órdenes. Mi querida señora, soy de usted siempre afectuosa."[14]

"Misia Mariquita", le escribía una maestra de Dolores, "hoy como usted sabe estamos en vacaciones y nos va muy bien. Dios quiere que siempre sigamos así, respecto a la inspectora no se puede negar es una de las principales matronas de la sociedad dolorida, y creo que con el favor de Dios ha hecho hacer quedar bien para que así pueda usted lucir también señora y mis dignas maestras a quien debo la educación que tengo. Me dice usted en uno de los párrafos de su muy apreciable carta que si no tengo a M. A. Arreño; no señora, no lo tenemos, también me pregunto, lo más fácil para escribir será por las galeras que salen todos los días desde la agencia de la calle Potosí frente a la puerta de San Juan. Ya ve mi señora que de tan lejos le doy las noticias de las agencias donde usted puede mandar siempre sus cartas en las cuales le dará a ésta su humilde hija sus maternales consejos y estarán eternamente grabados en mi corazón. Sin más reciba muchos recuerdos de mamá y Juana."[15]

En julio de 1866, Mariquita fue designada presidenta de la Sociedad de Beneficencia de Buenos Aires, cargo que no desempeñaba desde 1831, cuando el primer gobierno de Rosas. El tiempo había pasado, había otras figuras públicas y una organización constitucional incipiente, pero seguía la guerra, en este nuevo caso con la vecina república del Paraguay.

Siempre las guerras y el dolor renovado de los muertos, los heridos, las familias afectadas, los recursos económicos desviados hacia la destrucción. El gobierno pedía que la Sociedad se hiciera cargo del hospital de Retiro, pero como la tarea parecía excesiva para este grupo de damas, se la encomendó a una comisión sanitaria. En el debate de las socias acerca de si debían continuar o no apoyando al hospital, Mariquita fue de opinión de manifestar al gobierno que las señoras se alegraban de la acertada elección de la Superioridad y estaban dispuestas a prestar los auxilios que estuviesen a su alcance para socorrer a los inválidos, por ejemplo, mediante una gran rifa en la que colaborarían todas la escuelas de niñas de la capital.[16]

Sin duda, eran necesarios recursos más sistematizados que los de la Sociedad de Beneficencia para solucionar el drama de la guerra. Y Mariquita había aprendido en el curso de su larga peregrinación a reconocer tales limitaciones.

Por entonces, setiembre de 1866, la guerra del Paraguay contra la Triple Alianza alcanzaba uno de sus puntos más dramáticos con el asalto aliado a la fortaleza de Curupaití. Aunque no se conozca una opinión de Mariquita a ese respecto, lo más probable es que ella coincidiera con Gutiérrez y Alberdi en cuanto a la criminalidad del conflicto. Pero como presidenta de la Sociedad, debía contribuir a aliviar la suerte de los heridos. De ahí su relación epistolar con un contemporáneo suyo, el doctor Francisco Muñiz, director del servicio de sanidad militar, quien le escribió desde Corrientes:

"No puede usted figurarse cuanto me ha alegrado ver carta suya en medio de este panorama desesperante y salvaje. Sobre todo al instruirme de las proezas que está usted llevando a cabo en su actual posición por lo cual de veras la felicito. Y con tanto más motivo le doy mi enhorabuena, cuando tiene usted como yo, en próxima perspectiva, los abundosos laureles que nos aguardan.

"Cuando hayamos concluido nuestra tarea haremos una fiesta de familia y puestas en hacer multiplicados mitad por mitad en su hermoso salón, nuestras palmas y nuestras coronas, buscaremos pulmones como los de Arzac para que proclamen a nuestros hijos y nietos, y al populacho que naturalmente concurrirá al festín, las generosas recompensas que acuerda la patria a sus buenos servidores. El les dirá, que debe servirles de guía nuestro ardor patrio, y entusiasmando al auditorio más y más el fecundo orador, empeñará en persuadirle que con solo el producto de cada hoja de nuestros laureles, tan caramente adquiridos, podrían ellos, si llegan a conquistar tan envidiable tesoro, vivir medio siglo en el mayor descanso y holgura. Y nosotros ricos desde ahora con el presente y más que todo con nuestro halagueño porvenir. Yo daré al diablo el pulso, mi hospital y mis enfermos, y usted abrirá de par en par las puertas de sus inquilinatos, y dará gratis localidad a cuantos la necesiten.

"Usted se acordará de aquel epígrafe sin duda burlesco, de uno de nuestros primeros periódicos, al iniciarse la revolución —*rara temporum felicitate* etc.— pues nosotros somos los herederos, los poseedores y los usufructuarios de esa rara felicidad de los tiempos, que nos ha venido a colmar y saturar, más de lo que fuera preciso, de una inefable, beatífica y perdurable dicha, que nos rodeará para siempre, no obstante que ella, como los duendes, no conozca principio ni existencia: que sea nada más que una sombra fugitiva y fantástica impresa en nuestro magín febricitante, a fuer de patriotas enmohecidos del año 10 y de exaltados puristas del año del señor de 1866".[17]

Muñiz era, lo mismo que Mariquita, corresponsable de haber fundado esa "nueva y gloriosa nación" de la cual hablaban las poesías patrióticas que los niños aprendían a memorizar desde la escuela. Su carta, aunque de lectura difícil y algo incoherente, evocaba los orígenes de esa República Argentina que ahora se veía castigada por otro de los males apocalípticos: la peste.

La epidemia de cólera se trasladó de los campamentos de guerra a la capital, y la Sociedad que presidía Mariquita tuvo que organizar un lazareto de mujeres, hacerse cargo de las víctimas menesterosas y de los huérfanos. Como la mayoría de las socias se había trasladado al campo para evitar el contagio, eran pocas las que en enero de 1868 asistían a las sesiones. Mariquita figuraba entre esas pocas; interesada en la suerte de unas niñas, hijas de una víctima del cólera, se comprometió a calzarlas y vestirlas: la caridad en Buenos Aires continuaba siendo personalizada y por lo tanto insuficiente para una ciudad cuya población se había multiplicado por cinco desde aquel lejano 1810 en que los criollos decidieron autogobernarse.

También el sabio Muñiz, tenía, como Mariquita, la extraña sensación de haber ingresado en la historia y de poder contemplar, desde la distancia que da el tiempo, la trayectoria del país de los argentinos, signada por la violencia y la lucha facciosa: "Qué bellamente sacasmódica la clasificación de cólera político, como usted llama a nuestra desgraciadísima actualidad. No falta más, para que éste sea exactamente igual al asiático, ya que ambas son epidémicas, que colme el político las fosas de la Recoleta como ha hecho su compañero. Y según las apariencias hacia allí marchamos, si Dios no lo remedia. Parece, según lo poco que en esta soledad llega a mis oídos, que el furor de los partidos los condujera a chocarse, y poner en inminente peligro la nave del estado. Agradezco a usted sus simpatías por nuestras penas de familia. Debíamos pagar nuestro tributo al azote que nos ha diezmado: y desde que eso es cumplir con la ley del destino o de la providencia, tan inflexible como severa, inclinemos nuestra frente contristada ante sus mandatos. Pronto pienso reunirme a mi familia. Ya he principiado a arreglar el estado de existencias en los tres establecimientos a mi cargo, y a dar otros pasos para hacer una entrega general. Quiero que se vea como se ha procedido en la administración, no de dineros, pero sí de los numerosos objetos confiados a mi celo y hombría de bien". [18]

A juzgar por una carta de Mariquita Nin, en Montevideo se esperaba de un momento a otro la visita de la señora de Mendeville: "Cuánto envidio a Julio y a Carolina el placer de ir a ver a usted. Me contentaré con saberla contenta y feliz al lado de sus hijos de quien ha estado usted separada tanto tiempo. Esta será una justa compensación a los disgustos que habrá usted pasado con esta terrible epidemia. Era lo único que nos faltaba (...) ¿Será posible que no podamos tener un rato de conversación cuando tanto tendríamos que decir?" [19]

Por asuntos vinculados a la administración de sus intereses, Mariquita le escribe a Manuel Quintana: "He recibido el boleto de esa comisión para la contribución directa, en la que se me regula dos millones de propiedad, pero creo justo que esa comisión tenga en consideración que mis rentas no guardan proporción con ese valor. Yo no tengo... ni otros medios de subsistencia que mis alquileres que fácil es que la comisión se informe de ellos que son muy moderados y que cuando en la misma casa que vivo tengo cuantos inquilinos puedo, fácil es pensar mi verdadera renta, a lo que se agregan hipotecas y capellanías. Todo lo que me obliga a una estrecha economía para conservar la decencia que he tenido siempre; por todas estas razones creo que se me puede rebajar algo, teniendo también en cuenta las infinitas obras pías que circulan diariamente a las que si no concurriese me acriminarían pues siempre me consideran bien: espero pues de su bondad ver si se puede suavizar algo esta dura receta. Y que me diga usted el plazo que se ha fijado para el pago".[20]

Esas obras pías quedarían registradas, por ejemplo, en los libros parroquiales de la Merced. Pero mientras ella contribuía con 300 pesos para la nueva pintura del templo, las familias más ricas de Buenos Aires, como los Anchorena o los Navarro Viola, daban 1000 o 2000. Incluso dentro de la Sociedad de Beneficencia, cuya presidencia dejó a mediados de 1867, las señoras de Napp, de Eguren, de Nouguier hacían importantes donaciones en dinero que Mariquita no estaba en condiciones de emular.

Las nuevas socias elegidas en marzo de 1868 representaban a esta clase rica en estancias, como era el caso de Isabel Armstrong de Elortondo o Francisca Ocampo de Iraola; algunas de estas señoras, como Cipriana Lahitte de Sáenz Peña y Petrona Villegas de Cordero, amiga y confidente de Manuela Rosas, eran de prosapia federal. La muy unitaria Antonia Maza de Alsina acababa de morir y la infatigable Isabel Casamayor había sido víctima de la peste; María de las Carreras era tan mandona y activa como de costumbre. Luisa Sánchez de Arteaga, la hija de su íntima amiga Justa Fouguet, se hallaba entre las nuevas socias.[21]

Mariquita sentía en el invierno de 1868 que su fin estaba próximo, pero sus amigos y relaciones no querían creerlo: Carlos de Arteaga, el marido de Luisa, que atravesaba dificultades de bolsillo, escribía a su esposa desde Montevideo: "Estoy cansado de ir cada día a los Ministerios. Dicen que están sumamente ocupados en los asuntos de los Bancos y no pueden distraerse. El señor Thompson sería el único que podría arreglar este negocio, pero yo no lo conozco. Si su madre Misia Mariquita Mendeville le escribiera recomendándome al Presidente, estoy seguro que en el acto tendría mi nombramiento".[22]

En junio de 1868 Mariquita deja de concurrir a las sesiones de la Beneficencia. Tampoco asiste ya a la misa dominical de la Merced, del brazo de sus rubias nietas y lujosamente vestida, como acostumbraba hacerlo.[23] No estaba enferma, pero intuía que se aproximaba el final. Así se lo confidenció a Gutiérrez el 20 de junio, en respuesta al envío de un libro, seguramente *Origen y desarrollo de la enseñanza pública superior en Buenos Aires*, cuya edición oficial es de abril del 68 y que constituye una suerte de itinerario de la cultura universitaria porteña con estudios biográficos de muchas personas a quienes ella había tratado.

"Parece que hubiera un hilo eléctrico entre nosotros. Yo he pensado mucho en usted estos días, y veo, con gusto, que también usted ha pensado en mí. Estaba ayer en mi cuarto cuando me trajeron su libro. Mandé corriendo a buscar al emisario para darle una carta adjunta que desde el domingo duerme en mi cartera. Hace días que pienso mucho en mi último viaje y en los momentos que puedo arreglo papeles. No se puede imaginar usted las cartas de usted que he quemado. Creo que a nadie ha escrito usted más que a mí. Algo separo para que usted mismo queme. Mi espíritu y mi cuerpo están muy abatidos...Con respecto al pobre San Martín, cuando nos veamos, le diré a usted algo para la historia. Usted, que recoge cenizas, aprovechará".[24]

Hacia afuera ella mantenía la prestancia de siempre, al punto que Posadas le decía galantemente el 16 de julio: "Modelo acabado del buen gusto le diré a usted a mi turno —quien escribe así como lo hace usted hoy conmigo— prueba perfecta salud y la constante elegancia en la elección del papel. ¡Ah! por qué todas las damas no aprenden de usted a cautivarse amigos. Hasta muy pronto BSP."[25]

Narra Clara Vilaseca la indiscreción de la esposa del general Obes: "Ayer mandó misia María Mendeville una carta para tí", confía a su marido, "que respeté temiendo encontrar alguna declaración amorosa, pero te confieso que hoy no he podido resistir a la tentación y la he abierto. Impuesta de su contenido y admirada de la firmeza de la cabeza y pulso de esa señora, te la envío deseando consigas su empeño".[26] ¡La legendaria Mariquita aun provocaba celos por la fascinación perdurable de su ingenio!

El 3 de octubre, sintiéndose algo enferma, pero en su entero y cabal juicio, María Sánchez de Mendeville hizo testamento:

"En el nombre de Dios todopoderoso y con su santa gracia, creyendo en los misterios que tiene Nuestra Santa Madre Iglesia Católica y Apostólica, bajo cuya fe y creencia he vivido y protesto vivir y morir como católica fiel". Hacía referencia a sus padres, don Cecilio y doña Magdalena, y a sus dos maridos, Martín y Jean-Baptiste Washington; instituía herederos a sus siete hijos: Clementina, Juan, Magdalena, Florencia y Albina Thompson, Julio y Carlos Mendeville, con residencia en Francia, Uruguay, Francia, Buenos Aires, España, Uruguay y Chile, respectivamente. Sus bienes actuales consistían en varias fincas situadas en Buenos Aires, la primera y principal, su residencia en la calle de la Florida y las adyacentes. Especificaba su voluntad de que no se cargara cosa alguna a Florencia por la casa donde había vivido por el espacio de veinte y tantos años, en atención a su calidad de viuda y a otras consideraciones. Sólo recordaba una deuda de 362.000 pesos con el banco de la provincia, y otra de 343.000 libras con su hijo Julio que deberían pagar sus albaceas, Juan Thompson, Julio Mendeville y Ricardo Lezica. Explicaba que al fallecimiento de su primer esposo no había hecho liquidación testamentaria por no haber dejado éste bienes de fortuna y que lo mismo ocurrió al morir Mendeville y mencionaba unos terrenos de su propiedad en San Isidro.[27]

Mamita Mendeville, como la apodaban afectuosamente sus nietos, falleció el 23 de octubre de 1868 en Buenos Aires cuando le faltaban ocho días para cumplir 83 años. Moría envuelta en la leyenda de los días de Mayo, honrada por la Sociedad de Beneficencia como socia fundadora, rodeada de hijos, nietos y biznietos y de sus numerosos amigos. Se iba de esa casa donde aún se alzaba el decrépito naranjo que su padre había plantado al nacer esa hija tan deseada y bajo el cual había conversado hasta sus últimos días.

Las escuelas se enlutaron al saberse la noticia. Ella era un personaje público; tras su larga peregrinación tenía un lugar asegurado en la historia. El país que Mariquita había visto nacer se modernizaba aceleradamente. Once días antes de su fallecimiento, el 12 de octubre de 1868, Sarmiento, su amigo, contertulio y contrincante en tantas polémicas, había alcanzado la más alta magistratura de la República en la primera renovación presidencial pacífica de la historia argentina.

Los restos de Mariquita fueron conducidos al cementerio del Norte, seguidos por numeroso cortejo y recibidos en las puertas de la Recoleta por la Sociedad de Beneficencia. Cada una de las damas depositó sobre el ataúd un ramo de flores. Rezó las oraciones el presbítero Martín Piñeiro y el ataúd fue colocado en el sepulcro de la familia Lezica. Después, Héctor Varela, José Tomás Guido y el inspector de escuelas, hablaron recordando su actuación pública y sus virtudes personales. Juan Thompson agradeció en nombre de los deudos y en el suyo propio y pidió a los presentes que alguna vez recordasen en sus cristianas meditaciones, a la que fue a la par de madre tiernísima, una buena argentina.[28]

Así Mariquita entró en la historia.

NOTAS

[1] *De Juan Thompson a Enrique Lezica*, AZL.

[2] *De Prelig a Mariquita*, París, 23 de setiembre de 1864, original en AL.

[3] *Cartas*, p. 358 y ss.

[4] *De Prelig a Florencia Th.*, originales en AL, *passim*; *De Prelig a Mariquita*, París, 23 de setiembre de 1864, original en AL.

[5] *Cartas*, p. 336.

[6] *Ibidem*.

[7] Diego Barros Arana. *Estudios histórico biográficos*, en: *Obras Completas*, tomo 10.

[8] *Cartas*, p. 339.

[9] Citado por Dellepiane. *Dos patricias porteñas*, op. cit., p. 80 y ss.

[10] Mariquita Sánchez. *Recuerdos del Buenos Aires virreinal*, op. cit., passim.

[11] Meyer Arana. *La caridad de Buenos Aires*, p. 348.

[12] Piccirilli. *Juan Thompson*, op. cit.; *Cartas de Juan Thompson a Florencia Lezica* (varias), originales en AL.

[13] *De Prelig a Florencia*, París, mayo de 1865, en AL.

[14] *De Juana Manso a Mariquita*, Buenos Aires, 1° de enero de 1866, original en AL.

[15] *De una maestra de Dolores a Mariquita*, Dolores, 4 de enero de 1866, original en AL.

[16] AGN, *Libros de Actas de la Sociedad de Beneficencia*, vol n°6, *passim*.

[17] *De Francisco Javier Muñiz a Mariquita*, Corrientes, 14 de setiembre de 1866, original en AL.

[18] *De Muñiz a Mariquita*, Corrientes, 19 de febrero de 1868, original en AL.

[19] *De Mariquita Nin a Mariquita*, Montevideo, 13 de febrero de 1868, original en AL.

[20] *De Mariquita a Manuel Quintana*, 19 de marzo de 1868, original en AZL.

[21] *Actas de la Sociedad de Beneficencia*, libro 6.

[22] Eduardo José Cárdenas y Carlos Manuel Payá. *La familia de Octavio Bunge*, Buenos Aires, Sudamericana, 1995, tomo 1, p. 127.

[23] Pastor Obligado. *Tradiciones. El salón de Madama Mendeville*, p. 67.

[24] *Cartas*, p. 339.

[25] *De Posadas a Mariquita*, 16 de julio de 1868, original en AL.

[26] *Cartas*, p. 339.

[27] *Testamento de María Sánchez de Mendeville*, fotocopia en AZL.

[28] *La Tribuna*, 28 de octubre de 1868, copia en AZL.

25

SU LUGAR EN LA HISTORIA

1995

En las imágenes escolares de la historia argentina, Mariquita es la graciosa anfitriona del salón en el que por primera vez se entonaron las estrofas de la canción patria. El óleo del chileno Pedro Subercasseaux, pintado en ocasión del Centenario de la Revolución de Mayo, sobre la base de *Tradiciones* de Obligado, recreó la escena en la cual Mariquita acompaña con el arpa al maestro Blas Parera, sentado al piano. Forman parte de esta bella composición, Martín Thompson, su primer marido, Remeditos de Escalada y José de San Martín, López y Planes, Carlos de Alvear y fray Cayetano Rodríguez, entre otros. Ellas visten al estilo imperio, talle alto y el pelo recogido por una cinta; ellos, de uniforme o de fraque. La escena transcurre en el dorado salón de los Thompson, en la casa de la calle del Empedrado (hoy Florida) donde se reunía la más elegante tertulia política y cultural de la época. El mobiliario es francés, a pesar de que ese estilo se incorporó de 1820 en adelante a la casa.

Confinada por la historiografía tradicional a este espacio, y al de cofundadora de la Sociedad de Beneficencia, Mariquita empezó a adquirir su verdadera fisonomía de criolla arquetípica en un trabajo de Antonio Dellepiane, *Dos patricias porteñas*. Dicho estudio biográfico contenía la transcripción del juicio de disenso llevado adelante por ella y Martín Thompson contra los Sánchez de Velazco para poder casarse y varias cartas que revelaban una personalidad más compleja que la de la gentil anfitriona de la tradición escolar y patriótica. Esta complejidad se advirtió mejor cuando Clara Vilaseca publicó las *Cartas de Mariquita Sánchez* (1952), aporte documental riguroso basado principalmente en el archivo de la familia Lezica.

En esta mujer polifacética el amor a la vida, la bonhomía y la frivolidad convivían con una voluntad férrea, un juicio certero, propio, original; era inteligente y tierna; su inclinación natural por la armonía le dio un rol preponderante en la introducción del buen

gusto en la aldeana sociedad argentina. Contraria a la lucha facciosa, defendió la libertad, la tolerancia y la paz como los valores que
deseaba ver reflejados en esa sociedad. Fue trasmisora de la cultura
de Francia y de la nueva sensibilidad romántica en las costumbres.
Era, lo mismo que otra criolla arquetípica, Victoria Ocampo, pese a
su europeísmo, o quizás por eso, una argentina cabal que contribuyó
a la formación de los notables de la generación de 1837: Alberdi,
Echeverría, Gutiérrez. Feminista *avant la lettre*, preocupada por la
educación de la mujer, dirigió una lúcida mirada a la sociedad de su
tiempo y confió esencialmente a la escritura lo que hoy se llama la
construcción de su personalidad. Su fina coquetería y su gracia, su
espíritu travieso y maternal llegan hasta nosotros en sus escritos,
en su iconografía y en lo que de ella se dijo, pues Mariquita ya en
vida se convirtió en una leyenda. Por todo eso su biografía resulta
un eficaz recurso para entender el período histórico que le tocó vivir.

   ¿Qué me llevó a dedicarle años de lectura y de investigación a
fin de reconstruir su vida? Tal vez la memoria de una de sus tantas
frases originales, desprejuiciadas y profundas que escuché repetir
en casa cuando era apenas una adolescente y no pensaba en ser
historiadora; acaso la visión de la seda amarilla de su vestido de
fiesta, colocado en un sofá de época en la mansión que alguna vez
fue suya sobre las barrancas de San Isidro; o la visita a la austera
habitación que recuerda su pasaje por la Casa de Ejercicios. O
quizás la lectura de esas páginas donde Ortega y Gasset sugiere que
el gran tema inexplorado por la historiografía es la incidencia de la
mujer criolla en la formación de la sensibilidad moderna:

   "La criolla no es una mujer en singular, ni muchas mujeres
singulares, sino un tipo de femineidad ejemplar, que en estos países
centro y sudamericanos se ha ido poco a poco, desde ha cuatro siglos,
formando, componiendo, integrando, evolucionando y —¡quién sabe
si desde hace unos años!— desintegrando y desvaneciendo".

   La idea de escribir la vida de Mariquita, una criolla arquetípica, se presentó con nitidez cuando inicié mis colaboraciones en *Todo
es Historia*. Leí entonces sus cartas, una a una, con apasionado
interés. Publicada la nota, *El país de Mariquita Sánchez*, Carlos
"París" Lezica, descendiente de esta señora y depositario del archivo
de Florencia Thompson, me ofreció esos materiales para que prosi-
guiera la investigación. No me atreví. La tarea que entonces me
pareció excesiva, la intento ahora con la ventaja que da mi experiencia acerca de la historia del país y de sus mujeres y en cierto modo
en cumplimiento de un proyecto enunciado por Mariquita que sirve
de introducción a este libro:

   "Voy a escribir la historia de las mujeres de mi país, ellas son
gente".

   Confieso que me identifiqué con Mariquita, sus luchas, su desa-
zón, su renovado optimismo y su pasión argentina, más allá de los

lunares de su personalidad como fue sin duda el clasismo y la aceptación de la discriminación racial.

Quizás nadie expresó como Mariquita el ardiente deseo de los argentinos de vincularse con la civilización europea y la confianza en que seríamos mejores con la ayuda de ese modelo lejano que, por otra parte, nunca conoció. Y al mismo tiempo, nadie encarnó como ella el espíritu de los días de Mayo, la fe en la patria, la libertad y el progreso, el apego a la tierra nativa, la ciudad, la calle, la casa en donde nació y murió. Pero también muchos podrán reconocerse en las distintas etapas de su vida: su apasionada relación con el amor, la amistad y la familia; la patria y el mundo; las ideas y los prejuicios; las contradicciones; los libros y el arte; la guerra, la paz, la política; el problema de la comprensión del otro; el paso del tiempo y la vejez. De todo esto se habla en sus documentos.

Hay muchas fuentes, por cierto, pero no tantas como sería deseable para reflejar en su totalidad esta larga vida argentina. Hubo cartas destruidas por su propia decisión para proteger su intimidad; otras fueron ocultadas por quienes procuran que la historia se escriba con las reservas que antaño se hacían *ad usum delphini* —para preservar a los pequeños príncipes de las crudezas del cotidiano vivir—. Pero, y esto es preciso reconocerlo con humildad, el pasado siempre está envuelto en velos, y no todos estos velos pueden correrse, más aún tratándose de la biografía de una dama bastante transgresora que desafió los prejuicios de su época con elegante reserva.

La tarea ha sido difícil, porque el historiador, lo mismo que el baqueano de nuestros antiguos derroteros, avanza por la inmensidad del pasado teniendo aquí y allá indicios mínimos de lo que realmente ocurrió. Intuye el rumbo a seguir arrancando y masticando no pastos sino líneas escritas al pasar. Busca así el punto de partida en el cual afirmarse para rescatar a un personaje a través del cual pueda alcanzarse la comprensión más plena de una época.

La vida pública de Mariquita Sánchez nos invita a transitar la época de rupturas y de incertidumbres que transcurre entre el tiempo de los virreyes y la presidencia de Sarmiento. 82 años plenamente vividos en los que aparecen los sentimientos, la política y la transgresión, abierta u oculta, dentro del sector social que lideraba. Gracias al género biográfico, que goza hoy de plena salud, pues permite una convivencia feliz de la rigurosa investigación de las fuentes junto a la interpretación de época y el estilo narrativo grato al público lector, determinada figura sirve de hilo conductor para introducirnos en la compleja trama del pasado, hacerlo inteligible y atractivo y comprenderlo mejor.

A lo largo de esta biografía hablo siempre de Mariquita, porque con este diminutivo se ha incorporado a nuestra memoria colectiva, aunque ella firmara María Sánchez de Thompson o de Mendeville y sus amigas de infancia y los hombres que la amaron la llamasen Marica.

El hecho de que nuestro fin de milenio se encuentra también signado por los cambios abruptos en los modos de pensar y de vivir, me familiarizó con las incertidumbres de Mariquita y me llevó a valorizar su patriotismo y su fe en el progreso de la humanidad que resistieron incólumes a las duras experiencias vividas por el país de entonces.

ÍNDICE DE NOMBRES

253, 254, 259, 260, 262 a 264, 266, 274, 275, **282**, **292**, **298**, 299, 307, 324, 328

Thompson y Sánchez de Velazco de Loreilhe, **Clementina**, hija de Mariquita, 48, 68, 97, 199, 213, 239, 255, 270, 300, 324

Thompson y Sánchez de Velazco de Tresserra, Albina, hija de **Mariquita**, 48, 63, 65, 68, 130, 146, 155, 171, 190, 196, 197, 200, 213, 238, **253**, 270, 282, 324

Torres, Manuel, 72

Touanne, Edmond de la, 99

Trápani, Juan Bautista, 258

Trápani de Mendeville, Catalina, nuera de Mariquita, 240, 258 a 262, 270, 322

Tressera, Juan Antonio, esposo de Albina Thompson, yerno de Mariquita, 130, 155, 156, 171, 192, 214, 238, 253, 282, 289, 290

Tresserra y Thompson, Juan, nieto de Mariquita, 280, 282

Tresserra y Thompson de Dulce, Albina, "Albinita", nieta de Mariquita, 171, 282, 286, 287

Trillo, Domingo, 24

Trillo, Domingo, hijo del anterior, 62, 63

Trillo de del Arco y Sánchez de Velazco, Magdalena, madre de Mariquita, 18, 21, 22, 24, 25, 29, 36 a 40, 47, 59, 64, 97, 107, 324

Túpac Amaru, José Gabriel (Condorcanqui), 15

Urquiza, Justo José de, 228, 238, 239, 242, 244, 247 a 251, 255, 264, 265, 271, 279, 284, 287 a 290

Valmore, Marcelina, 201

Varela, Florencio, 14, 122, 149, 157, 166, 169, 200, 228, 241, **262**

Varela, Héctor, 200, 251, 274, 279, 288, 325

Varela, Juan Cruz, 14, 60, 61, 84, 85, 115, 122, 149, 241, **308**

Varela, Mariano, 251, 268, 274, 288

Varela de Madero, Paula, 157

Velazco, Pedro de, 36

Vélez Sársfield, Tomasa, 252

Vélez Sársfield, Dalmacio, 234, 274

Venancourt, vizconde Cornette de, 111 a 113, 115 a 117, **122**

Ventura de la Vega, 280

Verley, Madame, 210

Vernet, Emilio, 261, 264

Vernet, Luis, 140, 218

Vértiz, Juan Joseph de, virrey, 22, 23, 31, 268

Viacava, Héctor D., 69, 70

Viamonte, Juan José, 50, 115, 117, 132, 163

Viana y Boneo, Cipriana, 87

Victoria I de Gran Bretaña, 81

Vieytes, Hipólito, 31, 43, 49, 50, 57

Vieytes, las de, 50

Vilardebó, Teodoro, 203

Vilaseca, Clara, 72, 80, 138, 149, 225, 327

Vilela, José María, 162

Villarino de Insiarte, Manuela, 252

Villava, Victorián de, 34

Villegas de Cordero, Petrona, 323

344

ÍNDICE

Composición de originales
Laser Factory

Esta edición de 3.000 ejemplares
se terminó de imprimir en
Talleres Gráficos Marcel
Periodista Prieto 339 Lanús Este, Bs. As.,
en el mes de diciembre de 1995.